"广州律智"法律服务丛书

公司法实战智慧
（三）

GONGSIFA SHIZHAN ZHIHUI（SAN）

广州市律师协会　编

中山大学出版社
SUN YAT-SEN UNIVERSITY PRESS

·广州·

图书在版编目（CIP）数据

公司法实战智慧．三/广州市律师协会编．—广州：中山大学出版社，2023.11

（"广州律智"法律服务丛书）

ISBN978 - 7 - 306 - 07939 - 8

Ⅰ．①公…　Ⅱ．①广…　Ⅲ．①公司法—案例—中国　Ⅳ．①D922.291.915

中国国家版本馆 CIP 数据核字（2023）第 209636 号

出 版 人：王天琪
策划编辑：曾育林
责任编辑：曾育林
封面设计：曾　斌
责任校对：袁双艳
责任技编：靳晓虹
出版发行：中山大学出版社
电　　话：编辑部 020 - 84113349，84110776，84111997，84110779，84110283
　　　　　发行部 020 - 84111998，84111981，84111160
地　　址：广州市新港西路 135 号
邮　　编：510275　传　　真：020 - 84036565
网　　址：http://www.zsup.com.cn　E-mail：zdcbs@ mail.sysu.edu.cn
印 刷 者：佛山市浩文彩色印刷有限公司
规　　格：787mm×1092mm　1/16　24.5 印张　438 千字
版次印次：2023 年 11 月第 1 版　2023 年 11 月第 1 次印刷
定　　价：98.00 元

如发现本书因印装质量影响阅读，请与出版社发行部联系调换

序　言

公司是市场经济最为重要、最具活力的市场主体，是国家财富、国民财富的主要创造者，对于国民经济的重要性不言而喻。公司的健康有序发展，公司、投资者和公司债权人利益的均衡保护，都离不开健全的公司法律制度。可以说，一个国家的公司法律制度体系是否完备、是否符合国情，是评判该国法治文化水平高低、营商环境优劣、市场经济活力和竞争力强弱的重要参考因素。

为适应我国改革开放、市场经济体制改革的需要，在立法者、法学研究者等的努力下，我国于1993年颁布了《中华人民共和国公司法》（以下简称《公司法》），标志着我国正式建立起公司法律制度体系。随着我国经济社会的发展，《公司法》也历经数次修订，每次修订都镌刻着改革开放、市场经济体制改革与发展的深刻印记。

党的十八大以来，以习近平同志为核心的党中央更加重视加强投资者保护、公司治理水平提升等方面的战略部署，强调要改善投资和市场营商环境，降低市场运行成本，提高效率，激发市场经济活力。在该政策背景下，我国《公司法》于2013年和2018年分别进行了相应修订，最高人民法院也陆续出台相关司法解释，指导公司法领域的法律适用和商事审判工作。2019年初，为贯彻落实党中央关于深化国有企业改革、优化营商环境、加强产权保护、促进资本市场健康发展等决策部署要求，进一步完善中国特色现代企业制度，打造更具活力的中国市场经济，提供坚实法治保障，全国人大法工委开始推动新一轮《公司法》修订工作，这是《公司法》第六次修订。2021年12月24日，第十三届全国人大常委会第三十二次会议审议了《中华人民共和国公司法（修订草案）》，并向社会公开征求意见。时隔一年后，第十三届全国人大常委会第三十八次会议审议并公布了《中华人民共和国公司法（修订草案二次审议稿）》。本次《公司法》修订的主要内容包括国家出资公司特别规定、公司设立和退出制度、公司治理机制、公司资本制度、控股股东和经营管理人员的责任、公司社会责任等方面，结合《中华人民共和国民法典》的相关规定，对现行《公司法》的结构和条文内容进行了较大幅度的调整和修改，新增了许多制度，这也在学界、实务界引起了广泛的关注和讨论。

实践是检验真理的唯一标准。任何法律制度都需要在司法实践中不断修订、完善，尤其是商事法律制度。这就要求立法者、法学理论研究者和法律实务工作者共同参与对现行公司法律制度规则的检视，为《公司法》的修订完善提供切实、中肯的意见和建议。

"广州律师业务研究丛书"是广州市律师协会及其公司法律专业委员会为提升广州律师公司法理论及实务研究水平、促进多元化交流、鼓励律师业务向更高层次发展而组织编写的专业著作，是处于改革开放前沿阵地的广州律师公司法理论研究与实践经验的总结，是广州律师实战智慧的结晶，具有重要的学习、借鉴价值。

该系列丛书每四年出版一册，已出版两册。本书为该系列丛书的第三册，汇编了在公司法实务领域具有丰富实践经验的律师所写文章，包括股东出资、股东权益保护、隐名股东、公司决议效力、董监高责任、法人人格否认、股权转让、公司解散与清算等众多专题。其中有涉及股东出资方式的债权出资问题、未出资股东的失权制度、出资加速到期制度、瑕疵出资的责任追究制度、隐名股东的资格认定及权利保护问题；涉及股东权益的同股不同权制度、股东表决权征集人资格问题、双重股东代表诉讼制度、中小股东权益保护制度；涉及公司治理的监事制度、董监高责任追究制度、归入权制度、法定代表人的确定及其变更问题；涉及法人人格权的否认制度、一人公司的责任追究制度；涉及股权转让的善意取得制度、章程对股权转让设限的效力问题；涉及公司清算的法定清算义务人主体的设定及其责任追究制度；涉及公司资本变更的交叉持股法律问题及其完善、减资制度的不足及其完善等。

本书的编写和出版恰逢我国《公司法》第六次修订之际，书中有许多文章是作者结合司法实践对本次《公司法》修订中的热点、难点问题所展开的探讨，从法律适用的角度剖析现行《公司法》规范和本次公司法修订草案条文在实际操作中可能遇到的具体问题，如债权出资问题、股东失权制度、出资加速到期制度、同股不同权制度、监事制度、法定代表人制度、清算义务人制度等，反映出广州律师大胆实践和勇于创新的精神，这些实践经验与理论研究成果必将对《公司法》的修订起到重要的推动作用。

我很欣喜地看到广州的律师朋友们如此关注此次《公司法》的修订，他们对我国公司法律制度的发展表现出高度的热情。本书文章的作者们探讨的均是其在执业过程中遇到的典型公司法实务问题，作者们在文章中提出的对相关公司法规则的困惑、讨论和建议，引人深思。相信本书出版后，也会引发广大法律工作者的共鸣，并将对公司法律规则的完善起到积极的推动作用。

律师队伍在服务广大市场经济主体、推动国家法治和中国特色社会主义法律体系建设进程中，一直发挥着重要作用。我殷切期望广州律师在中国共产党的坚定领导下，在广州市律师协会的引领下，继续深耕法律实务与理论研究，提供优质法律服务，助力企业高质量发展，为建设和完善中国特色社会主义法律制度体系贡献力量。

最后，希望广州市律师协会编的"广州律师业务研究丛书"越做越好！

是为序。

杜万华

2023 年 6 月 18 日于广州

目　录

债权作为公司设立出资研究

贾远鸿[*]

2013 年 12 月 28 日全国人民代表大会常务委员会（以下简称"全国人大常委会"）修订的《中华人民共和国公司法》（以下简称《公司法》）于 2014 年 3 月 1 日起正式实施，此次修订最大的亮点在于取消了法定注册资本最低限额（部分法律、法规有特殊要求的除外）及对于出资比例、出资期限的规定，从而使公司注册资本由最初的实缴制彻底变为认缴制。可以说，《公司法》的本次修订对于公司设立是革命性的变更，极大程度降低了公司设立门槛，简化了公司设立手续，对于激发市场主体的创业积极性起到了促进作用。但本次修订对于债权能否作为公司设立的出资（以下简称"设立出资"）仍未涉及。因此，笔者在本文中主要针对债权能否作为公司设立出资及相关问题进行分析，以期获得初步结论。

一、债权作为公司设立出资的法律制度沿革

（一）《公司法》中对于公司设立出资的规定

1. 1993 年《公司法》

1993 年《公司法》第二十四条第一款规定"股东可以用货币出资，也可以用实物、工业产权、非专利技术、土地使用权作价出资"。第二款规定"以工业产权、非专利技术作价出资的金额不得超过有限责任公司注册资本的百分之二十，国家对采用高新技术成果有特别规定的除外"。第八十条对于股份有限公司设立出资作出了相同的规定。

显然，1993 年《公司法》对于可作为公司设立出资的财产采取了封闭式的列举规定，只有货币、实物、工业产权、非专利技术、土地使用权可作为公司设立出资，且工业产权、非专利技术作为出资还有金额限制。该《公

---

* 贾远鸿，广东君信经纶君厚律师事务所律师、合伙人。

司法》对公司设立出资的要求可以说是比较严格的，这与当时我国的整体社会经济发展水平是相适应的，该《公司法》并未涉及债权能否作为公司设立出资的相关内容。

1999 年修订的《公司法》沿用了 1993 年《公司法》对公司设立出资的相关规定，不再赘述。

2. 2006 年《公司法》

2006 年 1 月 1 日实施的《公司法》第二十六条至第三十二条对有限责任公司、第八十三条至第九十四条对股份有限公司设立时股东出资事项进行了规定，在公司设立出资方式方面，有限责任公司及股份有限公司采取了相同规定，即该《公司法》第二十七条第一款规定"股东可以用货币出资，也可以用实物、知识产权、土地使用权等可以用货币估价并可以依法转让的非货币财产作价出资；但是，法律、行政法规规定不得作为出资的财产除外"。第二款规定"对作为出资的非货币财产应当评估作价，核实财产，不得高估或者低估作价。法律、行政法规对评估作价有规定的，从其规定"。第三款规定"全体股东的货币出资金额不得低于有限责任公司注册资本的百分之三十"。

我们注意到，该《公司法》不仅扩大了 1993 年《公司法》中列举的可作为公司设立出资的"工业产权、非专利技术"这些具备知识产权属性的财产的范围，直接规定为"知识产权"，从而使所有满足条件的知识产权都成为公司设立出资可选择的对象；而且，该《公司法》更重要的是改变了 1993 年《公司法》对公司设立出资财产封闭式列举规定，采取了非封闭式的列举，在"土地使用权"后增加了"等"字，这就意味着会有更多的财产可能被纳入公司设立出资的范畴之中，为之后《公司法》在这方面的修订预留了入口和空间，体现立法者对公司设立出资财产形式多样性的思考和立场。可以说，2006 年的《公司法》在什么财产可作为公司设立出资方面迈出了一大步。但比较遗憾的是，该《公司法》仍未明确债权可作为公司设立出资的财产。

3. 2014 年及 2018 年《公司法》

2014 年 3 月 1 日实施及 2018 年 10 月 26 日实施的两次经修订的《公司法》中，对于公司设立出资的规定，除了删除 2006 年《公司法》第二十七条第三款规定"全体股东的货币出资金额不得低于有限责任公司注册资本的百分之三十"的内容外，在公司设立出资方面的规定与 2006 年《公司法》没有不同，对债权能否作为公司设立出资仍未明确。这也反映出立法者对"债权"这种财产是否能够作为公司设立出资仍然保持着非常谨慎的态度。

（二）相关行政法规对公司设立出资的规定

1．1994 年《中华人民共和国公司登记管理条例》

该《中华人民共和国公司登记管理条例》（以下简称《条例》）并未对什么财产可作为公司设立出资作出规定，只是在第十七条、第十八条提及"验资证明"，第六十条规定"公司的发起人、股东未交付货币、实物或者未转移财产权，虚假出资的……"等内容。显然，对于什么财产可作为公司设立出资，需依据 1993 年《公司法》的规定来确定。

2．2006 年《条例》

2006 年《条例》第十四条规定"股东的出资方式应当符合《公司法》第二十七条的规定。股东以货币、实物、知识产权、土地使用权以外的其他财产出资的，其登记办法由国家工商行政管理总局（现为国家市场监督管理总局，下同）会同国务院有关部门规定。股东不得以劳务、信用、自然人姓名、商誉、特许经营权或者设定担保的财产等作价出资"。可以看出，该《条例》在《公司法》第二十七条所列举的可作为公司设立出资的财产之外，设立了其他财产可作为公司设立出资的空间，只是"以货币、实物、知识产权、土地使用权以外的其他财产出资的，其登记办法由国家工商行政管理总局会同国务院有关部门规定"。因此，该《条例》作为与 2006 年《公司法》配套的行政法规，充分吸收、体现了 2006 年《公司法》立法者的立法意图，规定了可使用货币、实物、知识产权、土地使用权以外的其他财产出资，这对于公司设立出资制度的完善具有重大意义。

因此，根据 2006 年《条例》，债权作为公司设立出资的方式应该是具备了法律依据，成为市场主体设立公司时可以选择的新方向。

3．2014 年《条例》

2014 年《条例》第十四条规定"股东的出资方式应当符合《公司法》第二十七条的规定，但是，股东不得以劳务、信用、自然人姓名、商誉、特许经营权或者设定担保的财产等作价出资"。显然，该《条例》删除了 2006年《条例》中"股东以货币、实物、知识产权、土地使用权以外的其他财产出资的，其登记办法由国家工商行政管理总局会同国务院有关部门规定"的内容，把公司设立出资的财产形式又缩限在《公司法》第二十七条的范围内。这不得不说是立法者、执法者对于"货币、实物、知识产权、土地使用权以外的其他财产"能否作为公司设立出资这一问题争议后的结果，说明立法者对于"货币、实物、知识产权、土地使用权以外的其他财产"是否可以作为公司设立出资的立场仍然处于不确定状态。

因此，债权作为公司设立出资的路径在 2014 年再次被关闭，债权仍然被排斥在公司设立出资的财产范围之外。

4. 2022 年《中华人民共和国市场主体登记管理条例》

2022 年 3 月 1 日起施行的《中华人民共和国市场主体登记管理条例》第十三条第二款规定"出资方式应当符合法律、行政法规的规定。公司股东、非公司企业法人出资人、农民专业合作社（联合社）成员不得以劳务、信用、自然人姓名、商誉、特许经营权或者设定担保的财产等作价出资"。显然，该规定仍然是局限在 2018 年《公司法》及 2014 年《条例》的范围内，对于"货币、实物、知识产权、土地使用权以外的其他财产"作为公司设立出资仍然持不认可的态度。债权作为公司设立出资的方式仍然未能得到法律、行政法规的认可。

（三）相关规章对公司设立出资的规定

2014 年《公司注册资本登记管理规定》

2014 年 3 月 1 日起施行的《公司注册资本登记管理规定》（以下简称《规定》）第七条第一款规定"债权人可以将其依法享有的对在中国境内设立的公司的债权，转为公司股权"。第二款规定"转为公司股权的债权应当符合下列情形之一：（一）债权人已经履行债权所对应的合同义务，且不违反法律、行政法规、国务院决定或者公司章程的禁止性规定；（二）经人民法院生效裁判或者仲裁机构裁决确认；（三）公司破产重整或者和解期间，列入经人民法院批准的重整计划或者裁定认可的和解协议"。第三款规定"用以转为公司股权的债权有两个以上债权人的，债权人对债权应当已经作出分割"。第四款规定"债权转为公司股权的，公司应当增加注册资本"。

《公司注册资本登记管理规定》同样没有明确债权是否能作为公司设立出资，但其规定了债权在满足一定条件下可以转换为公司股权，成为公司设立出资的组成部分。

二、债权作为公司设立出资的实践

在 2013 年《公司法》修订前，新设立公司时股东若以债权作为出资办理公司设立登记，即便在其他股东均同意的情况下，工商行政管理部门也是不予受理的；在 2013 年《公司法》实施后，特别是 2014 年 3 月 1 日《公司注册资本登记管理规定》施行后，各地的工商行政管理部门对是否受理以债权作为出资的公司设立登记申请做法不一，有的地方给予受理并登记，而有的地方则认为缺乏法律依据而不予受理。

那么在司法层面，人民法院如何看待债权能否作为公司设立出资这个问题呢？在2013年《公司法》修订前，各人民法院的做法比较一致，对以债权作为公司设立出资的主张均不予支持，理由就是缺乏法律依据。但在2013年《公司法》修订后，人民法院的观点也产生了变化，特别是依据《公司法》此次修订的根本目的即"放松公司设立限制，鼓励大众创业"。有人认为《公司法》作为商法应遵循"法无禁止即可为"的基本原则，对于法律法规没有规定债权是否能够作为公司设立出资时，只要该债权作为出资不违反法律法规的强制性规定，不损害社会公共利益，不违背社会公序良俗，均可认定为有效；而有人则认为，人民法院作为司法机关，应遵循依法审查处理案件的原则，在法律法规没有规定债权可以作为公司设立出资的情况下，对于当事人要求认定其以债权作为公司设立出资合法的主张，应以缺乏法律依据为由予以驳回。最高人民法院现有司法解释的观点认为，股东以其对第三人享有的债权出资的，应当认定无效。但是，以依法可以转让的无记名公司债券出资的，或者用以出资的债权在一审庭审结束前已经实现的，应当认定有效。①

三、关于债权作为公司设立出资最新法律制度

2021年12月24日开始向社会公众征求意见的《公司法（修订草案）》第四十三条明确规定债权可作为公司设立出资。从2006年《公司法》中预留了可作为公司设立出资的财产形式的入口到2021年《公司法（修订草案）》的发布，经历了长达十五年的立法调研、思考、研讨，最终立法者将债权纳入公司设立出资的范畴，这对于充分发挥债权作为市场要素的重要作用，提高债权的流动性，促进市场资源、要素更加有效配置，进一步激发市场主体创业、创新的积极性，促进社会经济保持平稳发展将起到非常重要的推动作用。

---

① 奚晓明：《公司案件审判指导》，法律出版社2014年版，第135页。

四、对现行债权作为公司设立出资法律制度解析

（一）从《公司法》角度

从现行的法律制度来看，无论是 2013 年前的《公司法》还是 2018 年《公司法》，均在第二十七条规定了公司设立时股东的出资方式，这是判断股东出资是否合法的唯一法律依据。债权作为非货币财产显然不在该条法律规定的"实物、知识产权、土地使用权"范围内，但债权作为可以用货币估价且可以依法转让的非货币财产，是否在法律规定的"等"字范畴内呢？

笔者认为，对于一个合法、有效、确定的债权来讲，只要其具备"可以用货币估价"及"可以依法转让"两个要素，就完全可以纳入《公司法》第二十七条的"等"字范畴。因为一个合法、有效、确定的债权，其本身是具有财产价值的权利的，而且该权利的财产价值完全可以在对债权的基本情况、债务人的基本情况、债务人的偿债能力、实现债权的可能性等多方面因素进行评估后作出一个合理的估价，而且该估价在该出资人及其他共同设立公司的出资人均认可后即可确定其价值；而对于该出资债权可以依法转让来说，《中华人民共和国民法典》（以下简称《民法典》）对债权转让已有明确的规定，只要债权人依法履行相关程序，该债权合法转让给公司是完全没有法律障碍的。因此，债权作为公司设立出资是完全符合《公司法》规定的，具备了法理基础和法律依据。

此外，由于《公司法》是非常典型的商事法律制度，依据商法"法无禁止即可为"的基本原则，在法律、法规及部门规章对债权能否作为公司设立出资这一问题无明确规定的情况下，依据现有的法律规定，完全可以认为债权作为"可以用货币估价并可以依法转让的非货币财产"，应该可以作为公司设立出资的方式存在，只是需要对其进行相应的规范。

（二）从行政法规角度

目前，我国关于公司设立出资的相关行政法规只有修订后的《中华人民共和国公司登记管理条例》及新制定、实施的《中华人民共和国市场主体登记管理条例》，但这两部行政法规对债权能否作为公司设立出资均未作出明确规定，且其立法倾向是不支持的态度。

（三）从部门规章角度

笔者以 2014 年 3 月 1 日起施行的《公司注册资本登记管理规定》作为与公司设立出资相关的部门规章进行分析，其中第七条规定是否能够理解成债权可以作为公司设立出资呢？笔者认为：

首先，该条规定对债权进行了限定，即"债权人依法享有的对在中国境内设立的公司的债权"，显然，除此之外的其他债权人依法享有的包括对自然人、合伙企业、其他组织等非公司主体身份的债权被排除在外，该处的债权是有局限性的，而非普遍适用的债权。那么，债权人持有的非公司债务人的债权能否转为公司股权呢？笔者认为，在目前法律、法规及部门规章没有明确规定的情况下，还是不行的。道理很简单，如果可以，那么《公司注册资本登记管理规定》第七条完全没有必要将债权的范围限定在"对在中国境内设立的公司的债权"，因此，债权人持有的非公司债权是不能转化为公司股权的。虽然债权人持有的非公司债权不能转化为公司股权，但这是否意味着债权人持有的非公司债权就不能在公司设立时作为出资呢？由于公司在设立时其法律主体身份还不存在，当然就不可能以公司名义对外负债，自然就不存在公司债权人的问题，即公司债权人此时是不可能存在的，故债权人所持有的作为出资的债权一定不是公司债权，《公司注册资本登记管理规定》该条款所列明的前提对于作为公司设立出资的债权来讲就不具有约束性和参考价值。

其次，该条规定明确表明该债权"可以转为公司股权"，"转为"可以理解成"转化为"或"转换成"，其与公司设立时的直接"出资"是否具有相同的法律效果呢？我们注意到，该规定使用的"可以转为公司股权"表述来自 2011 年 11 月 23 日国家工商行政管理总局令第 57 号公布的《公司债权转股权登记管理办法》（以下简称《办法》，目前该《办法》已废止），该《办法》第十一条规定"公司登记机关应当将债权转股权对应出资的出资方式登记为'债权转股权出资'"。从该《办法》规定可以看出"债权转股权"是可以作为一种出资方式而存在的，虽然是债权转换为股权，但其根本仍是来源于债权，因此，债权作为一种合法的出资方式应该说是被部门规章认可的。

最后，该条规定的最后一款陈述"债权转为公司股权的，公司应当增加注册资本"。该表述似乎表明债权作为出资转化为股权只适用于公司成立后的增资环节，而没有明确规定是否适用于公司设立环节。但笔者认为，公司注册资本的运行规则在公司注册资本形成阶段和资本运营阶段应具有持续性、连贯性和一致性，对于在公司资本运营阶段认可债权可以作为出资对公司资本进行增资，而在公司资本形成阶段就否认债权可以作为出资从而形成公司注册资本的话，那么从公司注册资本的性质无论是形成阶段还是运营阶段都未发生改变的角度来看，该观点显然是值得商榷的。注册资本作为衡量公司净资产及传递公司真实偿债能力信息的重要公司规则，无论在资本形成阶段还是资本运营阶段，其性质和所发挥的作用是不变的。如果只在资本运营阶段认可债权可以作为出资来增加注册资本而否定在资本形成阶段债权作为出资形成注册资本的话，这就人为地将注册资本在资本形成阶段和资本运营阶段的性质和作用割裂开来，使其失去了连贯性、一致性。因此，笔者认为，债权在资本形成阶段的公司设立时，也应当被认可为合法的出资方式之一参与公司设立，形成公司注册资本。

（四）从法律效力层级的角度

即便 2014 年 3 月 1 日起施行的《公司注册资本登记管理规定》有相关债权可以作为公司设立出资的内容，但该规定只是部门规章，其效力仍达不到法律、法规的层面，但其是否就不具有法律效力呢？依据《中华人民共和国立法法》第八十条的规定，该《公司注册资本登记管理规定》第七条的内容显然是属于执行法律或者国务院的行政法规的事项范畴，况且，该内容并没有设定减损公民、法人和其他组织权利或者增加其义务的规范，也没有增加本部门的权利或者减少本部门的法定职责的相关内容。因此，该《公司注册资本登记管理规定》第七条内容实际上是对法律、法规在债权能否作为公司设立出资事项缺乏明确规定的情况下而作出的补充性规定，其完全符合《中华人民共和国立法法》的相关规定，是合法并具有法律效力的，是对与公司相关的法律、法规的有益补充和完善。

根据上述分析，笔者认为，债权能够作为公司设立出资合法存在，且该结论具有法理基础和法律依据。

五、债权作为公司设立出资的实践解析

前文已经阐述无论是工商行政管理部门还是人民法院对债权能否作为公司设立出资均存在不同的看法及操作，那么如何看待这样的差异呢？笔者认为，产生差异的最主要原因还是对《公司法》本身性质的认识问题，即《公司法》作为商法是否应遵循"法无禁止即可为"的基本原则，如果认为应该遵循，则应以该原则为指导来制定和理解相关法律规范。

　　公司作为市场经济最活跃的主体形式，毫无疑问属于商法人范畴，而《公司法》作为国家规范公司这样的商法人的商行为的法律规范，其性质当属商法无疑。《公司法》既然作为商法，其当然要遵循"法无禁止即可为"的商法基本原则，这样不仅有利于商法人积极性、创造性的充分发挥，为社会创造更多的就业机会和财富，而且也能够调动社会上更多的资源参与社会经济活动，促进资源配置的优化；同时，也可以促使《公司法》在规范商法人的司法实践中不断完善，更好地起到规范、引导商法人的商行为的作用。

　　因此，在明确《公司法》属性后，债权能否作为公司设立出资的问题就应该在商法的大背景下根据《公司法》的具体条款进行理解，只要作为公司设立时出资的债权满足一定的条件且不违反法律法规强制性规定、不损害社会公共利益、不违背社会公序良俗，即可认为有效。

　　对于最高人民法院司法解释的立场，笔者认为：无记名公司债券与普通债权同样属于债权类财产权益，而《公司注册资本登记管理规定》中也已明确债权可以作为公司设立出资，故不应该对债权分门别类区别对待，如果担心普通债权不如债券或国库券的信用等级高，其真实性及实现状况无法保证的话，完全可以通过限制以债权出资的股东在债权实现前的分红权、表决权等股东权利，用以对债权的实现提供保障，直至债权实现后再恢复该股东被限制的权利，而无须对债权作为公司设立出资进行否定。

六、债权作为公司设立出资的规范

　　前面已经对债权能够作为公司设立出资进行了分析，下面将对债权作为公司设立出资的相关事项进行进一步探讨，以期规范债权作为公司设立出资的行为，更好维护股东、公司及公司债权人等利益相关人的合法权益。

　　由于债权的形式、状态、可实现性千差万别，不同的债权作为公司设立出资必将对其他股东、公司乃至公司债权人的利益造成不同的影响，因此，有必要对债权作为公司设立出资进行规范。

（一）债权作为公司设立出资的条件

　　（1）债权要作为公司设立出资，其首先要满足的条件就是真实、合法，那些不真实、不合法的债权，显然不能作为公司设立出资。对于真实、合法债权的判断，笔者认为须以司法机关或仲裁机构生效法律文书确定的债权或公证机关确认的赋有强制执行力的公证文书所确定的债权为准。而作为出资的债权是否要限定其范围，即属于对公司的债权还是属于对合伙企业、自然人、其他组织的债权，笔者认为这些并不是确定该债权能否作为出资的考虑因素，而应该是作为考量该债权作为出资后能否顺利实现的因素。当然，在对债权价值进行评估或估值时，这些因素也应该被考量。

（2）债权必须确定。这里包含了两层含义：一是债权的数额必须确定，一个数额不确定的债权是无法进行准确估价的，也无法准确衡量出资人是否完成出资义务；二是债权必须经过司法机关或仲裁机构生效法律文书确认，或者是公证机关确认的赋有强制执行力的公证文书所确认。如果债权未经过法定机关或机构的生效法律文书确认，那么该债权是否合法成立还存有疑虑，即便是债务人书面确认债务也难免存在债务人事后反悔否认而需另行诉诸法律之情形，因此，经前述法定机关或机构的生效法律文书对债权的确认是必要的。

（3）作为出资的债权必须依法可以转让，如果属于债权人与债务人约定不得转让的或者专属于债权人的不能转让的债权，则不能作为出资。此外，在债权人为数人的共同债权情形下，该债权必须是可分割的，并取得其他所有债权人的同意方可合法转让可分割部分的债权作为出资；或者，在其他出资股东认可的情况下，该债权的共同所有者以该债权共同出资，从而共同成为拟设立公司的股东。

（4）作为出资的债权必须取得其他出资人的认可。作为有限公司来说，资合性与人合性是其两个重要的特性，人合性对于小型的有限责任公司来说更加重要。因此，以债权出资的股东出资债权必须经过其他共同出资股东的确认，包括对出资形式和出资估价等的确认；否则，公司将因股东间无法达成一致而无法顺利设立。

（5）作为出资的债权必须按照法律规定转让给公司，出资人应依法通知债务人，告知债权转让的事实，履行法律规定的债权转让的法定程序。

当然，债权作为公司设立出资，该债权本身及出资行为本身必须不违反现行相关法律法规的强制性规定、不得损害社会公共利益、不得违背公序良俗。

（二）债权作为公司设立出资的责任

债权作为公司设立出资，一般经过法定程序并在工商行政管理部门登记备案即告结束，但并不排除作为出资的债权可能出现以下特殊情况：

（1）据以确认债权合法的司法机关生效法律文书被依法撤销，在此情形下，作为出资的债权已不再具有合法性，即以债权出资的股东的出资义务因债权不合法而导致其之前的出资行为无效，其应当另行以其他符合法律规定的等额财产作为出资来弥补其出资义务的缺失。

（2）作为出资的债权在出资完成后未能实现或全部实现，或者说债权实现的金额小于债权估价金额。对此，由于以债权出资的股东已经在其他股东一致认可的情况下以认可的估价完成出资，该股东的出资义务已经完成。债权未能全部实现或实现价值小于评估价值完全属于公司在实现债权过程中所发生的与债权出资人无关的情形，故此时只能由公司来承担该损失。

值得注意的是，此时是否需要以债权出资的出资人按未足额出资承担相应的法律责任？笔者认为，除非有证据证明出资人在对债权进行评估时存在故意虚假评估或者在与其他股东确认债权价值时存在虚假估值的情形，否则，一旦出资人将债权按合理估价作为出资转让给公司，则其就完成了足额出资义务，无须对其出资未能足额实现而承担责任。

（3）作为出资的债权在公司实现债权时出现增值（比如债权作为出资转让后因债权产生的滞纳金、利息继续计算、市场价值提升或其他情形），则由于增值部分属于债权孳息，而债权已经转移给公司，属公司所有，那么该债权的孳息也应当属公司所有。

结　语

综上所述，笔者认为债权能够作为公司设立出资的财产存在，只是需要对作为出资的债权进行规范，并以法律、行政法规或规章的形式作出明确规定，从而达到《公司法》规范、指引商法人商行为的作用；同时，这也有利于发挥《公司法》作为规范性文件促进社会经济发展、促进公司这一主要市场主体蓬勃发展的能动作用。

笔者以上的研究难免存在不足之处，希望有机会与广大有识之士对该问题进行进一步深入交流、探讨和研究，以期为共同推进中国特色社会主义法治建设，实现法治中国的奋斗目标贡献微薄之力！

股东失权制度法律实务探讨

何倩丽[*]

一、股东失权制度的修订背景

现行《公司法》中对于公司能否剥夺股东资格的问题，并未以法律的形式予以明确规制，仅是在 2011 年公布的《最高人民法院关于适用〈中华人民共和国公司法〉若干问题的规定（三）》［以下简称《公司法司法解释（三）》］第十八条[①]中对有限责任公司股东除名问题作出了明确规定，股东在未履行出资义务或者抽逃全部出资情况下，经公司催告仍未缴纳或者返还出资，公司以股东会决议解除该股东的股东资格，该股东请求确认解除行为无效的，人民法院不予支持。该规定对有限责任公司股东除名决议的正当性以司法解释的形式提供了"司法裁判准则"，但因该司法解释的"先天不足"，使得在法律实务中有关公司股东失权问题的争议并未因此而得到彻底的解决。具体来说：

（1）该司法解释的适用范围十分狭窄，仅适用于有限责任公司的股东除名决议效力认定问题，未就股份有限公司的相应股东除名问题提供规范依据。

（2）该司法解释的适用条件十分严格，只有在有限责任公司的股东完全拒不履行出资义务或者抽逃全部出资这两种情形下才可以适用，未兼顾股东不足额出资或部分抽逃出资的情形。

（3）该司法解释对股东会除名决议的表决方式未做明确指引，若公司章程里未规定除名条款，股东会可否直接依据司法解释对股东进行决议除名，是否必须经代表三分之二以上表决权的股东通过等问题，均留下了法律的空白。

---

[*] 何倩丽，广东蕴德律师事务所律师、合伙人。

① 《最高人民法院关于适用〈中华人民共和国公司法〉若干问题的规定（三）》第十八条：有限责任公司的股东未履行出资义务或者抽逃全部出资，经公司催告缴纳或者返还，其在合理期间内仍未缴纳或者返还出资，公司以股东会决议解除该股东的股东资格，该股东请求确认该解除行为无效的，人民法院不予支持。在前款规定的情形下，人民法院在判决时应当释明，公司应当及时办理法定减资程序或者由其他股东或者第三人缴纳相应的出资。在办理法定减资程序或者其他股东或者第三人缴纳相应的出资之前，公司债权人依照本规定第十三条或者第十四条请求相关当事人承担相应责任的，人民法院应予支持。

（4）该司法解释未就除名决议的执行问题提供配套的落地方案，实践中有限责任公司决议开除股东后，被除名股东往往拒绝配合办理工商变更登记手续，登记机关也往往不敢直接根据股东会除名决议予以变更登记，进而导致股东会除名决议被长期搁置，无法实施。

（5）该司法解释未充分考虑到股权激励型的股东除名问题，对于股权激励型这类"特殊"股东作出的除名决议是否有效，无论是现行《公司法》还是《公司法司法解释（三）》均未提供规范依据。

以上种种立法上的空白与不足，使得公司股东除名问题依然是法律实务中的棘手问题。目前，现行《公司法》即将全面修订，在资本认缴制的背景下，如何确保股东在认缴期限内全面履行出资义务，是维护公司资本充实和债权人利益的根本。因此，不但要重新探讨公司股东除名规则的完善与规范，更要就公司股东失权制度的构建与落地探寻出路，这在当前法律实务的背景下显得尤为重要。

二、股东失权制度的解读

2021 年 12 月 24 日，第十三届全国人大常委会第三十二次会议发布了《中华人民共和国公司法（修订草案）》① ［以下简称《公司法（修订草案）》］。本次修法的一大亮点是创设性地提出了股东失权制度，《公司法（修订草案）》第四十六条②、第一百零九条③规定，有限责任公司和股份有

---

① 本文的完稿时间是 2022 年 6 月。其后，全国人大常委会先后于 2022 年 12 月 30 日、2023 年 9 月 1 日，对《中华人民共和国公司法（修订草案二次审议稿）》《中华人民共和国公司法（修订草案三次审议稿）》进行了审议，但截至 2023 年 12 月 31 日，新《公司法》仍未正式出台。在这 2 个审议稿中，均对股东失权制度的条款在原来的基础上进行了修改、完善。可见，新创设的股东失权制度仍存在较大的争议。

② 《中华人民共和国公司法（修订草案）》第四十六条：有限责任公司成立后，应当对股东的出资情况进行核查，发现股东未按期足额缴纳出资，或者作为出资的非货币财产的实际价额显著低于所认缴的出资额的，应当向该股东发出书面催缴书，催缴出资。公司依照前款规定催缴出资，可以载明缴纳出资的宽限期；宽限期自公司发出出资催缴书之日起，不得少于六十日。宽限期届满，股东仍未缴纳出资的，公司可以向该股东发出失权通知，通知应当以书面形式发出，自通知发出之日起，该股东丧失其未缴纳出资的股权。依照前款规定丧失的股权，公司应当在六个月内依法转让，或者相应减少注册资本并注销该股权。

③ 《中华人民共和国公司法（修订草案）》第一百零九条：本法第四十六条关于有限责任公司股款缴纳情况核查、催缴出资的规定，适用于股份有限公司。本法第四十七条关于有限责任公司设立时股东欠缴出资的责任的规定，本法第五十二条第二款、第三款关于有限责任公司股东抽逃出资的责任的规定，适用于股份有限公司。

限公司的股东未按期足额缴纳出资，经公司书面催缴后在宽限期内仍未缴纳出资的，该股东丧失其未缴纳出资的股权。

如前所述，《公司法司法解释（三）》中"先天不足"的股东除名制度，致使该制度的效用打了一定的折扣。而从目前发布的《公司法（修订草案）》可以看出，立法机关希望通过修订现行《公司法》，将股东除名制度存在的漏洞打上"补丁"，重点把股东未足额缴纳出资和出资的非货币财产价额显著低于认缴出资额的两种情形纳入法律规制的范围。股东未足额缴纳出资的，将丧失其未缴纳出资部分的股权，因此，从结果意义上来看，"除名"属于一种严重的"失权"。

通过将《公司法（修订草案）》新增的股东失权制度与《公司法司法解释（三）》的股东除名制度进行列表对比，可以得到表1-1。

表1-1　股东除名制度与股东失权制度对比表

内容	股东除名制度	股东失权制度
适用范围	有限责任公司	有限责任公司/股份有限公司
适用条件	全部未出资/抽逃全部出资	瑕疵出资
催告期限	催告后的合理期间	书面催缴后宽限期届满（不少于六十日）
程序设置	股东会决议	公司发出失权通知
法律后果	解除股东资格	股东丧失未缴纳出资的股权
后续处理	及时减资或者由其他股东或第三人缴纳相应的出资	六个月内依法转让股权，或者相应减资并注销股权

从上表股东除名制度与股东失权制度的比较，笔者认为：

（1）从适用范围来看，相较现行股东除名制度只适用于有限责任公司，《公司法（修订草案）》股东失权制度亦适用于股份有限公司。结合全国人大常委会法制工作委员会《关于〈公司法（修订草案）〉的说明》第（五）项关于完善公司资本制度中所说明的内容"增加股东欠缴出资的失权制度，规定：股东未按期足额缴纳出资，经公司催缴后在规定期限内仍未缴纳出资的，该股东丧失其未缴纳出资的股权（修订草案第四十六条、第一百零九条）"，可以确定股东失权制度亦可适用于股份有限公司。

（2）从适用条件来看，《公司法（修订草案）》股东失权制度的适用条件并不包括"抽逃出资"的情形。对此问题各方有不同的解读，有的认为是《公司法（修订草案）》遗漏了"抽逃出资"这一情形，且"抽逃出资"的情形比未出资更具恶意，更应以"失权"予以惩治，须在股东失权制度中予以补充；有的则认为"未按期足额出资"已包含"抽逃出资"的情形，因此《公司法（修订草案）》在表述上予以调整；有的却认为是《公司法（修订草案）》故意将"抽逃出资"剔除在股东失权制度之外，因为"未按期足额出资"与"抽逃出资"两者性质并不一样，一个是违约，一个是侵权，且《公司法（修订草案）》第五十二条中对于"抽逃出资"的行为也作出了专门的规定，不可能是遗漏。笔者也倾向于第三种意见，"抽逃出资"在法律实务中往往难以认定、双方的争议巨大，若公司未经诉讼程序直接对股东作出"是否构成抽逃"以及"抽逃金额"的判断并发出失权通知，可能造成股东失权制度被滥用的情形。

（3）从催告期限来看，《公司法（修订草案）》对于催告后的宽限期做了更明确的规定，要求"宽限期自公司发出出资催缴书之日起，不得少于六十日"，使股东失权制度中公司行权的程序比现行股东除名制度更具可操作性。

（4）从程序设置来看，《公司法（修订草案）》股东失权制度并没有沿用现行股东除名制度要求作出股东会决议的程序设置。鉴于《公司法（修订草案）》规定的是"可以失权"，而非"应当失权"，那么一旦公司内部不同主体之间意见无法统一（如股东会与董事会之间存在分歧），必然会造成公司行权上的冲突。因此，究竟由谁代表公司决定并发出失权通知是《公司法（修订草案）》应进一步予以规范明确的内容。

（5）从法律后果来看，现行股东除名制度由于股东完全未履行出资义务或抽逃全部出资，因此需要承担更重的法律后果，不再具有公司股东的资格；而《公司法（修订草案）》的股东失权制度，股东承担的法律后果也仅是失去其未缴纳部分出资的股权，并未被完全剥夺作为公司股东的资格。

（6）从后续处理来看，无论是现行的股东除名制度，还是新设的股东失权制度，均要求公司尽快根据除名或失权的情况，办理相应的股权转让、减资、股权注销等手续，关键在于使股东除名或失权情况与公司登记的公示信息保持一致，以保护公司债权人及股东权益。而《公司法（修订草案）》对于办理相应的股权转让、减资、股权注销等手续的时间有了更明确的规定，要求必须在六个月内完成，确保股东失权不能长期处于一种与公司登记的公示信息不一致的状态。但由于在法律实务中，牵涉到公司登记的相关程序并未给现行股东除名制度提供衔接性的配套程序，更遑论新创设的股东失权制度了，仅凭公司的催缴书及失权通知书去办理公司变更登记手续，在目前来说，绝对是一件"无法完成的任务"。这些问题同样需要进一步在立法上予以考量，使股东除名或失权制度真正可以落地。

综上，《公司法（修订草案）》创设了全新的股东失权制度，在一定程度上弥补了现行股东除名制度在法律实务中的空白与不足。特别是在股东存在出资瑕疵时，股东失权制度可以更好地维护公司利益、股东利益及债权人利益。截至 2023 年 12 月 19 日，《公司法（修订草案）》仍处于征求意见阶段，笔者认为，股东失权制度在程序设置及后续处理等问题上仍存在需要在立法上进一步补充完善的地方。一方面，《公司法（修订草案）》仅凭公司股权失权的通知即可启动股权转让或减资注销程序，容易受公司实控人操纵，特别是减资注销程序，可能借助该制度直接完成公司减资事项。另一方面，股权失权通知对公司登记机关的审查模式提出了挑战，处置程序衔接不当将直接影响公司的稳定与运行。

三、股东失权制度的完善建议

股东失权制度的立法目的是促使股东正确、全面履行出资义务，以保障公司资本的充实，同时适用于有限责任公司和股份有限公司。因此，在规范设计上采取强制性规范，满足法定条件和履行必经程序后，强制股东退出公司，致使其股东资格丧失。如前文所述，新《公司法》仍未正式出台，《公司法（修订草案）》仍在征求意见阶段，为真正解决股东失权制度，包括股东除名制度在法律实务中的运行困境，仍需要在制度设计上进一步完善。笔者尝试从法律实务的角度出发，对股东失权制度运行问题提出以下完善的建议。

（一）建议将股东除名制度与股东失权制度进行有效衔接

《公司法（修订草案）》仅规定了股东未按期足额缴纳出资或者作为出资的非货币财产的实际价额显著低于所认缴的出资额的情形，并未包含主观恶性更强的"抽逃出资"的情况。正如前文所述，《公司法（修订草案）》关于股东失权制度的设计，是刻意将"抽逃出资"剔除在股东失权制度之外，更关注公司基本出资的充实性，着眼于公司对外部产生的信赖利益。因此，一旦出现公司实际出资与公司登记的公示情况不相符的情形，《公司法（修订草案）》第四十六条赋予公司依强制性规范履行股东失权宣告的程序。而由于"抽逃出资"的行为往往具有隐蔽性，损害更多的是股东间的信赖利益和人合性，《公司法司法解释（三）》已对股东除名做了规定，一旦发生抽逃出资，可通过股东会决议启动股东除名，并可经司法确认其效力。因此，股东失权和股东除名在制度上应是并行的，而不是由股东失权制度吸收股东除名制度。由于立法目的上的差异，一方面，在《公司法（修订草案）》中股东失权制度与现行股东除名制度衔接方面可能出现无法分清的情况，并且股东除名制度并未纳入《公司法（修订草案）》，也有可能引发法律适用位阶上的差异，导致法律实务上的困惑。另一方面，"抽逃出资"可以适用于股东除名制度的情形也仅限于抽逃全部出资的行为，并未对部分"抽逃出资"的行为予以相应的法律规制，造成立法漏洞，须予以填补。

对此，笔者建议：首先，应在立法中明确股东除名制度与股东失权制度是两个并行的制度，将股东除名制度也一并写进新《公司法》，给股东除名制度以法律形式的正名。其次，应在立法中明确区分股东失权制度及股东除名制度的适用条件。如前所述，针对股东抽逃部分或全部出资的恶意行为，目前并没有以股东除名的形式予以规制并纳入《公司法（修订草案）》，导致法律实务中出现难以避免的困境。而且"抽逃出资"是通过违法形式将全部或者部分出资对外转移，相较于从未出资的行为更加隐蔽和恶劣。因此，应在股东失权制度基础上，对"抽逃出资"的行为以股东除名的方式予以惩治，实现与股东失权制度的有效衔接。

（二）建议对股东失权制度程序设置进一步完善、细化

按照《公司法（修订草案）》第四十六条的规定，以公司名义发出股东失权通知即可产生效力，但针对公司究竟如何作出股东失权通知，是否需要经股东会决议，是否适用特别事项的表决比例，具体实施的执行人员或者机构如何确定等，均没有进行明确规范。对此，笔者的建议是：首先，《公司法（修订草案）》应当参照现行股东除名制度，规定股东会决议作为股东失权的前置程序，公司在股东会作出决议后，方能向股东发出失权通知，以避免公司内部不同机关或人员之间的行权冲突。其次，由于最高人民法院已在《公司法解释（三）理解与适用》中说明股东除名不属于现行《公司法》规定的特别事项，因此，根据"举重以明轻"的原则，股东失权也同样不属于现行《公司法》规定的特别事项，如果公司章程没有特别规定，经代表二分之一以上表决权的股东通过即可。再次，公司章程作为公司的"基本法"，股东的变动属于直接影响公司经营的重大事项，应通过公司章程对程序予以明确和保障实施。即使经修订实施的新《公司法》确定的股东失权制度，除发出通知外并未明确其他程序设置问题，公司章程也可在股东失权事项的处理上作出衔接措施，如通过章程明确法定代表人、董事会（执行董事）、监事、经营管理层等具体部门或者人员发起股东失权事宜。

（三）建议股东失权制度与公司登记规范进行有效衔接

根据《公司法（修订草案）》第四十六条对股东失权制度后续处理问题的规定，股东失权事项确定后，公司应当在六个月内依法转让，或者相应减少注册资本并注销该股权，由此可见，该事项必须经公司登记机关办理变更登记才产生对外的法律效力。根据原《中华人民共和国公司登记管理条例》的规定，公司变更登记属于依申请事项，股东失权后对应股份转让或者减资注销股权，都需要履行变更登记手续。而在法律实务中，公司登记机关往往因无法认定股东会决议的有效性而拒绝直接办理变更登记，需要公司另行通过诉讼确认决议有效，在取得法院背书后方可办理。笔者曾因办理一起股东除名纠纷向公司登记机关咨询办理股权变更登记事宜，却被告知要办理股权变更登记必须提供所有股东签名确认的股东会决议，或者须通过法院出具生效的法律文书实现。前者，被除名股东显然不可能配合办理，也不符合实际情况；而后者则会额外增加股东除名的成本，显然也不符合股东除名制度设计的初衷。由此可见，要实现股东除名，最难过的仍然是公司登记机关这一关。

对此，笔者认为，2022年3月1日起施行的《中华人民共和国市场主体登记管理条例》第十九条已明确规定，登记机关应当对申请材料进行形式审查。对申请材料齐全、符合法定形式的予以确认并当场登记。也就是说，公司登记机关对于市场主体登记事项不再进行合法性审查，只要材料齐全、符合法定形式就应进行当场登记，从法律层面扫清了变更登记审查机制上的障碍。但由于该条例在本文撰写的2022年才刚刚施行数月，公司登记机关内部并未出台具体的操作指引，形式审查的标准也未明确，无法具体落地。而先行先试的是上海浦东新区，上海市人民代表大会常务委员会于2022年2月18日审议通过了《上海市浦东新区市场主体登记确认制若干规定》，进一步明确在上海浦东新区实施市场主体登记确认制①，赋予市场主体更大的经营自主权，降低制度性交易成本。

因此，为解决股东失权制度的最终落地实施问题，需要在公司登记规范层面配套股东失权股份处置的公司登记措施，包括基于失权股份的证明材料

---

① 《上海市浦东新区市场主体登记确认制若干规定》第二条：本规定适用于浦东新区的市场监督管理部门（以下称"登记机关"）推进市场主体登记确认制改革及其相关的管理、服务活动。本规定所称市场主体登记确认制，是指登记机关依据法定的权限和程序，对有限责任公司、非公司企业法人及其分支机构，个人独资企业、合伙企业及其分支机构（以下统称"市场主体"）的主体资格和登记事项予以认定并公示其法律效力的登记制度。

及审查规范、公司内部的决策文件、减资注销股权相应的减资程序等具体操作规范。股东失权制度建立的目标是能够有效运行起来，股东失权制度必须结合所期望的效果，配套具体能够实施的运行措施，才能有效落地。

结　语

《公司法（修订草案）》第四十六条关于股东失权制度的规定，总体上搭建了股东失权制度的框架，填补了现行《公司法》中缺少股东失权制度的空白。相较于现行的股东除名制度，股东失权制度增设了公司核查出资、催缴通知（包括宽限期）、失权通知等相应的程序规范，使得股东失权制度更具可行性和可操作性，确实是立法上的一大进步。若能吸收、借鉴股东除名制度实施中法律实务的相关经验，必将有助于股东失权制度的完善和落实，从而最大限度发挥股东失权制度的效用。

股东未按期缴纳出资的失权制度研究

金　豪　杨玉杰[*]

引　言

2021 年 12 月 24 日，第十三届全国人大常委会第三十二次会议审议的《公司法（修订草案）》第四十六条新增规定"股东失权"制度，即有限责任公司的股东未按期足额缴纳出资的，在公司给予宽限期内仍未补足出资，将丧失其未缴纳出资的股权。在《公司法（修订草案）》出台之前，我国关于股东失权制度的探索主要体现在《公司法司法解释（三）》第十七条规定的股东除名（或称股东资格解除）制度。股东除名条款适用条件限定为"完全未履行出资义务"[①] 或者"抽逃全部出资"，对于部分未履行出资义务的情形则很难适用。实务中，公司成立后除存在极端的"一分钱不出"或"抽逃得一分钱不剩"，绝大多数情形都属于未足额缴纳出资，但这种情形无法适用股东除名制度予以规制。《公司法（修订草案）》第四十六条为上述现实情况提供了有效的解决路径，将有助于解决实务中普遍存在的出资瑕疵问题。为此，本文从股东失权的性质、制度价值、程序规范等角度，结合股东失权制度在适用中可能出现的问题，提出对股东失权制度进行进一步完善的建议，以期在实务中更好地理解和适用股东失权制度。

一、股东失权的性质辨析

（一）股东失权的概念

现行《公司法》和《公司法司法解释（三）》未规定股东失权制度，我国学术界对股东失权的研究文献较少，在为数不多的研究文献中，部分研究

---

* 金豪，北京德恒（广州）律师事务所律师、高级合伙人；杨玉杰，北京德恒（广州）律师事务所律师。

① 根据《公司法司法解释（三）理解与适用》的观点，"未履行出资义务"指"完全未履行"，不是"未完全履行"，即股东即使只有很少一部分出资，也不能适用股东除名制度。

聚焦于股东除名与股东失权的关系，部分研究将股东失权等同于股东除名，即尚未对股东失权的定义达成共识。我们认为，股东失权是指有限责任公司依照法定程序对违反出资义务的股东剥夺其未缴纳出资的股权。

《公司法（修订草案）》第四十六条首次规定了股东失权制度，即"有限责任公司成立后，应当对股东的出资情况进行核查，发现股东未按期足额缴纳出资，或者作为出资的非货币财产的实际价额显著低于所认缴的出资额的，应当向该股东发出书面催缴书，催缴出资。公司依照前款规定催缴出资，可以载明缴纳出资的宽限期；宽限期自公司发出出资催缴书之日起，不得少于六十日。宽限期届满，股东仍未缴纳出资的，公司可以向该股东发出失权通知，通知应当以书面形式发出，自通知发出之日起，该股东丧失其未缴纳出资的股权。依照前款规定丧失的股权，公司应当在六个月内依法转让，或者相应减少注册资本并注销该股权"。

公司法系任意性规则与强制性规则之复合体的观念已获得广泛共识[1]，如果要对《公司法（修订草案）》第四十六条是任意性规则还是强制性规则作出判断，该条款应当属于任意性规则。该条款明确规定"公司可以向该股东发出失权通知"，即股东未缴纳出资并不必然丧失未缴纳出资部分的股权，有限责任公司依照程序剥夺股东未缴纳出资的股权，系公司内部事项，依赖于公司自治，不属于强制性规范。从另一角度来说，《公司法》针对股东未足额缴纳出资规定了多种处置方式，"未足额缴纳出资"并不是"股东失权"的充分且必要条件。例如，根据《公司法司法解释（三）》第十九条第一款规定："公司股东未履行或者未全面履行出资义务或者抽逃出资，公司或者其他股东请求其向公司全面履行出资义务或者返还出资，被告股东以诉讼时效为由进行抗辩的，人民法院不予支持。"即公司可以要求未履行出资义务的股东履行出资义务，而不必然适用《公司法（修订草案）》第四十六条，这也说明股东失权规则属于公司法上的任意性规范。

（二）股东除名的概念

《公司法司法解释（三）》第十七条第一款规定："有限责任公司的股东未履行出资义务或者抽逃全部出资，经公司催告缴纳或者返还，其在合理期间内仍未缴纳或者返还出资，公司以股东会决议解除该股东的股东资格，该股东请求确认该解除行为无效的，人民法院不予支持。"即股东除名是指股东在不履行股东义务，出现法律规定的情形下，公司依照法律规定的程序，

---

① 赵旭东：《公司法学（第2版）》，高等教育出版社2006年版，第44页。

将该股东从股东名册中删除，强制其退出公司，终止其与公司和其他股东的关系，绝对丧失其在公司的股东资格的法律制度。[①]

（三）股东失权与股东除名的关系

《公司法（修订草案）》公布之前，虽然学术界关于股东失权与股东除名的研究不多，但两者的关系和法律适用一直萦绕学术界与实务界。部分学者将域外股东失权制度与我国股东除名制度作比较，部分学者将股东除名等同于股东失权，即学术界对股东失权与股东除名的关系（包括概念、法律适用等）未形成共识。实务中，从司法案例来看，涉及股东除名的案例较多[②]，涉及股东失权的案例较少[③]，在股东失权案件中多数案件将股东失权作为股东除名的别称，未将两者进行区分［如（2014）银民商再终字第×号］。《公司法（修订草案）》公布之后，虽然股东失权的含义已经比较明朗，但鉴于股东除名与股东失权均是针对股东出资义务的法律规制，且两者确实存在相似性，在法律适用和司法审判中也极有可能在股东失权纠纷中参考股东除名的规则或经验，因此，探讨股东失权与股东除名的联系和区别，将有助于实务中准确适用股东失权规则。

1. 相似之处

股东失权的适用情形即"未按期足额缴纳出资"，既包括完全未履行出资义务，也包括履行了部分出资义务。股东除名的适用情形仅包括"完全未履行出资义务"，即股东失权不仅包括全部失权（股东除名），也包括部分失权，股东除名是股东失权的极端表现形式。

2. 区别

（1）目的和功能不同。股东除名是基于公司的团体性特征，将损害公司和谐的股东直接除名，排除异己，侧重于保护公司的人合性；股东失权不以将股东驱逐出公司为目的，只是使股东丧失其未缴纳出资对应的股权，其目的和功能是督促个别股东及时足额缴纳出资以维持公司资本充实，保障其他股东、公司及债权人利益，资本充实是股东失权制度的基本立足点。

（2）适用范围不同。股东除名适用于"完全未履行出资义务"，即严重违反出资义务的情形，适用范围较为狭窄；股东失权适用于"未按期足额缴

---

① 刘炳荣：《论有限责任公司股东除名》，载《厦门大学法律评论》第 8 辑，2004 年。

② 在中国裁判文书网（wenshu. court. gov. cn）输入关键词"股东除名"，共计搜索到 688 个案例，2022 年 8 月 4 日。

③ 在中国裁判文书网（wenshu. court. gov. cn）输入关键词"股东失权"，共计搜索到 6 个案例，且均集中在 2017 年之前，2022 年 8 月 4 日。

纳出资"或者"作为出资的非货币财产的实际价额显著低于所认缴的出资额"，即股东失权制度用于调整所有出资不实的现象，包括完全不出资和不完全出资，其适用范围广于股东除名制度，更相当于过程性控制。股东除名适用于"抽逃全部出资"，而"抽逃出资"不属于股东失权的适用范围，原因在于"抽逃出资"属于出资完成后再抽逃，性质上属于对公司财产的侵犯，不属于出资瑕疵的范畴，而股东失权主要是针对出资瑕疵的规制。

（3）适用程序不同。股东除名必须要由股东会决议作出决议，且作出除名决议后无须向被除名股东发出通知，被除名股东可向法院提起公司除名决议纠纷之诉；股东失权制度并未规定公司采用股东会决议方式作出股东失权决议，在宽限期后公司书面通知失权股东即可达到股东失权效果，也无须其他程序确认。

（4）法律后果不同。股东除名的后果是公司解除股东资格，被除名的股东退出公司；股东失权的后果是失权股东仍可享有股东身份，只是丧失未出资部分对应的股权。

二、股东失权制度的功能价值

股东瑕疵出资是我国公司法实践中最为常见的违法行为之一，关涉到瑕疵出资股东与公司之间、与其他股东之间、与公司债权人之间的法律责任，以及瑕疵出资人的股东身份认定等法律问题[①]。因此，虽然《公司法司法解释（三）》确立了股东除名制度，但由于股东除名制度适用范围有限，且认缴资本制下瑕疵出资的情形非常普遍，为此，确立股东失权制度将有助于督促股东及时完成出资义务，保障公司股东及债权人利益，提高公司商事运行效率。

（一）有利于督促股东及时履行出资义务，保障公司资本充实

公司的资本源于股东的出资，这是公司独享的、不受其他人支配的独立财产，《公司法》不仅规定公司在设立时明确资本数额，而且要求公司在存续期间保持与其资本额相当的财产，即履行资本充实原则。在股东失权制度下，股东基于对未按期缴纳出资可能被通知失权的心理预期，为保证所持股份不被失权，将有助于促使股东按期足额缴纳出资。另外，一旦股东未在宽限期内补缴出资，公司在发出失权通知后，可通过股权转让方式继续维持公司资本充实。

---

① 李建伟：《瑕疵出资股东的资本充实责任》，载《人民司法》2008 年第 17 期，第 71 页。

（二）有利于保护公司其他股东的合法权益

认缴资本制下，出资人只需要依照《公司法》第三十二条的规定，在设立公司时只需要将出资人姓名记载于股东名册、公司章程或工商登记簿之上其即取得股东身份，而不需要完全缴纳出资。这导致股东不一定会在公司成立时缴纳出资（或者仅缴纳极少一部分出资），但却已经享有了与其认缴出资份额相一致的股权，尤其是该股东为大股东的情况下，虽然未缴出资但却行使了大股东的控制权，这对已经履行实缴义务的股东不公平。如果大股东再滥用股东优势地位损害公司及其他股东的权益，将进一步导致公司内部股东权利失衡。因此，股东失权制度的适用，能及时调整未出资股东的表决权，保障其他未违反出资义务股东的合法权益，进一步完善瑕疵出资股东的责任框架。

（三）有利于保障公司债权人的利益

对公司债权人而言，来自出资人投入公司的资本将成为债权人利益保护的基本气垫（cushion）①，如果股东未按时缴纳出资，则公司资本不足，影响公司偿债能力，进而对公司债权人不利。如果缺乏相应的约束机制，股东不仅可能不兑现出资承诺，而且有可能利用股东的控制权将公司财产掏空，最终损害债权人利益。在股东失权制度下，公司发出失权通知后，可以通过股权转让的方式来维持公司资本，在公司资本不变的情况下，对公司债权人未造成损害，间接维护了公司债权人的利益。

（四）有助于强化公司主体的能动性，提高商事运行效率

首先，在股东失权制度下，针对未按时缴纳出资的股东，公司有更多选择的权利。只要股东未按时缴纳或足额缴纳出资，公司即可发出催缴书，在催缴书载明的期限内仍未缴纳，公司可直接发出失权通知，即失权制度的启动与最终结果都是由公司控制，提高了公司的商事运行效率。其次，股东失权制度能迅速解决公司资本问题，避免因资本缺乏致使公司陷入经营不能。公司不必等待一段时间的异议期，即可寻求新的公司资本充实，从而很好地避免日后因出资问题产生的公司治理困境。对于已经陷入运营困难或者治理出现僵局的公司而言，股东失权制度作为一种经济便捷的手段，有助于快速

---

① 朱慈蕴：《股东出资义务的性质与公司资本制度完善》，载《清华法学》2022 年第 2 期，第 76 页。

解决公司治理困境。

三、股东失权的程序规范

（一）股东失权的程序规则

股东失权的程序规则包括：①核查出资。资本真实是公司法律制度不容置疑的价值取向和法律理念。在认缴资本制下，公司应核查股东出资，包括对非货币出资的评估作价，保证公司股东出资的真实性。公司既可以自行查询和核实公司资本的认缴和实缴情况，也可以请求登记机关依职权开展调查并告知调查结果。②催缴出资。核查出资时，公司发现股东未按期足额缴纳出资，或者作为出资的非货币财产的实际金额显著低于所认缴的出资额，应当向该股东发出书面催缴书，催缴出资。如宽限期内股东依法补足了出资，则公司无须作出失权通知。③作出失权通知。催缴书记载的宽限期届满，股东仍未缴纳出资的，公司可以向该股东发出失权通知。通知应当以书面形式发出，自通知发出之日起，该股东丧失其未缴纳出资的股权。

（二）关于失权通知涉及的三个问题探析

1. 公司向股东发出失权通知前，应由公司哪一机关形成公司意思，应结合具体情况来判断，不宜在《公司法》中作出规定

公司向股东发出失权通知前，是否要通过股东会决议程序形成公司意思？为此，《公司法（修订草案）》并未作出要求。学术界对于是否必须由股东会作出失权决议有不同意见。有学者认为应当由股东会作出失权决议，即："股东会决议不仅是形成公司意思的重要机制，同时也是股东集体意思的体现，只有通过股东会的表决程序形成有效的股东失权决议，才能同时解除公司与股东之间、股东相互之间以出资义务的履行为内容的合同关系……股东除名、合伙人除名等同源规则均要求通过决议程序形成团体意思，股东失权规则却不以股东会决议为程序要件欠缺合理性。"[①] 有学者认为无须经过股东会决议，而由董事会发出失权通知即可，即"进行失权程序的主体是公司，所以具体事项应由公司的代表机构和执行机构来实施，作为公司代表机

---

①　王琦：《有限责任公司股东失权程序的建构路径》，载《法律适用》2022 年第 7 期，第 152 页。

关和执行机关的董事会完全有权利也有义务除去欠缴出资股东的股权";① "失权制度的功能是维护公司资本充实，且无须股东会决议，为追求效率，公司的执行机构董事会可代表公司为相应的意思表示".② 有学者认为失权通知既可以由股东会也可以由董事会发出，根据具体情况判断，即："公司权力分配更加尊重自治规则，可以根据公司内部的实际治理结构以及公司章程的安排予以不同的设置，据此可见，失权通知的发出，既可以是股东会也可以是董事会的权力，应当根据具体情况加以判断."③

我们赞同最后一种观点，《公司法》不宜规定具体由哪一机关作出股东失权的意思表示，股东失权规则本就属于任意性规则，而且每个公司权力设置不同，无法在法律层面限定具体由哪一机关行使。如果《公司法》强制规定失权通知发出前必须经股东会决议，那么股东失权制度的经济便捷性将大打折扣，而且将可能产生拟被失权股东是否应参加该事项表决、失权决议的表决权比例及是否要一并作出失权后的股权份额处置决议等现实问题。封闭公司的权力分配应以公司章程为本，《公司法》仅在其未约定或约定不明时发挥查缺补漏之用。④ 因此，公司可以根据自身的治理结构在公司章程中自行设定股东失权决议是属于股东会还是董事会（或执行董事）的职权。在《公司法》没有规定，公司章程也没有约定的情况下，具体由哪一机关作出失权意思表示，可以根据股东会与董事会的职能定位来判断。根据股东会与董事会的分权规则，公司基本结构与权力结构变化等严重影响股东权利的事项应属于股东会职权范围，公司经营性战略决策及对决策方案监控的事项应属于董事会职权范围。

2. 在多个股东均存在未足额缴纳出资的情况下，公司可以向个别股东发出失权通知，不违背股东平等原则

《公司法（修订草案）》规定"公司可以向该股东发出失权通知"，即公司向股东发出失权通知是公司的一项权利，公司可以自由决定是行使还是放弃此权利。如果数个股东都存在未足额缴纳出资的情况下，公司是否应当向所有出资瑕疵的股东均发出失权通知？如果仅向个别股东发出失权通知，而不对其他股东发出失权通知，是否违背股东平等原则？根据《公司法》第三

① 曾佳：《股东失权制度功能定位与体系化适用——以〈公司法（修订草案）〉第46条为中心》，载《北京理工大学学报（社会科学版）》2022年6月13日。

② 王纯强、王倩影：《股东失权制度的相关问题研究》，载《人民法院报》2022年3月24日。

③ 葛伟军：《从股东资格解除到股东失权的嬗变》，载《北京理工大学学报（社会科学版）》2022年7月1日。

④ 许可：《股东会与董事会分权制度研究》，载《中国法学》2017年第2期，第137页。

十四条、第四十二条、第一百二十六条的规定，我国《公司法》遵循"同股同权""一股一决"的原则，即股东在与公司的法律关系中，享有平等的权利。违反股东平等原则，使同种股份享有不同权利，则在根本上违背了《公司法》平等保护所有股东的立法原则。尽管如此，如果公司执行机关按照失权规则履行了正当程序，经过决议对某些股东发出失权通知，对某些股东不发出失权通知，当属于集体决议和公司自治的结果，就不应认定为违反股东平等原则。

3. 目前《公司法（修订草案）》中规定"自通知发出之日起，该股东丧失其未缴纳出资的股权"符合商事效率原则，不建议将通知发出之日修订为通知到达之日

《公司法（修订草案）》规定"自通知发出之日起，该股东丧失其未缴纳出资的股权"，该规定受到了部分学者的批评。部分学者认为该条款与《中华人民共和国民法典》（以下简称《民法典》）第五百六十五条第一款规定的合同解除权"合同自通知到达对方时解除"相违背，建议将"通知到达主义"作为生效要件。我们认为，目前《公司法（修订草案）》规定的通知发出即生效类似于《民法典》第一百三十九条规定的"以公告方式作出的意思表示，公告发布时生效"，具有合理性和实践意义。一方面，商事效率原则是《公司法》的重要原则，此处采用"通知到达主义"不利于维护商事效率，《民法典》中的合同解除原则不适用《公司法》对效率的追求。另一方面，《公司法（修订草案）》第四十六条已经对欠缴出资的股东给予了保护，即如前所述，公司已经向欠缴出资的股东发出了催缴通知书，在催缴书记载的宽限期内股东仍未缴纳，实际上股东已经自行放弃了缴纳出资，明确违反了出资义务，在此情况下，如果还要以股东收到失权通知才能丧失股权，不排除有的股东故意不收取失权通知，导致失权通知送达困难，影响失权通知的效率和公司利益。

四、对进一步完善股东失权制度的建议

（一）建议将催缴宽限期"自公司发出出资催缴书之日起"修订为"自股东收到出资催缴书之日起"

关于宽限期的起算时间和时限，目前《公司法（修订草案）》规定的是"宽限期自公司发出出资催缴书之日起，不得少于六十日"，相比于股东除名制度未规定明确的期限，股东失权制度规定的六十日宽限期在平衡股东与公司利益的基础上进一步完善了期限规定。但目前《公司法（修订草案）》规定的"自公司发出出资催缴书之日起"，仍不利于保障股东权益。例如，在实践中，如果公司对某位股东不满，可能故意采取该股东无法收到的方式进行通知，由此造成股东因无法收到催缴书而面临失权的风险。股东失权制度设置的目的是催促股东履行出资义务，应当与宽限期满股东仍未缴纳出资的失权通知区别对待。前者应当参考适用《民法典》第一百三十七条规定的有相对人的意思表示生效时间，即"以非对话方式作出的意思表示，到达相对人时生效"。股东失权制度设置的目的是催促股东履行出资义务，催告程序虽然为公司和股东提供了补救机会，但也体现出催缴的强制性和单方性，因此，为了更充分地保障股东出资义务，在股东收到催缴书之日起起算宽限期更具有合理性。

（二）建议行政部门增加股东失权变更登记环节，确保股东失权制度在工商登记层面落实

公司作出失权通知后，不管是办理股权转让还是减资程序，都需要在工商部门办理股权变更登记，从股东除名的工商变更登记实务来看，因股东失权而产生的变更登记亟须在司法解释或行政规章中予以落地。根据《公司登记管理条例》第二十七条规定，公司申请变更登记需要提交"（二）依照《公司法》作出的变更决议或者决定"，就股东除名的变更登记来看，目前未建立与股东除名相关的行政配套措施，也不存在针对"股东除名"的工商变更登记流程，以公司除名决议的结果来办理工商变更登记手续是行不通的。根据中国裁判文书网公布的案例，想要顺利完成工商变更登记，一般只能通过司法途径解决，包括行政复议、行政诉讼，或提起民事诉讼，即公司作为原告向人民法院起诉确认股东除名决议有效（不同法院对该类诉讼是否受理差别较大），或者被除名股东向人民法院提起股东除名决议纠纷之诉等，待判决作出后提交给工商部门办理变更登记手续。相比之下，因股东失权导致的变更登记中，公司发出的失权通知是否会被工商部门认可，更不得而知。鉴于股东失权无须通过其他程序确认即可达到股东失权效果，建议行政机关制定股东失权变更登记流程，赋予行政部门对股东失权通知实质审查的权力，审查后认为没有问题的，可以办理工商变更登记。通过行政规范或部门规章规范股东失权工商变更登记流程，使股东失权制度更好地落地，减少当事人诉累。

（三）建议在公司法司法解释中增加规定"被失权"股东的权利救济方式

失权通知一旦发出即产生失权的法律后果，如果股东对失权通知结果不服，应当如何救济，目前《公司法（修订草案）》没有规定。实践中，不排除在股东已经完成出资义务、催缴通知或失权通知不合规定等情况下，大股东或实际控制人利用优势地位控制公司向股东发出失权通知，损害股东权利。一旦股东"被失权"，就需要法律予以救济，建议在司法解释中规定失权股东的救济途径。在股东除名制度中，针对股东会决议除名的股东，可以向人民法院提起公司决议纠纷之诉，来保障自身的权利。相比较而言，股东失权制度一经通知即发生失权效力，如果该股东对失权结果不服，无法通过决议纠纷之诉来维护权利，无法归入现有的公司纠纷类型。

从结果意义上来看，股东"被失权"与股东被侵害知情权、盈余分配请求权等相类似，实质上都是股东权利受到损害，因此，失权股东的法律救济可以参考股东知情权诉讼。如果出现股东已按期缴纳出资、催缴出资程序不合理、宽限期不符合规定、失权通知形式不符合规定或违反公司章程规定的其他失权程序等，股东可以列公司为被告，请求人民法院确认失权通知无效。

结　语

《公司法（修订草案）》第四十六条新设的股东失权制度在维护资本信用，保障公司资本充实等方面具有重要作用，是保障公司利益的常态化治理工具。但任何一项制度的形成和适用，都需要经过实践的检验，股东失权制度在催缴通知、股东失权变更登记及"被失权"股东权利救济方面有待进一步完善。除此之外，失权决议作出机关、失权通知、丧失股权后的处理、债权人利益保护等方面，学术界也尚未形成统一观点。因此，股东失权制度的具体适用还需要不断深化理论研究和实践探索，争取为已经出现和可能出现的新争议、新纠纷提供可资操作的规范指引。

认缴制下股东出资义务加速到期
法律问题探究

任 杰[*]

引 言

自 2013 年《公司法》修订以来，我国公司资本制度针对一般类型的公司（极少数特殊类型的公司仍实行法定资本制，如银行、投融资公司等）由法定资本制转为认缴资本制，取消了最低注册资本和实缴期限的限制，由公司章程规定股东出资金额以及缴纳出资的期限。在实行注册资本认缴制后，出现了大量有关股东利用认缴制逃避债务的法律纠纷。最高人民法院于 2019 年印发了《全国法院民商事审判工作会议纪要》（以下简称《九民纪要》），其中，在关于股东出资加速到期及表决权这一部分明确提出以保护股东的"出资期限利益"为原则，并规定了两种例外情形。从性质上看，该纪要并非法律规定或司法解释，对于股东出资义务加速到期纠纷的解决仅有指导作用，且该纪要的规定也不甚明确，理论界和实务界对于此问题仍存在较大争议。基于此，本文立足于股东出资义务加速到期制度的审判实践，在此基础上揭示出我国当前股东出资义务加速到期立法的不足及司法裁判标准的不统一，并提出完善我国股东出资义务加速到期制度的建议，以期实现公司股东与债权人利益保护的平衡。

一、问题的提出

股东出资义务加速到期是指在公司资不抵债时，债权人要求认缴期限尚未届满的公司股东提前履行出资义务，在其认缴范围内承担补充责任。

我国现行《公司法》于 2013 年 12 月 28 日经全国人大常委会第三次修正，将公司注册资本由实缴制变为认缴制为主，由公司章程规定股东出资金额以及缴纳出资的期限。在实行注册资本认缴制下，股东可以自行安排出资

---

* 任杰，广东合盛律师事务所律师、合伙人。

时限，但当公司资产不足以清偿其到期债务时，若股东因出资期限尚未届满而未履行出资义务，公司债权人为保障其债权的实现，实践中会要求该股东提前履行出资义务。在该类纠纷中，债权人往往主张履行出资义务系股东法定义务，公司无法清偿到期债务时，股东便丧失了出资期限利益，应加速出资期限到期；股东往往抗辩其未届出资期限，其享有的出资期限利益应受到保护，其出资不应加速到期。因此，如何实现债权人利益与股东出资期限利益的平衡，是实务中需要解决的问题。我国目前司法实践中对股东出资义务加速到期问题观点不一，裁判思路也不统一。

二、加速到期制度的立法现状

《公司法》第二十八条规定"股东应当按期足额缴纳公司章程中规定的各自所认缴的出资额"，即法律赋予公司股东出资期限利益，允许股东按照公司章程规定的出资期限缴纳出资。从《公司法》的层面上来看，在股东依据公司章程分期缴纳出资的情况下，债权人能否请求股东加速履行出资义务，《公司法》未作出明确的规定。

为了保障债权人的利益，我国《中华人民共和国企业破产法》（以下简称《企业破产法》）和《最高人民法院关于适用〈中华人民共和国公司法〉若干问题的规定（二）》［下称《公司法司法解释（二）》］明确规定了在两种情形下股东出资义务加速到期。第一种情形是公司破产，即根据《企业破产法》第三十五条之规定，人民法院受理破产申请后，债务人的出资人尚未完全履行出资义务的，管理人应当要求该出资人缴纳所认缴的出资，而不受出资期限的限制；第二种情形是公司解散，即根据《公司法司法解释（二）》第二十二条第一款之规定，公司解散时，股东尚未缴纳的出资均应作为清算财产。股东尚未缴纳的出资，包括到期应缴未缴的出资，以及依照《公司法》第二十六条和第八十条的规定分期缴纳尚未届满出资期限的出资。

在非破产和解散情形下，我国法律尚未明确债权人能否要求出资期限未届满的股东加速履行出资义务。有观点认为最高人民法院发布的《公司法司法解释（三）》第十三条为非破产和解散情形下股东加速履行出资义务的法定依据，其对该条第一款的"未履行或者未全面履行出资义务"做了扩张解释，即该条不仅应约束出资义务已到期但没有履行出资义务的股东，还应约束出资期限尚未到期的股东。然而司法机关后续发布的指导性文件中又采取了与此观点相反的思路。最高人民法院在 2019 年 11 月印发的《九民纪要》中明确规定，在注册资本认缴制下，股东依法享有期限利益，原则上不适用加速到期。同时，《九民纪要》又规定了两种例外情形：一是公司作为被执行人的案件，人民法院穷尽执行措施无财产可供执行，已具备破产原因，但不申请破产，即"执行不能但不破产"；二是在公司债务产生后，公司股东（大）会决议或以其他方式延长股东出资期限，即"恶意延长出资期限"。在该两种例外情形下，债权人有权以公司不能清偿到期债务为由，要求未届出资期限的股东在未出资范围内对公司不能清偿的债务承担补充赔偿责任，即请求股东出资加速到期。

三、加速到期制度的司法实践

由于我国现行法律尚未就非破产和解散情形下股东出资加速到期作出明确规定，在法律规定缺失的情况下，各地法院在非破产和解散情形下是否支持股东出资加速到期以及支持股东出资加速到期情形下的裁判理据等相关司法实践均存在不同的裁判标准和思路。

笔者通过对案例的分析和研究发现，在不支持股东出资加速到期的案件中，法院一般以保护股东出资期限利益为基本原则、个案缺乏法律依据等为由作为裁判依据。而在支持股东出资加速到期的案件中，法院裁判的理由多样，除了《九民纪要》规定的"公司具备破产原因"以及"恶意延长出资期限"两种主要情形外，也在转让股权的某些情况下要求原股东在未出资范围内承担责任，本文亦将这些情况作为股东出资加速到期的情形予以讨论。

（一）案例解读

1. "公司具备破产原因"情形下出资加速到期的适用

很多案例显示，在公司无财产可供执行或存在终结执行的情况下，法院通常会认为公司已经具备破产原因，应适用加速出资。例如，张××等与×航空公司执行异议案[①]中，二审法院经审理后认为，本案中，中飞××公司未能依据生效调解书的规定向×航空公司清偿债务，应当认定中飞××公司不能清偿到期债务。虽然张××、中飞××公司均称该公司尚有资产，但现有证据不能证明中飞××公司能够将财产变现、清偿债务，且中飞××公司作为被执行人的执行案件因穷尽执行措施无财产可供执行，已被人民法院裁定终结本次执行程序，×航空公司的债权至今未获清偿，故应当认定中飞××公司明显缺乏清偿能力。因此，本案属于中飞××公司已具备破产原因，

① 北京市第二中级人民法院（2022）京02民终××号民事判决书。

但不申请破产的情形，×航空公司主张张××的认缴出资加速到期，具有事实及法律依据。又如，北京×科技公司、年××等股东损害公司债权人利益责任纠纷案①中，法院经审理后认为，北京×科技公司对巡×公司享有到期债权，其债权经过强制执行后依旧未能获偿，结合《中华人民共和国企业破产法》第二条等规定，巡×公司已具备不能清偿到期债务且明显缺乏清偿能力的破产原因，但巡×公司未依法提出破产申请，已符合出资加速到期的情形。因此，年××应在未出资范围内对巡×公司不能清偿的债务承担补充赔偿责任。

司法实践中，也有法院在审查是否"具备破产原因"时，不仅着眼于是否无财产可供执行、存在法院终结执行的情形，还会结合其他因素和证据，如年度报告、资产负债表、审计报告等资料，以及股东、公司经营等情况，综合判断公司是否"具备破产原因"；若股东能举证证明公司并不符合破产情形的，股东的出资亦不应当加速到期。例如，北京×生物科技公司与张××执行异议案②中，法院经审理认为，中联××公司对×生物科技公司负有的债务已经生效仲裁裁决确认，履行期限已经届满且未清偿，中联××公司作为执行案件的被执行人，经法院强制执行无财产可供执行，且中联××公司及其股东张××已经失联，涉及大量诉讼。根据公司解散和破产的法律规定，应认定中联××公司不能清偿到期债务且明显缺乏清偿能力，具备破产原因。张××作为中联××公司的股东应当补足其认缴的出资，未补足部分视为张××未足额缴纳出资。又如，宁波×公司与罗×、张×股东损害公司债权人利益责任纠纷案③中，法院经审理认为，原告对汉××公司的债权经鄞州法院生效判决确认，并经执行发现无财产可供执行，已终结本次执行程序。结合企业公示信息及 2018 年度报告来看，汉××公司资产小于负债，明显缺乏清偿能力，具备破产条件。出于保护债权人的目的，当公司不能清偿到期债务、具备破产条件但不申请破产时，股东的出资义务应加速到期。

有案例认为，即便公司未被列入失信名单，且未被裁定终结本次执行程序，法院依据其他证据认定公司不能清偿到期债务且明显缺乏清偿能力，符合破产的实质条件。例如，王××、付××等执行异议案④中，一审及二审法院经审理认为，×公司已经处于歇业状态，其股东王××未实际缴纳出

---

① 江苏省无锡市锡山区人民法院（2021）苏 0205 民初××号民事判决书。
② 北京市第二中级人民法院（2022）京 02 民终××号民事判决书。
③ 宁波市海曙区人民法院（2020）浙 0203 民初××号民事判决书。
④ 辽宁省鞍山市中级人民法院（2021）辽 03 民终××号民事判决书。

资，实际上其出资的缴纳在可预见的现实已经成为不可能，可以认为其出资义务加速到期。

2. "恶意延长出资期限"情形下出资加速到期的适用

有案例显示，在公司负有债务的情况下延长股东出资期限属于恶意，应适用股东出资义务加速到期。例如，严×、赵××申请执行人执行异议案件①中，二审法院经审理认为，圣×公司股东会在公司负有债务并被赵××起诉期间通过修改公司章程延长认缴出资期限至 2046 年，实际上是公司放弃对股东的债权，损害了公司债权人的利益，表决股东具有逃避债务的主观恶意。因股东恶意延长出资期限，逃避出资义务，故严×的出资期限应加速至原公司章程确定的 2018 年 12 月 31 日到期。其在出资期限到期未履行出资义务的情况下转让股权，应当在其未履行出资 408 万元范围内对圣×公司不能清偿的债务承担责任。

3. "转让股权"情形下出资加速到期的适用

有案例认为，若未届出资期限即转让股权，可视为对公司出资责任的预期违约，原股东应在未出资范围内承担责任。例如，新疆×公司、魏××等建设工程合同纠纷执行审查案件②中，法院经审理后认为，公司股东在认缴出资期限未届即转让股权，可视为股东对其法定义务的预期违约。《中华人民共和国合同法》第一百零八条规定，当事人一方明确表示或者以自己的行为表明不履行合同义务的，对方可以在履行期限届满之前要求其承担违约责任。出让股东在负有法定出资义务的前提下，未届出资期限即转让股权，可视为对公司出资责任的预期违约。本案中，股东新疆×公司、哈密市×公司未依法履行出资义务即转让股权。依照《民事执行中变更、追加当事人若干问题的规定》第十九条规定，申请执行人申请追加异议人新疆×公司，在出资的范围内承担责任，符合法律规定。

有案例认为，股东在债务产生以后，或案件涉诉期间将股权随意转让给第三方，属于恶意转让股权，原股东应在未出资范围内承担责任。例如，李×、×公司服务合同纠纷案③中，法院认为，原告于 2015 年 8 月 25 日提起诉讼，被告在 2015 年 9 月 7 日将未全面履行出资义务的股权转让给案外人，原告有理由相信被告股东是为了逃避债务，恶意转让股权，损害其债权，故判决被告李×在其未出资范围内对债务人涉案债务不能清偿的部分承担补充赔偿责任。

---

① 广西壮族自治区防城港市中级人民法院（2021）桂 06 民终××号民事判决书。
② 新疆维吾尔自治区伽师县人民法院（2022）新 3129 执异××号民事判决书。
③ 广东省广州市中级人民法院（2017）粤 01 民终××号民事判决书。

有案例认为，将股权转让给明显没有出资能力的受让方，属于恶意转让股权，原股东应在未出资范围内承担责任。例如，陆××等与杨××等申请执行人执行异议案件①中，二审法院经审理后认为，从股权受让人情况来看，××公司注册资本为5000万元，在受让××公司全部股权前，董××已欠国家助学贷款及利息未予偿还多年，而根据法院与董××户籍地村书记谈话可知，董××在外打工，村内没有收入来源、没听说有股权分红等收入、房屋在其父亲名下，结合上述事实，难以认定董××有实缴出资的财务能力。综合前述因素，法院认定沈×、潘××将股权转让给董××的行为是利用公司股东出资期限利益恶意逃避债务，侵害了公司债权人的利益。沈×、潘××恶意转让股权、滥用股东出资期限利益的行为应予否定，现陆××等申请追加沈×、潘××为（2019）京01××执××号执行案件的被执行人，符合法律规定。

（二）案例小结

综合相关司法判例可以看出，现行司法实践中，法院判决支持出资加速到期的理由主要有：①在"公司具备破产原因"情形下，为保护债权人利益，判定由未足额出资的股东在未足额出资范围内向债权人承担出资责任。关于"破产原因"的认定标准，实践中存在公司无财产可供执行、法院终结执行、公司资不抵债、经营异常、人员失联等多种认定标准。②在股东"恶意延长出资期限"的情形下，为保护债权人利益，判定由未足额出资的股东在未足额出资范围内向债权人承担责任。实践中如何认定"恶意"延长，尚无统一认定标准。③在"转让股权"的情形下，虽有案例认为，原股东若未届出资期限转让股权即应在未出资范围内承担责任，但更多案例显示，在注册资本认缴制下，股东出资期限利益应予保护，但若存在债务产生以后转让股权或将股权转让给明显没有出资能力的受让方等恶意转让情形，原股东则应在未出资范围内承担责任。

（三）司法实践的困境

在非破产和解散的情况下，目前适用股东出资义务加速到期的依据主要在于《九民纪要》所规定的两种例外情形，但《九民纪要》的适用在实践中也存在一定困难。

在举证方面，对于公司债权人而言，《九民纪要》规定的两种股东出资

---

① 北京市第三中级人民法院（2020）京03民终××号民事判决书。

义务加速到期情形均存在一定程度的举证困难。对于第一种情形"执行不能但不破产"，债权人需举证证明公司"已具备破产原因"，但由于立法层面对公司处于何种状态即属于"已具备破产原因"并未明确，导致司法实践中对此认定标准不统一，裁判结果亦不尽相同。在股东出资加速到期纠纷案件中，债权人往往会提供终结本次执行程序裁定书以证明公司已具备破产原因，虽然实践中多以法院终结本次执行为认定标准，但由于某些资产，如存货、应收账款等，可能在法院查控系统之外，极有可能发生法院虽然终结本次执行但公司仍具备清偿能力的情况。因此，法院是否可以仅凭终结本次执行程序裁定书即认定公司已具备破产原因，还是需要结合其他因素综合考量认定，司法实践中存在较大争议。对于债权人来说，举证证明公司具备破产原因存在一定的难度。对于第二种情形"恶意延长出资期限"，债权人需举证证明公司不能清偿债务，且公司做出了延长出资期限的行为、主观上具有逃避债务之故意，这些证明要件举证难度均比较大。

裁判缺乏明确法律依据。目前，仅《九民纪要》第六条规定了只有在满足公司被执行案件中已具备破产原因但不申请破产，或债务产生后延长股东出资期限的情形下，债权人才能例外地要求未届出资期限的股东在未出资范围内对公司不能清偿的债务承担补充责任。但从性质上看，《九民纪要》并非法律规定或司法解释，法院在具体案件裁判中只能作为说理部分进行阐述，不能直接作为裁判依据的法律规定进行援引。并且，《九民纪要》未将未届出资期限而转让股权等情形考虑在内，对实践中处理该类纠纷无法提供有效支撑。

四、加速到期制度的确立和完善

在实行注册资本认缴制下，股东的出资期限利益受到法律保护。同时，根据《公司法》的要求，股东应当遵守法律、行政法规和公司章程，应当履行出资义务，本着诚实信用的原则经营公司，妥善处理公司的债权债务，不得利用《公司法》对于股东认缴出资的规定损害公司及债权人的合法权益。为了平衡保护股东及债权人的利益，笔者建议结合我国目前有关出资加速到期法律规定缺失以及相关司法裁判标准不统一的现状，从着眼于解决实际问题的需要出发，在立法层面明确股东出资义务加速到期的适用情形、具体适用条件等实体规则，在制度设置上达到对各方利益保护的平衡。为此，笔者建议关注以下问题。

（一）严苛设置股东延长出资期限的实体规则

由于股东出资期限关系股东自身重要利益，而延长股东出资期限与公司减资对公司债权人的影响有类似之处，因此，建议参照《公司法》对公司减资的规定，对延长股东出资期限设立实体规则，以保护股东和债权人利益。在相关程序规则的设置上可考虑：其一，严格设置延长股东出资期限的决议规则。笔者认为，股东出资期限事关股东重要利益，是各股东之间形成的一致意思表示，本质上属于公司自治范畴，不应以多数股东或董事意志变更出资期限，因此，原则上由股东会一致决议延长股东出资期限更为妥当。其二，公司应对债权人进行通知和公告。由于延长股东出资期限可能对公司偿债能力产生重要影响甚至构成损害，公司债权人应有权获知这一对其债权实现有重要影响的行动。关于通知和公告后是否需要取得债权人同意，则建议结合原确定的出资期限是否届满、公司资产是否减值、公司偿债能力是否降低等情况予以考量。其三，公司应及时办理登记和公示手续，履行相应的信息披露义务。

在股东延长出资期限情况下，是否适用出资加速到期，建议除结合延长出资期限是否按程序办理之外，还应考虑债务的形成时间。若公司在债务形成之后办理了股东出资期限的延长，公司债权人应有权要求股东出资义务加速到期以保障其权益。当然，由于实践中公司在债务形成后延长股东出资期限也并非都是"恶意"，且考虑到出资加速制度应主要在于规制股东明知公司将无法清偿到期债务，通过延长出资期限来恶意规避责任的情形，因此，从利益平衡及实际操作的角度来看，在适用该种情形时，当债权人请求加速特定股东的出资义务时，股东应承担延长出资期限不具有恶意的举证责任，如需要证明延长出资期限之时公司已有资产足以清偿对债权人的债务、应对正常经营需要等。

（二）明确恶意转让股权的认定标准

在注册资本认缴制下，原股东出于投资需要等市场因素考量在未届出资期限转让股权应为法律所允许，如一概要求原股东在完成股权转让后继续承担出资义务，既缺乏法律上的依据，也与认缴制改革本身所希望达到的减轻投资者负担、降低创业门槛、改善营商环境的初衷不符。因此，笔者认为，在未届出资期限即转让股权的情况下，是否适用出资加速到期规则，应结合股权转让时点、公司偿债能力等因素综合评判。若原股东在出资期限届满前出于正常经营等需要而转让股权，转让后已不具备股东身份，对公司不再负有相应的出资义务，原则上对债权人无须承担补充赔偿责任。若虽然未届出资期限，但原股东在债务成立之后或诉讼期间转让股权，或将股权转让给明显没有出资能力的受让人，或相较于股权价值而言以明显不合理的对价转让股权且转让股东又无法证明其合理性的，则可推断股权转让有逃避债务之嫌，属于恶意转让股权，应适用出资加速到期以保护公司债权人利益。有关恶意转让股权的认定标准，建议从立法层面上以列举及兜底的形式予以明确。

（三）设置公司催缴出资制度

一般来说，债权人在与公司订立合同之时信赖的是当时登记的股东的资金实力和信用情况（包括其出资承诺），如果登记股东在其出资义务未到期时转让股权，实际上损害了债权人对公司的合理信赖，而未到期出资的受让方资信不足时，直接损害的是股东出资义务所对应的债权人及公司的利益。因此，从保障公司利益的角度来看，可考虑在公司内部设置公司催缴出资制度，即如发生股东将未到期出资转让给明显缺乏清偿能力的主体等可能导致出资义务履行出现困难的情形时，公司可以行使催缴权，督促股东履行出资义务，以保障公司合法期待利益。在具体适用上，建议将受让方的资信情况、偿债能力、公司的资金需求、公司债权人是否提出异议等因素均纳入公司是否应行使催缴权的考虑范围。

关于代表公司进行催缴的机构，从公司内部治理的组织架构来看，可供选择的机构有股东会、监事会或董事会。首先，由于催缴出资的对象为股东，如果由股东会代表公司催缴，股东极有可能出于自身利益考虑而不支持或不进行催缴，因此，股东会作为利益相关方，由其代表公司催缴并不合适。其次，催缴出资需要涉及对公司经营管理事项的判断，如公司的负债情况、偿债情况、是否有资金需求等，而监事会承担的主要是监督职能，由其代表公司催缴与其职能定位亦不契合。综合来看，笔者认为，由公司执行机构董事会承担该项工作更符合其对内掌管公司事务、对外代表公司进行经营决策与业务执行的职能定位和要求，并且董事催缴出资亦是董事勤勉义务的具体化，或者说是董事承担忠实勤勉义务的应有之义，因此，建议由董事会代表公司催缴股东出资，并在公司章程中就董事会的该项职责和适用情形等进行明确规定。

结　语

认缴资本制是我国《公司法》2013 年修正的重大改革，一方面，认缴制降低了开办公司的门槛和成本，方便市场主体准入，为市场经济的发展提供了保障。但另一方面，由于公司资本涉及公司、股东、债权人等多方利益主体，如果允许股东利用资本认缴制逃避债务，则背离了认缴制的初衷，也会危害商事交易秩序。本文主要通过对我国近几年来有关股东出资义务加速到期司法判例的引用和分析，揭示出我国司法审判实践中有关股东出资义务加速到期纠纷裁判标准不统一的现状，进而结合我国有关股东出资义务加速到期法律规定缺失的立法现状，提出构建和完善我国股东出资义务加速到期制度的法律建议。

非破产情形下股东出资义务
加速到期的反思与证成

王卫永[*]

引　言

　　2013 年，《公司法》实行全面认缴制后，降低了公司设立的资金门槛，提高了投资热情，使得公司数量迅速增长。但是，由于股东可以约定出资期限和出资金额，若约定较低的注册资本和较长的出资期限，必然动摇公司独立经营的责任财产基础。且随着市场交易日益灵活，交易相对方即债权人需要承担更大的风险，如可能出现债务人公司无法实现合同债务给付的情况。为此，《公司法》和《企业破产法》规定在公司破产和解散情形下，未届出资期限股东的出资义务加速到期，股东应对公司到期债务承担补充清偿责任。然而，在非破产情形[①]下，如果公司不能履行到期债务，未届出资期限股东的出资义务是否能够加速到期的问题尚未明确。

一、问题的提出

（一）案例导入

　　在香×公司诉昊×公司股权转让案[②]中，昊×公司注册资本为 2000 万元，实际出资 400 万元。《公司法》实行完全认缴制后，昊×公司增资至 10亿元。昊×公司与香×公司签订近 8000 万元的合同后，在该债务到期前减资至 400 万元，同时将股权转让给接×和林×，之后一直没有支付香×公司的股权转让款。无奈之下香×公司将其告上法庭，要求被告昊×公司还款，

---

　　* 王卫永，澳门科技大学民商法博士生，广东南国德赛律师事务所律师、合伙人。
　　① 根据《企业破产法》第三十五条及《公司法司法解释（二）》第二十二条规定，公司在破产、解散情形下，股东出资义务加速到期，因此，本文所称非破产情形，是指公司非破产和非解散情形。
　　② 参见上海市普陀区人民法院（2014）普民二（商）初字第 51××号民事判决书。

并要求原股东徐×、毛×以及现任股东林×、接×在公司不能偿还的范围内承担责任。

法院认为，被告的减资行为是无效的。首先，股东会决议未按照公司章程通知债权人；其次，接×当时还不是该公司股东，由他签字确认决议，显然不符合减资程序；最后，尽管经过法定程序，但决议内容违法，因此原股东徐×与林×应当对公司债务承担连带责任。法院肯定了股东对其出资享有期限利益，即股东可以自由决定缴纳出资的时间和金额，但在公司失去经营能力，且不能偿还债权人的到期债务时，股东应当提前缴纳认缴的出资额，清偿公司债务。因此，被告股东徐×与林×应当以未出资金额为限，对原告香×公司承担责任。

（二）股东出资义务加速到期的争议

有学者通过北大法宝筛选了2018—2020年非破产情形下股东出资义务加速到期的44份有效法律文书，其中人民法院支持加速到期的26份，占比59%，人民法院否认加速到期的18份，占比41%。[1] 近年来，有关非破产情形下股东出资义务是否应当加速到期的问题，成为理论界和实务界争论的焦点。在2019年11月《九民纪要》印发后，实务中司法机关对此问题的观点虽然有反对情况，但赞同情况却逐渐递增。

通过对44份法律文书的分析，其中法院支持加速到期的观点主要包括以下三个方面：

第一，《公司法司法解释（三）》第十三条第二款所指"未履行或者未全面履行出资义务"包括未到期未完成的出资。[2] 此款法条为2018—2019年间法院裁判相关案件时最常用的法律依据。例如在郭×与李×、沈×股东损害公司债权人利益责任纠纷案[3]中，由于股东李×、沈×没有约定出资期限，且二人也没有完全履行出资义务，所以应当以未出资金额为限偿还第三人东方××公司无法偿还的到期债务。

第二，股东之间有关出资期限的约定只是内部协议，不能对抗外部第三

---

① 郗伟明：《股东出资义务"常态加速到期理论"之反思——兼论对不诚信认缴出资行为的可行规制》，载《法商研究》2022年第3期，第85页。

② 张磊：《认缴制下公司存续中股东出资加速到期责任研究》，载《政治与法律》2018年第5期，第132页。

③ 广东省深圳市南山区人民法院（2016）粤0305民初16××号民事判决书。

人。① 如在雷×与金××公司、航×公司案外人执行异议之诉纠纷案②中，出资时间系公司章程的内部约定，不能对抗第三人，而公司的注册资本及股东的认缴出资额等信息属于有限责任公司的对外公示信息，具有对外性和公开性，是有限责任公司对外交易的基础。法院以此为据驳回原告主张出资尚未到期的抗辩，支持了非破产情形下适用加速到期制度。

第三，股东认缴但未缴纳的出资属于公司财产，尽管股东尚未缴纳出资，但是股东对公司仍负有缴纳义务。如果公司以其现有全部财产仍无法清偿到期债务，股东应当提前履行出资义务。例如，在李×、梁×等与众×公司案外人执行异议之诉纠纷案③中，法院认为，按照责任财产制度，在公司偿还不能时，股东要以其全部出资，包括未出资金偿还公司债务。

与此同时，也有不少裁判意见反对股东出资义务加速到期，理由主要包括：

第一，债权人在非破产的情况下，要求股东立即完成出资义务无法可依。在兄××公司与好××公司、车×买卖合同纠纷案④中，法院认为，股东车×、周×、侯×约定了出资缴纳时间，只要出资期限尚未届满，股东应享有期限利益，便无须立刻缴纳出资。

第二，对《公司法司法解释（三）》第十三条应采用文义解释法，而不是扩张解释。⑤ 在锡×猪肉档与柴××饭店、业×××公司买卖合同纠纷案⑥中，法院认为，在法律无明确规定情形下，如果允许债权人违反认缴制，让股东出资义务提前到期，无异于间接增加股东的责任，法无明文规定即禁止，所以不能对该条款作扩张解释。

第三，"未履行或者未全面履行出资义务"不能解释为未到期且未缴纳的出资，应当解释为缴纳时间届至，但未履行出资义务或只是部分履行出资义务。在杨×与黄×、张×、刘×等及春×公司劳动合同纠纷案⑦中，黄×、张×所认缴股权的出资期限还没到期，不符合上述条款实际意思，法律只规定当公司进入破产清算阶段，股东需要立即缴纳认缴的出资。⑧

① 梁上上：《未出资股东对公司债权人的补充赔偿责任》，载《中外法学》2015年第27卷第3期，第649－664页。
② 广东省佛山市南海区人民法院（2017）粤0605民初198××号民事判决书。
③ 广东省佛山市南海区人民法院（2017）粤0605民初197××号民事判决书。
④ 广东省珠海市香洲区人民法院（2017）粤0402民初105××号民事判决书。
⑤ 王建文：《再论股东未届满出资义务的履行》，载《法学》2017年第9期，第80－88页。
⑥ 广东省东莞市第三人民法院（2019）粤1973民初2××号民事判决书。
⑦ 广东省佛山市中级人民法院（2019）粤06民终131××号民事判决书。
⑧ 张海燕：《析新〈企业破产法〉中的破产原因》，载《政法论丛》2007年第2期，第67页。

第四，当公司财产不足以偿还公司债务时，若允许个别债权人可要求股东立即支付认缴的金额，那便属于在有许多债权人的前提下允许个别清偿，当股东完成其出资责任，不再对外清偿，对公司其他债权人来说，无法获得债权的实现，实际上就是使其他债权人蒙受损失。[1]

由上可知，非破产情形下股东的出资义务是否加速到期，司法实践中存在"同案不同判"的现象，亟须统一法律规则。

二、非破产情形下股东出资义务加速到期的立法现状

近年来，立法和司法对非破产情形下股东出资义务加速到期的法律规则进行了补充。

（一）《公司法司法解释（三）》的规定

目前，学术界对《公司法司法解释（三）》第十三条[2]中有关"未履行或者未全面履行"的界定，存在不少争议。有学者认为，应当将其扩张解释为包括出资期限未到期，出资也没有完成或全部完成的情形[3]，这与认缴制的立法目的是一致的。但是也有学者持否定态度，认为进行扩张性解释缺乏合理依据，[4] 股东出资期限的约定是一种合同行为，仅适用于违约情形，并不包含出资期限未到期的情形。[5]

---

[1]　钱玉林：《股东出资加速到期的理论证成》，载《法学研究》2020年第42卷第6期，第118页。

[2]　《公司法司法解释（三）》第十三条：股东未履行或者未全面履行出资义务，公司或者其他股东请求其向公司依法全面履行出资义务的，人民法院应予支持。公司债权人请求未履行或者未全面履行出资义务的股东在未出资本息范围内对公司债务不能清偿的部分承担补充赔偿责任的，人民法院应予支持；未履行或者未全面履行出资义务的股东已经承担上述责任，其他债权人提出相同请求的，人民法院不予支持。股东在公司设立时未履行或者未全面履行出资义务，依照本条第一款或者第二款提起诉讼的原告，请求公司的发起人与被告股东承担连带责任的，人民法院应予支持；公司的发起人承担责任后，可以向被告股东追偿。

[3]　付慧姝、范成龙：《股东出资责任加速到期制度的法律适用》，载《江西社会科学》2016年第12期，第139－146页；邹开亮、姜懿芯、凌旭初：《试论公司非破产境况下股东出资义务的加速到期》，载《宜春学院学报》2021年第2期，第20－25页、第103页。

[4]　赵树文：《股东出资加速到期司法适用问题研究——以"上海香×国际贸易有限公司诉上海昊×投资管理有限公司等"一案为研究样本》，载《法律适用（司法案例）》2017年第22期，第30－37页。

[5]　黄睿、梁慧：《"一元公司"时代下债权人利益的司法保护》，载中国政法大学《第三届〈公司法〉司法适用高端论坛论文集》2014年，第92－93页。

笔者认为，将"未履行或者未全面履行"理解为未届出资期限且未全部履行出资义务，这是符合《企业破产法》第三十五条规定的。首先，无论出资期限是否届满，只要股东尚未完全履行出资义务，破产管理人均有权要求股东立即缴纳出资。其次，从法律调整社会关系的立法目的来看，任何一部法律规范，都应该在规定权利义务的同时，规定违反法定义务的法律后果。[①]《公司法司法解释（三）》最初的出台背景是认缴制，在鼓励大众创业、放宽股东出资义务的同时，也应当为股东设定相应的义务，以保证交易安全，更好地平衡股东与债权人的利益。

对"未履行或者未全面履行"进行扩张解释，保障了债权人的权益，也不会增加股东的出资负担。并且，股东认缴的出资是股东对公司所负的债务，要求股东在出资范围内承担责任也是合理合法的。

（二）《九民纪要》的规定

根据《九民纪要》第六条规定：第一，肯定股东在出资期限届满前，可以享受公司分红等权益；第二，一般情形下，股东享有认缴出资的期限利益，其出资义务无须加速到期；第三，若公司财产被法院强制执行，但实际上无财产可供执行，即符合破产情形但尚未进入破产程序，此时股东出资义务应当加速到期；第四，若公司恶意延长股东出资期限，可以要求股东立即缴纳认缴出资。可见，《九民纪要》的发布主要是为了解决司法实践中出现的问题，并新增加了如下两种非破产情形下股东出资加速到期的情形。

1. 执行阶段的加速到期

债权人因公司不偿还债务将公司诉至法院，法院判决公司偿还债务后，可以依据有效判决对公司财产采取查封、扣押、拍卖等强制执行措施，若公司仍无财产可执行，就已符合《企业破产法》第三十五条规定的破产情形，只是未申请破产宣告。此时，股东的出资义务应当加速到期，这符合判断公司破产情形的实质要件，也有助于提高债务履行的效率，并能保护债权人的权利。

2. 故意延长出资期限的加速到期

股东认缴的出资是对公司的负债，若股东通过公司决议延长出资期限，导致公司陷入无力偿债状态，则公司主观上具有欺诈的恶意，客观上实施了欺诈债权人的行为，此时便可适用债权人撤销权，恢复公司原有的出资期限。

---

① 蒋华胜：《有限责任公司股权转让法律制度研究——基于我国〈公司法〉第 71 条规范之解释》，载《政治与法律》2017 年第 10 期，第 77－90 页。

　　《九民纪要》肯定了"非破产加速说"，这对完善加速到期制度的立法具有重要推动作用。但是，《九民纪要》也存在许多不足，例如未明确其他非破产情形下股东的出资义务是否加速到期的情形。同时，在上述两种非破产情形下，债权人需要先提起诉讼，且证明公司资不抵债后才能请求股东提前履行出资义务，这也加重了债权人的举证责任。

（三）《公司法（修订草案）》的规定

　　《公司法（修订草案）》第四十八条①规定首次明确，即使在非破产情形下，股东的出资义务也是可以加速到期的。但是，该规定并没有明确"公司不能清偿到期债务，且明显缺乏清偿能力"的具体适用情形。笔者认为，这一规定应当结合《破产法司法解释（一）》第一条②的规定进行理解和适用，即债权人要求公司支付已经到期的债务时，公司客观上已出现支付不能，没有财产可供清偿债务之情况。

三、非破产情形下股东出资义务加速到期的理论基础

　　事实上，非破产情形下股东出资义务加速到期不仅有助于保护债权人利益，减少投资风险，保障交易安全，同时也具有理论上的正当性。

（一）责任财产说

　　"非破产加速说"符合公司责任财产制度的要求。③笔者认为，可以从以下三个方面理解公司责任财产制度：第一，股东认缴的出资构成公司注册资本，公司的全部财产由最初成立时的注册资本以及成立后的收益组成，股东认缴的出资当然属于公司财产；第二，既然股东的出资属于公司的财产，股东就不能随意非法挪用出资，否则就构成抽逃出资；第三，股东所认缴的出资，虽然尚未实际缴纳，然而也可以据此享受分红权、投票权等股东权益，这就相当于股东向公司借款，其承诺缴纳出资的时间就是其还款的时

---

　　① 《公司法（修订草案）》第四十八条规定：公司不能清偿到期债务，且明显缺乏清偿能力的，公司或者债权人有权要求已认缴出资但未届缴资期限的股东提前缴纳出资。

　　② 《最高人民法院关于适用〈中华人民共和国企业破产法若干问题的规定〉（一）》第一条：债务人不能清偿到期债务并且具有下列情形之一的，人民法院应当认定其具备破产原因：（一）资产不足以清偿全部债务；（二）明显缺乏清偿能力。

　　③ 陈鹤翔：《论非破产状态下股东出资义务加速到期问题》，硕士学位论文，吉林大学，2020。

间，公司作为股东的债权人可以请求股东偿还，公司债权人作为股东的次债权人也可以根据债权人代位权，要求股东偿还对公司的债务。

（二）成本收益说

如果只允许"破产加速说"，债权人只能向法院申请债务人公司破产，法院受理后，要进行确定管理人、申报债权、召开债权人会议讨论各种方案等一系列的程序，时间长、成本高，股东还可以趁此机会转移公司财产。并且，破产后的清偿率只有不到10%。但对债务人公司股东而言，无论哪种情形下的加速到期，其获得的收益是相同的。而加速到期作为救济手段，大大降低了债权人的救济成本，具有明显的成本收益优势。[1] 并且债务人公司也可以避免破产，有助于向债权人提高清偿比例。

（三）权力滥用说

"非破产加速说"可以防止股东滥用权力。如果允许股东约定过长的认缴期限，显然是不合理的，是滥用契约的行为，法律对此行为应当予以否定。[2] 因此，《公司法》在尊重股东的期限利益的同时，也要对股东的认缴权利进行一定的约束，禁止股东滥用权力并将债务推给公司承担。

四、非破产情形下股东出资义务加速到期规则的完善

尽管近期的立法和司法已相继承认非破产情形下股东出资义务加速到期的合法性，但现实中其仍有需要进一步完善的具体的法律适用规则。

（一）股东出资义务加速到期的适用前提

首先，当公司如期履行合同义务，正常偿还到期债务时，应遵守公司章程关于股东出资期限的约定，这样才能保证认缴制的实现。只有当公司财产无法清偿到期债务，且公司失去偿债能力时，股东的出资义务才成为一种法

---

[1] 罗培新：《论资本制度变革背景下股东出资法律制度之完善》，载《法学评论》2016 年第 34 卷第 4 期，第 139–147 页。

[2] 李建伟：《认缴制下股东出资责任加速到期研究》，载《人民司法》2015 年第 9 期，第 50–56 页。

定义务①，适用加速到期规则。其次，股东承担的是补充责任，而非连带责任。债权人应当首先要求执行公司财产，只有在穷尽公司财产仍无法实现债权时，才有权要求股东在认缴而未实缴的出资范围内承担清偿责任。

（二）细化恶意的认定

《九民纪要》未明确恶意的判断标准，笔者认为，可以遵循以下判断标准：

第一，以公司是否主动告知来判断股东是否存在恶意。按照《公司法》规定，公司减资应当通知债权人，若未履行通知程序，减资无效。公司延长出资期限与减资一样，实际上都是减少了公司的责任财产，因此也应当通知债权人。如果公司未主动告知延长出资期限的情况，则推定公司存在恶意，债权人可以行使撤销权，恢复原有的出资期限。

第二，以延长出资期限的时间点来判断是否存在恶意。如果公司债务已经到期或即将到期，此时若延长股东出资期限，可以推定股东存在恶意。但若公司债务尚未到期，且距离到期还有很长一段时间，此时适当延长出资期限不应当认定股东存在恶意。

第三，以出资金额判断是否存在恶意。与股东即将到期缴纳的出资金额相比，如果公司需要偿还的债务与之相差无几，甚至更少，不管公司现有财产能不能偿还债务，都应当推定股东存在恶意。如果公司债务远远大于尚未缴纳的出资，即使延长出资期限也无法偿还到期债务，则不应认定股东存在恶意。

（三）明确公司无法偿还到期债务的情形

《九民纪要》未明确公司无法偿还到期债务的具体适用，笔者认为，可以从以下两方面进行判断：

第一，债权人合理预期情形。在商事交易中，债权人与公司订立合同，合同中明确约定给付义务的履行期限。当公司无法履行时，公司应以其全部财产承担不能履行的后果。这里的"全部财产"应当包括尚未到期的认缴出资。所以，当公司无法偿还债务且毫无偿债能力时，债权人可以要求股东承担立即履行认缴出资的责任。

第二，股东、董事存在道德风险的情形。如果公司在履行不能的情况

---

① 张磊：《认缴制下公司存续中股东出资加速到期责任研究》，载《政治与法律》2018 年第 5 期，第 127 页。

下，仍存在抽逃出资、违法减资等行为，说明公司股东、董事存在转移公司财产的风险，此时债权人已丧失对其信赖利益，有权要求股东立即完成出资义务，以保证债权的实现。

（四）合理限制股东的出资期限

认缴制下，股东的出资期限可以约定为长期，这将导致个别股东故意约定过长的出资期限，以逃避出资义务。有观点认为，约定过长的出资期限即为无效。但是，"过长"应该如何界定？笔者认为，当股东恶意设定超长的出资期限，导致公司实际上无任何经营资产，就可以认定约定无效。例如，设定 100 年以上的出资期限，前期出资少，现金出资少，公司无充足资金维持基本经营活动。若公司经营发生困难，股东的出资义务应当加速到期。具体而言，还需要法官依据案件事实行使自由裁量权，秉承诚实信用的基本法理进行判断。

结　语

目前，非破产情形下未届出资期限股东的出资义务是否能够加速到期仍存在争议，司法实践中亦常出现"同案不同判"的现象。从理论上分析，非破产情形下股东出资义务加速到期具有正当性和合理性，也逐渐得到立法和司法的认可。但是，仍需要进一步明确股东出资义务加速到期的适用前提，细化恶意的认定，明确公司无法偿还到期债务的情形，同时对股东出资期限进行合理的限制，从而更好地平衡公司债权人和股东的利益，促进市场健康稳定发展。

股东出资义务加速到期

——以债权人利益保护为视角

朱　江*

引　言

纵观公司独立人格制度，可知在公司具备必备资本且有序经营时，即使存在经营失败的情况，股东也不会承担出资范围以外的责任。这部分失败无须股东买单，因为已转移至债权人承担。换而言之，公司独立人格制度的实质好比横亘在公司与债权人之间的气垫，气垫里承载着股东的出资资本，一旦超出承载范围，则后续后果直接由债权人承担。

我国《公司法》的演变历程与其他各国相比有异曲同工之妙，即皆以促进市场交易为最终目的，不断发展交易市场，号召更多投资人参与公司设立。对此有如下举措：一是放宽出资时限。1993 年《公司法》规定公司资本必须全部实缴。2005 年《公司法》逐步放宽至公司设立之初出资需实缴20%，后在公司成立之后两年内缴纳剩余出资。2013 年《公司法》规定公司资本实行认缴制，仅出资人承诺会在相应时限内缴清资本即可（但法律另有规定的除外），不做其他限制，公司可以正常设立并经营。二是放宽出资种类。出资人可选择作为出资的资产类型日益丰富，目前可涵盖的出资种类不仅包括现金、厂房等传统的、价值波动较平稳的资产类型，同时也包括知识产权、股权等新兴的、价值变化较大的资产类型。[1] 2005 年《公司法》更是对知识产权的出资形式进行定义，引申出日后可能出现的未被明确列为已有出资类型的出资种类。三是放宽最低注册资本额度。从详尽规定不同类型公司最低注册资本，逐步放宽至 3 万元注册资本，到最后完全放宽至 1 元注册资本也可，且不区分公司类型均全面放宽最低注册资本要求。

---

* 朱江，广东启源律师事务所律师、高级合伙人。

① 朱慈蕴：《股东出资义务的性质与公司资本制度完善》，载《清华法学》2022 年第 2 期，第76 页。

以上举措的出台一方面为出资人营造了更为宽松自由的出资氛围，但另一方面也滋生了出资数额畸高或畸低、设置不合理的实缴期限、与从事经营行为金额不符的实缴出资等滥用出资义务的行为。学界已经对这种滥用行为给公司债权人造成的损害进行了不少研究，值得进一步思考的是，股东出资义务的关键点是什么？如何把握加速到期的边界进行比较适用？对此，本文将以理论与实证结合的研究方式进行探讨，以更好回应《公司法（修订草案）》的修改，对债权人利益进行合理保护。

一、股东出资义务性质

（一）股东出资义务关键点：平衡股东利益与债权人利益

股东出资义务具有法定性和约定性双重属性。法定性，即股东必须依照法律的规定履行出资义务。公司独立人格离不开公司资本，源头则来自股东出资。股东不能单凭股东间的合意而免除应承担的出资义务，因为这对于内部公司经营及外部债权人利益均意义重大。法定性同时还体现在股东不可以以自己对公司享有的债权抵消自身出资义务，如允许抵消则可能导致股东债权得到保护，而外部债权人债权不能获得清偿。约定性，即充分尊重股东的自由意志，股东出资协议可对出资额度、出资形式、出资期限等予以充分约定。

我国实行的认缴制，使得约定性的属性被迅速扩大，以协商自由等为掩护而拒不履行出资义务导致的各类滥用出资义务现象成为众矢之的。然而，法定性作为股东出资义务最根本的属性并不会被磨灭，外在形式展示出的约定性其内里仍始终保持着法定性的坚韧。具体表现如下：

一是股东虽然享有认缴自由，如出资金额、出资时限等，然而必须也不能推脱地完成出资。我国早期公司法明确规定公司的成立必须以合理的资本为基础，第一桶启动资金是成立公司的奠基石。随着认缴制的确立，数十亿元注册资本公司、认缴期限超百年公司等不合实际运营规律与逻辑的情形时有发生，然而未曾动摇的是坚决禁止无资本的0元公司进行登记设立。西方公司法亦认为如果登记的基本资本不被缴纳，那么债权人的利益无法实现保护，因此必须缴纳资本，这一规定毋庸置疑。

二是即使股东会重新变动股东出资义务，也应注意保护债权人利益。债权人未曾参与公司内部经营，因而对于公司内部资本运作等并不了解。股东会可以对是否调整出资期限、出资金额作出决议，不管股东出资义务期限届满与否。《九民纪要》明确约束了延长出资期限的结果，可优先实现债权人的债权，而缩短出资期限不仅使得公司充实了自有资本，更加强了债权人的利益保护。如实行减资程序，务必会以保证债权人债权分配为先；如实行增资程序，公司资本增加的决议对于债权人利益的保障更无须赘言。

三是公司可因股东出资义务到期视为对股东享有债权，而股东不能同等对公司享有债权。具体表现在股东出资义务不能主张按照债权相关法律适用，如无法以三年诉讼时效抗辩作为不履行出资义务的理由，不得用自己对公司的债权和自身出资义务抵消，不能以公司内部的出资约定对抗外部债权人的债权主张等。股东出资义务始终需在组织法框架下受到约束。

综上所述，股东出资义务约定性内容的扩张势必以最基本的法定性出资底线为内核。一方面，全面认缴制的发展会强化股东出资义务约定性的内容；另一方面，债权人利益保护的需求会约束股东出资义务约定性内容，组织法同时也会限制股东出资义务的约定性，股东自治并非绝对的自由。这是公司法对市场经济下股东出资义务的感召，亦是对债权人保护的合理平衡。

（二）《公司法（修订草案）》对于股东出资义务双重性的平衡

从全面认缴制施行以来，股东滥用出资义务的现象层出不穷，对于债权人利益的侵害显而易见，对此，《九民纪要》规定了两种可加速到期的情形，即在具备破产原因但不申请破产与恶意延长出资期限两种情形下允许加速到期，这与《企业破产法》的规定有相似之处。在实务中以《企业破产法》相关规定判决加速到期的案例并非个例。《公司法（修订草案）》对于加速到期制度的引入打破了《企业破产法》的规制，在维护认缴制的前提下进一步防止出资义务滥用，在股东出资义务双重性的平衡上的进展值得褒奖。[①]

一是当股东未履行未到期的出资义务时，公司对外债务已到期，这时公司不能清偿债务的原因不是公司自身经营引起的，只是由于股东约定出资义务时未合理预计到日后市场潜在发生的变化，或是刻意约定超出正常经营时限的出资期限以逃避实缴，此时公司并未达到破产的边界。此时如引入出资义务加速到期，势必能有效监督公司出资到位，破除债务无法清偿的僵局，使公司经营步入正轨。

二是按照法律对于企业维持的信念，不仅通过放宽资本认缴的形式鼓励投资人积极成立公司，而且也须尽力维持公司运营和社会稳定，不到万不得

---

① 汪青松：《优化营商环境目标下的注册资本认缴登记制再造》，载《湖北社会科学》2022年第1期，第126页。

已不得轻易选择破产，而在公司未能清偿到期债务且股东出资期限未到期时援引加速到期规定能有效缓解困境。对于债权人而言，考虑到破产流程耗时长、偿还可能性小，自身对债权兑现需求性强烈的愿望，更愿意选择加速到期的路径。

二、股东出资义务加速到期的边界

一般而言，加速到期包括"破产加速到期"与"非破产加速到期"两种理论。第一种是从公司破产和解散清算两种情形规定股东未缴纳出资义务，第二种是股东的出资期限较长且未届满，债权人请求未出资股东承担补充赔偿责任。本文研究的加速到期是第二种，为了更好地理解加速到期的边界，势必需将两种理论进行比较讨论。

（一）破产加速到期

持"破产加速到期"理论的学者认为，在公司破产和解散清算两种情形下方可加速到期。原因如下：一是在上述两种情形之外，股东出资期限未届满时，债权人并不存在相关可遵循的法律规定，也没有请求权基础；二是对于《公司法司法解释（三）》中的有关规定应按文义解释来理解，不应扩大为认定出资人未履行或未全面履行出资义务；三是如债权人债权无法被清偿即可向公司股东主张，则与法人人格独立原则不符，也背离了公司法设立的初心；四是股东依照章程约定享有出资期限利益，并已公之于众，如允许公司债权人主张提前完成出资，则会损害股东的合法权益；五是在公司有多个债权人并且公司无清偿能力的情形下，该种加速到期等同于个别清偿，不利于保护其他债权人利益。

（二）非破产加速到期

持"非破产加速到期"理论的学者认为，股东出资可加速到期。原因如下：一是股东享有出资义务的期限利益并不代表股东出资义务无须履行，对于公司存在客观变动影响运营时，外部债权人和公司均能主张未出资股东尽快补足出资，以便及时清偿债务；[①] 二是关于《公司法司法解释（三）》中规定的"未履行或者未全面履行出资义务"应理解为同时涵盖股东出资期限

---

① 魏子华、白慧林：《论股东出资加速到期制度：适用、理论基础与构建》，载《财会月刊》2020年3月第7期，第42页。

并未届满但未缴纳出资的情形；三是债权人要求出资未到期股东承担补充赔偿责任与股东以认缴出资为限对公司承担责任的规定并不会冲突；四是章程约定仅仅具备对内约束力，不能以此对抗外部债权人。

（三）两种理论的适用比较

"破产加速到期"与"非破产加速到期"两种理论存在以下不同：一是效力不同。"破产加速到期"具有强制性，其出发点为通过破产管理人督促未出资股东及时补足出资，避免公司破产而导致出现出资期限失效的困境；"非破产加速到期"具有裁量性，其出发点为惩罚股东故意滥用认缴制逃避出资义务，对债权人利益造成损害。二是条件不同。"破产加速到期"适用的前提条件仅在公司破产时；"非破产加速到期"适用条件相对宽松，当公司被强制执行仍履行债务不能，如债权人认为股东可能存在滥用认缴制的故意时即可适用。三是审查重点不同。"破产加速到期"的审查重点在于对公司财产状态的评估，公司不能清偿到期债务且明显缺乏清偿能力；"非破产加速到期"则侧重于审查股东是否存在滥用认缴制、不及时履行出资义务的故意，同时公司的财产状态以经强制执行仍不能履行作为评估标准。四是清偿原则不同。"破产加速到期"不允许个别清偿，其目的为所有债权人利益均受到平等对待，务必遵循法律规定按顺序予以清偿；"非破产加速到期"对于公司并没有出现破产情况时，认为对于债务人的个别清偿方能更好保护债权人利益。

三、股东出资义务加速到期之司法实践

（一）承认加速到期

1. 案情简介①

2017年五六月间，A公司（供方）与B公司（需方）签订两份机器设备购销合同。B公司支付了定金，A公司将设备安排托运，B公司于当年7月接收设备后，A公司安排人员对设备进行了安装、调试。2017年9月29日，B公司的股东甲、乙以及C公司、D公司分别将其在B公司的全部认缴出资额90万元、60万元、90万元、60万元（出资均未实缴）无偿转让给丙，丙成为B公司唯一股东和法定代表人，B公司变更为自然人独资的有限

---

① 山东省青岛市中级人民法院（2020）鲁02民终124××号民事判决书。

责任公司。同年 11 月 6 日 B 公司注册资本由 300 万元增加至 1000 万元。2018 年 5 月 15 日，丙申请注销 B 公司，行政审批局于 2019 年 7 月 3 日对该公司予以注销。截至 A 公司起诉之日，B 公司尚欠 A 公司设备款 245360 元未付。一审法院判令丙向 A 公司支付设备款及违约金共计 355932.8 元，C 公司在 90 万元范围内承担连带清偿责任，甲在 90 万元范围内承担连带清偿责任。一审宣判后，丙、C 公司、甲以设备存在质量问题故丙无须支付设备款及违约金，C 公司、甲股权转让之时出资并未到期等为由提起上诉，二审法院驳回上诉，维持原判。

2. 案件评析

资本认缴制并不意味着股东对注册资本的认缴和履行可以随心所欲，甚至操弄公司，作为其"空手套白狼"的手段。公司资本制度之设计，在微观上事涉公司、股东、债权人等多方利益主体，在宏观上则涉及国家、地区的投资政策，事关公共利益目标。因此，如若将资本认缴制改革等同于股东完全逃脱其出资义务，规避法律对公司资本的限制，则不仅背离了认缴制的初衷，动摇了公司资本三原则的根本，也将致使社会上"皮包公司""空壳公司"泛滥，对经济交易秩序危害极大。

《公司法司法解释（二）》第二十二条规定，公司解散时，股东尚未缴纳的出资均应作为清算财产。股东尚未缴纳的出资，包括到期应缴未缴的出资，以及依照《公司法》第二十六条和第八十一条的规定分期缴纳尚未届满缴纳期限的出资。公司财产不足以清偿债务时，债权人主张未缴出资股东，以及公司设立时的其他股东或者发起人在未缴出资范围内对公司债务承担连带清偿责任的，人民法院应依法予以支持。股东关于出资的约定本质上是股东与公司之间的契约，对于认缴出资期限的确认无异于对公司负有的附期限的合同义务。股东在出资期限届至之前将股权一转了之，仅仅是让渡了自己的合同权利，履行出资的合同义务并不会随着股权的转让而转移。当股东出资责任加速到期之时，没有切实履行出资的原股东也依然不能免除其出资义务，应就未尽足额出资的部分对公司债务承担连带责任。

（二）否认加速到期

1. 案情简介①

甲于 2014 年 4 月至 2014 年 10 月期间多次借款给乙，合计 105 万元，双方约定月利率 1.8%，乙在 2015 年 4 月 10 日之前均支付了利息，之后以各

---

① 广东省广州市中级人民法院（2021）粤 01 民终 31××号民事判决书。

种理由拖延支付利息和偿还本金。A公司作为借款的保证人自愿承担连带保证责任。薛×甲、薛×乙、赵××、张×甲、刘×甲、刘×乙、张×乙、宋×、陈××九人作为A公司的股东，未足额出资。针对甲关于A公司九名股东应按照各自的股权比例在未足额出资的范围内承担清偿责任的诉求，一、二审法院均予以驳回。

2. 案件评析

在注册资本认缴制下，股东依法享有期限利益。公司债权人在与公司进行交易时可通过审查公司股东出资时间等信用信息的基础上综合考察是否与公司进行交易，债权人决定交易即应受公司股东出资时间的约束。《公司法司法解释（三）》第十三条所规定的"未履行或者未全面履行出资义务"应理解为未依章程缴纳或足额缴纳出资，出资期限未届满的股东未完全缴纳其出资份额不应认定为"未履行或者未全面履行出资义务"。因此，因公司股东的出资期限尚未届满，故不属于"股东未履行或者未全面履行出资义务"的情形。在资本认缴制下，股东出资义务在出资期限未届满而加速到期的只有在公司破产、强制清算两种情形之下。债权人请求公司股东的出资义务加速到期，在出资范围内对公司的债务承担补充清偿责任，于法无据。

四、股东出资义务加速到期的实践价值及债权人利益保护

（一）情形一：基于债权设定时高度信任基础的

股东于债权成立时的承诺或行为，取得债权人的信任，可认为属于加速到期情形。从该种情形可知，股东的承诺或行为使得债权可实现路径变得具体明确，故可以参考债权的相关规定，股东需遵守其先前作出的承诺或行为，当债权人接收之日起就起到了约束股东的作用，不然应给予债权人主张加速到期维护自身利益的权利。对此，《民法典》也有相关规定可以作为参考适用，其第五百三十八条规定，债务人恶意延长到期债权的履行期限，影响债权人实现债权的，债权人可请求法院撤销债务人行为。如股东作出不会延长出资期限的承诺，使得债权人产生信任而同意与公司订立债权债务关系，后股东违背自身承诺的，可以主张股东出资义务加速到期。

（二）情形二：享有公司绝对控制权的

享有公司绝对控制权的法人股东出现重大经营困境，且可能对公司造成

重大影响的，可主张股东出资加速到期。公司的财产状况好坏是能否负担外部债权的衡量标准，如公司出现重大经营困境，其对持股公司的出资也有可能陷入停滞，此时因给予债权人权利主张该股东出资义务加速到期。以法人股东启动破产为例，债权人有合理预期认为法人股东恐无法继续完成出资，故可以请求加速到期并参与法人股东破产清算。

（三）情形三：假借认缴期限故意逃避股东责任的

如股东故意滥用认缴期限而不履行自身义务的，可加速到期出资义务。尽管股东在出资义务上享有广泛自由，但仍应遵守诚实信用原则且因出资协议而受《民法典》合同编的约束。[①] 如股东出现故意约定不合理的出资期限或者出资资本与公司经营状况严重不符等行为，或者在公司符合破产条件而不申请破产，可认为股东存在主观故意，应赋予债权人主张加速到期的权利。不过值得注意的是，对于故意的厘定不应扩大解释。

结　语

通过设置股东出资义务加速到期制度，对于公司资本维持和债权人利益的保护均有重要意义。《公司法（修订草案）》出台前，法律规定仅列出两种情形下的加速到期，更侧重于对股东利益的倾斜保护。《公司法（修订草案）》规定了通过加速到期对于债权人利益保护机制进行了初步搭建，并尊重了公司独立法人人格。

[①] 黄学里：《原则与例外：股东认缴出资加速到期的司法适用之思》，载《财经理论与实践（双月刊）》2022 年第 5 期，第 159 页。

追加瑕疵出资股东、发起人、高管
为被执行人实务问题研究

谭小武[*]

引　言

我国公司资本制度改革，经历过三个主要阶段：第一阶段为 1993 年《公司法》，实行最严格的公司资本制度，实行注册资本实缴制、规定法定最低限额、设立时应足额缴纳出资、须经法定验资机构验资并出具证明。第二阶段为 2005 年《公司法》，公司资本制度有所宽松，降低法定最低限额至 3 万元、允许分期缴纳出资，但仍然实行注册资本实缴制、分期缴纳出资限定在两年内（投资公司限定在五年内）缴足、须法定验资机构验资并出具证明。第三阶段为 2013 年《公司法》，这一阶段对公司资本制度进行了较大改革，实行更加宽松的公司资本制度，取消注册资本实缴制，实行注册资本认缴制；取消法定最低限额；取消出资期限限制；取消法定验资程序；发起人认缴的出资数额、缴付期限和出资方式改为备案制，由公司自行申报。我国公司资本制度改革的历程适应市场经济发展的需要，反映世界公司资本制度发展的大趋势。实施宽松的公司资本制度，降低市场主体的准入门槛，鼓励创新创业，激发市场活力，提高市场运行效率，提高资金使用效率，有利于推动经济社会的发展。但宽松的公司资本制度是一把双刃剑，它在促发展、提效率的同时，在债权人利益的保护、交易安全的维护、经济秩序的守护等方面也面临着巨大的挑战。认缴制下，取消了出资期限的限制、取消了法定验资程序、出资数额及缴付期限和出资方式改为自主申报备案制，使得债权人更加无从查询、了解发起人和出资人的实缴出资情况，无从查询、了解抽逃出资或虚假、不实出资情况。笔者认为这正是我国公司资本制度改革尚存之漏洞，需要加以完善。在追加瑕疵出资股东、发起人、高管为被执行人承担相应责任的实务中，还存在诸多争议，法律及相应司法解释尚有规定不一致、未有明确规定之处，民事执行制度与公司法律制度如何有效衔接？公司

---

[*]　谭小武，广东南国德赛律师事务所律师、合伙人。

资本制度改革与保护债权人利益、维护交易公平、守护经济秩序之间的价值取向如何确立？如何寻找到一个最佳的平衡点？这是值得法律界进一步思考的课题。本文旨在从实务入手，对一些尚未明确的法律问题做一些探讨，以期为《公司法》乃至民事法律的修改完善提供一些有益的实务和理论参考。

作为被执行人的企业法人，在财产不足以清偿生效法律文书确定的债务（一般以终本裁定为依据）的情形下，债权人申请追加瑕疵出资、抽逃出资股东和发起人、高管为被执行人承担相应责任，主要依据的是《最高人民法院关于民事执行中变更、追加当事人若干问题的规定》（2016年施行）（以下简称《变更、追加规定》）。

同时，《公司法司法解释（三）》也规定了债权人可追究瑕疵出资、抽逃出资股东和发起人、高管相应法律责任的情形。其中有一些情形，《公司法司法解释（三）》与《变更、追加规定》是相对应的，即《公司法司法解释（三）》中的一些情形已经在《变更、追加规定》中明确规定可在执行程序中直接追加被执行人；另外一些情形，《变更、追加规定》则没有规定可在执行程序中直接追加被执行人；还有一些情形，两个司法解释都没有明确的规定。本文主要是针对这些尚未明确规定的问题来展开探讨。

本文从一起建设工程施工合同纠纷执行阶段提起的执行异议及执行异议之诉案说起。

该案为实际施工人起诉建筑公司和建设单位，要求支付工程款。判决后进入执行阶段，建设单位在欠付工程款的范围内承担了相应的责任。但仍有巨额工程款建筑公司未支付，经法院采取强制执行措施，仍查无可供执行财产，于是法院做出了终结本次执行的裁定。申请执行人通过查询该建筑公司的工商档案，发现存在虚假增资的情形，于是启动了追加被执行人的执行异议审查程序，执行异议审查程序之后进入了执行异议之诉一审、二审程序。

调查发现，该建筑公司是一家集体所有制企业，出资人为×房地产管理所，自然人C担任该集体企业的法定代表人、经理。2003年，为了升级建筑企业资质，该集体企业需要增加注册资本，于是根据《中华人民共和国城镇集体所有制企业条例》中集体企业可以"吸收职工和其他企业、事业单位、个人集资入股"的规定，决定吸收A、B、C三个自然人集资入股。A以自有房产作价出资466万元，B以自有房产作价出资49万元，C以货币出资90万元，共同增资605万元，为此三人签订了相应的《出资协议书》和《建筑工程公司章程》，办理了验资手续，办理了工商变更登记手续。

进一步调查发现，该集体企业名下无房产登记信息，提供工商登记资料中存档的两份用作增资的房地产权证复印件给不动产登记中心要求查询，仍查无房产登记信息。该企业明明以房产作价增资，怎么查无房产登记呢？初步判断可能存在虚假增资的行为。

于是申请执行人以此为由提起了追加被执行人的执行异议申请，要求追加出资人×房地产管理所、涉嫌虚假增资的股东 A 和 B、该集体企业高管 C 为被执行人，在虚假增资的范围内，股东 A 和 B 承担补充赔偿责任，出资人承担连带责任，高管 C 承担连带责任。

在执行异议听证过程中，A 和 B 承认，他们在签订《出资协议书》和《章程》后，就将自有房产的房地产权证交给出资人×房地产管理所去办理手续，半年后该房地产管理所就将房地产权证退还给他们，退回来的房地产权证上的权属人仍为 A 或 B。如果出资人×房地产管理所制作了两份虚假的房地产权证用于验资和工商登记，则构成虚假增资；如果该房地产管理所所将房产真实地转入该集体企业名下后又非法转出给 A 和 B，则构成抽逃出资。至此，可以确认该企业存在虚假增资或抽逃出资的事实。

执行异议及执行异议之诉一审均裁判追加 A、B、C 为被执行人，A、B 应在虚假出资的范围内对公司尚未清偿的债务承担补充赔偿责任，C 对 A、B 应承担的赔偿责任承担连带责任。但没有裁判出资人×房地产管理所应承担相应的责任，理由是集体所有制企业的出资人不是公司法意义上的发起人，不应适用《公司法司法解释（三）》的规定。执行异议之诉二审则认定出资人×房地产管理所为发起人，应对 A、B 应承担的赔偿责任承担连带责任。

从这起案例，引出本文的主题。

江苏省高级人民法院在 2017 年曾印发一份《执行异议及执行异议之诉案件审理指南》，其中明确规定审理执行异议及执行异议之诉案件应当坚持"权利救济法定原则"，即当事人、案外人及利害关系人是否享有提出执行异议及执行异议之诉的权利，应有明确的法律或司法解释依据。除此之外，不得授予其提出执行异议及执行异议之诉的权利。执行法院变更或追加被执行人，必须具有明确的法律依据或者司法解释规定。

该指南的指导思想很明确，即执行程序主要解决的是裁判结果的执行分配问题。但在执行程序中也不可避免地会涉及主体责任认定、责任追究、责任分配等实体纠纷，为高效地解决债权债务的执行问题，法律同时赋予执行程序中对于实体纠纷一定的执行裁判权。执行异议审查、执行异议之诉，都属于执行裁判权的范畴。但这种裁判权的行使是受限的，即须有明确的法律依据或司法解释的规定。

民事执行中变更、追加被执行人，现行最主要的依据就是 2016 年 12 月施行的《变更、追加规定》。《变更、追加规定》作出明确规定，涉及瑕疵出资、抽逃出资时有三类责任主体可在执行程序中直接追加为被执行人：
①未缴纳或未足额缴纳出资的股东、出资人或依《公司法》规定对该出资承
担连带责任的发起人（第十七条）；②抽逃出资的股东、出资人（第十八
条）；③未依法履行出资义务即转让股权的原股东或依《公司法》规定对该
出资承担连带责任的发起人（第十九条）。

对照《变更、追加规定》与《公司法司法解释（三）》，我们会发现，《公
司法司法解释（三）》还规定了其他相关责任主体须承担相应责任的情形，但
在《变更、追加规定》中并未明确规定是否可在执行程序中直接追加该相关责
任主体为被执行人。在这种情形下，该如何处理？是在执行程序中直接追加
呢，还是需要先循其他途径救济？法律及司法解释均没有明确规定。除此之外
还有一些其他情形，两个司法解释同样都没有作出明确规定。

由此引出本文要探讨的几个主要问题。

一、民事执行制度与公司法律制度如何衔接

对于《变更、追加规定》没有明确规定可在执行程序中直接追加为被执
行人承担相应责任，但是《公司法司法解释（三）》已经规定了债权人可追
究瑕疵出资、抽逃出资股东和发起人、高管相应法律责任的情形，是否可在
执行程序中直接追加相关责任方为被执行人承担相应责任？

有观点认为执行阶段更多解决的是程序问题，不解决实体问题，此等情
形不可直接在执行程序中追加，而应先循其他途径救济。如《民事案件案由
规定》的第二百五十三条"发起人责任纠纷"、第二百五十六条"损害公司
利益责任纠纷"、第二百五十七条"股东损害公司债权人利益责任纠纷"
等，应先行提起相关诉讼，作出生效判决，然后才在执行程序中予以追加。
笔者认为，既然法律法规赋予执行阶段一定的执行裁判权，而此等情形又是
执行过程中派生的实体纠纷，为了提高执行的效率及节约有限的司法资源，
应当允许在执行程序中直接追加。

在笔者经办的上述案例中，一、二审法官并未机械地认为只有《变更、
追加规定》有明确规定的才可在执行程序中直接追加被执行人，对于《变
更、追加规定》没有明确规定，但是《公司法司法解释（三）》已明确规定
债权人可追究瑕疵出资、抽逃出资股东和发起人、高管相应法律责任的情
形，也应在执行异议审查、执行异议之诉程序中裁判直接追加相关责任方为
被执行人承担相应的责任。

二、设立后、增资时、增资后，股东出资不实之发起人责任

《公司法司法解释（三）》第十三条第三款只明确规定了公司设立时股东未履行或未全面履行出资义务的，发起人应与被告股东承担连带责任，至于公司设立后或增资时或增资后，股东未履行或未全面履行出资义务，发起人应否与被告股东承担连带责任，则没有作出明确规定。

笔者认为，虽然基于鼓励创新创业、激发市场主体活力、提高市场主体运行的效率等政策、价值取向的考量，历次公司法出资制度的改革采取了"将实缴制改为认缴制""取消最低实缴资本限制""极大地放宽实缴出资期限"等措施，但公司法所确立的资本维持原则并没有改变，保护债权人利益的价值取向没有改变。不管是公司设立时还是设立后，或增资时或增资后，股东的出资义务都是确定的，股东必须全面履行其出资义务。故股东设立后或增资时或增资后未履行或未全面履行出资义务的，应与股东设立时未履行或未全面履行出资义务的情形一致，股东及发起人应承担的责任也应是一致的。唯如此，才符合资本维持的基本原则，才能有效地保护债权人的利益。《公司法》第九十三条规定，股份有限公司成立后，发起人未按照公司章程的规定缴足出资的，应当补缴；其他发起人承担连带责任。股份有限公司成立后，发现作为设立公司出资的非货币财产的实际价额显著低于公司章程所定价额的，应当由交付该出资的发起人补足其差额；其他发起人承担连带责任。《公司法》第三十条规定，有限责任公司成立后，发现作为设立公司出资的非货币财产的实际价额显著低于公司章程所定价额的，应当由交付该出资的股东补足其差额；公司设立时的其他股东承担连带责任。之所以有这些规定，其法理是一致的。现行公司法及其司法解释未明确规定对于货币出资，公司设立后或增资时或增资后，股东未履行或未全面履行出资义务，股东及发起人应如何承担责任。笔者认为其应与上述法理一致、担责一致。

在实际审判中，最高人民法院在×市政工程公司、王×、×汽车公司合资合作开发房地产合同纠纷再审案中，也确立了同样的法理观点。该案再审申请人的观点认为，《公司法司法解释（三）》第十三条第三款规定公司设立时股东不实出资的，发起人才依法承担连带责任，本案是在增资过程中股东存在虚假增资的情况，不应适用《公司法司法解释（三）》第十三条第三款，发起人无须承担连带责任。最高人民法院再审则认为，公司增加注册资

本与公司设立时的初始出资性质相同，都是为了保证公司资本充足，发起人均负有监督其他股东如实出资的义务。根据最高人民法院执行工作办公室在〔2003〕执他字第33号《关于股东因公司设立后的增资瑕疵应否对公司债权人承担责任的复函》就有关"公司股东若有增资瑕疵，应承担与公司设立时的出资瑕疵相同的责任"认为，发起人对公司增资时瑕疵出资股东的法律责任，与对公司设立时瑕疵出资股东的法律责任一致，均应对瑕疵出资股东的补充赔偿责任对外承担连带责任。

三、协助抽逃出资之相关责任人如何追责

《变更、追加规定》明确规定可申请追加抽逃出资股东为被执行人，但没有规定是否可在执行程序中直接追加"协助抽逃出资的其他股东、董事、高级管理人员或者实际控制人"为被执行人。但《公司法司法解释（三）》第十四条第二款却规定了协助抽逃出资的其他股东、董事、高级管理人员应对抽逃出资股东的补充赔偿责任承担连带责任。这种情形应如何处理呢？是先提起股东、董事、高管、实际控制人损害债权人利益之诉，判决后才予以追加呢，还是在执行程序中可以直接追加？笔者认为，此等情形正是在执行过程中派生的实体纠纷，行使执行裁判权予以解决能提高执行的效率，节约司法资源，应当允许在执行程序中直接追加。

四、协助虚假出资之相关责任人如何追责

《公司法司法解释（三）》第十四条第二款规定了协助抽逃出资的其他股东、董事、高级管理人员或者实际控制人对抽逃出资的股东应承担的补充赔偿责任承担连带责任。但假如其他股东、董事、高级管理人员或者实际控制人协助的不是抽逃出资，而是虚假出资，是否也应与虚假出资股东承担连带责任呢？公司法及其司法解释均未明确规定。

有学者认为，不管股东是抽逃出资还是虚假出资，均违反了公司法的资本维持原则，造成公司资本不足，公司偿债能力降低甚至丧失，侵害了公司、其他股东、债权人的利益，性质上均属于侵权行为，应承担侵权责任。其他股东、董事、高级管理人员或者实际控制人不管是协助抽逃出资还是协助虚假出资，均与抽逃出资或虚假出资的股东构成共同侵权，应与抽逃出资或虚假出资的股东承担连带赔偿责任。笔者亦赞同此观点。

五、股东虚假增资时董事、高管之责任追究

《公司法司法解释（三）》第十三条第四款规定，股东在公司增资时未履行或者未全面履行出资义务，未尽《公司法》第一百四十七条第一款规定的义务而使出资未缴足的董事、高级管理人员应承担相应责任，但《变更、追加规定》并未规定此情形下可直接追加董事、高管为被执行人。那么，股东在公司增资时未履行或者未全面履行出资义务，是否可直接追加未尽《公司法》第一百四十七条第一款规定的义务而使出资未缴足的董事、高级管理人员承担相应责任呢？这种责任是否为连带责任呢？

程序上，是直接追加还是先循其他途径解决？审判实践中两种情形均存在。

在最高人民法院审理的×科技公司、胡×损害公司利益责任纠纷再审案中，是作为被执行人的×科技公司以公司名义先行提起损害公司利益责任纠纷，请求判决未尽《公司法》第一百四十七条第一款规定的义务而使出资未缴足的六名董事对×科技公司股东所欠出资（系增资过程中所欠出资）承担赔偿责任，最高人民法院判决支持，进而实现债权人的债权。

在笔者办理的上述案例中，则是在执行程序中直接追加未尽《公司法》第一百四十七条第一款规定的义务而使出资未缴足的高级管理人员承担相应责任，亦获得法院的支持。

可见两种情形均存在，笔者亦赞同应当允许在执行程序中直接追加，法理前文已述。

实务上，追究未尽《公司法》第一百四十七条第一款规定的义务而使出资未缴足的董事、高级管理人员承担相应责任的法理依据是什么？这种责任是否为连带责任？审判实践中也曾存在较大的争议。

在最高人民法院（2018）最高法民再3××号案中，一审、二审、再审法院就分别持有不同的裁判观点。

深圳市中级人民法院一审认为："在股东欠缴出资的情况下，董事会有权作出追缴出资的决定。但董事会未作出追缴股东欠缴出资的决定，与股东欠缴出资并无必然联系，也即股东是否履行全面出资义务，并不取决于董事会的决定……董事对公司损失承担责任，系因董事作出了×种积极行为，并导致公司受到损失。在董事消极未履行×种勤勉义务，且该等消极未履行与公司所受损失并无直接因果关系的情况下，董事不应当受到追责。"故判决驳回原告诉讼请求。

广东省高级人民法院二审认为："……不应将股东未全面履行出资义务的责任一概归因于公司董事……在公司章程没有明确规定其负有监督股东履行出资义务、没有证据显示其消极未向股东催缴出资与公司所受损失存在因果关系情况下，×科技公司请求上述六名董事对股东欠缴的出资承担连带赔偿责任，于法无据，不予支持。"故判决驳回上诉，维持原判。

最高人民法院再审则认为：①催缴出资属于董事、高管应尽的忠实、勤勉义务。董事负有向未履行或未全面履行出资义务的股东催缴出资的义务，这是由董事的职能定位和公司资本的重要作用决定的。根据董事会的职能定位，董事会负责公司业务经营和事务管理，董事会由董事组成，董事是公司的业务执行者和事务管理者。股东全面履行出资是公司正常经营的基础，董事监督股东履行出资是保障公司正常经营的需要。《公司法司法解释（三）》第十三条第四款规定的目的是赋予董事、高级管理人员对股东增资的监管、督促义务，从而保证股东全面履行出资义务、保障公司资本充实。②在公司注册资本认缴制下，公司设立时认缴出资的股东负有的出资义务与公司增资时是相同的，董事、高级管理人员负有的督促股东出资的义务也不应有所差别。③股东未缴清出资的行为实际损害了公司的利益，董事消极不作为放任了实际损害的持续。股东欠缴出资的行为与董事、高管的消极不作为共同造成损害的发生、持续，董事、高管的消极不作为与公司所受损失之间存在法律上的因果关系。根据《公司法》第一百四十九条的规定，董事、监事、高级管理人员执行公司职务时违反法律、行政法规或者公司章程的规定，给公司造成损失的，应当承担赔偿责任。④董事、高管应连带承担不实出资股东的赔偿责任。故再审判决六名董事应连带赔偿公司损失490多万美元。

最高人民法院再审判决从董事的职责范围入手，认为催缴出资属于董事、高管应尽的忠实、勤勉义务，股东未缴清出资造成了损害公司利益的后果，而董事、高管的消极不作为放任了损害的持续，这种消极不作为与公司所受损失之间存在法律上的因果关系，因此董事、高管应承担赔偿责任。最高人民法院适用侵权理论，认为未缴出资股东与消极不作为的董事、高管构成共同侵权，该董事、高管应与未缴出资股东承担连带赔偿责任。该案是具有现实指导意义的。

六、虚假增资外的虚假出资情形下，董事、高管之责任追究

《公司法司法解释（三）》第十三条第四款只规定了股东在公司增资时

未履行或者未全面履行出资义务，未尽《公司法》第一百四十七条第一款规定的义务而使出资未缴足的董事、高级管理人员应承担相应的责任，但未规定在公司设立时或设立后（非增资时）出现相同情形下董事、高管应否承担相应的责任。笔者认为，法理上，在公司注册资本认缴制下，资本维持的基本原则没有改变，公司设立时认缴出资的股东负有的出资义务与公司增资时是相同的，董事、高级管理人员负有的督促股东出资的义务也不应有所差别，故不管是公司设立时还是设立后（非增资时），未尽《公司法》第一百四十七条第一款规定的义务而使到期出资未缴足的董事、高级管理人员所应承担的责任与增资时应是一致的。

七、公司法意义上的发起人是否适用于集体企业

集体所有制企业的出资人应否被认定为公司法意义上的发起人呢？这存在一些争议。

在笔者办理的上述案例中，一审法院以集体所有制企业的出资人并非公司法意义上的发起人为由，驳回执行异议原告要求该集体企业出资人×房地产管理所承担发起人责任的诉讼请求。

笔者认为，根据《公司法司法解释（三）》第一条对"发起人"的定义——为设立公司而签署公司章程、向公司认购出资或者股份并履行公司设立职责的人，应当认定为公司的发起人，包括有限责任公司设立时的股东，"签署章程、认购出资、履行公司设立职责"是发起人的主要特征，集体企业的出资人完全符合这些特征；《中华人民共和国城镇集体所有制企业条例》第六十五条明确规定："集体所有制的各类公司的管理，按照国家有关公司的法律、法规执行。"因此，对于集体企业出资人的管理，也应当适用《公司法》的规定，即应认定为公司法意义上的发起人。笔者的观点最终获得了二审法院的支持。

结　语

追加瑕疵出资股东、发起人、高管为被执行人承担相应的责任，在实务上还存在诸多争议，法律及相应司法解释尚有规定不一致、规定不明之处。民事执行制度与公司法律制度如何有效衔接，才有利于提高司法效率，节约司法资源？如何在以鼓励创业、激发活力、提高效率为目的的公司资本制度改革与保护债权人利益、维护交易公平、维护经济秩序之间找

寻到一个最佳的平衡点？这是值得法律界进一步思考的课题，对这些问题的探讨，可为《公司法》乃至民事执行制度的修改完善提供有益的实务和理论的参考。

专题二　股东权益保护

我国公司法实施同股不同权制度之可行性及配套制度初步构想

侯爱民[*]

引　言

同股同权是我国公司法对于维护公司股东权益的一般原则。同股同权从其基本内涵来看，是寻求公司股东之间在出资与权益关系上的基本平等权。但是，近年来，绝对同股同权原则具有的局限性，在实践上越来越明显，也受到越来越多挑战。对于同股不同权的理论研究和实务尝试也越来越多。笔者认为，在坚持同股同权基本原则的前提下，给予个别领域或特定形式的例外，仍然符合同股同权的精神原则。本文就当前同股同权的例外方式，即同股不同权的立法现状、存在的问题及初步制度设计进行一个粗浅的探讨。

一、同股同权原则的主要内涵和法律依据

在我国现行公司法律制度上，同股同权应当包括两层意义：一是相同的股权应当有相同的投票权，二是相同的股份应当获得相同的收益权。体现我国公司法同股同权原则的法条依据主要是《公司法》第三十四条、第四十二条、第一百零三条和第一百二十六条。

我们对上述四条规定进行简单分析，可以基本把握我国公司法对于同股同权原则的总体规范。

（一）《公司法》第一百零三条规定

《公司法》第一百零三条规定：股东出席股东大会会议，所持每一股份有一表决权。股份的发行，实行公平、公正的原则，同种类的每一股份应当具

---

* 侯爱民，广东启源律师事务所律师、高级合伙人。

有同等权利。

以上两条规定，都是对股份有限公司的规定，强调绝对的同股同权原则，并不给予任何例外空间。

（二）《公司法》第三十四条规定

《公司法》第三十四条规定：股东按照实缴的出资比例分取红利；公司新增资本时，股东有权优先按照实缴的出资比例认缴出资。但是，全体股东约定不按照出资比例分取红利或者不按照出资比例优先认缴出资的除外。

本条规定是对有限责任公司分红原则的规范。基本规则是按照持股比例分配，即同股同权原则，但给予股东自由约定的空间。如果股东约定不按照持股比例分配红利，则可按照股东约定的方式分红，但前提是该约定必须是"全体股东"的约定。也就是说，非同股同权原则的分红约定，不适用"股份多数决"原则，否则占多数股份的股东可以借助股份优势进行自利性表决，任意侵吞小股东的财产利益。

（三）《公司法》第四十二条规定

《公司法》第四十二条规定：股东会会议由股东按照出资比例行使表决权；但是，公司章程另有规定的除外。

本条规定股东行使表决权按照出资比例进行，原则上同股同权，但是，公司章程如果规定了不适用同股同权的表决机制，则可适用公司章程规定。本条与《公司法》第三十四条的限制条件有所不同，第三十四条的限制为全体股东同意，而本条的限制是公司章程可另行规定，而公司章程的制定和修改并非要求全体股东一致同意，因此第三十四条的要求更为严格。

二、同股同权原则存在的问题及同股不同权原则的可行性

（一）同股同权原则的局限性

（1）严格的同股同权原则不利于发挥在某些方面具有特殊优势的股东的潜力。无论法人股东还是自然人股东，都可能存在自身能力、拥有的资源等方面的巨大差异。同股同权，将导致能力强、资源多的股东的能力施展，常常受制于持股比例。有的股东浸淫行业多年，比其他股东有更多的经营管理经验和市场开拓能力，但由于其股本金不足限制了其持股比例，同股同权，

可能导致这部分股东因持少量股份为众多其他人服务的动力不足，从而导致其将经验与能力全部施展于公司的积极性不足。

（2）同股同权原则之下，企业融资将导致创始股东股权的稀释，影响企业融资的积极性。一些科技型公司，创始团队常常面临智力资源充足而资本欠缺的状况，因此公司要扩张和发展，必须经过一轮轮的融资。但经过多轮融资后，创始团队原始股权因不断增资而被稀释，甚至大幅缩水。如果以其所持股份行使表决权，则可能导致原始股东失去对公司的控制权，影响其融资的积极性。同股不同权有利于解决成长型公司的融资需求，原始股东可以放心进行资金募集，其股权被稀释也不影响其对于公司重大事项的决策权。

（3）严格的同股同权原则不利于对创始股东的激励。某些方面的同股不同权，也就是有关监管机关所称的"特别投票权"制度，可以使公司创始股东对公司的控制权得以保护，创始团队的人员结构稳定、待遇稳定，从而激励创始股东及工作团队进一步拼搏进取，在自己的行业中不断学习、研究和创新。而同股同权原则之下，公司无法对抗强制收购和管理团队的解聘，稳定性相对更低。

（4）严格的同股同权可能成为股东之间的矛盾与对抗的原因之一。经营管理能力强的股东，某些时候可能因受制于不懂经营的股东，决策权受限，但出于公司整体利益考虑，绕开其他股东实施个人判断基础上的决策，最终可能导致股东之间的分歧与矛盾，影响公司治理的优化。

（5）大量优秀科技公司无法在国内上市，只能在海外上市，不利于国内投资者的参与，导致国内投资者失去享受投资成长型企业获得红利的机会。

（二）对有限责任公司和股份有限公司在同股不同权方面区别对待的现状及问题

我国《公司法》对有限责任公司同股不同权的安排，采取较开放的态度，虽然原则上同股同权，但如有个性化需要，可交由股东自行约定或由公司章程去规定。在《公司法》第三十四条和第四十二条有明确依据。但是，《公司法》对于股份有限公司，在同股不同权的制度设计方面，完全没有放开，尚不存在任何制度空间。

笔者认为，无论有限责任公司或股份有限公司，同股不同权制度存在的逻辑基础都是一致的：

股权的权利要素核心是股东的财产权，持股比例高的股东不要求按其比例分配红利，类似于放弃权利，或者类似于赠与，股东对于自己的财产性收益有清晰的认知，完全可以由股东自行处分。分红权之外的其他股东权利，比如重大决策权、重要人事权，股东之间可以自由约定处分方式，体现股东是否属于企业的主人，是否具有"当家作主"的权利，更类似"基本人权"或"政治权利"。虽然这类股东权利不具有直接财产属性，但是，其会直接影响公司的经营方向和管理模式，进而影响公司经营管理的水平，并进一步影响到股东财产性权利的获得。这部分权益由股东自由处分，虽然不能与赠与相类比，但仍属于股东意思自治的范畴。从本质上讲，在正常的公司治理架构下，股东之间仍属于平等主体之间的契约关系，《公司法》本质上仍属于私法性质。在这样的私权领域，公权不宜过多干涉私人之间对权利的自由处分。公司股东必须假定其清晰自己的权利内容和权利边界，如果其对其他股东并不存在高于理性的信任，其完全可以不必同意其股东权利与持股比例的不对等，也就是说，完全可以拒绝接受同股不同权规则。股东既可以在设立公司时选择约定同股同权的章程，也可在公司存续时，当其他多数股东选择同股同权模式而自己无法接受时，选择转让股份退出公司。因此，在股份有限公司的规范上，是否实施同股同权，与有限责任公司加以区分缺乏可信的说服力。

那么我国公司法为什么设置上述特殊规定？站在立法者角度考虑，在制定公司法时，应当是更多地考虑了有限责任公司的"人合性"特征。"人合性"可保证股东相互之间必要的了解，股东在公司内行使权利，更多需要得到其他股东基于身份认同和人格认同的支持。享有"特殊权利"的股东，更多因受制于其他股东的人身和人格的力量，而约束自己的行为。而股份有限公司有较高的"资合性"，股东之间缺乏彼此身份的联系与人格的认知，如果赋予部分股东，尤其是赋予实际掌控公司经营的股东以特别表决权，则基于股份有限公司股东人数众多和股东之间缺乏如同有限责任公司股东之间的信赖的特点，如出现损害其他股东利益，或虽未损害其他股东利益但缺乏其他股东信任的善意行为，将不仅不能解决问题，反而会扩大股东之间的矛盾与分歧。

但是，公司法赋予有限责任公司同股不同权的制度考量，完全适用于股份有限公司。从某种程度上说，股份有限公司，尤其是公众公司，更加具有适用同股不同权原则的迫切性。股份有限公司的大量风险资本类型的投资股东，更看重的是短期收益，强调资本的短期回报率。而创始股东，则具有更加长远的目标。创始股东更希望公司长期发展，基业长青，因此其决定往往更多考虑公司的长远利益。而投资股东或者投机股东具有资金优势，在股份优势的情况下，如果出于快速获利并退出公司的考虑，可能会作出对公司不利的决策，这样不仅损害创始股东的利益，更有可能伤害其他众多小股东，特别是上市公司散户投资者的利益。

三、同股不同权的境外立法概况及我国的尝试

长期以来，同股同权虽为各国公司法的普遍原则，但是同股不同权的尝试在许多地方始终存在。美国同股不同权制度虽然起源较早，但一直极少适用。20 世纪后期，美国逐步统一政策。1994 年 5 月，美国证券交易委员会实施新的公司股票政策，允许公司发行双重股票，随后越来越多的公司采取双重股权结构。日本自 20 世纪 50 年代起，在公司法中有许可同股不同权制度，但之后该制度又被取消，仅仅在极个别的情况下适用。法国、丹麦、荷兰和瑞典等国家，规定只要超过三分之二的股东同意，公司可以发行具有不同表决权的普通股。英国则对上述比例的要求定为四分之三。我国香港公司法也曾一度限制同股不同权制度，但到 2018 年香港联交所修订《主板上市规则》后，即许可具有同股不同权架构的公司在香港上市。

我国公司法对股份有限公司的同股不同权基本是严格禁止的，但是近年也开始了积极探索。2019 年 3 月 1 日，中国证券监督管理委员会（以下简称"中国证监会"）发布的《科创板上市公司持续监管办法（试行）》第八条规定："科创公司应当在公司章程中规定特别表决权股份的持有人资格、特别表决权股份拥有的表决权数量与普通股份拥有的表决权数量的比例安排、持有人所持特别表决权股份能够参与表决的股东大会事项范围、特别表决权股份锁定安排及转让限制、特别表决权股份与普通股份的转换情形等事项。公司章程有关上述事项的规定，应当符合交易所的有关规定。"以上条文出现"特别表决权"的概念，并要求公司章程对涉及特别表决权股份的事项予以规范和披露。

即使我国公司法的同股同权原则较为严格，但仍有一些上市公司对同股不同权进行尝试，比如阿里巴巴、京东、优酷、爱奇艺等知名公司，多采用双重股权结构，赋予创始股东特别表决权。当初寻求上市之时，大陆公司法以及香港公司法均无同股不同权制度设计，因此这些公司最终选择在美国上市。香港公司法对同股不同权放开之后，部分公司开始陆续回归港股。这类上市公司主要采取 AB 股的双层股权结构，这一模式也被越来越多的公众公司所借鉴。我们有理由相信，在中国证监会上述《科创板上市公司持续监管办法（试行）》规定出台后，会有越来越多的创业型公司选择适用双重股权结构，通过设置特别表决权股份，达到股份有限公司的同股不同权目标。

四、我国建立同股不同权制度的设想

在股份有限公司适用同股不同权的例外原则，需要成熟的制度架构作保障，否则其消极的一面可能会被放大，导致股东之间的权利失衡和争端。

笔者认为，在同股不同权方面，至少要建立的配套制度如下。

（一）可对适用同股不同权的公司的类型作出必要限制

首先应考虑对科技类等知识密集型公司优先适用特别表决权制度。因为知识密集型行业，专业知识和技能对于公司经营与管理具有更为突出的作用。既然这类企业"靠科技创新吃饭"，那么具有科技创新能力的特殊人才，如果同时成为公司股东，对于公司未来的发展方向的判断和把握，必然具有更为独特的眼光和判断力，给予这样的股东以特别表决权，较大概率更有利于公司的发展。

（二）可对适用同股不同权的公司的规模作出必要限制

随着科创板的开通和注册制的即将全面实施，公司上市门槛降低，上市公司"成色"，即公司规模、治理水平、运营规范、盈利能力等方面，相比以往可能会有微妙变化。对于具有一定规模的优质公司，我们有理由相信，主要股东之间的信任度较高，公司治理相对完善，适用同股不同权，更有利于避免股东矛盾和公司治理的混乱。比如，可以考虑将连续三年公司市值在一定标准之上的公司，作为试点特别表决权的门槛。香港公司法就有类似规定。香港联交所《主板上市规则》规定，选择以不同投票权架构上市的新申请人应满足"上市时市值至少为 400 亿港元 ；或上市时市值至少为 100 亿港元及最近一个会计年度收益至少为 10 亿港元"两个条件之一。

（三）可规定对公司部分事项，股东之间可约定采取特别表决权设置

特别表决权可适用于大多数普通决策情形。但是，与所有股东切身利益相关的甚至涉及公司生死存亡的重大投资决策；与选任关键管理者相关的重大决策，尤其对涉及股东特别表决权资格的赋予或剥夺相关的重大决策；与特别表决权股东关联交易有关的决策；对涉及股东分配红利财产性利益的决策，包括分红决策与分红方式；与知情权等股东基本权利的设定与保护相关的决策；等等，应设定为特别表决权的禁区，应当适用同股同权原则。比如

香港联交所就规定，对某些特别情况，仍必须适用一股一票制，包括有关上市发行人组织章程文件变动的表决、委任或罢免独立非执行董事等。

（四）应着重加强对设置特别表决权制度公司的信息披露的监管

获得比持股比例更高决策权的股东，对其决策的重大事项，均应向其他股东披露，有限责任公司和非上市股份有限公司，也应达到与上市公司信息披露类似的标准。

（五）可在章程上规定不达承诺经营目标取消特别表决权

可由具有特别表决权的股东在股东协议或章程中，对公司经营前景预期或未来业绩做出承诺，如果无法在预定期限内达到设定目标或实现预定业绩，可限制股东的特别表决权，恢复同股同权原则。

（六）可考虑设置具有特别表决权的股东丧失特别表决权的负面清单

可以规定，具有特别表决权的股东在哪些负面情况下，将丧失特别表决权，其所持股份成为普通股。比如，上述情况可以包括：公司内部发生因具有普通表决权的股东的利益受损害为案由的诉讼、具有特别表决权的股东发生职务犯罪行为等。香港联交所规定，在不同投票权受益人身故、不再是发行人董事、无行为能力等情况下，不同投票权的特别权益将终止。还包括联交所认为不同投票权受益人不再具有符合其身份的品格及诚信时，不同投票权也将被终止。

（七）应对特别表决权股份的转让作出限制

可规定特别表决权股份不得转让，或转让后即视为普通表决权股份，丧失特别表决权。特别表决权股份，当然是要授予"特别的人"，因此限制这种类型股份的转让，或转让后丧失特别表决权，是自然而然的逻辑。比如香港联交所就规定，不同投票权股份不具备上市资格。不同投票权股份一旦转让予另一人后，不同投票权即终止。不同投票权股份可转换为普通股，但必须按一换一比率进行，且必须由香港联交所批准。

（八）完善公司治理结构

同股不同权制度对公司治理水准提出更高的要求。实行特别表决权的公司，首先要完善股权结构。目前 A 股上市公司中，一股独大的股权结构问题仍然存在，特别是相当一批公司的国有股权比例过高，小股东的利益保护本来就比较脆弱，存在风险，如果在其他监督机制缺位的情况下，再赋予大股东特别表决权，则中小股东的权益保障可能存在问题。

（九）完善公司监督机制

应加强对具有特别表决权的股东的监督。同股不同权将使公司实际控制人权力增大，不自律的公司实控人可能借助其控制权，优先满足其一方利益，从而牺牲了其他投资者的权益，比如进行不公平的关联交易等。因此，应强化公司董事会和监事会的作用，突出独立董事的职能，使董事会和监事会能够有效运作，从而对具有特别表决权的股东形成一定制约。

结　语

同股不同权法律制度的建立和完善，既要参考域外立法的成功经验，又需要结合公司治理实践和司法实践，针对实践需求，对该制度设计逐步加以完善。

股东作为表决权征集人的主体资格研究

苏文卿[*]

股东表决权征集（又称表决权委托书征集），是指股东因个人原因不能出席股东大会，且未委托代理人行使表决权时，相关人员将记载必要事项的空白授权委托书交付给公司股东，劝说股东代理行使表决权的行为。[①] 在公司规模急剧扩大的背景下，表决权征集制度产生并逐渐运用于股东大会中。我国《公司法》没有直接对表决权征集制度主体的条件进行规范。《上市公司治理准则》和《中华人民共和国证券法》（以下简称《证券法》）中虽然对股东表决权征集人的主体资格有规定，但没有明确其他的标准和条件。股东作为征集主体之一，因没有明确的规定，将直接影响到该制度的后续发展。本文将结合对域外先进经验的考察，对股东表决权征集人主体资格进行深入研究，对其完善提出相关建议。

一、问题的提出

公司成立初期，股东人数较少，公司的运营情况与绝大多数股东利益息息相关，在这种情况下，股东更有条件和动力通过行使表决权，来实现对公司的治理。但公司规模的扩张或公司上市之后，股东数量大量增加，部分中小股东从短期股票交易和投资中获得收益，其瞄准的是收取短期利益而不是长期股票利益，这部分股东将占据股东的多数。这类股东在信息、资金等方面相较大股东而言均处于弱势地位，在股东会或股东大会上并没有太多话语权，这使得他们并不热衷于积极行使自己的股东权利，认为自己手中所持有的表决权份额无法对会议结果产生实质性影响，没有必要十分积极地行使表决权，从而产生"用脚投票"的行为。[②] 股东怠于行使表决权会影响公司的

---

* 暨南大学法学院/知识产权学院硕士生导师，广东华进律师事务所律师。

① 梁上上：《论股东表决权》，法律出版社 2005 年版，第 3 页。

② 刘倚源：《构建我国的表决权信托制度——以中小股东利益保护为中心》，载《甘肃政法学院学报》2014 年 6 月，第 126 – 131 页。

治理：第一，某些事项会因股东会或股东大会出席人数不足而无法形成决议；第二，容易导致一些上市公司内部出现争夺控制权等问题。现代公司的股权分布正在朝着不断扩大的方向发展，随着股权分布的扩散，控股股东、大股东可以凭借其对公司的控制权谋取其他股东不具有的利益，其实质是对其他股东权利的隐形占有。① 表决权征集制度使得小股东得以征集大量表决权，征集到表决权的股东即代表小股东的集体利益，从而扩大了他们在股东大会上的话语权，有力地促使股东大会更多地考虑他们的利益诉求。征集委托书制作成本低、实施程度高，国外一些公司股东为获取公司控制权，首要途径就是采取委托书征集。许多中小股东由于与大股东的股权占比悬殊，其不是直接对会议的提案行使表决权，而是通过将投票权委托给他人的方式，由他人将表决权聚集后，实现对会议事项的表决。股东为了捍卫自己的利益，会出现相互争夺控制权的场面。我们必须通过法律规定，对公司内部控制权的争夺进行必要规制，防止控股股东做出损害公司和其他股东利益的行为，并且使表决权征集制度成为缓和与平衡各方利益冲突的工具。② 然而目前，表决权征集制度仍需健全完善，需要解决的重要基础性问题包括征集主体的资格。股东本身就有参与公司重大事项决策的表决权，并且股东是公司剩余利益索取权人，相较于公司经营者、债权人等而言，有更大动力和善意来行使表决权。③ 股东作为表决权征集的主体之一，如对征集主体的资格没有明确的规定，将直接影响到该制度的后续发展。

我国《公司法》没有直接对表决权征集制度主体的条件进行规范。根据《上市公司治理准则》第十条和《证券法》第九十条的规定，我国在"符合有关条件的股东"的规定中除了"持有1%以上有表决权股份"这个条件以外，没有明确其他的标准和条件。

二、股东的征集主体资格规定的现实不足

我国对公司表决权征集人主体限制的规定不甚完善，对公司什么股东具备征集人的条件这一方面的规定不太合理甚至有所缺失，致使实践中表决权征集制度无法达到应有的效果。

---

① 刘毅：《股东权利保护研究》，北京大学出版社 2016 年版，第 30 页。

② 胡智强：《我国上市公司股东权利配置——以公司控制权为视角》，载《南京审计学院学报》2010 年 7 月，第 1–5 页。

③ 戴振华：《股东表决权代理征集制度的法律构建》，载《河北企业》2015 年 7 月，第 87–88 页。

（一）小股东征集表决权启动困难

现实中会出现最低持股比例过高，使得小股东征集表决权启动困难的情况。《证券法》第九十条第一款增加了股东成为征集人的条件——持有1%以上有表决权股份；删除了规范中的"公司不得对征集投票权提出最低持股比例限制"。《公司法》第一百零二条第二款规定股东须单独或联合持股3%以上才能行使提案权，新《证券法》的规定相比《公司法》而言，对股东的持股要求有所降低。在我国上市公司持股比较集中的情况下，小股东的持股比例与大股东的持股比例差别非常大，较低的持股比例要求可以帮助小股东以征集代理权的方式参与投票，有效行使股东权利，积极参与公司治理。

济南×摩托车股份有限公司（以下简称 ST×骑）大股东占用公司巨额资金，其 2002 年度报告显示，公司应收轻骑集团以及其他关联公司欠款高达 28 亿元，公司为轻骑集团及关联公司担保借款本息计 5.8 亿元。可公司非但未收回占用资金，反而采用了对大股东占用资金实行全额计提的会计方法，使公司净利润一次性亏损高达 34 亿元，创下证券市场亏损之最。对此，小股东赵×对 ST×骑 2002 年度会计报表中全额计提的会计方法持否定意见，并公开征集投票权拟提出四项临时议案规范公司治理。当时，赵×须征集到5% 有表决权股份（4900 万股）才能符合法定临时提案最低持股比例。最后赵×仅征得 320 万股，未能提出临时议案。

上述案例中赵×未能征集到足够的投票权以提出临时议案，征集活动没有成功。根据当时的法律规定，只有持公司有表决权的股份 5% 以上的股东方能在股东大会上提出议案，在这一规定下，中小股东提出议案的可能性非常小。即使《证券法》将条件改为"持有 1% 以上有表决权股份"，在此案中，赵×征得的 320 万股也远未达到标准。

（二）大股东限制中小股东行使征集表决权

在实践中，小股东很大程度上只是被动的委托方，投票权征集往往容易沦为大股东争夺控制权的工具，大股东可能采取某些方式以限制小股东进行表决权征集，常见的手段为修改公司章程。许多大股东利用法律的模糊规定与漏洞，对公司章程进行修改，实现对表决权征集主体资格进行额外的限制。上市公司在制定章程时，许多大股东从自身利益出发，无视中小股东的利益，导致中小股东被动接受章程的约束。

2013 年 6 月 28 日，武汉×炉股份有限公司（以下简称"武锅公司"）

通过《公司章程修正案》限制中小股东征集表决权，引发中小股东的抵触。中小股东随即以侵犯委托权和投票权为由，向法院起诉。[①] 由于有关法律法规没有对"符合一定条件的股东"的要件进行说明和界定，因此武锅公司的章程修正案第八十八条限定表决权征集的股东的条件为"单独或合并持有公司已发行1%以上股份的股东"，并且对表决权征集制度的具体实施进行补充规定。然而符合该条件的股东只有阿尔××和武汉国××，中小股东必须联合其他股东才有可能影响公司决议的表决结果。然而真正关心公司经营管理情况的股东持股比例最多也只有0.2%，并不是三两个股东就能凑集到1%的股份。

"武锅案"发生之后，国务院办公厅颁布的《加强股东权益保护的若干规定》以及中国证券监督管理委员会发布的《上市公司章程指引》（2016年修订）均明确规定公司不得对公开征集投票权进行限制。文件发布后包括武锅公司在内的众多上市公司纷纷发布章程修正案取消原章程对投票权征集股东持股比例的限制。武锅公司将股东征集投票权的资格条件改为"符合一定条件"，法院认为2014年5月21日召开的被告股东会对被告章程的修改行为作为新的法律事实，消灭了2013年6月28日被告股东大会决议调整被告股东表决权的法律关系，使本案的诉讼标的不具有继续诉讼的意义，驳回了原告的诉讼请求。

中小股东本就处于弱势地位，大股东如果采用此种方式进一步对其进行限制，严苛的条件不仅要求中小股东除了应具有参与决策、治理公司的积极性外，还必须具备相当程度财力支持，表面上是行使公司自治权并依据规章行事，但其本质上是侵害了中小股东的表决权。

（三）外部人员利用法律漏洞干预公司正常经营

仅仅要求股东需要达到1%以上的持股比例才可成为征集人的条件是远远不够的，代理权征集前后的连续持股期限也十分必要。如果没有规定连续持股期限，[②] 那么有些公司外部人员将可能利用这一法律漏洞滥用征集行为。

股份收购往往是征集投票权的前置手段，恶意收购者可能会简单地买入公司小部分股票加入股东委托书征集行列，[③] 以这种方式争夺对公司的实际控制权，损害公司原股东的利益。如胜×股份发生的征集投票权争夺案。通

---

① 杜佳盈：《上市公司表决权公开征集法律问题研究》，华东政法大学出版社2018年版，第24页。

② 董新义：《论上市公司股东代理权征集滥用的规制——以新〈证券法〉第90条为对象》，载《财经法学》2020年3月，第107－123页。

③ 刘扬：《股东委托书征集法律制度研究》，西南政法大学出版社2015年版，第15页。

×惠公司通过竞买获得胜×股份13.77%的股份成为第一大股东，原第四大股东×邦受让多家法人股份后，持股比例上升至15.34%，超过通×惠公司的持股比例。为了夺得对公司的控制，通×惠公司发布公告公开征集委托投票权，希望从中小股东处得到支持，推举更多的董事。通×惠最终落败，山东×邦成功地抵御了通×惠的收购，保住了胜×股份管理层对公司的控制权。尽管通×惠没有达到目的，但仍然可以得出一个结论：未对征集表决权股东的持股时间作出要求，将为外部收购者欲通过征集投票权控制公司提供了极大便利。

三、表决权主体资格模式

对于征集人主体资格的要求，主要有两种模式：一是宽松模式，如美国、德国、加拿大均采取该立法模式，即对征集人的资格不做要求，规定表决权征集主体可以是任何人，公司股东、董事会、非股东均有资格发起征集，完全遵循契约自由的原则；二是严格限制模式，只有满足一定条件的主体才能进行表决权征集，如西班牙、丹麦等国家都限定股东为表决权征集主体，除此之外我国台湾地区也采取严格控制型立法模式。

（一）宽松型模式

美国是对表决权征集主体资格持宽松态度的国家中最具代表性的。美国的相关制度对征集者的范围和资格不做严格限制，股东作为征集主体只要具备完全民事行为能力即可。从实际情况来看，为了更容易达到成功征集表决权的目的，征集人一般会在征集行为开始之前，在公开市场上购买一定数量的股票。这样也能增强征集行为人的信服力。征集成功后，也能够使征集者与之后公司所得利益之间的财产性关联更加紧密，从而对公司拥有更稳固的控制权。[①]

表决权征集制度在美国发展十分成熟，运用广泛。虽然美国对表决权征集制度持宽松态度，但这并不意味着缺少有关表决权征集制度的规定。《联邦证券交易法》第十四条（a）（b）（c）对委托书征集加以规范，对征集程序、空白委托书的格式和征集书的记载内容进行了规定。美国联邦证券交易委员会依据《联邦证券交易法》第十四条制定了一系列其他相关规则。这些规定共同规范着美国的委托书征集活动。虽然美国对表决权征集的主体资格

---

① 皮梦清：《表决权征集主体资格法律问题研究》，华中师范大学出版社2015年版，第8页。

没有做出过多的规定，准入门槛也较低，但是各州公司法和联邦证券法对表决权征集行为却规定得十分详尽，并且操作性极强。委托书的使用规则对表决权征集的定义、信息披露等问题进行了详细严密的规定。① 这些完备的法律和高度分散的股权结构，促使了委托投票征集制度在美国盛行，被德国、日本等国竞相模仿。

尽管法律法规没有对征集主体资格进行限制，然而有案例显示，并不是任何主体以任何方式都能成为征集主体，法院在审理时也会对其进行审查。

2017年，锡亚布××诉自由××公司一案中，特许××公司为收购时代××有线公司和纽××公司的子公司光××网络公司，特许××公司、纽××公司达成协议，授予自由××公司投票代理权，使它在特许××公司的表决权占25.01%，同时赋予控股股东自由××公司优先购买权，使自由××公司均维持其在特许××公司中的持股比例。之后时代××有限公司也提出合并，以特许××公司股东批准自由股票发行和投票代理协议为条件。在收购之前，特许××公司、时代××有限公司和光××网络公司均是独立的实体；光××网络公司由纽××集团全资拥有；自由××公司拥有特许××公司的26%的股份。收购后，时代××有线公司拥有19%至20%的股份。自由××公司保留了约6%的额外投票权益，使其总投票权与收购前的表决权大致相同。

原告锡亚布××为特许××公司的股东之一，对被告自由××、原特许××公司的董事以及特许××公司提起诉讼。他认为特许××公司完全可以在不向大股东发行股票以及签订代理投票协议的情形下进行收购，在合并时代××有线公司时，自由××公司获得了比时代××有线公司其他股东更多的特许××公司的股票，是在稀释非关联股东的表决权，再加上6%的额外投票代理权，被告"通过使董事会同意自由股发行和投票代理人协议"，这种行为是完全以股东将财富和投票权转移给自由××公司为代价的一种交易。换句话来说，基于这样的程序和动机取得的投票代理（表决权征集）很有可能是控股股东自由××公司为了自己的利益而损害其他中小股东权益的工具，违反了其受托义务。

原告提出诉讼请求：针对董事被告、股东被告的违反信托义务的个人和集体索赔；代表特许××公司分别请求董事和股东因违反信托义务造成的衍生损失。2018年4月，法院驳回了原告向股东的索赔。法院认为：被告股东不是控股股东，且特许××公司内部的投票在结构上是强制性的，因为特许

---

① 范黎红：《论上市公司委托书征集的法律规制》，厦门大学出版社2003年版，第21页。

××公司的股东似乎无法"通过简单的投票否决而轻松地在投票箱中保护自己"。如果他们拒绝通过，他们将放弃两项有利可图的交易；如果他们同意，将把价值转移给内部人（自由××公司）。股东进行了合理判断，并没有违反信托义务。

从以上案例可以看出，即使美国对征集主体资格没有进行过多限制，但也并不意味着股东是绝对自由的，如果被告股东被法院认定为控股股东，法院很有可能支持原告的说法：被告股东为了自己利益，通过取得投票代理损害其他中小股东权益，违反了其受托义务。判决结果可能截然不同。在实际案例中，股东作为表决权征集的主体是有一定要求的，否则股东极易通过滥用表决权征集权利来干预上市公司的正常运作。

（二）严格控制型模式

台湾地区是对表决权征集主体资格持严格控制态度的国家或地区中比较有代表性的。我国台湾地区对股东表决权征集制定了较多专门性条款。台湾地区1980年"公司法"、1983年"证券交易法"修改后，关于股东表决权征集的法律逐渐完善。

台湾地区《公开发行公司出席股东会使用股东委托书规则》第五条规定，股东持有目标公司已发行股份5万股以上方可作为征集者；如果是需要决议选举董事或监事的议案，条件更加严格，只有下列股东才能成为征集者：在该次股东会的停止过户日之前持续六个月持有该公司已发行股份80万股者，或者已发行股份总数的2‰且不低于10万股者；如果是涉及金融控股公司、银行、保险公司，条件又有不同，要求为持续一年持有该公司已发行股份总数的2‰以上或者不低于80万股的股东。另外，如果金融控股公司举行股东会，金融控股公司不得进行表决权征集行为，不得担任该公司的表决权征集人，改选董事或者监事时，子公司更加无权接受他人委托征求委托书。同时，该规则不仅对征集者的积极资格条件做了规定，第六条还规定了征集者的消极资格条件，如涉及特定犯罪之人不得担任表决权征集人。

综上，我国台湾地区对征集主体的范围和资格条件有详细的规定，对持股时间和持股比例两方面均作出了严格要求，并且征集主体只能是公司股东或者公司管理层。

（三）对于美国及我国台湾地区股东主体资格之评价

美国和我国台湾地区对于征集主体资格的规定之所以截然不同，主要是受到其本国、本地区制度环境的影响。

（1）美国认为表决权征集的主体应当基于契约自由原则调整。美国作为世界上公司和证券制度较为完备的国家之一，公司治理体现出市场导向性。美国有监管制度等配套措施，在设计制度规则时，对征集主体的要求是强调征集主体的广泛性和平等性，认为法律不应主动过多干预。支持此种立法模式的学者认为，对征集者给予过多限制是不合理且无必要的，"任何公司都是由不同利益相关者组成的长期性交易关系，无论是股东，还是债权人和职工，他们均为公司的营运投入了专用性资产"。①

（2）美国号召股东积极参与征集行为。美国的征集规则对主体范围和资格都没有介入和干涉，反而针对公司经营者利用委托书长久稳固自己地位的情形，为了制衡经营者的控制权，鼓励外部股东参与到表决权征集中，这有利于加强股东之间的竞争，从而约束股东的行为，进而达到监督管理公司的目的，防止权利被公司内部人剥夺，为积极参与公司治理的投资者提供可能性。

（3）我国台湾地区限制严苛。由于台湾家族型企业较多，公司股权普遍集中于家族成员手中，而表决权在公司内部的重要性不言而喻。家族成员能以股权数量的绝对优势通过股东大会表决对公司产生实质影响，将家族意志转化为公司意志。并且家族成员在公司中担任股东、董事或高级管理人员，使公司中所有权与控制权融为一体，这样不仅不利于公司的有效管理，影响公司长期健康发展，而且也会损害中小股东的利益。② 也就是说，会造成公司大股东利用表决权征集制度控制公司并侵害公司的现象。

委托书征集者高门槛限制的规定可能导致小股东难以对公司决策产生实质性影响，抑制一些小股东的投资热情。出于对股东利益的保护和公司经营安全的考量，笔者认为持有相当数量的股份且持续一定时间拥有股份的股东对公司更有奉献精神，相较而言，中小股东会更注重公司的经营状况以及未来的发展前景。对征集主体采用严格标准，能防止发生滥用委托书打乱公司经营计划，避免委托书征集沦为公司控制权争夺的工具的乱象。③ 例如，《公开发行公司出席股东会使用股东委托书规则》对于征集者的持股数量、持股时间都有要求，这就将小股东、投机者排除在外，严格限制征集者主体不仅能有效避免投资者凭借征集活动来争夺控制权并实现对企业的控制，还能够

① 周春梅：《论投票委托书征集之主体资格 兼论董事会征集委托书之弊端及限制》，载《法律适用（国家法官学院学报）》，2002 年 5 月，第 25—26 页。
② 李博翔：《论股东表决权征集制度的立法完善》，上海交通大学出版社 2019 年版，第 29 页。
③ 刘连煜：《公司治理与公司社会责任》，高等教育出版社 2001 年版，第 18 页。

防止市场外部投资者凭借征集活动来制造潜在压力，威胁公司管理层。[1]

四、股东表决权征集主体资格完善建议

表决权征集制度在优化公司治理结构、保障中小股东利益方面有重要意义，应该给予公司管理层更多独立的决策性权利。[2] 建议在《公司法》《证券法》中对表决权征集制度进行规定、提供法律依据的同时，授权证监会出台专门的规则对股东表决权征集制度集中进行规范，其中包括征集主体资格这一重要部分。以下将基于我国证券市场的环境特点，就股东作为表决权征集主体资格所需条件的完善提出一些建议。

因为我国内地在监管制度、配套措施等方面较为宽松，可以借鉴我国台湾地区从严规定的立法模式，对表决权征集的主体资格进一步明确。

如果只限定股东身份为主体资格，不做其他要求，那么实践操作中只需购得少量股票即可规避股东这一身份限制，这可能导致个别股东滥用股东权利不当干预公司正常治理。鉴于表决权征集对公司治理和经营有较大的意义和重要性，因而有必要对征集多数委托书的股东的持股数及持股时间做出一定限制与要求，以平衡股东权益保护与正常高效公司治理。具体如下：

（1）规定较低的持股数额要求。对于股东征集人的持股数额，有的国家和地区已经对其规定了最低持股数额，可以参照此类规定。在我国，中小股东自主进行征集的情况很少，且小股东本来就没有话语权，怠于行使股东权利，不能对其征集资格进行过多限制，打击其参与征集的积极性。为鼓励中小股东主动征集，合理行使权利，笔者认为可以规定股东持股2‰以上表决权的股份即可以作为征集人。

（2）规定最短持股时间。为了公司经营安全，防止公司外部人为争夺公司经营权而临时购入股票成为股东征集人，需要对持股时间进行限定。对持股时间和持股比例的双重限制可以减轻只有持股比例限制对中小股东权益造成的侵害。对持股时间进行规定并非无例可循，我国《公司法》第一百零一条、第一百五十一条在股东大会的召集、股东派生诉讼中也采用了对持股时间进行限制的做法。对持股时间进行限制的目的是防止投机股东为了自身短期利益随意召集股东大会以及恶意提起诉讼的行为。持股时间可以在一定程

---

①　周心宇：《投票代理权征集若干问题研究》，吉林大学出版社2016年版，第13页。

②　伏军：《公司投票代理权制度研究》，载《西南政法大学学报》2005年4月第2期，第69 - 76页。

度上体现股东关心的是长期的经营收益还是短期投机利益。① 参照《公司法》以及实践中我国部分上市公司在章程中限定股东征集人的持股时间，可以规定截至本次股东会停止过户之日，股东征集人应连续持有公司股份六个月以上。

（3）规定股东表决权征集人的消极要件。《公司法》对不得担任股份公司董事的情形做出了相应限制。而对股东作为表决权征集人亦应规定消极要件，应当排除行为能力欠缺的和具有信用风险的人员。例如，无民事行为能力人或者限制民事行为能力人、因犯诈骗罪执行完毕后未超过五年的自然人、有未清偿的较大数额债务的、犯有破坏社会经济秩序罪执行完毕后未超过五年的自然人不得作为征集者。

（4）在一股独大的治理结构中，大股东们利用法律的不完备所出现的漏洞，在不违法的基础上对公司章程条款进行修改，导致小股东们陷入被动地位无力反抗。我国上市公司章程修改仅需出席股东大会的股东所持表决权的2/3以上通过，且《公司法》对公司章程"另有规定"的操作空间留有余地，若允许公司章程对股东征集人资格进行限制，中小股东的征集主体资格将受到极大威胁，必须对公司章程限制或剥夺个别股东权的"另有规定"做进一步明确的规定和限制。公司章程原则上可以对股东表决权征集的实施制定具体细则，但应禁止大股东利用章程设定条款来限制甚至排除中小股东的表决权征集。

结　语

近年来，我国资本市场股权纷争频起，使用"股东表决权征集制度"争夺表决代理权和公司控制权的案例时有发生。表决权征集主体资格关系到对公司控制权的分配问题。然而，对于如此重要的一环，尤其是股东这一与公司关系密切的主体，目前却没有对其作为征集主体需要满足的条件作出明晰的界定，这可能导致表决权征集制度成为争夺公司控制权的工具，损害公司利益以及中小股东的利益。因此，从表决权征集的基础理论研究入手，结合对国外的立法经验的考察，对表决权征集制度中主体资格问题进行探究并提出相关建议，推动表决权征集制度更容易实施，发挥其应有的功能是很有必要的。

---

① 张闽：《资本多数决的滥用与纠正》，山东大学出版社 2014 年版，第 145 页。

股东对公司原始会计凭证查阅的问题研究

曾祥敏[*]

引　言

公司组织运作过程中，常常出现公司经营权与所有权分离的情况，进而导致信息不对称、股东相对处于弱势地位的问题。那么，股东作为投资者如何能够克服公司信息不对称的问题？股东知情权如何得以保护？赋予股东会计账簿查阅权或许能够在一定程度上解决上述信息不对称的问题，使股东充分了解公司财务及公司实际经营情况，真正实现股东知情权。

2005 年《公司法》修订后增加了股东可以查阅会计账簿的规定，虽然该修订从立法上专门提出要赋予股东知情权，但是仅进行了框架性的规定，没有明确解释"会计账簿"的范围，也没有说明可查阅范围是否及于原始会计凭证，进而导致司法实践中针对该问题的诉讼争议不断。不过实务界中，该问题已经得到关注。《公司法（修订草案）》中已经明确了将查阅权范围从"会计账簿"再次扩大至查阅"会计账簿、会计凭证"。原始会计凭证作为最初填制经济活动发生的会计凭证，是记录经济业务发生、完成的最原始书面证明文件。由于公司实际经营中，制作财务账簿过程中经常发生遗漏、篡改财务信息的情况，进而导致会计账簿无法完整反映公司整体经济情况。因此，为充分保障股东作为出资人的合法利益，股东知情权查阅范围涵盖原始会计凭证是十分必要的。

一、股东是否对公司原始会计凭证有查阅权存在争议

（一）股东知情权制度历史沿革

我国股东知情权制度的建立最初可追溯到 1993 年《公司法》第三十二

---

[*]　曾祥敏，广东诺臣律师事务所律师、高级合伙人。

条规定，即股东有权查阅股东会会议记录和公司财务会计报告。随着股东知情权案件日益增多，2005 年修订的《公司法》第三十四条规定进一步扩展了股东知情权行使的适用范围，将股东有权查阅的文件范围扩大到公司章程、股东会会议记录、董事会会议决议、监事会会议决议、财务会计报告。与此同时，还首次引入了股东会计账簿查阅权的规定，设置了前置程序及救济措施，即股东应当向公司提出书面请求，说明目的，如公司有合理理由认为股东查阅会计账簿存在不正当目的，可能损害公司合法利益的，可以拒绝提供查阅。至此，股东知情权的保护范围初见雏形。

自 2005 年《公司法》增加了股东会计账簿查阅权以来，股东知情权诉讼逐渐成为小股东为实现自己权益而提起的一种非常活跃的公司诉讼类型，同时也是存在诸多争议点的诉讼类型[①]，但是相关制度的完善一直进展缓慢，导致此类案件判决在司法实践中不一致。2013 年和 2018 年修订的《公司法》也未对有限责任公司股东知情权的范围进行调整，亦即根据现行有效的《公司法》关于有限责任公司股东知情权范围的规定，股东查阅权范围包括公司章程、股东会会议记录、董事会会议决议、监事会会议决议、财务会计报告和会计账簿。

直到 2016 年 4 月最高人民法院在《最高人民法院关于适用〈中华人民共和国公司法〉若干问题的规定（四）》（征求意见稿）第十六条中才对该问题作出了规定，即股东可以向法院提起查阅会计凭证的诉讼。但是，该条规定在最终审定稿即 2017 年《最高人民法院关于适用〈中华人民共和国公司法〉若干问题的规定（四）》（以下简称《公司法司法解释（四）》）中却被删除，仅在第七条至第十二条对股东知情权进行了较为详细的规定，包括查阅权的主体资格、"不正当目的"的界定、裁判标准及损害赔偿责任等。然而，《公司法司法解释（四）》仍然没有对有限责任公司股东知情权的范围认定和行使知情权的程序做出明确界定，可以看出，《公司法》及《公司法司法解释（四）》虽对股东会计账簿查阅权作了框架性规定，却没有明确解释"会计账簿"这一概念，即"会计账簿"的定义仍然模糊不清，会计账簿查阅权范围是否及于原始会计凭证尚待进一步解释。立法者对查阅会计凭证的态度反复犹疑导致立法上的疏漏，进而导致司法裁判规则供给不足[②]，故法院同案不同判的现象在这类股东知情权诉讼中尤为突出。正因为如此，

---

① 刘俊海：《新公司法的制度创新：立法争点与解释难点》，法律出版社 2006 年版，第 201 - 210 页。

② 李俊伟：《股东知情权诉讼研究》，载《中国法学》2013 年第 2 期，第 83 页。

司法实务中，股东查阅会计资料的范围成为一大争议焦点。

2021 年 12 月 24 日全国人大常委会发布《公司法（修订草案）》，在第五十一条中增加了"股东名册"作为查阅、复制范围，并将查阅权范围从"会计账簿"再次扩大至查阅"会计账簿、会计凭证"，同时还规定小股东可以委托中介机构进行查账。如果此次修订最终得以确认，这一重大修改将会明确股东会计账簿查阅权的范围，一定程度上弥补原本法律文本的疏漏，个案审判法官对会计账簿查阅权条款的主观性认识所造成同案不同判的窘境将会得到改善。

（二）股东是否享有原始会计凭证查阅权的实务争议

如上所述，关于股东是否有权查阅原始会计凭证，我国司法实践中一直存在反复的态度，但主要可归纳为两种观点：文义解释和扩张解释。

文义解释最典型的案例——2020 年 3 月 26 日最高人民法院再审"富×投资有限公司、海×国际融资租赁有限公司股东知情权纠纷案"［（2019）最高法民申 6×××号］中认为"《公司法》仅将股东可查阅财会资料的范围限定为财务会计报告与会计账簿，没有涉及原始凭证，二审判决未支持富×公司查阅海×公司原始凭证的请求，并无不当。《中华人民共和国会计法》（以下简称《会计法》）第九条未赋予股东查阅公司原始凭证的权利，北京市高级人民法院的指导意见不具有司法解释的效力，富×公司依据以上规定请求再审本案之主张，不能成立"。由于《公司法》将股东知情权范围进行了列举，未在被列举范围内的原始会计凭证不属于股东知情权范围，此种理解属于严格采用文义解释。部分法院认为最高人民法院在该案中对原始会计凭证查阅权作出了指导性的意见，进而认为会计账簿查阅范围不应包含原始凭证。

而扩张解释可以在各省市审判指导意见中找到印证。2003 年江苏省高级人民法院发布的《关于审理适用公司法案件若干问题的意见》第六十六条第二款，明确有限责任公司股东享有查阅原始凭证的权利；2006 年山东省高级人民法院发布的《关于审理公司纠纷案件若干问题的意见》第六十三条第二款，规定股东有权查阅公司记账凭证和原始凭证；2007 年江西省高级人民法院发布的《关于审理公司纠纷案件若干问题的指导意见》第五十三条第二款，明确股东有权查询的会计账簿包括会计报表、原始凭证、审计报告、评估报告等；北京市高级人民法院于 2008 年发布的《关于审理公司纠纷案件若干问题的指导意见》第十九条，规定股东有权查阅公司原始凭证。[①] 除了以上审判指导意见外，实务中部分法院以上文最高人民法院（2019）最高法民申 68 × × 号民事裁定并非最高人民法院公布的指导性案例为由，在审判时不予以适用。他们认为，在股东正当行使知情权与公司利益不相矛盾，且无相关禁止性的法律规定和公司章程规定的情形下，为保障股东充分了解公司的财务和经营管理信息，会计凭证属于股东可查阅的范围。[②]

由此可见，上述两种解释本质上是立法疏漏导致裁判规则缺位的结果。裁判规则缺位带来的后果就是法官的自由裁量在此类案件中的地位举足轻重，如要从根本上解决该问题还需从立法上对股东知情权范围进行明确规定。

二、股东知情权的性质

根据权利行使的内容和目的，学界将股东权利主要分为两类：自益权和共益权。自益权是指股东为自己的利益而行使的权利，体现为与股东自身利益息息相关的金钱利益，如股利分配请求权、新股认购优先权、剩余财产分配请求权等。共益权，简而言之就是股东为了自己和公司共同利益行使的权利，主要表现为参与公司治理的权利，包括参与公司经营管理的决策权、监督权、表决权、会议主持与召集权、代表诉讼提诉权等。基于股东知情权实现的手段和行使的目的，理论界存在三种观点，即股东知情权属于自益权、共益权或共益权与自益权兼有。共益权说指出股东行使知情权的直接目的是参与公司的经营管理，因此属于全体股东及公司共同受益的共益权；自益权说则指向股东行使知情权的最终目的是为自身牟利；而兼具说则认为股东行使知情权具有双重目的，兼为公司以及股东自身之利益。

笔者认可学者李建伟对股东知情权的属性的界定，从行权目的与行权手段上看，股东知情权属于共益权。

从行权目的角度上说，由于共益权与自益权的最终目的都是实现股东的自身利益，如以其指向的最终目的区分，共益权与自益权不会有实际的区别，所以最终目的不是上述两者的区分标准，界定为共益权还是自益权应以

---

① 李胜利、林芮毅：《股东对公司原始会计凭证查阅权法律思考》，载《济宁学院学报》2020年第 41 卷第 3 期，第 68 - 72 页。

② 湖南省高级人民法院（2021）湘民申 18 × 号民事裁定书。

知情权行使的直接目的来确定。① 由于股东知情权的行权客体通常为公司章程、股东会会议记录、董事会会议决议、监事会会议决议和财务会计报告、会计账簿（有限责任公司），股东通过行使上述知情权，直接监督公司经营管理，参与公司治理，从而防止公司管理层、控股股东、实际控制人滥用权力损害公司利益。从直接目的角度可以看出，股东知情权属于共益权。

从行权手段层面上讲，如果股东的股权权利需要股东参与公司治理才得以实现的为共益权；如果股东权利需要股东对公司请求才可实现的为自益权。因此，股东知情权无论从其直接目的还是行权手段来看，都应属于共益权。

本文讨论的是会计账簿查阅权范围是否包括原始会计凭证，笔者认为对股东知情权进行定性是有必要的，它可以从权利性质的角度帮助我们进行利益衡量，从而合理界定知情权行权边界。

三、原始会计凭证查阅权

（一）立法疏漏导致的理论争议

司法实践中，股东知情权范围之所以存在分歧，在于《公司法》对会计账簿的定义难以与《会计法》的定义进行衔接。《公司法》第三十三条仅规定了股东可以要求查阅公司会计账簿，并通过列举的方式规定了股东查阅、复制的范围，而该列举的范围中并未包含原始会计凭证。《公司法司法解释（四）》第七条规定的股东起诉查阅"公司特定文件材料"也未明确规定会计账簿查阅权范围。但依据《会计法》第九条、第十四条、第十五条规定，会计凭证与会计账簿不尽相同。原始会计凭证是依据实际发生的经济业务事项通过会计核算得来，而会计账簿是基于会计凭证登记，经核算会计凭证和会计账簿最后得出的财务会计报告。

由此可知，首先，法院不支持查阅原始会计凭证的原因就是严格适用了文义解释。法律规定并未将原始凭证纳入可查阅的范围当中，故法院不宜扩大解释。其次，原始会计凭证反映了最原始的财务信息和经营信息，为公司最核心的商业秘密，允许股东查阅可能会侵犯公司商业秘密，损害公司的整体利益。最后，原始会计凭证如款项收据、销货发票等，名目众多、数量繁杂，查阅成本高不说，且股东不具备相关专业知识，能否通过查阅原始凭证

---

① 李建伟：《股东知情权的共益权属性定位及其司法价值》，中国法院网。

保护股东利益还有待考证。在成本和效益不对等的情况下，允许股东查阅原始会计凭证，对公司日常运营反而会产生不利影响，损害全体股东利益。

（二）股东查阅原始会计凭证必要性分析

首先，在现代公司制度下，公司所有权与经营权分离，股东接触到原始会计凭证的途径有限。而股东知情权是《公司法》明确赋予股东了解公司经营状况，避免大股东损害小股东甚至公司利益，对大股东进行监督经营管理，从而对股东自身和公司都有积极作用的共益权。《公司法》既然赋予了股东会计账簿查阅权，如不能及于原始会计凭证，掌握公司最真实的经营情况，该股东知情权制度也就无法保障股东充分获取公司信息的权利，股东知情权也将无法得到实质性的保障，这对公司整体利益和股东利益均会产生消极影响。因此，从这个角度来说，如果在立法制度设计时没有将原始会计凭证纳入查阅权范围，那么这一制度设计的逻辑显然是无法自洽的，也是不合理的。

其次，查阅权是在股东不完全了解公司情况或股东之间产生信任危机时的一种救济手段。作为制作会计账簿、财务报表的基础，原始会计凭证的真实性明显高于会计账簿、财务报表。我国公司治理情况中做假账、隐瞒真实财务信息的情况相当普遍，而股东知情权诉讼往往是股东之间缺乏信任或股东对会计账簿内容的真实性、完整性产生争议而导致的。如果不允许查阅原始会计凭证，即便允许股东查阅其他资料，弱势股东仍然难以通过财务报表、会计账簿信息等了解公司的真实经营情况，股东知情权仍然缺乏实质性的保障，纠纷也没有得到实质性的解决。

在笔者处理的一些股东纠纷案件中，大股东完全控制了公司，虽然也向小股东提供报表，但实际上是通过做大成本，导致公司利润严重减少，而大股东可通过对外支出的关联交易私下获得利益，还有的大股东将公司经营资金调出，这种情况不查银行明细流水是不清楚的，这些问题从报表上根本看不出来，只有专业人士通过查看原始凭证，结合合同、公司实际经营情况、付款凭证等才能确定是否存在真实交易。通过查账发现大股东的违约、违法行为，小股东才得以与大股东进行协商，实现小股东合法权益。因此，笔者认为，司法机关应当有条件地将查阅权的客体及于会计原始凭证，进而平衡股东利益与公司经营权。

最后，法律无明文规定的情况下，司法机关的自由裁量权须作利益平衡才合乎法律的公平正义。如前所述，小股东由于未能掌握公司的经营权，只能通过查阅公司原始的会计凭证来了解公司的真实状况，并实现自身股权投资效益，但财务报表不能真实反映公司的情况。合理的公司治理结构应是通过平衡各方权利来实现，从而有利于保障公司共同利益。当一方权力不受约束，另一方权力无法行使，必然导致严重的利益失衡，对公司带来的影响必然是极其负面的。所以，弱势股东需要通过原始凭证查阅，充分行使知情权和监督权，才能有效制衡大股东对公司利益的侵害。

股东知情权作为法律规定的股东享有的一项重要而独立的权利，是股东参与公司管理的前提和基础，司法机关不应当限制或者剥夺股东这一权利。在法律没有禁止的情况下，司法机关可以对立法本意进行适当解释，适当扩张对弱势群体的保护，实现法律的公平正义。

（三）原始会计凭证查阅权的异质利益衡量

利益衡量的过程就是利益不断比较、权衡与取舍的过程。[1] 同一性质的利益之间我们可以通过量化方式进行比较取舍，而不同性质利益之间的衡量将会出现取舍难题。赋予股东原始会计凭证查阅权就在于股东知情权保护与公司信息利益保护之间的冲突。当股东要求查阅原始会计凭证的时候，多数的抗辩都是以侵犯公司商业秘密、影响公司的日常运营为由拒绝查阅。

笔者认为公司是各方利益的集合体，多种利益发生冲突的时候，我们不能简单地认为公司利益必然高于股东利益。学者梁上上提到衡量异质利益的规则是基于特定的制度共识，而《公司法》的制度共识是"理性公司自治"[2]，如果仅关注"自治"而忽略"理性"，一旦公司自治失灵，控股股东滥用公司自治时，弱势股东就无法发挥监督作用，最终导致的结果必定违背《公司法》制度共识。而且，股东知情权作为共益权，最终保护的利益不仅仅指向股东自身利益。股东之间与公司之间均有共同利益，他们也会审慎使用所掌握的会计资料。法无禁止皆可为，赋予股东原始会计凭证查阅权，使全体股东在法律允许的范围内进行理性博弈，也有利于公司的共同利益。如果仅以公司信息利益保护为由拒绝股东对原始会计凭证进行查阅实为因噎废食之举。

但是，增加了查阅权范围并不代表股东知情权必然凌驾于公司信息利益保护之上。最终做到股东利益和公司利益平衡，还要对原始会计凭证查阅权

---

[1] 梁上上：《异质利益衡量的公度性难题及其求解——以法律适用为场域展开》，载《政法论坛》2014 年第 32 卷第 4 期，第 3 – 19 页。

[2] 刘俊海：《新〈公司法〉的设计理念与框架建议》，载《法学杂志》2021 年第 42 卷第 2 期，第 1 页。

附以条件，只有在股东满足正当性、相关性及必要性的情况下方能对原始会计凭证进行查阅，以防股东滥用权力、侵害公司利益。

（四）完善原始会计凭证查阅权行使程序

笔者认可公司本质是多方参与者不同利益关系交汇的平台一说。因此，需要从公平、公正角度，平衡多方参与者的利益。即使股东有权查阅原始凭证，如果这种权利不加以限制，也无法最终实现正义。公司法需要结合利益衡量方法，对不同主体之间的利益关系进行恰如其分的规范。鉴于此，笔者认为可以通过以下三点完善股东查阅权，以期实现利益平衡。

首先，应设立适当查阅前置程序，给行权股东设置查阅具体目的说明义务。由于《公司法》规定股东必须出于正当性目的查阅公司会计账簿，但《公司法》中"正当目的"仅为概括性条款，法律并没有具体释明"正当目的"的内涵。在司法实践中，由于该法律文本的弹性规定，法官只能行使自由裁量权，而法官的主观看法往往对案件结果起到决定性作用，容易造成事实上的不公平。因此有必要提前通过文本为"正当性"设置具体的规范。例如，只有当股东具备正当目的条件下，他们才可以有限度地对原始会计账簿进行查阅，该限度可以包括明确查阅范围、查阅目的，甚至是查阅地点、查阅时间，据此避免主观因素对不正当目的的认定，进而保护股东知情权。

其次，需要明确举证责任的分配。现行《公司法》没有明确规定股东会计账簿的举证责任该如何分配，即便如此，司法实践中大多将股东查阅目的是否正当的举证责任归于公司。抛开公司调查成本不说，公司提供证据证明标准达到什么程度能够证明股东存在不正当目的也是基于法官的自由裁量来确定的。因此，由股东承担初步举证责任，对其查阅请求的正当性与必要性承担初步证明责任，如果股东能通过严格遵循行使知情权的前置程序，证明自己目的正当，则公司有义务配合其查阅所有资料。如查阅请求被公司拒绝，公司再对拒绝查阅的行为提出证据能够初步证明股东存在恶意损害公司经营权的可能，法院也可以尊重公司自治。如此将证明责任贯彻始终，既能制约恶意股东，又能有效维护公司利益，更有利于平衡双方利益。

最后，股东知情权是一项重要的权利，需要在保护的同时加以限制。为了合理平衡双方利益，有必要在立法上设置保护股东权益的规定的同时，设置股东滥用权力、利用制度侵害公司利益的惩罚性条款，为股东和公司提供正确的行为引导。这种行为指引可以在纠纷发生前约束大股东，保障弱势股东的权益，在纠纷出现之后，减少裁判的主观性，避免同案不同判，维护司法公正。

结　语

股东知情权中会计账簿查阅权是小股东了解公司财务信息和经营状况的重要途径。仅仅知道财务报表，不查看会计账簿，很多时候根本发现不了交易是否真实，财务是否存在虚假。比如股东挪用、侵占等问题都是要通过查看原始会计资料才能发现的。常见的又如大股东通过财务处理增加公司成本，从而导致公司利润减少甚至亏损，这些都只有通过查看会计原始资料才能发现端倪。因此，如果不充分赋予弱势股东会计账簿查阅权利，股东知情权将难以得到保障，股东实现其他合法权益将更加困难。虽然我国《公司法》具有会计账簿查阅权的规定，但也恰恰因为其对会计账簿查阅权的规定过于简单和笼统，导致裁判规则缺失，从而引发司法实践中的争议。不过实务界中，该问题已经得到关注，2021年《公司法》中明确扩大了股东查阅权范围，将查阅权及于原始会计凭证在一定程度上可以解决此类法律适用统一问题。

本文从股东知情权的共益性质出发，论述了将会计凭证纳入股东会计账簿查阅权范围的必要性。一方面，将会计凭证纳入股东会计账簿查阅权是十分必要的；另一方面，如何解决股东获知原始凭证有可能会利用其损害公司利益的问题也需要在法律中予以明确规定。笔者建议从立法角度完善股东会计账簿查阅权的程序和方式，并规定股东查阅权相应的权利限制，如规定因股东滥用查阅权导致公司受到损失或其他股东合法权益受损的，应予以惩罚性赔偿等。在实践中，笔者处理了多起股东纠纷都是通过以查账为手段从而了解公司的全部真实经营情况来解决的，小股东通过查账来损害公司利益的行为是非常少见的，当然也有个别情形，如掌握大股东挪用资金或者侵占的证据，对大股东提出一些要求等。总之，在落实原始会计凭证查阅权过程中，如何更好地平衡公司和股东的利益，如何在商法自治的基本原则下，通过立法来保障公司的整体利益，从源头上解决争议，也是今后立法、司法进步过程中需要考虑完善的一大问题。

论民事执行中股东查阅权的行使

苏文卿*

股东查阅权属于股东知情权的一种，是股东了解公司经营状况的一项非常重要的权利。鉴于股东查阅权的重要性，虽然现行《公司法》对股东查阅权有规定，但是仍不够完善，实践中尤其是民事执行中仍存在许多缺乏可操作性的地方。本文将从查阅权的行使主体、查阅范围、查阅方式、查阅时间、查阅地点、查阅费用等角度对民事执行中的股东查阅权制度进行深入研究和探讨。

一、股东查阅权的概念及意义

股东查阅权是股东知情权的下位概念，最初由普通法所创设，查阅内容不仅仅限于正式的会议记录，还包括档案、合同、公司的其他文件。[①] 根据我国《公司法》对于股东查阅权行使的具体规定可知，查阅权是指公司股东基于股东身份而享有的，针对特定文件进行查阅的固有性权利。《公司法司法解释（四）》的出台，对于《公司法》第三十三条在实际案件中的适用作出了具体规定。设立股东查阅权的目的在于帮助股东了解公司基本经营信息和财务情况，实现自身的其他股东权利。同时，股东通过行使查阅权来监督公司经营者和管理者正当行使权利，保证公司的合法运营，维护整个公司和股东的合法权益。因而，股东查阅权具有保障股东个人权利和维护公司整体利益的双重意义。[②] 近年来围绕股东查阅权的案件与日俱增，鉴于股东查阅权所具备的现实重要性，针对民事执行中查阅权行使主体有争议、行使方式模糊、行使范围狭窄等问题提出相应的改进建议对于保护股东查阅权具有必要性。

---

* 暨南大学法学院/知识产权学院硕士生导师，广东华进律师事务所律师。

① 朱锦清：《公司法前沿问题研究》，浙江大学出版社 2014 年版，第 289 页。

② 吴高臣：《股东查阅权研究》，载《当代法学》2007 年第 1 期，第 78 – 79 页。

二、查阅权的行使主体

学界对于股东查阅权的行使主体研究集中于探讨瑕疵股东、名义股东是否有权作为主体进行查阅，法律进而对上述争议做出了相应规定。本文则另辟角度，从《公司法司法解释（四）》第十条第二款与第十一条的规定出发，聚焦法院判决结束后民事执行的过程，明晰司法解释新规定的"辅助查阅"的主体性质，在此基础上探讨委托代理人查阅的效力和域外检查人选任制度对认定我国查阅权行使主体的借鉴意义。

（一）中介机构执业人员的辅助查阅

根据《公司法司法解释（四）》第十条第二款规定，股东依据人民法院生效判决查阅公司文件材料时在该股东在场的情况下，可以由会计师、律师等依法或者依执业行为规范负有保密义务的中介机构执业人员辅助。同时该司法解释还规定：辅助查阅公司文件材料的会计师、律师等泄露公司商业秘密导致公司合法利益受到损害的应当赔偿相关损失。此项规定需要明晰的问题有三个：一是对于"股东在场"的理解，二是对中介机构执业人员的界定，三是对泄露公司商业秘密导致公司合法利益受损的责任承担问题。

第一，对于股东行使查阅权在场的问题，股东是否必须本人在场？是否应当全过程在场？基于文义解释，辅助是指从旁帮助，因而在查阅过程中股东是必然的主角。司法解释（三）未明确规定委托查阅，即使《征求意见稿》中提出了股东可委托具有专业知识的代理人进行查阅，但是最终出台的司法解释（四）还是选择了"辅助查阅"这一限制性表达，因而原则上股东代理人不可代理查阅。即只有在股东在场的情况下，辅助人员才可以帮助查阅，股东不在场时，其不得查阅，并且在查阅的过程中，查阅股东应当大部分时间在场，不能出现名为辅助实为委托的情形（例如股东将会计师、律师等人引入查阅现场时即告事离开）。然而社会生活是复杂多变的，若某位股东在符合条件的情况下需要及时查阅资料，但因为客观原因无法到场，那么该规定将会僵硬地限制查阅权的实现。因此笔者认为该规定是机械的，随着委托代理制度的发展，股东委托代理人查阅应当纳入立法者考量的范围之内。

第二是对辅助查阅中介机构执业人员性质的确定，即中介机构执业人员应当具备怎样的条件？由谁进行指定？股东、中介机构执业人员、公司之间存在怎样的关系？从司法解释解决现实存在问题的角度出发，辅助查阅方式

95

的设定目的是帮助不了解财务会计等专业知识的股东行使查阅权，进行辅助的中介机构执业人员必须具备专业技能和执业行为规范，并且其依法或者依据执业行为规范负有保密义务，例如注册会计师、审计师、律师等行业规范严格，要求中介机构执业人员必须遵守严格的执业纪律，违背执业行为规范者将会被停止执业、吊销职业资格证甚至是终身不得从事该行业工作等。适格的中介机构执业人员可以由股东自己选取，也可以由股东与公司协商确定。笔者认为最好的方法是由股东与公司协商之后，三方签署相应的保密协议，协议明确列出股东、中介机构执业人员、公司在辅助查阅过程中各自的权利与义务、违约责任与争议处理办法。

第三是关于辅助人员泄露公司商业秘密导致公司合法利益受损的责任确定以及赔偿问题。这个问题需要从两个方面讨论：一是辅助人员过失侵犯公司商业机密，二是其故意泄露公司商业秘密。有学者认为，委托代理查阅的专业人员由于一般过失侵犯公司商业秘密应该由股东承担责任。但辅助查阅与委托查阅的性质不同，且如上所述，在三方签署保密协议的前提下，股东、中介机构执业人员、公司是独立的三方，应当根据协议各自承担相应责任。若是情形二，则根据《公司法》与《民法典》中对于侵权的规定，中介机构的辅助人员侵犯公司商业秘密首先需要承担侵权责任，公司可基于侵权行为请求其赔偿损失；若是在中介机构执业人员与公司签署了保密协议的前提下，公司对中介机构执业人员的违约行为产生请求赔偿损失的请求权，在侵权与违约竞合的背景下，公司一方可以选择追究侵权责任或违约责任。至于赔偿范围的确定，应当结合商业秘密的重要程度以及其涉及的相关产业发展来综合衡量，按照《民法典》中所确定的侵犯商业秘密的相关条款进行赔偿。结合《公司法》中对于中介机构执业人员评估股东出资的规定来看，若中介机构执业人员与股东故意串通损害公司利益，对于泄露公司商业秘密等造成的公司损失，中介机构执业人员与股东应当承担连带责任。

（二）委托代理人查阅

如上文所述，法律并未明确允许委托代理人查阅，原则上中介机构执业人员只是起辅助作用。学界对于股东查阅权是否能够委托也存在争议。然而在司法实践中，考虑到更好地保障股东查阅权，笔者认为不能一刀切地规定不允许股东委托代理人查阅，而是在行使查阅权过程中，应当有委托代理人查阅制度的存在空间。

首先，根据民商事法律关系中法无禁止即自由的原则，《公司法》没有明文规定禁止股东委托专业机构或第三方查阅，股东作为知情权的主体，选择用何种方式行使查阅权不属于权力归属的效力性问题，而是权利如何行使的方式问题。

其次，从民法的角度而言，代理是指代理人以被代理人的名义，在其授权范围内向第三人作出意思表示所产生的权利和义务直接由被代理人享有和承担的法律行为。依照法律规定、当事人约定或者民事法律行为的性质，应当由本人亲自实施的民事法律行为，不得代理。而股东基于其股东身份所行使的查阅权并不是一种专属的身份行为。公司是法律拟制的实体，基于该拟制实体取得的股东身份亦不具备普通法所说的人身专属性，亦没有违反社会公共利益、公序良俗与法律规定。

最后，从价值衡量的角度出发，作为反映公司财务信息的会计账簿、会计凭证等财务资料具有相当强的专业性和复杂性，中小股东不一定具备专业的会计知识，其委托具有中立身份和专业经验的注册会计师或律师进行查阅，可以弥补其信息劣势，保障其获取财务资料的质量，避免其非理性怀疑，达到股东利益均衡。

基于上述原因，在股东符合行使查阅权的条件而又确实因客观情况需要委托代理人的情况下，应当允许股东委托代理人进行查阅。部分法院也对股东委托代理人行使查阅权持支持态度。部分法院认为：《公司法》明确规定了股东享有查阅权，在保障股东依法享有该项权利的同时并没有禁止股东委托第三方执业人协同股东行使查阅权。因为绝大多数情况下股东所要查阅的会计账簿、财务报告等资料具有较强的专业性和复杂性，对于没有相关知识和经验的股东来说很难理解，如果对于股东提出的委托第三方执业人进行查阅的请求，公司提出拒绝意见，那么股东知情权等于是空头支票，无法得到真正的实现。对于股东的委托行为，在《民法典》中有明确规定，公民有权利将自己的民事法律行为委托给第三方，只有在法律有特殊规定的情况下或存在双方当事人协商排除的情形下，公民才无法实现该权利。如在启东市×医药药材有限公司、郁×等股东知情权纠纷一案中，执行法院认为提出异议之诉的启东市×医药药材公司并没有证据证明原告股东委托查阅请求存在不合理，因而对于其委托行使的申请作出了支持的裁决。

纵观世界各国立法，许多国家和地区都确定了委托代理人查阅的合理性。如美国《示范公司法》第16.03节a款规定"股东的代理人或者律师与其代理的股东享有同等的查阅、复制权"。① 日本专门规定的外聘会计制度②，目的也是提高公司财务的透明度和公正性。我国台湾地区也规定"股东得随时查阅，并得偕同其所委托之律师或会计师查阅"。进一步而言，域外许多国家早已引入完善的检查人制度。我国公司法在未明确建立该制度之前，以代理人行使股东查阅权的方式来弥补现行对查阅权行使保护的不足，亦是过渡之计。实际上司法解释所规定中介机构人员辅助查阅就是委托查阅的一种过渡。因此，在辅助查阅的基础上确认委托查阅的效力或将是法律未来的发展方向。对于股东行使查阅权的委托代理问题，为统一其在司法判决上的裁判效果，宜通过出台有关司法解释或对公司法进行修订等方式将这一问题予以明确规定。③

三、查阅范围的界定

（一）"特定文件"法律规定引发的争议

根据《公司法司法解释（四）》第七条及第十条第一款，人民法院受理股东诉请查阅特定文件材料时应当在判决中明确查阅或者复制特定材料的时间、地点以及材料名录。该规定未采用列举或者概括的形式明确特定文件的内容，而仅仅规定由法官在裁决中载明文件范围，未免过于笼统。由于不同公司的股东对于查阅特定文件材料的要求不同，而该解释又赋予了法官极大的裁量权，这将导致同案不同判的现象，进而出现同判不同执行，法律的适用性效果难以体现，也将会出现法院判决与公司章程规定相悖的局面，严重影响公司制度的发展与法律制度的稳定性。

（二）"特定文件"的范围

刘俊海认为，凡是能够反映公司实际经营状况的会计账簿以及制作会计账簿所需的各种资料均应纳入查阅范围。④ 朱锦清认为对于公司特定文件材

---

① 李建伟：《股东查阅权行使机制的司法政策选择》，载《法律科学》2009 年第 27 期，第 91-98 页。

② 除了公司内部的会计出纳之外，公司还要聘请具有注册会计师资格的外部会计专业人员参与公司的财务会计工作。

③ 王丽丽：《股东知情权司法保护制度的实证研究：基于 200 个判例样本的分析》，硕士学位论文，四川省社会科学院，2017 年。

④ 刘俊海：《股份有限责任公司股东权的保护》，法律出版社 2004 年版，第 367 页。

料有两种理解：一是指《公司法》第三十三条和第九十七条确定的某些特定文件；二是指由股东根据查阅目的或需要指定的特定文件，即可以超越公司法条文所列的文件另行指定的特定文件，如公司与第三人签订的某些合同、协议等。[①] 张平认为，我国《公司法》以未设置兜底条款列举的几项常见的查阅对象过于狭窄简单，难以应对公司发展过程中的新情况，可以将有限责任公司股东查阅的信息资料分为公司基本信息资料、经营决策信息资料、会计信息资料和其他信息资料四类。[②] 基于上述可知，大多数学者认为该特定文件的含义所涵盖的范围应当是广泛的，甚至认为凡是能够反映公司经营状况或者股东指定的文件都可以得到认可，这是站在最大化保护股权权益的角度得到的结论。然而，保护股东查阅权与维护公司利益在某种程度上处于对立的层面，股东查阅权与公司商业秘密权存在冲突，对股东权益的扩大必然带来对公司利益的剥削，因而在此背景下，如何在平衡股东与公司利益的情况下对"特定文件"作出正确的适用需要认真衡量。

（三）域外股东查阅权范围

域外对于股东查阅权的范围可以分为两类：一类是以美国、日本为代表的开放式，另一类是以法国、德国为代表的封闭式。这与他们国度的公司设立制度是密不可分的。例如，美国实行单轨制体制，公司机关由股东会和董事会组成，没有设置监事会等专门监督机构，因此必须赋予股东较为宽泛的查阅权对象范围，以有效监督经营者的行为。更重要的是，美国保护商业秘密法制较为健全，不必过分担心股东查阅权的广泛行使从而影响公司整体利益，因而在平衡公司和股东二者利益冲突时，立法价值取向更多的是注重对股东查阅权的保护，其采用概括式立法的模式，集中在《示范公司法》第16.01、16.02节规定了股东查阅权的对象范围。[③] 此外，美国还规定了法院拥有对其他查阅对象的独立裁判权，从立法和司法的两个角度全面保障了股东的查阅权。日本的《公司法典》采用列举式立法的模式规定了股东查阅权

---

① 朱锦清：《公司法学》，浙江大学出版社2019年版，第376页。

② 张平：《有限责任公司股东查阅权对象的界定与完善》，载《法学杂志》2011年第4期，第54页。

③ 股东查阅权对象范围包括章程、工作细则、董事会决议、股东会会议记录、最近3年股东不经过会议形式而采取行动的记录、最近3年全部发给股东的书面信息、董事和高级职员的姓名和地址清单、最近年度的送州务长官的年度报告，以及董事会会议记录摘要、董事会的委员会替代董事会代表公司采取行动的记录、股东会会议记录摘要、股东或董事会不采取会议形式而采取行动的记录的摘要、会计记录及股东登记簿。

的对象范围，包括章程、各种决议与会议记录（包括但不限于召开创立大会或股东会所形成的决议与会议记录）、股东名册、各种财务会计资料等。

（四）应对"特定文件"作扩大化解释

我国《公司法》对于股东知情权的查阅范围确实较为狭窄且严格。笔者认为对"特定文件"的含义应作扩大化的解释，包括但不限于公司的基本信息资料、经营决策信息资料、会计信息资料及其他信息资料。同时，从股东忠诚义务和保护公司商业秘密的角度出发，对上述各类涉及公司商业秘密的会计信息与合同交易信息等设置较为合理的限制，以正当目的原则为基础，规定持有一定比例的股东或者持股满一定年限的股东可以查阅现阶段公司所规定的禁止查阅的事项或是公司法未明确可以查阅的对象。为统一司法裁判尺度，笔者建议司法解释也可以采用概括和列举的方式，采纳上述扩大化解释方案，规定较为宽泛和准确的股东查阅对象。如此，可以在尊重私法自治与公司章程效力最高的原则上由公司章程对于相关查阅对象进行列举。在平衡公司与股东利益的基础上进一步保障中小股东的知情权。

四、查阅方式的扩展分析

根据公司法及其司法解释的规定，股东有权查阅、复制公司章程、股东会会议记录、董事会会议决议、监事会会议决议和财务会计报告，基于正当理由可以要求查阅公司账簿。该解释将查阅权与复制权区分开来，基于对权能概念的理解——权能是权利或者法律关系的部分内容，可知股东的复制权只及于五大文件而不包括会计账簿、会计凭证等包含公司原始财务信息的文件。但公司法未明文规定查阅会计账簿的方式，在执行过程中，许多股东利用摘抄的方式对于会计账簿中有用的信息资料进行记录，由此引发了许多被执行公司不服该执行方式而向执行法院提起执行异议之诉。因此，是否可将"查阅"的内涵进行扩大解释对于解决当前司法实践的争议具有重要意义。

（一）摘抄的含义

摘抄是指在阅读文件资料时誊写记录主要内容，摘抄公司会计账簿是指由专业的财务人员根据会计记账规则编制、记录公司存续期间经营情况的一系列文件资料的行为。会计账簿由一定格式账页组成，以经过审核的会计凭证为依据，全面系统地记录着各项业务，因会计语言有其独特的专业性和逻辑性，非专业人员在不借助外力的情况下很难理解，在实际操作中一般无法在短暂的查阅时间内消化与牢记会计账簿所承载的信息。

（二）实践中关于摘抄方式的争议

在×标有限公司、济宁鲁×房地产开发有限公司知情权纠纷一案【（2020）鲁民终5××号】中，二审法院驳回了×标公司请求摘抄会计账簿和会计凭证的诉讼请求。法院认为原告仅依法对于会计账簿享有查阅权，但是要求摘抄的诉请，于法无据。在安徽华×利文投资中心与被申请人舒城碧×园房地产开发有限公司股东知情权纠纷再审一案【（2020）皖15民终13××号】中，关于原告股东是否可用摘抄方式对公司的会计账簿进行查阅，法院认为摘抄是股东行使查阅权的必要措施及合理方式，且这两种方式与复制在形态、作用上显著不同。

北京倍×康生物技术有限公司等民事执行裁定书【（2019）京执复2××号】亦肯定了执行机构在对被告公司与股东所说的谈话笔录所告知的"摘抄应属于查阅的范围，我们决定按照查阅权里包括摘抄来执行"是符合法律规定的。对于查阅是否包含摘抄这一焦点问题，北京市高级人民法院认为，鉴于会计账簿包含大量的数据信息，特别是对时间长达近十年的会计账簿，允许股东采取摘抄的方式辅助进行查阅，方能保障其知情权得到实现。如果仅允许股东查看会计账簿而不允许其进行摘抄，那么胜诉判决确认的股东查阅权可能落空。

中山市卓×房地产开发有限公司、陈×安股东知情权纠纷执行审查一案【（2020）粤20执复1××号】中，卓×公司以陈×安不可以摘抄会计账簿、会计凭证且陈×安即使委托相关专业人员辅助查阅的情况下仍需本人全程在场为由，向执行法院提出书面异议，请求变更上述查阅行使方式。执行法院同样认为《公司法》对股东对会计账簿、会计凭证的知情权仅表述为"查阅"，但会计资料包括大量数据信息，且本案生效法律文书确认的陈×安行使查阅权的会计账簿、会计凭证超十年。对于如此巨量的数据信息，除非具备过目不忘的本领，否则，若仅允许股东查看会计账簿、会计凭证而绝对禁止其摘抄，那么经胜诉判决所救济的股东查阅权，很可能会再次落空，生效判决的司法执行也将面临走过场的境地。因此应对判决所列明的查阅适当作广义理解，对于本案生效民事判决主文所表述的查阅，在执行中应准许陈×安落实到包括查看、摘抄。

上述几例案件表现出各级法院对于在查阅过程中能否采取摘抄的方式所持的立场不一。多数法院都支持摘抄方式是对查阅方式的合理扩大的观点。从股东的立场出发，对会计账簿中包含的大量数据进行摘抄能够帮助股东更加全面地了解公司有关信息，且对于数据庞大、复杂的资料，要求股东有过目不忘的记忆能力未免太过苛刻。从公司的立场出发，会计账簿、会计凭证中涉及关于产品成本等公司运营的重大商业机密，其不可在没有正当目的请求下给予股东查阅知晓的权利，更休提运用类似复制的方式对会计账簿、会计凭证等重要资料进行摘抄了。究其本质，对查阅方式的衡量仍是对如何平衡股东利益与公司利益的考量。

（三）摘抄与复制的区别

复制是以印刷、复印、临摹、拓印、录音、录像、翻录、翻扫等方式将作品制作一份或者多份的行为。复制会计账簿意味通过上述方法或者电子工具将账簿制作成一份或多份内容上完全一致的文件。而摘抄则是对文件的重点内容进行摘录，其无法在规定的时间内对于原文件进行一字不落的抄录，且查阅的外延含义亦包括摘抄，但《公司法》对于查阅与复制却有不同的规定。因此无论是在形式上，还是在实质上，摘抄与复制均不一致。

（四）摘抄方式应可适用于查阅权的行使

首先，从立法基础的角度而言，法律明确规定对公司账簿股东仅有查阅权而无复制权的法理基础在于保护公司商业机密，这是一种法律价值的权衡，并不是一项绝对的禁止性规定，且从近年来最高人民法院对股东知情权前后一致的裁判思路和精神，加强股东知情权保护来看，摘抄方式运用于查阅权的行使是对查阅方式的合理扩张。最高人民法院民事审判第二庭在其编著的《最高人民法院公司法司法解释（四）理解与适用》中，对第十条的理解和适用就阐述了倾向性意见："对于民事判决主文所表述的'查阅'，民事执行应准许权利人将之落实到包括查看、摘抄。"中国法院网也明确了查阅包括查找、阅览、摘抄甚至复制，即便认为股东对会计账簿的查阅不包括复制，但也无法得出股东不能摘抄的结论。[①]

其次，摘抄仅仅是对重点问题的摘录，会计账簿复杂、技术性强，摘抄、记录是对大脑记忆的适度补充和转换形式，是查阅的固有之意，不论是从中文字面意思还是从立法本意看，它与复制的含义都不相同。只要股东能够在其规定的查阅时间内进行摘抄，那么他便可正当使用摘抄的方式进行查阅。

---

① 中国法院网：《股东知情权强制执行的几点思考》，2021 年 8 月 24 日. https://www.china-court.org/article/detail/2016/02/id/1802989.shtml.

再次，《公司法》并没有明文规定股东不得摘抄，按照"法无明文禁止即允许"的民商事法律原则，公司请求在查阅时进行摘抄，也没有违反法律的明文规定。认为公司请求摘抄会计账簿、会计凭证没有法律依据，不仅限制了股东合情合理地去行使知情权，更违背了民商法律的基本原则。

最后，从司法权威性的角度而言，如在查阅过程中不允许进行合理、必要的摘抄、记录，可能使股东无法获得完整信息，股东知情权将很难落到实处。在执行过程中对于胜诉股东的查阅权则难以实现，将使得判决流于形式。

事实上，对行使查阅权的方式进行严格规定是立法者结合当前公司发展形势对与股东利益和公司利益的均衡，中小股东本就处于弱势地位的情况下再被剥夺权利是不可取的，因而在对会计账簿限制复制权的情况下，可对查阅方式作扩大化理解。若担心股东借此机会窃取公司商业秘密，可对股东使用或散布公司账簿和记录等信息加以合理限制，公司内部也可对股东查阅、摘抄文件的时间、内容进行监督，要求其在查阅记录登记簿上签字等，若股东泄露上述摘抄的公司秘密使得公司利益受损，可要求其承担相应的赔偿责任。

五、查阅时间的界定

（一）查阅时间的法律规定

我国《公司法》在立法上一直遵循着"宜粗不宜细"的传统立法思维，[1] 立法的模糊导致《公司法》的可执行性降低。以股东行使查阅权的时间为例，公司法规最初由普通法所创设，内容不仅仅限于正式的会议记录，还包括档案、合同、公司的其他文件。[2] 《公司法》虽然规定了股东向法院提出查阅权的前置程序和时间，但没有明确规定在实际执行过程中胜诉的股东查阅资料可以花费的时间。关于查阅时间双方当事人最易于产生分歧，裁决主文没有确定具体查阅时间的，从字面意思上似可简单理解为申请人可以随时要求查阅且无时间的限制。[3] 但这样一来，若被股东恶意利用，可能干

---

① 刘俊海：《公司自治与司法干预的平衡艺术：〈公司法司法解释（四）〉的创新、缺憾和再解释》，载《法学杂志》2017 年第 38 期，第 35 – 49 页。

② 朱锦清：《公司法前沿问题研究》，浙江大学出版社 2014 年版，第 289 页。

③ 李建伟：《股东知情权诉讼基本程序问题探析》，载《国家检察官学院学报》2010 年第 18 期，第 115 页。

扰公司正常经营活动，进一步激化双方矛盾。各级法院根据自己的裁量来确定查阅时间，有的案件审判中甚至没有规定具体查阅时间，在这种情况下，股东与公司难以达成统一的意见就将会导致判决执行难，既无法保障股东权益，也将影响公司正常运作。

（二）查阅时间的实践争议

通过查阅裁判文书网上关于股东诉请查阅权胜诉的案例，法院一般规定15～20天的查阅时间。实践中有关查阅时间的争议不在于法院判决的查阅时间，而是执行过程中股东与公司的冲突，例如公司以营业时间到时为由对股东行使查阅权进行阻挠，有的恶意股东故意与公司作对，延长查阅时间或专挑公司休息时间行使查阅权，严重影响公司正常的运营效率。

（三）规范查阅时间的建议

对于股东进行查阅的时间这一问题上既要考虑到保护股东利益，也不能影响公司正常营业。此外，法院执行机构的工作负担也是越来越重，同样要考虑执行法官的时间。在实践中，也有法官鼓励双方当事人对执行时间进行明确的约定，这无疑是非常实际和正确的做法。笔者认为股东行使查阅权应该在公司通常的营业时间，或是以市场上同类型企业的营业时间为准，并且要求股东于行使查阅权前5～10个工作日内提醒公司。这样可以避免实践中常常出现公司为了阻碍股东行使查阅权而对公司营业时间进行变更，致使股东不能及时行使查阅权。待时机成熟后，可以将上述对股东行使查阅权的时间的做法吸纳进《公司法》，以法律要求各方当事人遵守，避免股东在行使查阅权的过程中与公司的各种周旋。对股东行使查阅权的具体时间以具体法律条文的形式作出规定也是标志着《公司法》不断走向成熟的表现。

六、查阅地点的确定

（一）查阅地点的法律规定

我国《公司法》中对于股东行使查阅权的地点没有具体法条限制。为了正确适用《公司法》，《公司法司法解释（四）》中特意说明了法院应该裁定在明确的时间、在公司住所地或者由原告股东与公司自行约定特定的地点，公司将信息资料提供给股东查阅，目的是让股东方便、有效地行使权利，避免公司对查阅权设置阻碍、无故拖延股东进行查阅。但是各个地区的法官对于不同案件有不同的判断标准。

（二）查阅地点的实践争议

在实际执行过程中，公司为了阻止股东顺利行使查阅权可谓无所不用其极，时常将查阅地点设置在较偏僻或者十分影响查阅状态的地方（例如远离公司主营业地的分支机构或者公司非独立单间的位置），股东只能被动接受或者提出异议之诉，长此以往，查阅权将难以实现。笔者通过诉讼争议案件了解到实际案件执行过程中，股东与公司经常无法有效率地约定查阅地点。经历过长时间的诉讼后，又因执行地点无法协商确定，使股东查阅公司文件维护权益的效率大打折扣。

（三）确定查阅地点的建议

笔者认为查阅的具体地点一般应明确在公司的主要营业地、主要办事机构所在地或者公司指定的其他合理的办公和文档存放地点。事实上大部分法院在作出判决的同时，也都规定在公司主营业地进行查阅，特殊情况下，也可以在公司场所之外的地方查阅。除应明确查阅文件地点外，也应对查阅的手段与人数进行限制，避免其影响公司正常经营。如在江苏×秀置业有限公司与李×股东知情权纠纷二审民事判决书中，法院就明确规定上诉人李×只可以委托两名以内会计师或律师在李×在场的情况下协助查阅。

七、查阅费用的承担

（一）我国目前的规定

对股东行使查阅权所产生的费用，在实际案例中也经常产生争议。在股东行使查阅权的过程中，公司依法理应配合。但公司的配合义务应在哪个范围呢？股东行使权利应当承担的义务又应在哪个范围呢？这些都没有明确的规定，致使在股东行使查阅权的过程中，因为相关费用的分配问题而不能顺利完成查阅，使得法院判决流于形式，这一实践问题值得立法者给予完善的解决方式。

（二）查阅费用的实践争议

耿×义与十堰市经济开发区华×小额贷款股份有限公司、胡×方股东知情权纠纷一案【（2019）鄂0302民初50××号】中，原告股东就提出了被告公司承担查阅费用的诉讼请求。

江苏×秀置业有限公司与李×股东知情权纠纷一案【(2020)苏13民终6××号】中，双方在查阅、复制范围和查阅费用以及相关专业人员能否参与查阅方面发生争议，双方因而成讼。

白×勇诉北京恒×维通科技发展有限公司股东知情权纠纷一案【北京市海淀区人民法院（2015）海民（商）初字第314××号】中，原告诉恒×公司承担其因查询恒×公司成立以来至今的财务账簿（会计账目）、财务会计报告所产生的查阅费用，原告认为其担任公司监事，行使职务的费用应由公司承担。

在上述查阅费用争议案件中，法院的判决都不一致，且对查阅费用的裁判依据也没有在判决书中进行列明。股东行使查阅权的执行过程中，又因为费用而产生争议提起了新的诉讼。

（三）完善查阅费用承担的建议

对于股东行使查阅权所产生的费用，主要包括以下两大类别：一是查阅地点的基本生活开支，二是查阅文件获得信息所需要的信息文本费、人工费等。笔者认为股东行使查阅权的费用负担应结合实际案例，对有关费用进行严格分类，不同类型的费用由相应的当事人承担。可以将查阅费用基本归纳为：公司为配合股东查阅权义务所需要承担的费用，公司不允许股东在公司查阅而要求其在指定地点查阅所产生的场地费用以及相应费用，股东聘请相关专业人员如会计师、律师等中介机构执业人员的人工费用，以及复制、摘抄文件的文本费用。

详细举例来说，如占用公司场地所需支出的水电等基础费用应由公司负责，因其本身就包含在公司日常运行成本中。根据《公司法》规定，公司有配合股东行使查阅权的义务，况且股东行使查阅权是在公司正常经营时间，所产生的并不是额外费用。若因冲突无法在公司查阅而需在指定地点查阅产生的场地费用，应当由公司负责，因大多数时候是公司阻碍股东行使权利。

结　语

现代公司制度所有权与经营权的分离导致股权分散日益普遍化，保障股东权益与公司的正常经营管理，离不开股东查阅权的行使。我国新《公司法》的实施，将开启保障股东知情权的新阶段。就股东查阅权而言，制度的完善必然要以维护股东查阅权与公司利益为目标，在确保股东查阅权的有效行使与保护公司商业秘密的冲突中求得一个平衡。在具体操作上，则应在案件裁判与具体可实现性上寻求一致。因此，股东查阅权的限制与保障，不应再保持一种原地踏步的状态，而应发扬立法价值与精神，在平衡公司与股东利益的基础上，完善各个阶段股东查阅权的行使机制，只有这样才能赋予股东查阅权制度崭新的生命力与可执行力。

有限责任公司控制股东对非控制股东的信义义务研究

王　淼[*]

引　言

我国有限责任公司的股权比较集中，一旦发生控股股东侵害小股东权益的情况，由于有限责任公司的封闭性，小股东很难通过对外转让股权的方式退出公司，如果小股东的权益不能得到有效的保护，很容易产生控股股东欺压小股东的问题，也将打击小股东投资有限责任公司的积极性。由此，本文通过案例分析的方法，探析控股股东侵害小股东权益时，司法实践中对小股东权益保护的情况及存在的问题，以探寻解决问题的路径为视角，通过文献分析、比较分析的方法，考察从控股股东到控制股东的演变过程，辨析承担信义义务的主体范围，以及厘定股东之间信义义务的内涵和外延。最后，在《公司法》的"委托－代理"理论、契约理论及强制性结构理论的框架下，检验股东之间信义义务的正当性。

一、控股股东侵害小股东权益的案例分析

2007 年 11 月发布的《北京市高级人民法院民二庭关于新〈公司法〉适用中若干问题的调查研究》中提到，《公司法》（2005 修订）颁布后，小股东权益保护新类型案件明显增加，并指出"在公司内部管理方面，大股东一股独大，漠视中小股东利益的情况普遍存在，有的公司中小股东不仅完全被排除在日常经营管理之外，而且其知情权也得不到尊重"。由此，笔者以"控股股东侵害小股东"为检索条件，检索到 108 件民事案例[①]，其中一审案例 49 件，全部/部分支持诉请的案例 22 件，《公司法》（2018 修订）引用频

---

　　[*]　王淼，澳门科技大学在读博士生，广东岭南律师事务所律师、合伙人。

　　[①]　Alpha 数据库，登录网址：https://alphalawyer.cn/#/app/tool/result/%7B%5B%5D,%7D/visual? queryId = e48797003dfd11ebb9a90c42a1474cae，最后访问时间：2022 年 6 月 21 日 10∶24.

次位列前三的法条为：第二十条①、第二十二条②及第三十三条③。具体分析如下：

（一）倾向于控股股东对小股东负有诚信义务，禁止权力滥用

通过对上述诉请全部/部分得到支持的案例进行分析发现，司法实务对于处理控股股东与小股东的关系遵循以下三个原则：尊重资本多数决的原则，以合法性审查为原则，遵循商业判断原则④。同时，倾向于控股股东对小股东负有诚信义务，对于控股股东利用自身优势地位侵害小股东利益的行为，一般会适用《公司法》（2018 修订）第二十条认定构成股东权力滥用。⑤有法官已经明确指出，股东权力滥用行为的认定和法律适用存在严格的前提，不是控股股东实施的所有对小股东不利的行为都可以认定为权力滥用，而是结合"禁止权力滥用理论"，着重考察控股股东是否存在"恶意"，小股东权益是否因控股股东的行为受到损害，并且该损害并非为实现全体股东

---

① 《公司法》（2018 修订）第二十条 公司股东应当遵守法律、行政法规和公司章程，依法行使股东权利，不得滥用股东权利损害公司或者其他股东的利益；不得滥用公司法人独立地位和股东有限责任损害公司债权人的利益。公司股东滥用股东权利给公司或者其他股东造成损失的，应当依法承担赔偿责任。公司股东滥用公司法人独立地位和股东有限责任，逃避债务，严重损害公司债权人利益的，应当对公司债务承担连带责任。

② 《公司法》（2018 修订）第二十二条 公司股东会或者股东大会、董事会的决议内容违反法律、行政法规的无效。股东会或者股东大会、董事会的会议召集程序、表决方式违反法律、行政法规或者公司章程，或者决议内容违反公司章程的，股东可以自决议作出之日起六十日内，请求人民法院撤销。股东依照前款规定提起诉讼的，人民法院可以应公司的请求，要求股东提供相应担保。公司根据股东会或者股东大会、董事会决议已办理变更登记的，人民法院宣告该决议无效或者撤销该决议后，公司应当向公司登记机关申请撤销变更登记。

③ 《公司法》（2018 修订）第三十三条 股东有权查阅、复制公司章程、股东会会议记录、董事会会议决议、监事会会议决议和财务会计报告。股东可以要求查阅公司会计账簿。股东要求查阅公司会计账簿的，应当向公司提出书面请求，说明目的。公司有合理根据认为股东查阅会计账簿有不正当目的，可能损害公司合法利益的，可以拒绝提供查阅，并应当自股东提出书面请求之日起十五日内书面答复股东并说明理由。公司拒绝提供查阅的，股东可以请求人民法院要求公司提供查阅。

④ 这里的商业判断原则指，"就公司案件来说，对于那些公司内部的事务主要应由公司根据章程进行公司自治，只要公司自治的内容无碍于交易安全和社会稳定，即应尊重其依据商业考虑独立决定自己的事务，尊重他们的意思表示自治和民事行为自由，认定公司自治的效力"。见《最高人民法院原副院长李国光在全国民商事审判工作会议上的讲话——立法新动向与司法应对思考》，2007 年 5 月 31 日，载 Alpha 数据库，查询网址：https://alphalawyer.cn/#/app/tool/lawsResult/% 7B% 5B% 5D,% 7D/detail/% 7B17dd03a14b99d9aa07091d5b00db4b0f,% 20% 7D？relation = 144669732&queryId = 6ab1fce0f11e11eca27c98039b9cf6f0.

⑤ 上海×股份有限公司诉××关于股东资格确认纠纷，上海市黄浦区人民法院一审（2018）沪 0101 民初 146 ××号民事判决书；卢×与宜昌××投资有限公司、杭州××有限公司决议效力确认纠纷，宜昌市伍家岗区人民法院一审（2019）鄂 0503 民初××号民事判决书。

的利益，或为实现股东会决议目的，对少数股东的利益损害程度最小的手段等①。就控股股东滥用权力侵害小股东利益的情况，审判思路一般会认定相关的股东会决议因为违反法律的强制性规定而无效，并认为小股东有权申请损害赔偿。②

（二）就司法判断取代商业判断持审慎态度

司法一般对股东会决议内容不做实质性审查，尊重公司自治，只有股东会决议内容违反法律或公司章程的规定，司法权才予以介入。③ 例如，日照×实业有限公司与山东×集团有限公司、山东×制造有限公司损害股东利益责任纠纷再审案，争议焦点为未按照合作协议约定行使表决权是否构成侵权行为。再审法院认为，原审判决认定侵权行为，实际为司法权干涉公司股东之间重大决策权。各股东是否同意重组控股企业，属公司重大事项，各股东根据其享有股东权利依法享有重大决策权利。日照×实业有限公司根据其现有状况，不发表股东意见，所行使的是股东权利，属公司内部事务，亦属公司自治范围。④

一般情况下，司法判断以尊重公司的意思自治和民事行为自由为原则，"只有对于那些涉及公司内部组织健全、交易安全的问题，诸如控制股东、董事以及高级管理人员滥用公司自治和民事行为自由而导致公司法律关系中当事人的合法权益受到损害的，人民法院才能依法干预，以司法判断取代商业判断"⑤。

---

① 沈澜：《上海×股份有限公司诉××关于股东资格确认纠纷"优案评析"》，载 Alpha 数据库，查询网址：https://alphalawyer. cn/#/app/tool/excellentCase/detail/8E3FA4C417E1CCCE85155511A0E236B5? queryId =8f4ce907f3b011eca27c98039b9cf6f0&focus =1.

② 上海×股份有限公司诉××关于股东资格确认纠纷，上海市黄浦区人民法院一审（2018）沪0101 民初146××号民事判决书；上海×商务咨询有限公司、上海×投资管理有限公司与上海自贸区×交易中心有限公司决议纠纷，上海市浦东新区人民法院一审（2017）沪0115 民初92××号民事判决书；余×与深圳市×肉联厂有限公司决议效力确认纠纷，深圳市龙岗区人民法院一审（2018）粤0307 民初154××号民事判决书。

③ 上海×股份有限公司诉××关于股东资格确认纠纷，上海市黄浦区人民法院一审（2018）沪0101 民初146××号民事判决书。

④ 日照×实业有限公司与山东×集团有限公司、山东×制造有限公司损害股东利益责任纠纷、与公司有关的纠纷，山东省高级人民法院（2014）鲁民提字第2××号民事判决书。

⑤ 《最高人民法院原副院长李国光在全国民商事审判工作会议上的讲话——立法新动向与司法应对思考》，2007 年5 月31 日，载 Alpha 数据库，查询网址：https://alphalawyer. cn/#/app/tool/lawsResult/%7B% 5B% 5D,% 7D/detail/% 7B17dd03a14b99d9aa07091d5b00db4b0f,% 20% 7D? relation =144669732&queryId =6ab1fce0f11e11eca27c98039b9cf6f0.

（三）关于小股东行使知情权的认识莫衷一是

司法实务中存在这样的认识，《公司法》第三十三条"股东查阅、复制权"的立法目的是防止大股东侵害小股东的权益，尤其是在小股东不参与公司管理的情形下。[1] 适用《公司法》（2018 修订）第三十三条，主张股东知情权的案件，争议比较大的是"股东查阅、复制权"的范围。有判决支持股东查阅会计凭证，认为会计凭证作为会计账簿的原始依据，可以反映公司日常经营的真实情况，中小股东只有通过查阅会计凭证才能准确知晓公司的具体经营情况，否则，就失去了保护中小股东知情权的意义。[2] 也有判决持相反的观点，认为根据《公司法》第三十三条规定，股东仅可以要求查阅公司会计账簿，要求查阅会计凭证缺乏依据，因为《中华人民共和国会计法》（以下简称《会计法》）第九条规定，会计账簿与会计凭证、财务会计报告不是同一概念，而《会计法》第十四条规定，会计凭证包括原始凭证和记账凭证，因此不支持股东查阅原始凭证的诉讼请求。[3] 还有判决认为，要实现股东权利与公司利益的平衡，股东有查阅公司会计账簿等权利，但需具有正当理由才能行使该权利，公司应当就股东要求查阅会计账簿的不正当目的负有举证责任。[4]

总体而言，首先，在司法实务中，已经关注到控股股东与小股东的利益冲突与利益平衡问题，认为控股股东对于小股东负有一定的义务，但是关于具体义务的内涵与外延，比较模糊。其次，关于控股股东滥用控制权，保护路径比较单一，一般都是通过认定相关决议违反法律规定而无效。而关于控股股东滥用控制权的裁判规则，仍缺乏统一的认识。再次，就司法权介入公司内部事务的问题，在司法实务中，法院仍持比较审慎的态度，以遵循私法自治及商业判断为原则，以司法介入为例外。但是，关于商业判断原则缺乏明确的法律规定及具体的裁判指引。最后，关于股东知情权的范围及相关利益平衡问题，目前司法实务中仍存在不同认识，小股东通过行使知情权来维

---

[1]　成都×科技有限公司与四川×投资有限公司股东知情权纠纷，成都市锦江区人民法院一审（2018）川 0104 民初 138××号民事判决书

[2]　成都×科技有限公司与四川×投资有限公司股东知情权纠纷，成都市锦江区人民法院一审（2018）川 0104 民初 138××号民事判决书。

[3]　孙×与江苏×公司股东知情权纠纷，江苏省盐城市中级人民法院再审（2019）苏 09 民申 2××号民事裁定书。

[4]　刘杨田：《北京大学附属中学、北京北大依林公司诉北京北大附中教育投资有限公司股东知情权纠纷案优案评析》，载《人民法院案例选》2014 年第 3 辑。

护自身权益的救济路径并不是很顺畅。

二、承担信义义务的主体：从控股股东到控制股东的演变

《公司法》（2018 修订）只规定了控股股东的概念①，目前，在法律层面上，暂未检索到关于"控制股东"的规定。但是，"控制股东"的概念，早在 2003 年 12 月 18 日发布的《上海市高级人民法院关于审理涉及公司诉讼案件若干问题的处理意见（二）》②就已出现。经对比，现有规范中，控股股东强调股东持股的静态情况，重视持股的形式特征，而控制股东更强调股东实际控制公司的动态情况，重视持股的实质影响。

值得关注的是，近期，最高人民法院印发的《全国法院民商事审判工作会议纪要》第二条第四款第十一项③，以及《最高人民法院关于依法妥善审理涉新冠肺炎疫情民事案件若干问题的指导意见（二）》第二条第十四款第二项④均使用了"控制股东"的概念。

学界关于控制股东的概念也莫衷一是。有学者提出，"控制股东就是指单独或联合其他股东通过持有的股份、协议或其他安排掌握多数表决权，或

---

① 《公司法》（2018 修订）第二百一十六条第一款第二项规定："控股股东，是指其出资额占有限责任公司资本总额百分之五十以上或者其持有的股份占股份有限公司股本总额百分之五十以上的股东；出资额或者持有股份的比例虽然不足百分之五十，但依其出资额或者持有的股份所享有的表决权已足以对股东会、股东大会的决议产生重大影响的股东。"

② 《上海市高级人民法院关于审理涉及公司诉讼案件若干问题的处理意见（二）》第五条第一款规定："公司债权人有充分证据证明控制股东滥用公司人格损害其利益，并要求控制股东承担民事责任的，人民法院可以依照诚实信用原则和权利不得滥用原则予以支持。在上述诉讼中，控制股东是指实际参与公司的经营管理，并能对公司的主要决策活动施加影响的股东；控制股东可以是持多数股的股东，但不限于持多数股的股东。"

③ 《全国法院民商事审判工作会议纪要》第二条第四款第十一项规定："公司控制股东对公司过度支配与控制，操纵公司的决策过程，使公司完全丧失独立性，沦为控制股东的工具或躯壳，严重损害公司债权人利益，应当否认公司人格，由滥用控制权的股东对公司债务承担连带责任。……控制股东或实际控制人控制多个子公司或者关联公司，滥用控制权使多个子公司或者关联公司财产边界不清、财务混同，利益相互输送，丧失人格独立性，沦为控制股东逃避债务、非法经营，甚至违法犯罪工具的，可以综合案件事实，否认子公司或者关联公司法人人格，判令承担连带责任。"

④ 《最高人民法院关于依法妥善审理涉新冠肺炎疫情民事案件若干问题的指导意见（二）》第二条第十四款第二项规定："'业绩对赌协议'未明确约定公司中小股东与控股股东或者实际控制人就业绩补偿承担连带责任的，对投资方要求中小股东与公司、控制股东或实际控制人共同向其承担连带责任的诉讼请求，人民法院不予支持。"

能够通过自身的影响力对公司的经营管理产生决定性影响的股东"①。有学者提出："控制股东亦称控权股东，是指掌握和实施公司控制权的股东，包括控股股东（绝对控股股东）和实际控制股东（相对控股股东）。""实际控制股东对公司的控制则具有间接性、易变性和临时性。"②"持有股份是否达资本多数仅是认定控股股东的形式标准，股东对公司是否实施了现实的控制才是甄别是否构成控股股东的实质标准。"③也有学者提出，"控制股东界定为：持有公司股份并能够利用股份、合同或者其他方式并借助公司权力运行机制实际控制公司经营管理权的股东"④。还有学者提出，"何为控制股东，这一概念在实践中经历了从形式到实质，从绝对到相对的演变过程。一般而言，控制股东是指对公司事务可以行使事实上控制权的股东"⑤。

虽然学者关于控制股东的表述有所不同，但是均强调控制股东对公司的控制权、经营决策的影响力，从单纯关注股东的持股比例，到关注表决权的行使情况，而且，控制股东也不再限于持多数股的股东。由此，笔者认为，有限责任公司的控制股东应当指单独或联合享有公司控制权的股东。控制股东除包括控股股东外，还包括：支配有限责任公司的表决权，能够决定公司董事会半数以上成员选任的股东；实际参与公司的经营管理，并能对公司的主要决策活动施加影响的股东；其他对公司具有控制力或经营决策影响力的股东。

首先，控制股东包括控股股东。诚如有学者提出的，对于绝大多数公司而言，治理权掌控在控股股东手中，在资本多数决的公司决策机制之下，控股股东通过运用资本多数决来左右公司决议。⑥

其次，除了关注股东单独持股的情况，也应当关注联合持股所形成的表决权比例。例如，一致行动人，可能每个股东持股的比例不大，但是，联合

①　王建文：《论我国构建控制股东信义义务的依据与路径》，载《比较法研究》2020 年第 1 期，第 93 - 105 页。

②　郭富青：《论控制股东控制权的性质及其合理配置》，载《南京大学学报（哲学·人文科学·社会科学版）》2011 年第 2 期，第 60 - 71 页。

③　郭富青：《公司收购中目标公司控股股东的诚信义务探析》，载《西北政法学院学报》2004 年第 3 期，第 65 - 74 页。

④　赵树文、张勇、郝丹丹：《公司控制股东信义义务法律制度完善研究》，载《保定学院学报》2018 年第 2 期，第 36 - 43 页。

⑤　朱慈蕴：《资本多数决原则与控制股东的诚信义务》，载《法学研究》2004 年第 4 期，第 104 - 116 页。

⑥　赵旭东：《公司治理中的控股股东及其法律规制》，载《法学研究》2020 年第 4 期，第 92 - 108 页。

在一起形成的表决权可能超过 50%，其影响力不容小觑。

再次，董事会虽为执行机关，但是由股东会选举或委任，往往无法完全独立于选举或委任他的股东而行使权利。可以控制董事会半数以上席位的股东，对于公司经营管理的实际影响力不言而喻。

此外，英国《1980 年公司法》正式使用"影子董事"一词。"影子董事"是指虽不具备董事身份，却实际指挥公司行为，因此应当承担董事责任。① 股东如果实际参与公司经营管理，并且对公司的主要决策活动施加影响，虽然不是名义上的董事，实则为"影子董事"，对公司有一定的控制权、影响力。

最后，持股比例小的股东有时也会对公司的决策有影响力、控制力。例如一票否决权的行使，导致公司无法通过有效的决议，严重者甚至可能使公司处于僵局。因此，在特定情况下，小股东的表决权也会对公司具有影响力、控制力，此时的小股东也应当视为控制股东。相比控股股东的概念，控制股东的概念内涵更丰富，外延也更广，与此同时，控制股东更强调股东对公司的实际控制权与影响力，因为其对公司的经营、决策具有重大意义，所以要求其承担信义务更具合理性。

三、控制股东对非控制股东的信义务的内涵

有学者提出，信义务作为英美法系广泛适用的规则，近半年来其适用范围在不断扩张。信义务要求受信人为了委托人的最大利益行事，为利他性的义务。但是，信义务不能滥用，扩张需要有界限，只有在极端情形下方可适用。② 有学者提出，"公司治理的核心问题首先是遏制控制权的滥用，同时亦应合理引导和规范控制权的行使，由控股股东代行股东会职权的职权代行机制是创新公司治理制度、规范控制权行使的重要方式"③。有学者归纳了信义务的主要争议，包括欺诈标准、商事判断规则、合法程序标准及利益损害标准，并支持以利益损害作为违反信义务的判定标准。④ 也有学者提出，"就我国控制股东信义务的法律适用而言，应立足于我国市场经济

---

① 赵金龙：《英国法上影子董事制度评述》，载《北方法学》2010 年第 1 期，第 136－143 页。

② 范世乾：《信义务的概念》，载《湖北大学学报（哲学社会科学版）》2012 年第 1 期，第 62－66 页。

③ 赵旭东：《公司治理中的控股股东及其法律规制》，载《法学研究》2020 年第 4 期，第 92－108 页。

④ 刘凯：《控制股东的信义务及违信责任》，载《政法论坛》2009 年第 2 期，第 149－157 页。

及司法实践，以'解释论'为基础，结合'立法论'，确定勤勉义务、忠实义务及善意'义务'的具体适用方案"①。

笔者认为，有限责任公司控制股东对非控制股东的信义义务，应当将忠实义务与勤勉义务作为信义义务的主要内核。控制股东的信义义务旨在降低非控制股东的风险，主要包括控制股东滥用权力的风险，以及履行控制行为不当造成非控制股东受到损失的风险。忠实义务，与受托财产和权力有关；注意义务，与控制股东履行控制行为的勤勉、尽职程度有关。② 这也符合我国《公司法》的体系性要求，董事、监事、高级管理人员均对公司负有忠实义务和勤勉义务。而且，"控制股东与董事一样对小股东承担信义义务符合惯常处理方法"③。

与此同时，要充分保障非控制股东的知情权，否则，信义义务很容易变为纸面上的规定，非控制股东很难实际获得救济。因为非控制股东一般不参与公司经营，只有通过查阅公司账簿、会计凭证等方式，才能了解公司的运营情况，收集控制股东违反信义义务的证据。严格按照文义解释的方式，认为知情权的范围不包括会计凭证，将导致知情权的行使往往流于形式，与立法本意背道而驰。为了防止股东滥用查阅权利，笔者支持公司就股东要求查阅会计账簿的不正当目的负有举证责任的观点。

此外，应当引入利益损害标准及商业判断原则作为信义义务的兜底条款，将利益损害标准作为违反信义义务的判定标准。

利益损害标准，指控制股东违反信义义务应当以对非控制股东造成损害为标准。④ 而且，这里的损害要考虑比例原则，虽然控制股东的行为对非控制股东的利益造成损害，但是，如果符合比例原则，也不应当认定控制股东违反信义义务，以把握控制股东意思自治与权力滥用之间的界限。比例原则的基本理念为，"只有符合以下情况，才能对个人自由及私法自治进行干预：此种干预相对于一个更高的利益而言是必要的；干预必须适合于达成所欲求之目的；而且要采用最和缓的手段来实现此目的"⑤。例如：控制股东的行为是为了实现价值更高的正当目的，如为了实现公司的利益；在有多种手段可

①　王建文：《论我国构建控制股东信义义务的依据与路径》，载《比较法研究》2020 年第 1 期，第 93 – 105 页。

②　塔玛·弗兰科：《信义法原理》，肖宇译，法律出版社 2021 年版，第 106 页。

③　梁上上：《公司正义：以公司股东的权责配置为视角展开》，法律出版社 2022 年版，第 148 页。

④　刘凯：《控制股东的信义义务及违信责任》，载《政法论坛》2009 年第 2 期，第 149 – 157 页。

⑤　郑晓剑：《比例原则在民法上的适用及展开》，载《中国法学》2016 年第 2 期，第 143 – 165 页。

以选择的情况下，控制股东的行为对非控制股东的伤害是最小的；控制股东的行为对非控制股东所造成的损害与其所追求的上述目的之间，在效果上相互均衡。

同时，控制股东有权运用商业判断原则进行抗辩，以防止司法过度介入商业判断，打击股东投资的积极性。诚如施天涛教授所说："'商业判断规则'起源于170年前。但什么是商业判断规则却很难界定。"笔者认为施天涛教授对董事、高级管理人员商业判断原则的总结，也同样适用于控制股东，即一般情况下，控制股东善意地进行商业决策即可满足注意义务的要求。商业判断规则具体可以考虑为：控制股东与所进行的商业决策事项不存在利害关系；控制股东对所进行的商业决策是了解的，并合理地相信在这种情况下其商业决策是适当的；控制股东理性地相信其商业决策符合公司最佳利益。① 商业判断原则是判断注意义务是否被违反的标准，而非通常的过失标准。②

四、控制股东对非控制股东的信义义务的正当性分析

（一）基于"委托－代理"理论的解释

这里的"委托－代理"理论即经济学家所称的"代理问题"，指委托人的福利取决于代理人的行为，难点在于激励代理人为了委托人的利益而非仅仅为了代理人自身利益而行事。③ "代理问题涉及拥有公司绝大多数或控制性利益的所有者与小的或者非控制性所有者之间的利益冲突。"在此，可以将非控制股东称为委托人，而将控制股东称为代理人。"此类问题的难点在于如何确保前者不受后者剥削。"④ 好的法律规制，需要考虑如何降低代理成本。"强化代理人信息披露的规则与程序，或者有利于委托人对于不诚信或者疏忽大意的代理人提起民事诉讼的规则与程序，就是这方面明显的例子。

---

① 施天涛：《公司法论（第四版）》，法律出版社2018年版，第430页。
② 弗兰克·H. 伊斯特布鲁克等：《公司法的逻辑》，黄辉编译，法律出版社2016年版，第361页。
③ 莱纳·克拉克曼、亨利·汉斯曼：《公司法剖析：比较与功能的视角（第2版）》，罗培新译，法律出版社2012年版，第36页。
④ 莱纳·克拉克曼、亨利·汉斯曼：《公司法剖析：比较与功能的视角（第2版）》，罗培新译，法律出版社2012年版，第37页。

而看似矛盾的是，制约代理人剥削委托人的机制，往往使代理人获益更多。其原因在于，如果委托人确信代理人表现优良诚实，则其愿意向代理人给付更多的报酬。"①

有学者基于实证分析，提出在法律不能有效地保护中小股东权利的情况下，家族上市公司控股股东更有激励去侵占非控股股东的利益或将公司财产据为己有。② 要求控制股东对非控制股东承担信义义务，在控制股东违反信义义务时，赋予非控制股东诉讼的权利，充分保障非控制股东的知情权，制约控制股东对非控制股东的剥削，对于保护非控制股东利益具有重要意义，与此同时，对于控制股东也意义重大，非控制股东有更好的保障，有利于激励非控制股东投资，则控制股东的融资成本也会更低。简言之，这主要是基于效率的考虑。如果非控制股东没有得到可靠的保护，公司就很难吸引非控制股东投资，更难以在资本市场上筹集资金，此外，如果控制股东在公司的收益远超过其投资对应的份额，也很容易伴随无效率的投资和管理决策。③

（二）基于"契约理论"的解释

"契约理论"下，公司被视为一个"契约网"，认为其应当按照契约自由的理念进行运作。④ 它相信市场无形之手的力量，认为"长期的竞争压力正是塑造公司治理结构的力量来源。契约性承诺和诚信义务规则的出现就是这些努力的结果"⑤。并且，它认为股价反映了公司法和公司契约的效果，就像它反映了公司产品优劣的效果一样。⑥

有限责任公司控制股东对非控制股东承担信义义务，并没有违反契约自由的原则。控制股东与小股东均享有自由，应当按照契约自由的理论运作，但是，如果控制股东利用自己对公司的控制力、影响力侵害非控制股东利

---

① 莱纳·克拉克曼、亨利·汉斯曼：《公司法剖析：比较与功能的视角（第2版）》，罗培新译，法律出版社2012年版，第38页。

② 王俊秋、张奇峰：《法律环境、金字塔结构与家族企业的"掏空"行为》，载《财贸研究》2007年第5期，第97－104页。

③ 弗兰克·H. 伊斯特布鲁克等：《公司法的逻辑》，黄辉编译，法律出版社2016年版，第412页。

④ 弗兰克·H. 伊斯特布鲁克等：《公司法的逻辑》，黄辉编译，法律出版社2016年版，第54页。

⑤ 弗兰克·H. 伊斯特布鲁克等：《公司法的逻辑》，黄辉编译，法律出版社2016年版，第11页。

⑥ 弗兰克·H. 伊斯特布鲁克等：《公司法的逻辑》，黄辉编译，法律出版社2016年版，第26页。

益，获得额外收益，则其侵害了小股东的自由，对于控制股东负以信义义务，是为了保护小股东的自由，这符合契约自由的本质。并且，如果控制股东掏空公司的资产，则对于仅享有剩余财产索取权的非控制股东而言，承担了公司运营的全部风险，而控制股东通过此前的掏空行为，已经获取了超过剩余财产索取权获得的份额，因此，要求控制股东承担信义义务，是为了实现控制股东与非控制股东之间的实质公平。

此外，由于有限责任公司的封闭性，股份流通性差，通过股份价格无法有效体现有限责任公司的契约性承诺及公司治理情况。一旦出现控制股东侵害非控制股东的情况，非控制股东很难通过协议转让股份的方式退出公司，无奈之下，一般会选择提起解散公司诉讼，这对于非控制股东而言成本高昂。在交易成本较高的情况下，控制股东与非控制股东之间原始权利的配置，对于控制股东和非控制股东意义重大。要求控制股东负有对非控制股东的信义义务，一旦控制股东违背信义义务，非控制股东可以通过诉讼等方式维护自身权益，控制股东选择主动与非控制股东协商解决纠纷的可能性更大，解决问题的成本相对较低。而且，我们强调控制股东，关键在于对公司的控制力和影响力，而非仅仅强调持股的比例，因此，这对大股东与小股东而言均是公平的。

（三）基于公司法强制性结构理论的解释

强制性公司法一个有力的辩护理由，即"强制性规则能够提供一个约束机制，防止投机性的章程修改行为"[1]。"任何理性的股东都不可能同意豁免或重大地改变董事的忠实义务，因为这些行为可能利用谈判过程中信息不对称及其他问题，导致投机性问题的产生。强制性规则就是保护股东免受这些行为的损害，而同时又允许通过立法程序修改这些规则。"[2] 而我国有限责任公司一股独大的情况非常普遍，所有权与经营权分离的情况并不明显。控制股东才是公司法意义上的"内部人"。将控制股东对非控制股东的信义义务作为强制性规则，有利于防止控制股东的投机行为。

---

[1] 弗兰克·H. 伊斯特布鲁克等：《公司法的逻辑》，黄辉编译，法律出版社 2016 年版，第81 页。

[2] 弗兰克·H. 伊斯特布鲁克等：《公司法的逻辑》，黄辉编译，法律出版社 2016 年版，第112 页。

结　语

我国有限责任公司的股权比较集中，小股东权益被控股股东侵害的现象时有发生。司法实务中，虽然普遍认识到控股股东对于小股东负有一定的义务，但是关于义务的内涵与外延缺乏清晰界定。目前，仅凭《公司法》第二十条"股东禁止行为"、第二十二条"公司决议的无效、被撤销"，规制控股股东对小股东的信义义务，路径比较单一、可操作性不强。法院虽然秉持以私法自治及商业判断为原则，以司法介入为例外的审判理念，但是，关于商业判断原则缺乏明确的规定及具体的裁判指引。而关于股东知情权的范围及相关利益平衡问题，目前司法实务中仍存不同认识。信义义务作为从国外移植的制度，虽然目前已经有了本土化的发展，但是更多是原则性的规定，缺乏可操作性。笔者建议充分尊重我国的司法实务和现有法律资源，厘定控制股东对非控制股东的信义义务内涵及裁判规则。

首先，关于股东地位的认识，我国经历了从形式到实质，从静态到动态的发展，控制股东比控股股东更能反映问题的本质，即股东对公司的控制力、影响力，建议总结司法实践中对控制股东定义及适用的宝贵经验，以立法的形式明确界定控制股东的概念。

其次，建议参考、借鉴董事、高管的信义义务，重新厘定控制股东的信义义务，以忠实义务与注意义务为内核，并且，引入利益损害标准及商业判断原则。建议控制股东违反信义义务以对非控制股东造成损害为标准，而且，这里的损害需要考虑"比例原则"，以把握控制股东意思自治与权力滥用之间的界限。此外，建议将商业判断原则作为控制股东违反信义义务的抗辩事由，明确规定商业判断原则的主要内容，增强司法的可操作性。鉴于董事、高管与控制股东在公司的身份、职责不同，控制股东与董事、高管信义义务的异质性仍有待于进一步研究。此外，建议充分保障非控制股东的知情权，支持《公司法（修订草案）》将"会计凭证"增加到股东查阅权范畴的修改意见。

最后，笔者通过委托－代理理论、契约理论及公司法的强制性结构理论分析，认为有限责任公司控制股东对于非控制股东承担信义义务具有正当性。

参考文献

［1］施天涛. 公司法论［M］. 4 版. 北京：法律出版社，2018.

［2］梁上上. 公司正义：以公司股东的权责配置为视角展开［M］. 北京：法

律出版社，2022.

[3] 弗兰克·H. 伊斯特布鲁克，等. 公司法的逻辑 [M]. 黄辉，编译. 北京：法律出版社，2016.

[4] 莱纳·克拉克曼，亨利·汉斯曼，等. 公司法剖析：比较与功能的视角 [M]. 2版. 罗培新，译. 北京：法律出版社，2012.

[5] 塔玛·弗兰科. 信义法原理 [M]. 肖宇，译. 北京：法律出版社，2021.

[6] 赵旭东. 公司治理中的控股股东及其法律规制 [J]. 法学研究，2020 (4)：92-108.

[7] 王建文. 论我国构建控制股东信义义务的依据与路径 [J]. 比较法研究，2020 (1)：93-105.

[8] 郭富青. 论控制股东控制权的性质及其合理配置 [J]. 南京大学学报（哲学·人文科学·社会科学版），2011 (2)：60-71.

[9] 赵金龙. 英国法上影子董事制度评述 [J]. 北方法学，2010 (1)：136-143.

[10] 刘凯. 控制股东的信义义务及违信责任 [J]. 政法论坛，2009 (2)：149-157.

[11] 王俊秋，张奇峰. 法律环境、金字塔结构与家族企业的"掏空"行为 [J]. 财贸研究，2007 (5)：97-104.

[12] 朱慈蕴. 资本多数决原则与控制股东的诚信义务 [J]. 法学研究，2004 (4)：104-116.

[13] 郭富青. 公司收购中目标公司控股股东的诚信义务探析 [J]. 西北政法学院学报，2004 (3)：65-74.

[14] 刘杨田. 北京大学附属中学、北京北大依林公司诉北京北大附中教育投资有限公司股东知情权纠纷案优案评析 [J]. 人民法院案例选，2014 (3).

[15] 赵树文，张勇，郝丹丹. 公司控制股东信义义务法律制度完善研究 [J]. 保定学院学报，2018 (2)：36-43.

[16] 范世乾. 信义义务的概念 [J]. 湖北大学学报（哲学社会科学版），2012 (1)：62-66.

[17] 郑晓剑. 比例原则在民法上的适用及展开 [J]. 中国法学，2016 (2)：143-165.

浅析我国双重股东代表诉讼制度的构建

陈龙彪　林　超[*]

引　言

随着经济的发展，我国公司结构发展逐步倾向复杂化、多元化、立体化。这种现代化的趋势使得原本结构单一、平面、简单的传统公司无法提供足够的制度资源予以应对，从而产生了一系列问题，其中最为典型的是缺乏双重股东代表诉讼制度。双重股东代表诉讼制度，即在子公司权益受损进而影响到母公司及其股东时，允许母公司股东直接起诉子公司利益侵害者。因为我国并没有从立法上正式确立此制度，所以当母公司股东提起双重股东代表诉讼时往往会遭到法院的否定。然而，母子公司框架的内在优越性却又使得双重股东代表诉讼具有庞大现实需求，因此笔者认为有必要在借鉴国外已成型的制度与理论的基础上，在国内构建该制度。

一、构建双重股东代表诉讼制度的必要性

双重股东代表诉讼制度在保护母子公司利益、改善子公司董事规范管理等方面有独特的作用。我国现行母子公司的发展状况表明，当子公司面临董事、监事、高级管理人员（以下简称"董监高"）侵害时，母公司股东与子公司往往处于消极被动地位，此时如允许母公司股东向直接侵害人提起诉讼，则能够为母公司股东和子公司的权利提供有效救济。

（一）有利于保护子公司及母公司股东利益

在传统的单一结构公司之中，公司股东行使权利的方式即为参与股东会或股东大会，直接表达自身想法、评估自身风险、获得股东利益。同时，《公司法》第一百五十一条也为股东保障自身权利提供了有效的救济途径，即当董事、高管侵害公司利益时，监事会有权提起诉讼。当监事或者其他人

---

* 陈龙彪、林超，广州市第三市政工程有限公司法律事务部。

侵害公司利益时，股东可直接要求董事会提起诉讼维护自身风险。如若被拒绝，股东更有权自行提起诉讼维护受损权益。但是在母子结构类型的公司模式下，由于母子公司之间利益的连带性，如子公司利益受损，母公司的股东的权益将不可避免遭到损害。同时由于母子公司的人格是相互独立的，母公司股东会并不能直接决定子公司发展动向，对于重大事项的决定权实际上已被转移到子公司股东会，而实际行使子公司股东权力者往往是母公司派驻子公司的代表，大多数情况下是母公司的大股东所派驻的子公司董事，因而此时母公司中小股东往往是不能就上述事件行使表决权的。进一步讲，如果子公司未对该重大事项作出披露，母公司中小股东更是无从知晓任何决议事项。另外，由于母子公司利益的一体性，子公司利益受损必然也会导致母公司及其股东的股权利益受损。而此时如子公司并未采取必要手段追究侵害者，那么母公司的股东则会因为我国代表诉讼制度的限制而无法提起诉讼挽回损失。

由此可见，在母子公司架构下，单一的代表诉讼制度不能很好地为公司发展保驾护航，并且在约束大股东与高层管理者责任、保护母公司中小股东利益上也略显不足。总而言之，如母公司股东能拥有直接向子公司侵害人提起代表诉讼的权利，那么必可将直接危害子公司利益的侵害者绳之以法，进而挽回损失，保障子公司以及母公司股东的权益。

（二）有利于完善公司的治理

公司成立初期，一般由出资人直接经营。而在如今企业的经营管理中，出资人并不一定直接参与公司管理，而是通过对外聘任或投票选举的方式任命董事、高管，由专业的管理人员处理公司内外事务，也即完成了所有权与公司经营权的分离。这种方式虽然做到了管理优化，但可能出现股东利益与管理者利益相冲突甚至是背离的情况。在母子结构类型的公司中更甚，因为在此类公司中子公司的董事由母公司大股东任命，此时子公司董事的利益更是背离子公司，更加偏向母公司大股东。因此出现违背子公司路径，牺牲子公司发展前景以满足母公司大股东利益的情形便不足为奇。

因此，如果有一种责任追究机制可以直接约束子公司董事履行应有职责，则可大大减少侵害子公司利益情形的发生。双重股东代表诉讼制度正是对责任追究机制的完善，也是对现代企业经营管理模式的回应。在母子公司抑或集团公司中，各类子公司与母公司人格相互独立，无论是子公司董事、监事在母公司大股东的指示之下侵害子公司还是第三人侵害子公司，按照双重股东代表诉讼制度，母公司股东可通过诉讼要求侵害人承担赔偿责任。这样一来便多了一个监督主体督促子公司管理人员履行忠实勤勉义务，以此完善公司治理。

二、我国现行股东代表诉讼制度存在的问题

随着母公司大股东利用子公司董事侵害子公司利益，影响母公司中小股东股权利益现象的频繁发生，我国立法以及司法领域都已意识到该问题所在，但我国却未将双重股东代表诉讼制度纳入现行《公司法》。因而可以通过分析双重股东代表诉讼制度在我国的发展现状以及现行股东代表诉讼制度下母子公司中仍存在的维权困难、限制公司发展等问题来进一步寻找对策。

（一）双重股东代表诉讼制度在我国的发展现状

1. 立法现状

发展伊始的公司结构一般是单一的、平面的。因此，为了适应公司发展需要，为此种结构单一公司发展保驾护航，2005 年我国修订《公司法》时规定了：如发生侵害公司利益的情形而董监不提起诉讼维护公司权益，则该公司股东可以自行代表公司向直接侵害者提起诉讼，即所称的"股东代表诉讼"。随着我国经济的发展且成为世界第二大经济体，我国《公司法》与《企业集团登记管理暂行规定》也与时俱进地确立了公司具有设立子公司的资格以及规定了应当如何设立子公司。这些法律法规均表明了我国的商业环境并不排斥集团化公司，但仍有不足的是我国《公司法》并没有提供相应的法律制度规范母子公司、集团化公司发展，即在我国现行的《公司法》中并无确立"双重股东代表诉讼"制度。

事实上，2016 年最高人民法院的《征求意见稿》曾采用扩张解释，将现行《公司法》第一百五十一条中"董事、高管、监事"的范围延展到全资子公司的董监高。这一点笔者认为可以算是双重股东代表诉讼制度在国内的雏形，但颇为遗憾的是该规定仅仅呈现于征求意见稿中，最后并未出台，我国仍未实现代表诉讼制度的突破。笔者认为，随着母子公司、集团化公司的剧增，是时候将双重股东代表诉讼制度纳入《公司法》之中了。

2. 司法现状

由于缺乏双重股东代表诉讼制度，如果我们以该制度进行案例搜索，所得结果可谓少之又少，其中更多的裁判结果均为法院认为提起诉讼之主体不适格而裁定驳回。在对所得结果进一步筛选后，笔者认为 2016 年在陕西发生的"赵×海与海×酒店控股集团有限公司纠纷"较为典型。在此案件中，

海×投资公司（以下简称"海投"）为母公司，皇×酒店公司（以下简称"皇城"）为其全资子公司。赵×海作为小股东持有母公司40%股权，海×控股（以下简称"海控"）持有海投60%的股权，为大股东。海控利用自身地位实施任命子公司董事、高管进而控制子公司，将子公司视为自身赚钱的工具，用子公司的名义向贷款公司贷款、未经子公司股东会决议为他人提供保证、闲置子公司财产等一系列直接损害子公司利益的行为。由于母子公司的连带性，当子公司的利益受到直接侵害时，母公司以及母公司股东的利益也会受到侵害，但此时子公司早已被大股东实际控制，无法实施自救行为。作为母公司小股东的赵×海此时才向法院提起诉讼，要求大股东停止其侵权行为，赔偿母子公司经济损失。值得注意的是，在本案中，赵×海没有按照正常的双重股东代表诉讼制度只将子公司列为赔偿对象。取而代之的是，他选择了将母公司和子公司都作为损害的对象。这个操作导致了一审法院和二审法院出现截然不同的判决。一审法院判决大股东直接赔偿母公司的损失。因为一审法院认为这起案件就是《公司法》第一百五十一条的单重代表诉讼：由于母子公司的连带性，大股东海控侵害全资子公司利益的同时也必然会导致母公司利益受损，因此大股东侵害了母公司利益，小股东当然有权提起代表诉讼维护公司权益。但是该逻辑有其不当之处：第一，子公司才是直接受害人，母公司只是间接受害人；第二，原告的诉讼请求是赔偿母子公司利益损失，该判决很明显地忽略了子公司。该案件上诉至二审，二审法院仅判决母公司大股东应赔偿子公司损失。该判决一来弥补了忽略子公司的逻辑漏洞，二来确定了直接受害人，毕竟子公司才是直接受害人，母公司只是间接受害人。

从该案我们可以看到，二审法院其实是在实务上间接承认了双重股东代表诉讼制度的。但颇为可惜的是该案例并没有在实务界或理论界引起多大轰动。倘若我国能够引入双重股东代表诉讼制度，那么法院可以直接依法判案，减少案件审理时间。作为母公司的小股东亦可以剑指直接侵害人，不必如此迂回。

综上可知，在我国并无确立双重股东代表诉讼制度，而这一立法缺陷，显然与母子结构公司蓬勃发展的局面是不匹配的。

（二）我国现行股东代表诉讼制度在母子公司中存在的问题

当我们在看到母子公司的架构不断扩大发展，母公司的经营规模以及资产不断累积，集团知名度日益攀高之时，我们也应看到，由于缺乏相关的制度保障，母子公司运营架构还存在以下不可忽视的缺陷。

1. 易触发关联交易

我国《公司法》对关联关系作出了明确解读。关联关系是指公司的董监高或大股东等对企业的控制关系，包括直接控制、间接控制以及利用自身的控制地位可能实施利益转移的其他关系。而母公司一般持有子公司50%以上股份或者是对子公司决议具有重大影响（相对控股），因此母子公司之间存在典型的关联关系。实践中，为了控制子公司，通常由母公司大股东决定子公司董事的选任，因此子公司的董事通常代表母公司大股东的利益。所以母公司大股东利用其对子公司的控制关系实施关联交易便易如反掌。在司法实践中，我国目前已出现母公司利用子公司进行个人利益输送情形。例如乔×与王×斌、南京×厦（集团）万杰置业有限公司（以下简称"南京×厦"）的损害公司利益纠纷一案【案号：(2016) 苏民终5××号】，乔×与王×斌共同出资成立南京×润投资发展有限公司（以下简称"南京×润"），乔×持股35%，王×斌持股65%且为法定代表人。之后南京×润与南京×厦共同成立×厦万杰公司（以下简称"×厦万杰"），南京×润持股90%，王×斌担任×厦万杰法定代表人。之后乔×以王×斌利用自身地位优势侵害×厦万杰利益进而导致南京×润利益受损为由提起股东代表诉讼。一审法院认为乔×既非×厦万杰公司股东，又非×厦万杰公司监事，其无权依据上述规定代表×厦万杰公司提出股东代表诉讼。之后本案进入二审阶段，乔×在指令审理期间变更诉讼请求为要求王×斌向×厦万杰公司赔偿款项。但二审法院仍根据单一代表股东诉讼制度之规定，认为乔×只是南京×润股东身份，不具备×厦万杰公司股东身份，诉讼主体不适格，终审判决驳回起诉。在中国裁判文书网上搜索同类案例，得到的结果包括：江苏南通×建集团××建设工程有限公司与上海沙家浜×友实业有限公司等股东出资纠纷案【案号：(2014) 金民二（商）初字第19××号】，江×宏与吴×辉、苏州嘉×服饰有限公司的控股股东纠纷、实际控制人纠纷、高级管理人员损害公司利益赔偿纠纷案【案号：(2008) 沪二中民五（商）初字第××号】，黄×联、黄×珍与中山市惠×制衣有限公司、黄×伟纠纷案【案号：(2013) 粤高法立民终字第4××号】，新×益（香港）投资有限公司与金×英纠纷案【案号：(2018) 最高法民终1××号】等。在这些案例之中，侵害人往往为母公司大股东，在其担任或以其优势地位控制子公司管理层之后，往往通过子公司实施一系列诸如设立抵押、担保或虚假交易等侵吞子公司财产的行为，使得子公司沦为大股东攫取利益的工具，而母公司背后的小股东只能仰天长叹、万般无奈。

2. 难以对子公司进行有效的监督

"把权力关进制度的笼子里"一向是我国的立法理念。而我国也承认母子公司之间人格是相互独立的，公司法在侧面印证了母公司的股东不能直接干预子公司的日常工作，同时公司法还规定董事、高管对公司负有忠实勤勉义务。因此，母公司的股东只能要求自家公司的董监高履行该义务，当子公司的董事、高管违反忠实勤勉义务侵吞子公司利益时，母公司股东也不能依照公司法追究其责任。可能会有人认为，母公司对子公司具有控制作用，可通过更换子公司董事会成员的做法达到监督作用。的确，母公司股东可召开会议任命子公司董事，但根据多数决原则，最终的决定权还是由母公司大股东掌握。而实际中又往往是母公司大股东与子公司董事串通一气损害子公司利益。在此类情况发生之时，由于制度的不完整，子公司的高级管理人员往往难以得到有效监督。

3. 建立双重股东代表诉讼制度势在必行

股东代表诉讼制度的立法原理是防止公司被"另有企图"的董监高或者股东控制，进而保障公司利益。但是在母子公司经营模式大量涌现的今日，缺少一项制度来规避"心怀恶意"的董监高或者股东。为了公司的稳步发展，立法者应当看到当下的制度缺位，为母公司中小股东筑好"最后一道防线"。假设现在存在着一种直接可行的责任追究机制约束子公司董事，迫使其履行应有职责，则可大大减少侵害子公司利益情形的发生。而双重股东代表诉讼制度正是对责任追究机制的完善。在母子结构类型的集团性公司内，母公司、子公司都是独立法人。如若子公司董事按照母公司指示履行的某些行为给子公司造成损失，按照双重股东代表诉讼的规则，子公司董事仍然要承担损害赔偿的责任。这样一来，子公司的管理人员在行为时能更加注重公司利益，慎重履行忠实、勤勉义务，以此改善并完善公司治理。

在实际生活中，侵害中小股东利益的情形多为大股东或者董事、高管利用自己管理职责输送公司利益，如低价出售公司资产、操控公司分红、篡夺竞争机会、从事低回报或无回报投资等。此时建立双重股东代表诉讼制度，母公司股东便能提起诉讼直接追究侵害者责任，可以直接要求侵害人赔付损失，恢复母子公司受损利益，使得公司法本身之评价教育、强制规范作用得以实现。

综上，在我国建立双重股东代表诉讼制度，有助于对违法行为进行合理的约束与控制。在股东利益因上述种种违法行为受到侵害时，股东提起诉讼，能够促使从事违法行为的主体尽快矫正其违法行为；而且通过责任的追究，让其承担一定的经济损失或者对其实施必要的惩戒，有助于更好地约束其行为，促进公司向前发展。

三、域外双重股东代表诉讼制度的研究及借鉴

美国是世界上第一个确立双重股东代表诉讼制度的国家，而日本则是第一个以成文法的形式确立双重股东代表诉讼制度的国家。通过了解该制度在美日两国的发展历史，可为我国构建双重股东代表诉讼制度提供借鉴。

（一）美国双重股东代表诉讼制度发展现状

双重股东代表诉讼制度最初是在美国通过判例法的形式得到承认的。典型案例是 1879 年发生的"Ryan v. Leavenworth"案，该案件法官认为，如母子公司都未就损害提起诉讼，则应赋予母公司股东提起诉讼的资格。由此我们可知，当时美国主要是以公司人格否认作为该制度的适用性基础的，并且双重代表诉讼被限制在母子公司全部由同一主体所控制，控制者又拒绝向施害者起诉的前提下，只有符合该前提条件，母公司股东才可以向施害者起诉，并将控制者一并列为被告。[①]

20 世纪初，随着公司治理实务的发展，双重股东代表诉讼制度的各种理论也不断延展，其起诉要求、程序要件也逐步完善，如刺破公司面纱理论、共同控制理论、母公司股东最终受害理论等等。无论其用何种理论，该制度的适用主要是确保母子公司架构下，母公司股东权益的保护。

值得注意的是，在美国的双重股东代表诉讼制度中，并不要求母公司全资控股，对于控股子公司和相对控股子公司，母公司股东均有权提起双重股东代表诉讼。当然，母公司股东提起诉讼须举证证明子公司受到侵害是因为子公司董监高或第三人故意或重大过失的行为，并且该行为已经给子公司造成损失并间接给母公司带来损害。[②]

综上，美国的双重股东代表诉讼制度是在母子结构公司大量涌现，而当时的单重代表诉讼并不能满足市场发展需要的情形下产生的，之后随着各种理论的陆续提出，进一步证明了该制度的合理性，随着该制度各种程序性要件的完备，最终形成比较完善的判例法规则。

---

① 王淼、许明月：《美国特拉华州二重代表诉讼的实践及其对我国的启示》，载《法学评论》2014 年第 32 卷第 1 期，第 116 – 126 页。

② 李秀文：《实务与理论张力关系下的美国多重代表诉讼制度》，载《中国政法大学学报》2019 年第 6 期，第 59 – 72 页、第 207 页。

（二）日本双重股东代表诉讼制度发展现状

2014年，日本以书面形式在国内确立了双重股东代表诉讼制度，成为最早以成文法形式确立此制度的国家。通过研究日本公司法，笔者发现在日本提起双重股东代表诉讼是十分严苛的。主要体现在以下三方面：

第一，日本公司法对提起双重股东代表诉讼的母公司股东规定了十分严格的持股比例和持股时间：持股比例要求达1%（持有母公司股份），持股时间要求六个月及以上。即当母公司对侵犯子公司权益的董事、高管怠于起诉，持有母公司1%股份且持股六个月及以上的股东有权为了子公司利益向侵害子公司利益的董事、高管提起诉讼。

第二，提起诉讼要求履行前置程序。日本公司法规定母公司提起双重股东代表诉讼之前应通知子公司相关人员，只有子公司相关人员在收到起诉请求之日起六十天内未向侵害人提起诉讼，母公司股东才能向直接侵害人提起诉讼。同时，提起诉讼的母公司股东必须证明两点内容：①必须证明子公司董事、高管的行为对母子公司都造成了损害；②起诉的股东是为了维护公司利益而无其他不正当目的。

第三，该制度在母子公司架构上也设置了门槛。母子公司之间的关系必须要求是母公司全资控股，只有在这一公司架构之内，母公司股东才有权向子公司的利益侵害者提起诉讼。根据日本公司法规定，以下两类公司可认定为母公司全资控股：一是母公司全资持有子公司股份，二是孙公司全部股份均由全资子公司持有，进而母公司间接持有孙公司全部股份。

日本学者之所以支持建立双重股东代表诉讼制度，也是看到了母子公司之间天然的关联性，允许母公司股东向子公司的利益侵害者提起诉讼既可以保护母子公司之间的共同利益，同时也可以起到完善母子公司关系架构、健全公司治理体系的作用。

综上，我们可知日本确立双重股东代表诉讼制度的目的是打击利益侵害者，保护母子公司利益。同时在确立原告资格时，又加以限制，从而提高双重股东代表诉讼的门槛，防止诉讼的随意性。

（三）美日双重股东代表诉讼制度对我国的启示

美日两国作为经济大国，其对双重代表诉讼制度的深入探讨是值得我们借鉴学习的。第一，美国与日本的双重股东代表诉讼制度均出现在母子结构公司大量出现之时。随着我国经济的发展，母子结构公司大量涌现，母公司股东利用子公司进行关联交易进而损害多方利益的行为时有发生，建立双重代表诉讼制度有越来越迫切的现实需求。第二，母子公司之间的控制关系应达到何种程度，日本要求母公司必须是全资控股，而美国则没有此要求，仅要求母公司对子公司存在重大影响。在此问题上，我国应充分考虑现阶段母子公司发展现状，考虑母子公司之间的紧密程度，进而完善立法。第三，美日两国对于"滥诉"问题的处理，两国都认为提起诉讼的母公司股东应举证证明子公司受到侵害是因为子公司董监高或第三人故意或重大过失的行为，同时日本还对股东设置了一定的门槛。基于此，我国在具体设计双重代表诉讼制度时，也要从制度本身的功能出发，既要起到正面作用，又要注意防止该制度被滥用。

从美日两国的立法经验中我们得知，对于原被告资格以及前置程序繁简的确立都关乎双重股东代表诉讼制度能否真正地发挥威慑和救济功能。因此，我国在构建双重股东代表诉讼制度时应从"原告资格""被告范围""前置程序"三方面出发，坚持"中学为体，西学为用"的原则，结合自身国情进行设计，使得该制度与公司发展潮流相符合。

四、构建我国双重股东代表诉讼制度的建议

（一）确立双重股东代表诉讼的原告资格

怎样的股东才有资格提起双重股东代表诉讼呢？我们应当考虑两个要素：一是如何界定母子公司之间的控制关系；二是母公司股东的持股时间和持股比例。

在界定母子公司关系这一问题上，我国《公司法》仅对母子公司的形态做了规定，并无明确的定义和司法解释。在学术界，有观点认为：如 A 公司半数以上股份被 B 公司所占有或者是 B 公司实际上主导着 A 公司，那么这两家公司便为母子公司。[①] 该观点实际就是将母子公司架构的核心认定为控制关系。以"拥有一家公司半数以上股份"作为确立控制关系的关键要素，这样确定虽然有点随意，但何为控制关系的确难以判定，此时以持股半数为分界线反而使得判断标准更加清晰明确。另外，母公司是否应当全资控股呢？美国、日本的双重代表诉讼制度都表示母公司相对于子公司应占有控制地位，此时母公司股东才有资格针对子公司的侵害行为人提起诉讼。因此，日

---

① 甘培忠：《企业与公司法学》，北京大学出版社 2007 年版，第 465 页。

本的要求为母公司应当全资控股①；美国虽不像日本一样要求全资控股，但也要求母公司持有半数以上子公司股份，如在持股比例上达不到要求，则至少要求达到相对控股。笔者认同后者，双重股东代表诉讼制度作为一种最后救济手段，如将门槛提到如日本的要求那样高，则会将大量合理诉讼拒之门外，不符合我国母子结构公司数量庞大这一国情。

原告股东在母公司的持股比例问题，我国公司法对股份有限公司和有限责任公司的要求不一。前者要求持股 1% 或者持股期间达到 180 天，而后者则没有这两类限制。这主要是考虑到原告股东的代表性问题，防止小股东在未充分了解公司意图的情况下，仓促起诉。② 但放在双重股东代表诉讼制度上，该限制条件是否合适确实有待商榷。在单一的代表诉讼制度中，股东提起诉讼是基于其为公司的投资人，此时必然有权以所有者的身份维护自身权益。而双重代表诉讼制度作为一种派生诉讼制度，母公司的股东并不直接持有子公司股权，此时赋予母公司股东起诉资格，考虑更多的是在弥补子公司直接损失的同时保全母公司自身利益。如果该制度仍需以持股比例与持股时间为条件，其设定条件会是一大立法难题，而且无论持股时间长短以及持股比例多寡，由于母子公司人格独立，母公司股东都并非子公司股东。再者，如果母公司与子公司并不是同一类型的公司且子公司多个投资股东的性质不一时，有些投资公司的股东（母公司股东）有持股比例和持股时间的要求而有些又不做此要求，此时是否又与公司法的"同股同权"或民事法律中的"公平原则"相背驰呢？由于母子结构类型公司的特殊性，以持股比例和持股时间来衡量诉讼的正当性不仅缺乏法理基础，更会将双重代表诉讼制度置于无法实施的危险境地。因此，在学术界有观点认为母公司股东的持股比例及持股时间不应成为双重代表诉讼制度的硬性规定，对于该观点，笔者表示认可。

但是考虑到我国单重代表诉讼制度仍未修改，为与其保持一致，体现法律的稳定性，笔者认为可作出如下的迂回决定："如子公司的股东为两种不同的公司形态，则不强制要求持股时间和持股比例。"③

综上所述，在子公司的董监高或者他人造成子公司利益受损的情况之下，应在区分公司形态的基础上，适用不同的规定要求公司的侵害人直接赔

---

① 樊纪伟：《日本多重代表诉讼制度及其启示》，载《法学杂志》2016 年第 37 卷第 7 期，第 126－133 页。

② 沈贵明：《二重派生诉讼适格原告要件的构建》，载《法制与社展》2015 年第 21 卷第 2 期，第 105－120 页。

③ 樊纪伟：《日本股东代表诉讼制度的变革及其发展动向》，法律出版社 2013 年版，第 648 页。

付子公司。如母公司股东为自然人或有限责任公司，依照《公司法》第一百五十一条的规定，不受持股时间与持股比例的限制；如子公司的股东为股份有限公司，则应继续受持股比例和持股时间的限制。但在特殊情形之下，即子公司的股东既有股份有限公司，也包括有限责任公司，出于公平原则，股份有限公司的股东可以不受持股1%或连续持股180天的限制。

（二）明确双重股东代表诉讼的被告范围

双重代表诉讼中的被告为子公司的不法行为人。由上文可知，美国的双重代表诉讼制度对被告限制较少，只要是对子公司利益造成直接侵害的当事人基本上都可以作为被告。而在日本，被告的范围则被限制在子公司的董事范围内，这种限制是一把双刃剑，一方面极大地将该制度的矛头指向子公司董事，要求其履行忠实勤勉义务；另一方面却也大大降低了该制度的适用性。毕竟能够对子公司利益进行直接侵害的不仅仅只有子公司的董事，也有可能是公司之外的第三人，因此有必要将除了公司董监高以外的人也列为被告的范围。

我国是用兜底条款方式规定代表诉讼的被告范围，即被告的范围不仅包括董监高，也包括此外的第三人。此规定之所以明确点出董监高，是因为董监高是一家公司里边最有能力且最容易发生侵害公司权益的主体。[①] 公司虽有章程，但在实际的治理过程中往往并非完全按照管理章程平稳运行的，特别是在母子架构公司之下，作为控股股东，母公司对子公司的控制弱化也会导致制约机制失衡，尤其是当大股东与董事串通一气时，很容易在侵害公司中小股东利益后依照多数决原则躲过公司的内部问责机制。另外，当法律规定的权力监督主体自身出现不适行为之时，原先所预定的理想经营模式也可能会偏离，如监事会形同虚设，无法监督公司的董事、高管，甚至可能与董高共谋成为侵害人。除董监高以外的其他主体，我国法律并没有明确予以规制，其内涵相当丰富。我们在规范双重代表诉讼被告的范围时，重点就是要解释其他主体的范围。随着公司组织结构的日趋复杂，交易方日益增多，任何与公司有关联的主体都可能为了自身利益肆意侵害公司或牺牲公司利益，以实现自身利益最大化。因此，对其他主体的范围应采取自由列举的方式，规定其他主体不仅包括公司以内的人，也应该包括公司以外的人。[②] 公司以内的人包括掌握公司核心技术、商业秘密的雇员，以及重要岗位人员如财务

---

① 陈宇文：《股东代表诉讼原告资格探讨》，硕士学位论文，中国政法大学，2010年。
② 陈桂华：《股东代表诉讼法律问题研究》，载《法制博览》2017年第27期，第14－15页。

人员、人事人员等。公司以外的人既包括为公司服务的会计师事务所、律师事务所、资产评估与投资顾问公司等中介机构执业人员，也包括与公司交易或竞争的恶意第三人。伴随着公司组织层级的不断增多，与公司相关联的主体也会不断增多。双重股东代表诉讼是母公司股东为了子公司利益而向子公司侵害人提起的诉讼，任何与公司有联系的主体都可能成为侵害人。因此，通过部分列举与抽象概括相结合的开放式立法方法，无须对被告作出具体的列举，而只需以扩大解释的方法，赋予其他主体丰富的外延，以达到四两拨千斤的效果，避免任何侵权人成为漏网之鱼。

（三）确立双重股东代表诉讼的前置程序

之所以建立股东代表诉讼制度，其最初的目的是当公司因一些原因没有办法保护自己利益时，赋予公司股东提起诉讼的资格。因此，代表诉讼是一种保底手段，须有一个前置程序加以筛选，从而起到防止恶意诉讼的作用。

在传统的代表诉讼制度里，提起代表诉讼之前要求竭尽公司救济途径，那么在母子架构公司的体系之下，提起双重股东代表诉讼之前则应要求竭尽母公司和子公司两者的救济途径。母公司股东应要求母公司和子公司提起诉讼维护公司权益，只有当在母公司和子公司中都无从下手之时，才能赋予母公司股东以自己名义提起双重股东代表诉讼的权利，有学者将前者称为"竭尽子公司内部救济"，将后者称为"竭尽子公司外部救济"。

具体地讲，在寻求子公司内部救济之时，笔者认为"交叉请求"仍有其合理性，一来能保证公司法的稳定性；二来由于董事、监事二者相对独立的地位，也能减少相互勾结的可能性。在寻求子公司外部救济之时，申请机关可以设定为母公司的董事会，因为对于母公司而言，由于子公司遭到他人的不法侵害进而对母公司产生了间接影响。从母公司的角度来讲，其侵害来源便为公司之外的第三人，因此将申请机关设定为母公司的董事会也符合原《公司法》一百五十一条的立法依据。

另一个问题是，母公司股东应先向子公司还是母公司申请救济？理论上应不分先后，但子公司若已经提起诉讼维护自身权利，那再向母公司请求救济则没必要。因此，有学者认为可以将顺序设定为先向子公司寻求救济，再向母公司寻求救济。但笔者个人认为，应该适当缩短向母公司寻求救济的等待时间：一来是因为阻止侵害本就刻不容缓；二来是因为向母公司寻求救济，母公司作为子公司的股东，此时其提出诉讼的方式为单一的代表诉讼，同样需要母公司向子公司的董事或监事询问是否提起诉讼，此时便造成了程序的重复累赘。而且当子公司再一次拒绝起诉的话，母公司作为股东若要起诉，除情况紧急的事件外，又将面临三十天的等待期。因此，在设定先后顺序之时，我们可以结合我国公司法规定，适当缩短向母公司寻求救济的等待期。

最后应考虑的是前置程序的例外情形，即允许母公司的股东无须先向母子公司寻求救济，可直接起诉利益侵害人。作为例外情形，笔者认为只有当阻止侵害刻不容缓或者是履行前置程序已无必要，如母公司董事和子公司串通一气之时，才能豁免前置程序。虽如此，豁免程序毕竟是作为一种特殊情况存在，此时应当将该举证责任设定为原告方，以此防止前置程序被虚化。

结　语

《公司法（修订草案）》征求意见稿于 2021 年 12 月 24 日公布，目前针对这次修改还没有定稿，如双重股东代表诉讼制度能在新修订公司法中得以完善，则可为法律人办理复杂、多面性的母子架构公司案件提供明确的法律依据，为我国母子公司、集团化公司的发展保驾护航。

公司盈余分配纠纷常见问题解析

吴 娟[*]

引 言

在甲、乙、丙三位股东与 A 公司盈余分配纠纷一案中，被告 A 公司于 2021 年中召开股东会议并经公司股东表决权 100% 同意 2020 年度利润分配方案。2021 年底，A 公司召开股东会议，撤销 2021 年 8 月 19 日作出的同意 2020 年度利润分配方案的股东会决议，并作出 2020 年度及 2021 年度不予分红的决定。原告甲、乙、丙三位小股东对该议案均投反对票，但该决议仍经过持有三分之二以上表决权的大股东同意通过。2020 年度利润分配方案约定的分红期限到期后，甲、乙、丙三位股东多次发函要求 A 公司支付分红款，A 公司不予支付，三位股东遂提起诉讼。本案的争议焦点主要是：A 公司于 2021 年中作出利润分配的股东会决议是否有效，即 A 公司能否以 2021 年底的股东会决议撤销年中的决议，从而以无有效分配决议为由拒绝向股东分红？办理上述案件的过程中，笔者做了大量的相关案例检索，就上述争议焦点及其他公司盈余分配纠纷常见问题的司法裁判规则做了详细的研究。下面就相关内容将在本文中展开具体论述，以供读者探讨。

一、公司盈余分配纠纷概述

公司盈余分配纠纷是指当公司产生盈利并达到可以分配利润的条件时，因股东行使对公司的盈余分配请求权而产生的纠纷。

（一）盈余分配请求权

盈余分配请求权又称"利润分配请求权""分红请求权"，是股权中的重要权能之一，属于典型的财产性权利，《公司法》第四条[①]为股东行使上

---

* 吴娟，广州金鹏律师事务所律师、合伙人。
① 《公司法》第四条规定："公司股东依法享有资产收益、参与重大决策和选择管理者等权利。"

述权利提供了法律依据。无论是参与重大决策还是选择管理者都是为了公司良好的运营和可持续发展，对于公司股东，特别是小股东而言，最终都是为了获得更多的利润分红即盈余分配，而盈余分配请求权是股东依法享有资产收益权的保障，是股东最重要的财产权利。

理论界认为，利润分配请求权包含两个层面的内容，即抽象的利润分配请求权和具体的利润分配请求权。股东享有抽象的利润分配请求权，是基于其公司股东的资格和地位。股东还可以根据公司股东（大）会决议通过的利润分配方案而享有具体的利润分配请求权，从而请求公司支付股利或分红。利润分配请求权从抽象转为具体的节点是股东（大）会形成有关利润分配决议之时。

（二）盈余分配请求权的救济

对于股东盈余分配请求权被侵害的救济，我国公司法律体系存在不同的规定。对于具体利润分配请求权，股东可以依据《公司法司法解释（四）》第十四条的规定提起给付利润之诉。此时，司法并未干预公司的内部治理，只是敦促公司依法履行派发股利的义务。那么股东能否仅仅依据抽象的盈余分配请求权寻求司法救济呢？《公司法》对此并未作出明确的规定，否定说认为抽象的利润分配请求权不具有可诉性，公司决定分配利润的权利在股东会，而非个别股东，在公司没有召开股东会作出分配利润决议的情况下，个别股东要求分配利润是否具有可诉性值得商榷。[①] 肯定说认为，公司的自治存在边界，公司违反正义原则，在长期盈利的情况下不分红，侵害了小股东利益，司法应适当介入。司法实践中，不同法院对此有不同处理方式，一般不支持股东起诉公司盈余分配请求的理由包括：没有明确法律依据、司法权不宜过度干预公司内部经营管理、未提供充分证据证明大股东的欺骗行为、存在其他替代性措施、未穷尽公司内部救济途径等。[②]

---

① 参见陈颖《股东利润分配请求权纠纷之司法裁判困境与出路》，载《人民司法》2009 年第 1 期，第 76 – 81 页。

② 参见杜万华主编《最高人民法院公司法司法解释（四）理解与适用》，人民法院出版社 2017 年版，第 315 页。

二、公司盈余分配纠纷常见问题

（一）关于公司执行利润分配决议的时间问题

实践中，很多公司未严格按照法律法规和章程规定程序及要求召开股东（大）会或者决议内容不明确，因此产生很多关于股东会决议效力的争议。在盈余分配纠纷中，就存在股东（大）会决议中未具体载明利润分配时间导致公司与股东间产生争议的情况。对此，最高人民法院作出了相关的解释，即股东会或者股东大会作出利润分配的决议后，公司应当在决议确定的分配期限内向股东分配利润。如果没有确定具体的利润分配时间，则依照公司章程的有关规定。在决议和章程都没有约定分红时间，以及约定的时间超过一年的情况下，决议作出后，公司应当在一年内完成分配利润的义务。章程是公司的基本法，股东（大）会决议确定的盈余分配完成时间不得超过章程规定的期限，否则股东可以请求法院撤销决议中的盈余分配时间。①

在洛阳×业集团有限公司与洛阳中×高科技有限公司盈余分配纠纷一案②中，河南省洛阳市中级人民法院认为"本案股东会决议未载明完成利润分配的时间，但中×公司的公司章程第九十七条规定股东会对利润分配方案作出决议后，公司董事会需要在两个月内完成利润分配，本案所涉股利分配，中×公司于2014年10月15日最后一次作出股东会决议予以确定，依据上述章程规定，中×公司应派发股利的时间为2014年12月15日，中×公司有关股东会决议未明确利润分配时间，其他股东也没有提出盈余分配的请求，其不应向×业集团支付股利的答辩意见不成立，本院不予采信"。从上述法律规定及案例可以看出，公司执行利润分配的时间不得超过一年，在此时间限度内，则以决议或者章程规定为准。值得注意的是，洛阳市中级人民法院认为："×业集团与中×公司虽未就逾期支付股利问题作出明确约定，但基于股东会决议而形成的'具体利润分配请求权'属于债权，中×公司应

---

① 《最高人民法院关于适用〈中华人民共和国公司法〉若干问题的规定（五）》（2020修正）第四条规定："分配利润的股东会或者股东大会决议作出后，公司应当在决议载明的时间内完成利润分配。决议没有载明时间的，以公司章程规定的为准。决议、章程均未规定时间或者时间超过一年的，公司应当自决议作出之日起一年内完成利润分配。决议中载明的利润分配完成时间超过公司章程规定时间的，股东可以依据民法典第八十五条、公司法第二十二条第二款规定请求人民法院撤销决议中关于该时间的规定。"

② 案号：（2020）豫03民初××号。

自逾期之日即 2014 年 12 月 16 日承担相应的逾期利息。" 即在该案中，法院将具体利润分配请求权的性质认定为债权，因此当公司逾期支付股利时，应当向股东支付相应的逾期利息。

（二）关于股东提起公司盈余分配之诉的时效问题

股东的盈余分配请求权是股东自益权的一种，一旦公司通过了利润分配方案，股东的股利分配请求权就转化为利润给付请求权。若将利润给付请求权的性质认定为股东对公司享有的债权，那么该请求权就适用关于诉讼时效的规定。上海市第二中级人民法院在 "上海林 ×× 土建工程咨询有限公司（以下简称 "林 ×× 咨询公司"）与同 × 工程集团有限公司盈余分配纠纷上诉案"① 中，将股利给付请求权认定为债权，并分析论述了该请求权诉讼时效的适用及起算时点："本案中，林 ×× 咨询公司于 2011 年 1 月 18 日形成董事会决议时，同 × 工程公司仍为林 ×× 咨询公司的股东，该决议明确同 × 工程公司分得利润分配款 150 万元，在董事会通过利润分配方案后，该 150 万元利润分配款即转为同 × 工程公司对林 ×× 咨询公司的债权"，"由于林 ×× 咨询公司于 2011 年 1 月 18 日形成的关于利润分配的董事会决议，以及同年 9 月 26 日林 ×× 咨询公司与同 × 工程公司签订的《上海市产权交易合同》中，均未明确 150 万元利润分配款的具体履行期限。本案属于既未能达成补充协议，也无法按照合同有关条款或者交易习惯确定，在履行期限不明确的情况下，根据《最高人民法院关于审理民事案件适用诉讼时效制度若干问题的规定》第六条② 的规定，债务人可以随时履行，债权人也可以给予债务人合理准备时间的前提下随时要求履行。同 × 工程公司于 2017 年 8 月 10 日向林 ×× 咨询公司发送函件，林 ×× 咨询公司于 2017 年 8 月 13 日收到函件，故诉讼时效应从同 × 工程公司要求林 ×× 咨询公司履行义务的一周宽限期届满之日即 2017 年 8 月 21 日起计算，同 × 工程公司就利润分配款提起本案诉讼的时间为 2018 年 2 月 5 日，并未超过三年的诉讼时效。"

（三）公司能否以新的股东会决议抗辩股东的利润分配请求权

股东（大）会作出利润分配的决议后，在分配期限届满前，股东（大）

---

① 案号：(2018) 沪 02 民终 106×× 号。

② 《最高人民法院关于审理民事案件适用诉讼时效制度若干问题的规定》第六条规定：未约定履行期限的合同，依照《合同法》第六十一条、第六十二条的规定，可以确定履行期限的，诉讼时效期间从履行期限届满之日起计算；不能确定履行期限的，诉讼时效期间从债权人要求债务人履行义务的宽限期届满之日起计算。

会作出新的决议撤销原利润分配的决议，以减少分配或者不再分配利润。公司以此为由对抗股东基于原利润分配决议而主张的利润分配请求权，该如何处理？普遍观点认为，股东（大）会利润分配决议一经作出，原则上不能变更或者撤销，除非经法定程序被法院撤销或者被认定为无效、不成立。因为股东（大）会载明具体分配方案的利润分配决议作出后，股东的利润分配请求权就转化为股东对公司享有确定的债权，性质与普通债权无异，股东依民法典的制度对公司享有债权，该债权不受此后股东（大）会作出的新决议的约束或者限制。① 因此，股东仍可依据原分配利润决议主张利润分配请求权。当然，如果全体股东一致同意新的决议，应视为全体股东均自愿放弃依原决议享有的利润分配请求权，根据民事权利处分原则，股东不应再依据原决议提出请求。②

如公报案例庆阳市太×热力有限公司与李×军公司盈余分配纠纷一案③中，最高人民法院对上述观点持肯定态度："……公司股东会或股东大会作出盈余分配决议时，在公司与股东之间即形成债权债务关系，若未按照决议及时给付则应计付利息，而司法干预的强制盈余分配则不然，在盈余分配判决未生效之前，公司不负有法定给付义务，故不应计付利息。"

（四）公司拒绝执行利润分配决议的抗辩事由

股东根据股东（大）会作出的利润分配决议请求公司分配利润时，公司常以股东（大）会决议存在效力瑕疵，包括股东（大）会决议无效、不成立或者可撤销为由，抗辩股东的盈余分配请求权。关于股东（大）会决议无效、不成立的主张，法院应主动审查，如果存在无效或者不成立情形，应当驳回原告的起诉。如在顾×江等九人与凯里市利×食品公司、席×均公司盈余分配纠纷一案④中，最高人民法院认为"本案中，2013年2月1日利×公司召开的股东会决议所形成的配股方案，系此后董事会、股东会决议分配利润的标准。现因该股东会决议已经法院的生效判决确认为无效，故此后董事会、股东会以该股东会决议所形成的配股方案而分配利润的决议缺乏合法性的基础。……在利×公司董事会、股东会未就利润分配方案形成新的决议并履行完成相应程序之前，顾×江等九人直接起诉请求人民法院判令利×公司按照股东

---

① 参见杜万华主编《最高人民法院公司法司法解释（四）理解与适用》，人民法院出版社2017年版，第309页。

② 参见郭春宏执行主编《公司法律师实务》，北京大学出版社2022年版，第461页。

③ （2016）最高法民终5××号。

④ （2017）最高法民申36××号。

出资比例补发红利，缺乏法律依据。顾×江等九人主张其为小股东，不可能通过董事会和股东会来维护其权利，可通过《公司法》规定的其他救济措施予以救济。而本案中，二审认定顾×江等九人无权请求法院来确定具体的利润分配金额，并无不当"。作出利润分配方案的股东会决议被法院认定为无效后，股东不得依据该决议形成的利润分配方案要求分配利润。对于决议可撤销的主张，则应由股东另行提起撤销之诉，经法院判决撤销之后，涉案股东（大）会决议才失去效力。在法院审理盈余分配案件的过程中，股东另行提起撤销之诉且发现拟撤销的决议内容将影响案件具体的盈余分配方案的，法院可以中止审理并根据撤销之诉的生效判决结果分情况处理。

除了上述抗辩理由外，公司经营状况、财务状况变化导致无法或者不宜执行利润分配决议也是公司的抗辩理由之一，对此，法院将综合各方面情况进行审查。

（五）公司能否以股东出资瑕疵为由拒绝分配利润

在前述甲、乙、丙三位股东与 A 公司盈余分配纠纷一案中，被告 A 公司以原告三位股东未按时向公司履行出资义务为由，限制该三位股东的利润分配请求权，从而保护全体股东的共益权及公司合法权益。A 公司认为股权产生的基础是股东的出资，股东因为出资成为股东从而拥有股权，即股权是股东出资行为的对价。因此股东"未履行或者未全面履行出资义务"时不应享有完整的股权，尤其是影响公司持续经营的自益性质的财产权利。

笔者对此持不同观点，根据《公司法》第三十四条①及《公司法司法解释（三）》第十六条②的规定，原则上，股东是按照实缴的出资比例获得利润分配，其出资瑕疵并不必然影响或者使其丧失分红权。但公司章程可以对其分红权予以限制，公司全体股东也可另行约定分配红利的比例。A 公司《章程》第二十条规定，公司弥补亏损和提取公积金所余税后利润，股东按照实缴的出资比例分配。该章程并未对出资瑕疵的股东主张利润分配请求权作出限制，亦未作出限制出资瑕疵股东分红权的相关股东会决议，因此 A 公

---

① 《公司法》第三十四条规定："股东按照实缴的出资比例分取红利；公司新增资本时，股东有权优先按照实缴的出资比例认缴出资。但是，全体股东约定不按照出资比例分取红利或者不按照出资比例优先认缴出资的除外。"

② 《最高人民法院关于适用〈中华人民共和国公司法〉若干问题的规定（三）》第十六条规定："股东未履行或者未全面履行出资义务或者抽逃出资，公司根据公司章程或者股东会决议对其利润分配请求权、新股优先认购权、剩余财产分配请求权等股东权利作出相应的合理限制，该股东请求认定该限制无效的，人民法院不予支持。"

司不能以此为由抗辩股东的利润分配请求权。

如在乐生南×公司与亿×制衣厂股东出资纠纷一案①中，最高人民法院对该问题做了详细的解释，"根据《公司法司法解释（三）》第十六条的规定，限制股东利润分配请求权应当同时满足两个条件：一是股东未履行或者未全面履行出资义务，或者有抽逃出资的行为；二是公司章程或者股东会决议作出了相应的限制。如前所述，虽然乐生南×公司未全面履行出资义务，但是亿×公司的章程中并未限制出资瑕疵股东享有的股东权利，包括利润分配请求权"。已经生效的广东省高级人民法院（2013）粤高法民四终字第4×号民事判决亦认为，2012年3月30日亿×公司董事会决议因未达到亿×公司章程规定的通过比例而无效。因此，亿×公司根据亿×公司董事会决议，请求限制乐生南×公司相应的股东权利，不能得到支持。因此，最高人民法院撤销了一、二审判决，支持乐生南×公司要求分配利润的诉讼请求。

三、实务处理要点

股东提起公司给付利润之诉的请求要获得法院支持，需同时满足以下条件。

（一）原告具备股东资格

请求利润分配的主体是股东（大）会作出利润分配决议时的股东，在原告已经转让股权的情形下，除非转让方与受让方在股权转让合同对转让前的盈余分配另有约定，否则原告丧失股东资格的同时即当然丧失了利润分配请求权。

（二）被告公司产生可供分配的利润

根据《公司法》第一百六十六条②的规定，当公司产生经营利润时，首

---

① （2016）最高法民再3××号。

② 《公司法》第一百六十六条：公司分配当年税后利润时，应当提取利润的百分之十列入公司法定公积金。公司法定公积金累计额为公司注册资本的百分之五十以上的，可以不再提取。公司的法定公积金不足以弥补以前年度亏损的，在依照前款规定提取法定公积金之前，应当先用当年利润弥补亏损。公司从税后利润中提取法定公积金后，经股东会或者股东大会决议，还可以从税后利润中提取任意公积金。公司弥补亏损和提取公积金后所余税后利润，有限责任公司依照本法第三十四条的规定分配；股份有限公司按照股东持有的股份比例分配，但股份有限公司章程规定不按持股比例分配的除外。股东会、股东大会或者董事会违反前款规定，在公司弥补亏损和提取法定公积金之前向股东分配利润的，股东必须将违反规定分配的利润退还公司。公司持有的本公司股份不得分配利润。

先需要弥补以前年度亏损，然后依法主动向有关政府部门缴纳各项税费，接着结合公司法定公积金累计额情况决定是否继续提取法定公积金（任意公积金的提取需要经过股东会决议），最后剩余的利润才属于可向股东分配的利润。若公司分配利润前未按照前述规定弥补亏损及缴纳税费等，股东获得的属于不可分配利润，损害了公司利益，此时有被认定为抽逃出资的法律风险，股东因此要承担返还公司财产和赔偿损失的法律责任。

（三）股东提交载明具体利润分配方案的股东（大）会的有效决议

股东（大）会的决议要载明具体的利润分配方案，如果股东（大）会仅仅决定要分配利润，但是没有决定如何分配的，股东不能据此要求公司进行利润分配。一般来说，分配方案应当包括待分配的对象、金额、方式、范围及时间等具体事项，法院在审理的过程应当结合具体情况进行判断。

（四）公司无正当理由拒绝分配利润

股东（大）会已经作出载明具体利润分配方案的公司决议的，公司如果提出无法执行决议的抗辩理由，例如股东出资瑕疵、股东会决议存在效力瑕疵、公司作出分配方案的净利润包含了浮动盈利等，则需具体审查该理由正当性，经审查发现理由不充分的，人民法院将支持原告的诉求，判决公司向股东分配利润，依据就是决议载明的具体分配方案。

结　语

通过上述对公司盈余分配纠纷有关实务问题的探讨，我们发现该类型纠纷中不少问题的解决目前仍然存在争议，仅凭司法救济这一事后救济途径，并不能很好地实现股东利益与债权人利益、公司当前利益与长远利益的平衡。因此，为了避免将来因分红产生争议，公司可以在章程中明确约定分红的比例、数额，利润分配的具体时间，以及明确公司不向股东分红时，股东有权委托第三方机构对公司账目进行审计等条款，提高公司自治能力。

隐名股东执行异议之诉：裁判困境与破解之道

高　菲　陈思敏[*]

引　言

现实中，有限责任公司（以下简称"公司"）的实际出资人出于各种考虑，通过口头或者书面方式，与他人约定：委托他人代为持有公司股权，并将股权登记在他人名下，自己实际履行出资义务，行使股东的各项权利。实务中，通常将公司的实际出资人称为"隐名股东"，将代持股权的人称为"名义股东"，将隐名股东与名义股东之间签订的、约定代持股权出资义务的履行、权利行使的书面文本称为"代持股协议"，为便于读者理解以及行文简洁，本文以实务中的通俗称谓指代前述专有名词。

我国《公司法》明确规定，出资人需经过法定程序才能取得股东资格，但是并未因此排除隐名股东对代持股权实际享有收益、处分等合法的财产权益，也未禁止隐名股东在特定条件下显名化、登记为公司股东的身份权益，有关规定在保护隐名股东合法权益的同时，也给隐名股东与名义股东的债权人之间的矛盾埋下隐患。

一、隐名股东执行异议之诉的裁判困境

隐名股东执行异议之诉中，名义股东的债权人为实现其债权，向法院申请强制执行代持股权，隐名股东为维护其代持股的权益，意欲明确股权归属，阻却名义股东的债权人的执行请求隐名股东与债权人的利益冲突关系见图 3-1。名义股东的债权人与隐名股东对同一标的——代持股份诉求的冲突，使得法院在审理此类案件时存在价值的平衡与取舍，由此导致实务中存在同案不同判的现象。

---

　　* 高菲，广东金融学院法学院副教授，上海市汇业（广州）律师事务所兼职律师；陈思敏，北京德和衡（广州）律师事务所律师。

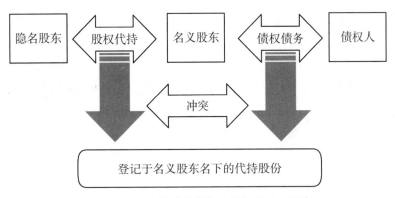

图 3-1　隐名股东与债权人的权益冲突示意

A 银行与上海 B 投资公司执行异议之诉一案①中，债权人 A 银行向法院申请强制执行登记于名义股东 C 公司名下的 D 银行 1000 万股份，该股份的实际权利人为 B 公司（各主体法律关系①见图 3-2）。最高人民法院认为，商事外观主义原则的目的是维护商事交易活动的安全，且根据《最高人民法院关于适用〈中华人民共和国公司法〉若干问题的规定（三）》（以下简称《公司法司法解释（三）》）第二十六条的规定，股权善意取得的主体仅限于与名义股东存在股权交易的第三人，故名义股东的债权人不是外观主义原则保护的对象。本案中，申请执行人 A 银行并非 C 公司名下股权交易的第三人，而是因债权债务纠纷而申请强制执行 C 公司的财产以实现债权，并无信赖利益保护的需要，因此，B 公司基于股份代持而对 D 银行的股份享有的权益足以排除强制执行。

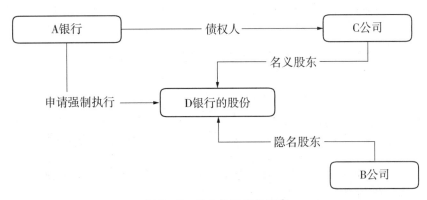

图 3-2　各主体法律关系①

① 最高人民法院（2015）民申字第 23××号民事裁定书。

而在具有类似情形的王 E 诉刘 F 执行异议之诉一案①中，债权人刘 F 向法院申请强制执行登记于名义股东詹 G 名下的 H 公司股权，该股权的实际权利人为王 E（各主体法律关系②见图 3-3）。最高人民法院认为，对于外部第三人而言，股权登记具有公信力；代持股协议具有相对性和非公示性，不能对抗股权登记信息的公信力，法律保护第三人因信赖股权登记信息所产生的合理信赖利益，且该第三人包括名义股东的非交易第三人，隐名股东王 E 对 H 公司股份的权益不足以排除强制执行。

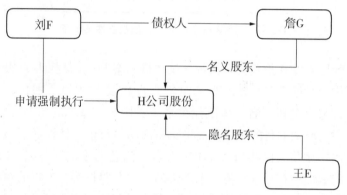

图 3-3　各主体法律关系②

前述两个案例的案情类似，审理法院相同，判决结果却大相径庭。笔者以"公司法""隐名股东""案外人执行异议之诉"为关键词，以"最近 5 年""最高人民法院"为限定条件，在中国裁判文书网进行检索，筛除重复的裁判文书后，得到裁判文书 14 篇。其中，支持隐名股东的股权可以排除强制执行的裁判文书 2 篇②；认为隐名股东的股权不足以排除强制执行的裁判文书 12 篇③。由此可见，隐名股东执行异议之诉存在同案不同判现象，"法官对隐名股东执行异议问题的分歧、犹豫与矛盾，在外观主义与实质主

---

① 最高人民法院（2016）民申字第 32××号民事裁定书。

② 最高人民法院（2019）最高法民申 29××号民事裁定书、（2018）最高法民申 35××号民事裁定书。

③ 最高人民法院（2021）最高法民申 54××号民事裁定书、（2021）最高法民申 21××号民事裁定书、（2020）最高法民终 84××号民事判决书、（2019）最高法民申 62××号民事裁定书、（2019）最高法民申 47××号民事裁定书、（2019）最高法民申 16××号民事裁定书、（2019）最高法民终 14××号民事判决书、（2018）最高法民再 32××号民事判决书、（2019）最高法民再 99××号民事判决书、（2019）最高法民再 45××号民事判决书、（2017）最高法民申 11××号民事裁定书、（2016）最高法民再 36××号民事判决书。

义、效率与公平之间徘徊不定"①，使得法律优先保护的法益、类案裁判结果处于动态变化之中，而这种变动，与法律规定变化、法律规定不明确密切相关。

二、隐名股东执行异议之诉的理论争议

目前，对于隐名股东执行异议之诉是否应当优先保护第三人权益，存在肯定的外观主义说，以及否定的事实主义说两种观点。

（一）外观主义说

"外观主义"以交易当事人行为的外观来认定商事交易行为的效果，第三人只需依据权利外观判断法律关系或法律行为的效力及责任归属，并给予信赖利益与行为人建立、变更、消灭某一法律关系，至于行为人是否为真实权利人、其意思表示是否真实，在所不问。

"外观主义说"认为，隐名股东执行异议之诉应优先保护第三人的权益。首先，外观主义的法理念具有广泛的适用性，并非仅限于以确认交易效力为目的的指向。实际上，以权利或法律关系的外观事实推定权利的存在、主体和内容，是自由裁量程序中普遍存在的现象。② 其次，外观主义理论在实践中不断被修正、补充，适用条件成熟，可以提高执行程序的效率，切实保障申请执行人的合法权益。最后，经过工商登记的股权具有公示效力，无论第三人是否为交易第三人，均存在因外观事实产生信赖利益的可能性，并基于此与名义股东发生、变更、消灭某种法律关系。

最高人民法院发布的《全国法院民商事审判工作会议纪要》（以下简称《九民纪要》）中，在处理有限责任公司股权变动的外部关系方面，坚持以外观主义为原则，保护善意第三人的信赖利益，而在内部关系方面，以有限责任公司的"人合性"为原则，优先保护其他股东的优先购买权，兼顾保护股权受让人的合法权益。③《九民纪要》以穿透式思维，打破了隐名股东在公司组织内部行使权利时遇到的不必要的障碍。遗憾的是，《九民纪要》并未对隐名股东执行异议之诉问题进行表态，这就意味着相关纠纷在未来一段

---

① 黄晓林：《隐名出资人执行异议之诉的裁判进路——基于最高法院裁判分歧的法理分析》，载《昆明理工大学学报（社会科学版）》2021年第4期，第19页。

② 肖建国：《执行标的权属的判断标准——以案外人异议的审查为中心的研究》，载《政法论坛》2020年第3期，第102页。

③ 见《全国法院民商事审判工作会议纪要》（法〔2019〕254号）第九条。

时间内依然会给案件审理法院造成困扰。①

（二）事实主义说

"事实主义"是指不以股权登记或者公司出资证明认定股权的归属，而是从隐名股东在事实上是否行使表决权或实际享有收益权、处分权等方面判断股东权利归属，保护隐名股东对代持股权的合法权益。

"事实主义说"认为，隐名股东执行异议之诉应优先保护隐名股东的权利。首先，股权登记适用登记对抗主义，而非登记生效主义，登记难以成为权利外观的基础。其次，权利外观会导致相对人享有或丧失权利的效果，因而需由法律明文规定，但在执行中并未规定善意取得制度，所以股权登记在执行程序中不具备权利外观的功能。② 最后，适用外观主义的目的在于减少交易成本、维护交易安全，然而，名义股东与债权人之间并不存在股权交易行为，法官审理该类案件时也就不需要追求维护交易安全的价值目标。③ 若适用商事外观主义，将隐名股东的合法权益用于清偿名义股东的债务，有悖于公平原则。

2020年12月，最高人民法院发布《关于人民法院办理执行异议和复议案件若干问题的规定》（以下简称《执行异议司法解释》），其中第二十四条、第二十五条明确了案外人（隐名股东）执行异议之诉的审查维度，具体内容为：

（1）按照工商行政管理机关的登记和企业信用信息公示系统公示的信息判断隐名股东是否系涉案股权的权利人；

（2）隐名股东对涉案股权是否具备合法性和真实性；

（3）隐名股东对涉案股权的权益是否能够排除执行。

上述审查维度虽然以外观主义为原则，但不仅限于从"外观"上判断代持股的实际归属。法院应当从权利外观到权利行使，由表及里、逐层筛查隐名股东代持股权的真实性与合法性，解决隐名股东与第三人之间合法权益冲突的难题。仍需要留意的是，该规定并未明确隐名股东对涉案股权的权益排除执行的裁判标准，一旦法官审理的案件需要进入第三层级的审查，仍需行使自由裁量权，在两种合法权益之间进行衡量、取舍。

---

① 赵中荃：《公司实际出资人执行异议之诉理论检视与裁判路径选择》，载《江西财经大学学报》2020年第3期，第124页。

② 王延川：《执行程序中权利外观优先保护之检讨》，载《法学杂志》2015年第3期，第75页。

③ 王毓莹：《隐名股东的身份认定及其显名路径——基于最高人民法院76份裁判文书的实证分析》，载《国家检察学院学报》2021年第2期，第63页。

三、外观主义与事实主义的法律适用

（一）外观主义原则在隐名股东执行异议之诉中的适用

在隐名股东执行异议之诉中适用外观主义原则，法官只需要通过股权登记推定第三人对此存在信赖利益，由此驳回隐名股东的执行异议之诉，这有助于提高隐名股东执行异议之诉的审理效率，加快强制执行程序。

但是，隐名股东执行异议之诉中适用外观主义原则，需要满足外观主义的构成要件，即权利外观、信赖利益和本人与因。实践中，仍需要厘清以下两个问题：第一，股权登记是否形成权利外观？第二，非股权交易第三人对股权登记是否具有信赖利益？

第一，股权登记是否形成权利外观？

权利外观是表明表意人为真正的权利人或真正权利人授权的人的外观事实。我国采取登记对抗主义判断有限责任公司的股东资格、出资份额和股权归属，对内以出资证明书为准，对外以股权登记为准。法律并不禁止股权登记的权利人与实际持有人不一致，不因股东未进行股权登记而否认其股东资格。但是，股权登记具有公示公信力，当股权的实际持有人与登记人不一致时，善意第三人有充足的理由认定股权登记信息为真。这是因为：

一方面，办理股权登记业务时，登记机关及其工作人员系先审查、核对无误后再登记，办理登记后，如股权发生变动或者出现错误，也有相应的变更或纠错程序，可以最大限度地保证登记信息的准确性以及股权的真实权利状态。

另一方面，公示的股权登记信息具有公信力，使不特定相对人确信行政机关公示的信息是真实可靠的。相反，名义股东与隐名股东之间的股权代持协议具有非公示性，不特定的第三人无法从公开渠道了解股权代持的具体内容。若适用事实主义，认为股权登记未形成权利外观，不仅不合理地提高善意第三人的审查标准，破坏股权登记的公示公信力，还会降低商事交易的效率，影响交易安全。

故而，不知悉也不应当知悉代持股行为的善意第三人，可以根据股权登记的权利外观，推定名义股东系股权的真实权利人。

第二，非股权交易第三人对股权登记是否具有信赖利益？

信赖利益是指相对人基于对外观事实的信赖实施了一定组织或交易行为，若按照实际事实会造成相对人负担不利益，包括失去权利或负担义务的不利益以及财产性损失。在隐名股东执行异议之诉中，非股权交易第三人与名义股东之间是否存在信赖利益存在争议。

否定说认为，第三人、善意相对人指的是基于对登记外观信任而作出交易决定的第三人，[①] 非股权交易相对人对股权登记不具有信赖利益，因为"名义股东之非交易相对人申请执行代持股权，常常是基于一种在财产调查过程中的'偶然发现'，并不构成其在实施交易行为时的信赖"。[②] 该观点认为，非股权交易第三人系在强制执行阶段，将登记于名义股东名下的代持股权作为责任财产执行时，才知悉该代持股权的存在。

然而在实务中，由于商事交易力求便捷迅速的特点，交易双方往往不会，也没有足够的时间成本对交易相对人进行深入细致的审查，通常他们只能通过交易的外观形成信赖利益，这种特性就要求法律应该保护债权人在正常的商事交易中的合理信赖利益。[③] 非股权交易第三人与名义股东之间的交易，亦受权利外观的影响，并基于权利外观达成商事交易。非股权交易第三人对股权登记存在信赖利益，该信赖利益应当受到商事法律规范调整和保护。

综上，外观主义法理及其规范，侧重于保护第三人的信赖利益，蕴含着促进交易效率和保障交易安全的价值理念，并通过外观与因和第三人善意且无过失的要件设置，于规范内融入了本人与第三人之间的利益平衡。[④] 隐名股东执行异议之诉中适用外观主义，有助于保护第三人的信赖利益，提高裁判效率。

（二）隐名股东执行异议之诉中引入事实主义原则

实务中，权利外观、信赖利益在特定时间内属于静态结果，然而各方主体的交易行为、利益关系处于动态变化之中，一旦名义股东与第三人恶意串通，通过合法程序转让登记于名义股东名下的股权，或实施其他故意损害隐名股东合法权益的行为，只是一味地简单、机械和生硬地适用外观主义规范，将外观权利绝对化，同样会产生有失公平的裁判结果，不仅当事人难以接受而且也会遭受社会公众的诟病。

---

① 最高人民法院（2019）最高法民申29××号民事裁定书。

② 王毓莹：《股权代持的权利架构》，载《比较法研究》2020年第3期，第33页。

③ 刘俊海：《代持股权作为执行标的时隐名股东的异议权研究》，载《天津法学》2019年第35期，第8页。

④ 郭富青：《外观主义思维模式与商事裁判方法》，载《西部法学评论》2015年第2期，第34页。

因此，隐名股东执行异议之诉中，不能仅依据权利外观表象即做出裁判，否则将会使执行异议之诉制度目的落空。防止案外人与被执行人恶意串通转移执行标的物，适当地适用事实主义，保障隐名股东对代持股权的合法权益，在保证裁判效率的同时，实现实质公平。但是，隐名股东执行异议之诉中，适用事实主义排除债权人的强制执行，并不当然免除隐名股东的举证责任，股份代持具有非公示性，因此在证明责任问题上，严格适用自认规则，即使被执行人承认隐名股东的主张，隐名股东仍应就其对执行标的物享有所有权或者其他足以阻却对执行标的物强制执行的事实承担举证责任。

四、隐名股东执行异议之诉的破解之道

《执行异议司法解释》第二十四条、第二十五条试图在遵守外观主义的情况下，将事实主义引入隐名股东执行异议之诉的审查中，以更好地平衡隐名股东与名义股东债权人之间的权益。然而，司法实践中单纯适用外观主义的判决仍占多数，裁判观点认为，查清代持股协议约定、隐名股东的出资和收益情况，仅系为了查清事实，实现程序正义，即使代持股法律关系存在且合法、隐名股东已然实际履行出资义务、涉案股权由隐名股东代持也不足以排除执行。

单一地适用外观主义标准，并不能突破隐名股东执行异议之诉的现实困境，更不能解决实质争议。法院在审理此类案件时，不应墨守成规，应采用"外观主义为主，事实主义为辅"的标准，首先审查是否存在合法有效的股权代持关系，确认案涉标的是否存在实际权利人；其次，在实际权利人与登记权利人不一致的情形下，综合考量隐名出资、股权善意取得、执行异议之诉等相关法律规则，从权利性质、效力和执行目的、效果的角度，比较隐名股东与债权人的权利，判断应否排除强制执行。具体而言，在隐名股东执行异议之诉中，法院应当重点审查以下五个方面，查明股权的真实权利状态，在一定范围内支持隐名股东的执行异议请求。

（一）代持股协议的效力

股权代持关系真实存在、合法有效，是隐名股东对涉案股权享有权益的前提，因此，隐名股东执行异议之诉中，应首先依据《民法典》总则和合同编的相关规定，对代持股协议进行效力性审查，审查双方主体是否适格、意思表示是否真实，是否存在相关法律规定的合同无效、合同可撤销等情形。

若代持股协议涉及银行、基金、保险等特殊行业，还应审查代持股协议是否符合相应的部门规章以及规范性文件中有关代持股权的规定。[①] 若代持股协议存在隐匿违法犯罪所得、违反资质管理等规避司法执行、应当认定代持股协议无效的情形，法院可以裁定驳回隐名股东中止或停止执行的请求。

（二）审查隐名股东的出资情况

即使代持股协议合法有效，隐名股东也并不必然具有股东资格，享有股东权利，其还需要实际履行出资义务。这一方面是表明"向公司投资并享有股东权益"系其真实意思表示；另一方面，根据《公司法》第三十四条规定，履行出资义务是享有股东资格，获得股权收益的前提。

因此，法院还应审查隐名股东是否履行出资义务，隐名股东只有已经部分或全部履行出资义务，才有可能具有股东资格，行使股东权利。若其不能证明争议发生前已经履行出资义务，法院应认定隐名股东并非涉案代持股权的真实权利人，并据此驳回隐名股东的执行异议之诉。

（三）隐名股东显名化与权利归属

在合法有效的股权转让中，如果受让人已经交付股款，且获得公司其他股东的同意的情况下，公司承认受让人的股东身份，在股东名册、工商登记没有变更的情况下，转让股东的一般债权人申请强制执行登记股权时，法院通常优先保护受让人，拒绝强制执行。[②] 虽然导致实际权利人与名义登记人不一致的原因不同，但在合法有效的股权代持关系中，隐名股东实际享有股权的事实、各方当事人的法律关系无本质区别。

因此，如果隐名股东已经按照公司章程约定的程序完成"显名化"，即使未办理股权变更登记手续，股东权利也应由隐名股东行使。债权人强制执行的范围应以名义股东的财产为限，在已明确股东权利归属隐名股东的情况下，仍然强制执行代持股权，与执行程序的基本原则相悖。退一步讲，即使认为名义股东系权利人，隐名股东对代持股权的权利性质属于物权，而申请执行人对名义股东的债权是普通债权，根据物权优先于债权的原则，法院应适用事实主义保护隐名股东对代持股权的权利。[③]

---

① 最高人民法院（2019）最高法民再99××号民事裁定书、（2018）最高法民再32××号民事裁定书。

② 最高人民法院（2019）最高法民申29××号民事裁定书。

③ 钱玉文、周学宝：《论执行异议之诉中隐名股东资格的确认》，载《常州大学学报》2015年第1期，第24页。

（四）第三人的身份与信赖利益

第三人对代持股权是否存在信赖利益，除根据第三人与名义股东的股权登记情况进行判断外，还可以结合以下四个方面综合考虑：

（1）第三人与名义股东之间的关系。从一般理性人的角度看，若第三人与名义股东之间为夫妻、子女或其他近亲属关系，可推定其知晓名义股东并未实际享有登记于其名下的股权的实际情况，其对代持股权不存在受法律保护的信赖利益。

（2）公司内部是否知悉隐名股东的存在。实务中，存在公司的创立者、投资人通过设立有限合伙企业作为股权代持平台代持股权，并行使股东权利的情形，法院可推定公司内部人应当知晓隐名股东的身份，此时对争议股权权属的认定，不应以出资证明书为准，应适用事实主义进行判断。

（3）第三人是否为争议股权所属公司的股东、董事、监事或其他高级管理人员（以下统称"高级管理人员"）。相较于公司的一般员工，公司的高级管理人员能更直接、全面了解股权的持有与变动以及隐名股东行使表决权的情况。若隐名股东有证据证明其曾以股东身份出席公司会议、以股东身份行使表决权等，而第三人为该公司的高级管理人员，从一般理性人的角度来看，可推定第三人是知道隐名股东为实际出资人的。那么，在此情况下第三人仍与名义股东进行交易，则主观上存在恶意，不存在外观主义保护的信赖利益。

（4）股权登记的时间与名义股东和第三人债权债务关系成立时间之先后。第三人对权利外观形成信赖利益的前提是双方进行交易之前已经存在权利外观，第三人基于权利外观善意地相信名义股东的信用和履约能力，与其达成交易。若股权登记时间晚于名义股东与第三人建立法律关系的时间，则不存在信赖基础，此时应适用事实主义，保护隐名股东对股权的真实权益。

（五）名义股东责任财产情况

在代持股权未设立抵押、质押的情况下，隐名股东与善意第三人均属于平等的债权主体，但因法益的保护存在优先、侧重情况，由此也影响了债权的清偿顺序。

因隐名股东提起执行异议之诉，名义股东的责任财产已被法院采取强制措施，所以执行法院可以获悉名义股东名下的财产状况并进行评估，据此判断财产清偿情况。若名义股东的全部责任财产或扣除代持股权后的责任财产不足以清偿第三人的债权，此时法院应适用外观主义原则，优先保护善意第三人的信赖利益，驳回隐名股东执行异议之诉。

若名义股东名下、扣除代持股权后的责任财产足以清偿第三人的债权，在双方当事人（隐名股东和善意第三人）的意思、权利不相冲突的场合，可以不适用外观主义原则①，转而采用事实主义标准，裁定中止对被执行股权的强制执行。

结　语

江平教授在《日本民法典 100 年的启示》一文中言道，"法律制度同样有个和自然界一样的'优胜劣汰'规律，不进行改革或改良就必然被历史所淘汰"。法院在审理隐名股东执行异议之诉时，应区别个案情况，而非单一地遵循"外观主义说"或"事实主义说"标准。在平衡实际权利人与名义权利人的关系时，应注重财产的实质归属，而不单纯地取决于公示外观。

因此，在隐名股东执行异议之诉中，一般情况下应适用外观主义原则，根据股东名册、公司章程、公司登记文件、股东出资证明书等权利外观，保护交易第三人的信赖利益，以维护交易安全，确保执行效率。同时，也要准确把握外观主义的适用边界，避免泛化和滥用。在特定情形下，如隐名股东已完成公司内部的"显名化"程序、第三人对争议股权不存在受法律保护的信赖利益、名义股东的责任财产足以清偿第三人的债务等，应采用事实主义标准，保护隐名股东的合法权益，在效率与公平之间取得平衡。

---

① 崔建远：《论外观主义的运用边界》，载《清华法学》2019 年第 5 期，第 6 页。

论隐名股东义务履行及权利保护

周一帆　陈　红[*]

引　言

隐名股东是各个投资主体在适应灵活的市场经营活动中基于投资自由和意志自由结合应运而生的产物，为活跃市场经济和公司盈利提供了一定程度上的助力。但基于隐名股东"隐名"的特性，隐名股东往往无法对外直接转让出资以及直接领取公司分红，只能通过代持股权的名义股东从公司领取分红或者对外转让出资。因此，股权代持在为隐名股东带来便利的同时，也极大增加了隐名股东的风险，一旦名义股东拒绝配合，或者存在私吞、滥用股东权利或者因其个人债务而被申请执行时，隐名股东的权益将面临被侵害的法律风险。

在现行《公司法》等法律法规中，在立法层面上对于隐名股东的概念、认定标准以及权利义务并未进行明确的规定，仅在《公司法司法解释（三）》及《九民纪要》中对隐名股东内部财产权益归属以及显明化路径进行了初步的规定，这对于聚讼纷纭的隐名股东的认定问题显然难以进行规制。

笔者通过对现行法律体系规定的梳理以及司法裁判文书的检索和现行学说的归纳，梳理出隐名股东应履行的主要义务以及隐名股东权益保护的现状和困境，并通过对《九民纪要》穿透式审判、严格适用外观主义精神的解读，贯穿于隐名股东身份认定标准之中，提出在坚持"内外有别"学说基础上，应当打破现行严格遵循外观主义原则或以外观主义为原则、实质主义为例外的认定标准，建立起以实质审查为主导兼顾外观主义原则的隐名股东认定标准。也即除了进行形式审查外，在满足有出资意愿并履行了作为股东的最基本出资义务，以及虽未登记在工商机关等的文件之中，但确实参与了公司经营、管理和治理等方面，公司及其他股东对于隐名股东系实际出资人的身份明知、确认或默认的基本条件的情况下，在对内关系中可以全面认可隐名股东的股东地位，并不会损害公司人合性和资合性；在对涉及第三人关系

---

* 周一帆，广东卓信律师事务所律师、合伙人；陈红，广东卓信律师事务所律师。

中也可以对隐名股东的法律地位予以限制性认定，也就是关于第三人的认定应当限定于只具有交易关系的第三人，非基于合理信赖关系进行交易的第三人不应享有排除或优先于隐名股东权益的权利。

一、隐名股东定义及分类

（一）隐名股东的定义

隐名股东指的是以成为目标公司股东为主观意愿，客观上履行了对公司的实际出资义务，但公司登记材料记载为他人的一种投资主体。但现行法律法规并未涉及"隐名股东"概念，直到 2011 年实施的《公司法司法解释（三）》才出现与之相近的"实际出资人"概念，用以明确"实际出资人"和"名义股东"投资收益归属问题，但其也未对实际出资人概念进行界定。由于隐名股东的称谓较为约定俗成，且"显名"与"隐名"为相对的概念，本文涉及显名化问题，故采用"隐名股东"的概念。

（二）隐名股东的分类

根据隐名股东在公司中是否直接参与公司经营管理、实际享有并行使股东权利以及是否为公司和其他股东所知悉，隐名股东可以分为完全隐名和不完全隐名股东；根据隐名股东设置隐名投资行为是否为主观恶意规避法律，隐名股东可以分为规避法律和非规避法律的隐名股东；根据隐名股东的形成是否具有相关书面协议，隐名股东可以分为协议和非协议的隐名股东。

在本文中，笔者所探讨的应被认定具有股东身份的隐名股东指的是不完全隐名、非规避法律、协议的隐名股东。

二、隐名股东资格认定及标准

（一）现行学理观点

隐名股东的身份认定在我国《公司法》中并未明确规定，在学理上和司法实践中存在较大争议。目前学理上对其形成了三种不同的观点[①]：

---

① 参见陈希国、彭震、李宁《委托持股（隐名出资）引发的法律问题探讨——山东省高级人民法院第八期法官沙龙综述》，载《山东法官培训学院学报》2019 年第 4 期，第 178 – 193 页。

（1）实质要件说（肯定说）：认为实际出资是认定股东身份最重要的要件，不论股东名册、公司章程以及企业登记信息是否记载，向公司实际出资或者承继公司股权的自然人或单位应当认定为公司股东。

（2）形式要件说（否定说）：认为在商事外观主义原则下，应当以公司对外公示的材料作为认定股东资格的标准，否则将会导致工商登记等文件的公示作用沦为空壳，不利于保护第三人的合法权益。

（3）区别对待说（折中说）：认为应当在对内和对外关系上适用不同的标准来认定股东身份。例如，在不涉及善意第三人利益的情况下，隐名股东和显名股东之间的争议，应根据双方的约定进行认定；在涉及善意第三人利益的情况下，则应充分考虑商事外观主义及公示登记公信力因素，优先保护善意第三人的合法权益，以公司对外公示的材料作为认定股东资格的标准。

（二）小结

自《公司法司法解释（三）》第二十五条出台以来，在司法实践中逐步确立了"双重标准，内外有别"的区别对待说原则。也就是隐名股东与名义股东之间的投资权益归属问题，属于公司内部问题，在处理公司内部问题时应根据双方真实意思表示形成的契约进行认定和处理，在没有无效事由的情况下应当予以认定。而在处理隐名股东与公司之外的善意第三人之间的外部问题上，则应坚持商事外观主义原则，优先保护具有合理信赖利益的善意第三人的合法权益。

但是之后出台的《九民纪要》确定了穿透式审判思维，其在前言部分明确"特别注意外观主义系民商法上的学理概括，并非现行法律规定的原则……审判实务中应当依据有关具体法律规则进行判断，类推适用亦应当以法律规则设定的情形、条件为基础。从现行法律规则看，外观主义是为保护交易安全设置的例外规定，一般适用于因合理信赖权利外观或意思表示外观的交易行为。实际权利人与名义权利人的关系，应注重财产的实质归属，而不单纯地取决于公示外观。总之在审判实务中，要准确把握外观主义的适用边界，避免泛化和滥用"。

因此，根据《九民纪要》的精神，笔者认为，采取区别对待说，也应当限缩对外观主义的适用，且外观主义不适用于非交易的第三人。适用外观主义原则的目的在于维护商事交易的安全与稳定，但在隐名股东和外部关系股东权利保护出现冲突时，也不能将实际权利人隐名股东的利益置于不合理的风险之下，原因在于：第一，出资是公司赖以生存的经济基础，没有出资者的出资，公司就无法进行正常的经营与维持活动，在国家鼓励发展和活跃市场经济的大环境背景之下，对于投资者的出资行为应当予以认可和鼓励。第二，与现行法律意义上的股东相比，隐名股东只是在商事登记等形式要件上存在瑕疵。但股东身份的商事登记应理解为"推定事实"，在有相反证据能够充分证明隐名股东实际行使了股东权利，履行了股东义务的情况下，应允许被"纠正"。第三，协议隐名股东通常情况下均会签订股权代持协议等证明文件。契约自由和意思自治是现代民商法所崇尚的重要原则，在相关隐名投资协议不违反法律、行政法规的强制性和其他无效事由的情况下，契约自由在股东身份的认定上也应当得到充分的尊重。第四点是最为关键的一点，即受保护的隐名股东应为不完全隐名股东，也就是其虽未登记在工商机关等的文件之中，但隐名股东确实参与了公司经营、管理和治理等方面，公司及其他股东对于隐名股东系实际出资人的身份明知、确认或默认，在此情况下承认隐名股东的法律地位不会损害公司人合性基础。因此，在满足上述条件的情况下，有限度的保护隐名股东的合法权益具有重要的现实意义，基于此，能够排除或优先于隐名股东的第三人也应仅限于与公司进行直接交易的第三人。①

三、隐名股东的义务履行

股东最为主要与核心的义务即为出资。司法实践中，大部分法院都会通过隐名股东是否有实际出资来对隐名股东权益进行认定。

同理可推，隐名股东作为实际出资人，其也应当承担股东的基本义务，即出资义务。但是现行裁判与实务讨论关注的焦点仍在于隐名股东的权益保护以及隐名股东的资格认定，而对于隐名股东是否应直接承担义务，承担何种义务的讨论和裁判较少。涉及司法实务中的问题，即公司是否可以直接要求隐名股东履行出资义务、公司债权人是否可以要求未履行出资义务的隐名股东承担补充责任，笔者认为，权利与义务相统一，在认定隐名股东享有权益的同时，也应当关注到隐名股东的义务履行，只有完善确定隐名股东的义务，尤其是出资义务后，隐名股东才能充分享有股东权益，否则，其股东权益应当受限。

---

① 王毓莹：《隐名股东的身份认定及其显名路径——基于最高人民法院 76 份裁判文书的实证分析》，载《国家检察官学院学报（社会科学版）》2021 年第 2 期，第 53－67 页。

（一）实际出资的认定

在认缴出资制度下，虽然股东身份的取得并不以实缴出资为构成要件，但实缴出资却是隐名股东显明化的重要证据。隐名股东具有一定的隐蔽性，因此实缴出资才能够证明其有成为股东的意思表示。因此，在审理涉及隐名股东权益纠纷案件时，法院也往往会通过相关银行转账流水明细、财务收据、财务报告等财务资料等直接证据认定实际出资情况，进而确定隐名股东与名义股东之间的真实的意思表示和法律关系。[1]

1. 出资

出资是认定隐名股东享有股东权利的直接证据来源。虽然工商登记中没有隐名股东的身份记载，但是通过对财务收据和财务报告等的审查，可以认定隐名股东有实际出资，享有股东权利。

在"吉林省甲种植有限公司、姜×等股东资格确认纠纷"[2] 一案中，最高人民法院认为：经查，乙公司原审提供了与姜×签订的《养殖场开办及经营协议》、银行转账凭证、财务记账凭证、相关资产评估报告及公司注册手续经办人的证人证言等证据，可以证明其为规避集体土地使用法律规定而以姜×名义取得养殖场土地及经营手续，乙公司以姜×、王×为名义股东办理甲公司登记申请，公司成立初期李×作为乙公司法定代表人管理并控制甲公司等事实。据此，原审认定乙公司设立甲公司且已实际出资、姜×和王×系甲公司名义股东，事实依据充分。甲公司、姜×、王×再审申请中亦自认甲公司注册资金来源于乙公司，只不过是基于王×与李×恋爱关系的特殊身份取得该资金。因甲公司、姜×、王×并无证据证明乙公司与其存在债权债务关系，故原审认定甲公司的注册资金由乙公司实际出资，亦无不当。甲公司、姜×、王×关于乙公司不是甲公司实际出资人的再审申请理由，依法不能成立。

2. 实际注资

对于隐名股东实际出资的审查往往还涉及该款项是否注入公司资本。在"陈×与山东省×集体企业联社企业出资人权益确认纠纷"[3] 一案中，最高人民法院认为：即使实际出资人能够证明其事实上通过名义出资人向公司投

---

[1] 王毓莹：《隐名股东的身份认定及其显名路径——基于最高人民法院 76 份裁判文书的实证分析》，载《国家检察官学院学报（社会科学版）》2021 年第 2 期，第 53－67 页。

[2] 参见最高人民法院（2021）最高法民申 71××号民事裁定书。

[3] 参见最高人民法院（2014）民二终字第 1×号民事判决书。

入了一笔资金，但如果其不能证明所投资款项已经计入公司注册资本，则不能将该部分资金兑换为股东持有公司股权的比例。

3. 基于出资行为进行穿透式事实审理

对于隐名股东非直接出资的情形，最高人民法院在"王×与安徽阜阳×房地产开发有限公司股东资格确认纠纷"① 一案中指出，在该案中存在两个合伙关系：一是张×、王×与袁×之间就整个项目投资的合伙关系，在该合伙关系中，张×、王×共同承担 75% 的出资义务，袁×承担 25% 的出资义务；二是张×、王×与倪×之间就前述合伙关系中 75% 的出资义务的合伙关系，虽然王×与×房地产开发公司之间并不存在直接的出资关系，但通过对双重股权代持关系的审查，可以认定王×为实际出资人。

（二）实际出资义务的履行

如上所述，隐名股东可以通过实际出资的方式确认其作为实际股东享有的股东权利，同理，也应当履行其相应的出资义务。根据司法实践，通常采取"区别对待说"来进行股东资格的认定②，将该观点引入到隐名股东的义务履行方面，也应同理适用。

1. 对内

当名义股东及公司起诉要求隐名股东履行出资义务时，应当予以支持。

在"惠东县×强鞋业有限公司、黄×丰股东出资纠纷"③ 一案中，广东省高级人民法院认为：上诉人×强公司系自然人投资或控股的有限责任公司，注册资本人民币 100 万元，案外人孙××和被上诉人夏×英各占×强公司 50% 的股份。上诉人自认夏×英已出资 50 万元，履行了 50% 股份的出资义务。上诉人根据 2015 年 12 月 11 日案外人孙××与被上诉人共同签订的协议书主张被上诉人黄×鸣应履行出资义务，但从本案证据材料来看，上诉人于 2015 年 11 月 7 日即已登记设立，上诉人自登记设立至今的股东仅有案外人孙××及被上诉人夏×英两人，被上诉人夏×英已足额缴纳公司章程中规定的认缴出资额，即已完成出资义务。被上诉人黄×鸣并非上诉人×强公司的股东，上诉人×强公司诉请被上诉人黄×鸣履行股东出资义务于法无据，不予支持。

---

① 参见最高人民法院（2014）民二终字第 1×号民事判决书。
② 具体内容参见本文"二、隐名股东资格认定及标准"部分的论述。
③ 参见广东省高级人民法院（2020）粤民申 49×号民事裁定书。

在"张×云、河南省×瑞实业股份有限公司股东出资纠纷"① 一案中，河南省高级人民法院认为：×瑞公司举证有股权证、股权证领取表、第一次股东大会签到表以及公司股东名册，张×云对其真实性无异议，且承认其上本人签名的真实性。至二审，×瑞公司又举证了该公司第一次股东会会议议程及合影照片、证人证言等，以上证据可以证明张×云缴纳10万元系投资入股。张×云之所以诉求判令×瑞公司返还其10万元，主要理由有二：一是其非×瑞公司的显名股东或隐名股东；二是出资目的已经不能实现，出资权益受到损害。对于理由一，从×瑞公司举证的张×云参加第一次股东会议、领取股权登记证、全体股东拍照留念等证据看，张×云出资成为股东的事实在×瑞公司全体股东中间是公开的，各方是一致认可的。即使如×瑞公司所称，为便于工商登记而未将张×云登记为公司股东，张×云完全可以通过股东资格确认之诉等渠道解决问题。对于理由二，张×云如认为其股东利益受到损害，应通过其他方式对自己权利进行维护，而不是在公司存续期间要求公司返还投资款。二审判决驳回张×云的诉讼请求并无不当。

上述两个案例对于隐名股东对公司是否承担直接的出资义务存在截然相反的裁判逻辑，前者恪守形式主义原则，后者通过实际出资以及公司内部显名的事实确定了对内隐名股东的地位，同时也基于隐名股东资格的认定进而认定实际出资义务应当履行。

笔者认为，根据区别对待说，在对内关系上，仅仅是公司内部之间的争议，并未涉及任何善意第三人的利益，也与工商登记无关，因此应当根据当事人真实的意思表示来进行权利义务的确认。因此，若隐名股东在公司内部已经显名，切实参与了公司的经营管理，仅仅是未办理工商登记，公司应有权对隐名股东提起出资纠纷之诉，要求其实际履行出资义务。而不应简单以公司与隐名股东之间未成立形式上的股东关系而予以驳回诉求，否则不仅不利于对公司注资资本的充实与公司的投资经营，也会给公司债权人合法权益的保障带来一定的不利影响，不利于交易安全的稳定和保护，更重要的是严重损害了隐名股东的权利义务相平衡的原则。

2. 对外

当公司债权人起诉要求隐名股东履行出资义务承担补充责任时，应当予以支持；当名义股东的非因公司事宜而产生的债权人起诉要求隐名股东履行出资义务承担补充责任时，不宜予以支持。

---

① 参见河南省高级人民法院（2020）豫民申13×号民事裁定书。

当公司债权人与隐名股东的利益发生冲突时，应当维持利益的平衡，不应当将已履行出资义务的隐名股东的合法权益置于不合理的风险之中。主张公司债权人优先于隐名股东的权利受偿，实际上是对商事外观主义原则的坚持。然而商事外观所产生的法律效力其本质上应属于事实推定效力，不应成为任何第三人都有权向隐名股东要求承担外观责任的法定依据，因此通常认为的"未经登记，不能对抗第三人"的第三人范围应当有所限制。简言之，与交易标的没有直接权利义务关系的第三人，包括不是因为信赖股权登记而与名义股东产生交易关系的一般债权人等，对股权登记不可能有信赖利益，不应属于登记对抗的第三人范围。相反，若是由于信赖股权登记的公示力、对抗力而产生直接合理信赖的第三人与公司或名义股东产生股权买卖、抵押等交易关系的，则属于登记对抗的第三人范围。也就是说，因一般交易产生债权债务关系时，第三人系对债务人整体清偿能力而非单纯基于对转让人的合理信赖才与之产生债权债务关系，其不能获得清偿的法律风险固然存在，因此一般债权人仅以登记为由主张其对股权享有特定利益的，欠缺正当性。

基于以上分析，对于公司的债权人来讲，与公司进行交易而产生的相关债权债务，是基于公司的资信情况而产生的，而隐名股东作为实际的出资人，在实际享有股东收益权利的同时，具有履行充实公司资金的基本义务，因此公司的债权人是具有可信赖利益的第三人，当其主张隐名股东履行出资义务承担补充责任时，应当予以支持。而对于名义股东债权人，其与名义股东进行的非与公司事宜有关的交易，并非对名义股东就公司股权产生信赖利益的第三人，因此其起诉要求隐名股东履行出资义务承担补充责任时，不宜予以支持。

四、隐名股东权利保护现状与困境

（一）现行法律规定：立法保护缺位

1. 相关法律法规及司法解释的规定

（1）《公司法》。《公司法》第三十二条规定："记载于股东名册的股东，可以依股东名册主张行使股东权利。公司应当将股东的姓名或者名称向公司登记机关登记；登记事项发生变更的，应当办理变更登记。未经登记或者变更登记的，不得对抗第三人。"

该规定并未否定隐名股东的存在，对于未登记在相关登记簿上的出资人，法律也并未对其是否具备股东资格做出明确的禁止性规定；《公司法》规定的"不得对抗第三人"，指的是公司以外的第三人，但该条款并未明确第三人是否为仅限于交易关系的第三人，且未提及该第三人是否明知其内部存在隐名出资的关系。

《公司法》第二百一十六条第三项规定："实际控制人，是指虽不是公司的股东，但通过投资关系、协议或者其他安排，能够实际支配公司行为的人。"有学者认为隐名出资人属于实际控制人的一种，但隐名投资人不一定具有该款规定所述的控制人的地位，而实际控制人也不一定有向公司实际出资的行为。该规定的目的是对在公司具有支配地位的人的法律行为进行规制，而不是对隐名股东做出界定，也不是为了处理隐名投资的问题。

（2）《公司法司法解释（三）》。2011年2月施行的《公司法司法解释（三）》中第二十五条至第二十七条①，对隐名持股中股权投资权益的归属等相关法律问题首次进行了系统的规定，尤其是明确了隐名股东与名义股东内部关系的裁判规则，即股权投资收益归属于隐名股东。但此司法解释仅及于财产关系的认定，对于何者为公司真正的股东，何种情况下隐名股东可以显名并未作出规定。

（3）《九民纪要》。2019年12月，最高人民法院发布《全国法院民商事审判工作会议纪要》，在引言部分明确穿透式审判思维和严格外观主义适用，体现了新形势下的立法与司法动向，并在第二十八条规定"实际出资人能够提供证据证明有限责任公司过半数的其他股东知道其实际出资的事实，且对其实际行使股东权利未曾提出异议的，对实际出资人提出的登记为公司股东的请求，人民法院依法予以支持。公司以实际出资人的请求不符合《公司法司法解释（三）》第二十四条的规定为由抗辩的，人民法院不予支持"，对隐名股东的显名条件作出了规范。

2. 存在的问题

（1）立法位阶不高。如上所述，关于隐名股东的权利及义务问题，仅零零散散出现在司法解释和《九民纪要》之中，在法律上并没有相关规定。首先，司法解释虽然在司法实践中具有重大意义，但是其本身只能解释法律而不能创制法律。其次，司法解释只是针对司法实践中普遍存在的问题作出规定，对于现实生活中司法解释未涉及的问题，只能适用一般法。最后，司法

---

① 《最高人民法院关于适用〈中华人民共和国公司法〉若干问题的规定（五）（2020修正）》仍然保留上述条款，为第二十五条至第二十六条。

解释在我国一般由最高人民法院通过与颁布，不像法律须经全国人民代表大会或其常委会制定与通过，因此司法解释的民主性、科学性不及法律。

（2）立法不够明确。虽然上述规定为隐名股东的投资权益归属和显名化路径行为提供了初步指引，但司法实践所面临的问题千差万别，由于对隐名股东的认定标准缺乏进一步细化的规定，因此在司法实践中不同法院仍然存在理解与适用上的分歧，各地裁判不统一严重损害司法权威的问题频发。

（二）当前司法实践：司法裁判尺度不统一

1. 隐名股东与名义股东发生争议时

《公司法司法解释（三）》对于隐名股东与名义股东之间的股权权益归属问题作出了较为明确的规定，即就隐名股东和名义股东之间的财产利益，应归属于隐名股东。

但是解决隐名股东和名义股东权益归属问题的前提应当是如何认定隐名股东以及隐名股东与名义股东之间的股权代持协议的性质和效力。而现行法律对于何为隐名股东、隐名股东如何认定、隐名股东和名义股东间股权代持协议的性质与效力均未作出明确的规定。实践中，在隐名股东认定时通常会对其是否签署了股权代持协议、是否进行了资金的实际出资等进行审查。而关于股权代持协议，目前通常按照纳入合同法规范进行规制，认为在股权代持协议不存在法律规定的无效事由情况下，应依双方的约定来解决。但因有限责任公司具有非常强的人合性属性，所以将隐名股东与名义股东之间形成的协议归于合同法规范仍然存在一定程度的扩张解释，因此在学理界也存在委托关系说、代理关系说、信托关系说等多种学说。[①]

2. 隐名股东与公司及其他股东发生争议时

在《九民纪要》出台前，对于隐名股东和公司及其他股东之间的争议和资格认定上，存在着较大的争议，为了防止破坏有限责任公司的人合性，隐名股东的显明化需要得到公司其他股东半数以上同意，因此较长时间内的司法裁判观点均严格恪守其他股东过半数同意且为明确同意这一形式要件。

在《九民纪要》出台后，第二十八条规定，"实际出资人能够提供证据

---

① 参见黄艺瑶《股权代持协议下名义股东之债权人保护》，载《法制与社会》2018 年第 9 期，第 77 - 78 页。

证明有限责任公司过半数的其他股东知道其实际出资的事实，且对其实际行使股东权利未曾提出异议的，对实际出资人提出的登记为公司股东的请求，人民法院依法予以支持。公司以实际出资人的请求不符合《公司法司法解释（三）》第二十四条的规定为由抗辩的，人民法院不予支持"，使得"其他股东过半数明确同意"扩张到"其他股东过半数明确同意或默示同意"，扩大了隐名股东的显名标准，对于隐名股东的权益保护进行了完善。但是《九民纪要》涉及隐名股东的规范仅此一条，且立法位阶不高，对于隐名股东的权益保障难以形成切实可行的保障体系。

因此，笔者认为，在内部关系中，隐名股东虽未登记在工商机关等的文件之中，但若隐名股东确实参与了公司经营、管理和治理等方面，公司及其他股东对于隐名股东系实际出资人的身份明知、确认或默认，在此情况下承认隐名股东的法律地位不会损害公司人合性基础，隐名股东要求显名或直接主张分红或其他作为股东的权利的应当予以认可和保护。根据权利义务相统一的基本原则，在公司有证据证明隐名股东虽未登记在工商机关等的文件之中，但隐名股东确实参与了公司经营、管理和治理等方面，行使了股东权利的，公司也有权直接要求隐名股东对公司履行股东义务，例如依约充实注册资本的义务。

3. 隐名股东与第三人发生争议时

针对隐名股东和第三人之间的争议，是隐名股东权益保障的第一大争议焦点问题，对此各个学说均有相当数量的司法裁判，因此在此问题上司法裁判尺度极度不统一。

（1）"实质要件说"观点。"实质要件说"认为隐名股东是实际出资人，形式要件只涉及股东身份的形式确认，非设权性登记，因此隐名股东作为实际权利人有权排除第三人就股权所做出的全部请求。

（2）"形式要件说"观点。"形式要件说"认为在商事外观主义原则下，应当以公司对外公示的材料作为认定股东资格的标准，否则将会导致工商登记等文件的公示作用沦为空壳，不利于保护第三人的合法权益。因此，在构建隐名股东与第三人之间利益平衡价值取向时，应当优先保护善意第三人的合法权益。

（3）"区别对待说"观点。"区别对待说"认为在不涉及善意第三人利益的情况下，隐名股东和显名股东之间的争议，应根据双方的约定进行认定；在涉及善意第三人利益的情况下，则应充分考虑商事外观主义及公示登记公信力因素，优先保护善意第三人的合法权益，以公司对外公示的材料作为认定股东资格的标准。

笔者认为，随着《九民纪要》的出台，穿透式审判思维的逐步确立以及外观主义推定效力的确认，在区别对待说的基础之上还应当限制外观主义的适用，即在隐名股东及第三人之间以外观主义为原则，但是外观主义仅为推定的法定效力，若有相反证据能够证明隐名股东的法律地位，应当以真实情况进行认定和处理。[①] 也即在外部关系处理上，若第三人对于隐名股东的身份处于知道或者应当知情的状态，则应当认定第三人的权利不能排除或优先于隐名股东的权利。

此外，对于第三人的认定也存在着诸多观点。有的学者认为此关系中的第三人是广义上的第三人，即除了隐名股东自身和公司以及公司其他股东以外的人。有的学者认为第三人应当遵循合同中关于善意第三人的认定，即与之具有交易关系的第三人，其他与交易无关的第三人的权利不能优先于隐名股东的权利。笔者认为，应当将第三人限定为与之具有交易关系的第三人，因一般交易产生债权债务关系时，第三人系基于对债务人整体清偿能力而非单纯基于对转让人的合理信赖，才与之产生债权债务关系，其不能获得清偿的法律风险固然存在，因此一般债权人仅以登记为由主张其对股权享有特定利益的，欠缺正当性。

综上所述，关于隐名股东与第三人之间的争议解决，仍有较长的路要走。基于此，笔者认为，在隐名股东及第三人之间应以实质要件和外观要件并重审理，不可唯一元论。对于公司的债权人来讲，与公司进行交易而产生的相关债权债务，是基于公司的资信情况而产生的，而隐名股东作为实际的出资人，在实际享有股东收益权利的同时，具有履行充实公司资金的基本义务，因此公司的债权人是具有可信赖利益的第三人，主张隐名股东履行出资义务承担补充责任时，应当予以支持。而对于名义股东债权人、其他股东债权人，其与名义股东、其他股东进行的非与公司事宜有关的交易，并非对名义股东、其他股东就公司股权产生信赖利益的第三人，因此其起诉隐名股东履行出资义务承担补充责任时，不宜予以支持。

五、隐名股东义务履行和权利保护价值权衡之法律建议

鉴于目前立法缺位以及不明确的情况，建议如下：一是尽快完善相关立法，促使隐名股东显名化认定标准的完善与统一，把不符合条件、风险高的

---

① 参见崔建远《论外观主义的运用边界》，载《清华法学》2019 年第 13 卷第 5 期，第 5 – 17 页。

或者违法的代持股关系排除在法律保护范围之外，将合法的代持股关系纳入法律保护的范畴①，在坚持区别对待说的基础上将《九民纪要》的穿透式审判精神完善至《公司法》或相关司法解释之中，提升其效力位阶，修正以形式主义为基本原则的现行裁判思路和标准，在判定是否应当保护隐名股东权利时，应当兼顾实质要件与形式要件，不可唯一元论。隐名股东在享受红利的同时也应承担相应风险，在隐名股东享受的红利合法的前提下，不妨有条件地承认其法律地位，给予一定保护，并以此确定其义务承担。二是明确隐名股东的权利类型、禁止行为以及法定义务。三是建立合理的隐名股东退出机制。

在司法实践中，应提高隐名股东事前证据留存及维权意识，例如签订书面股权代持协议，并载明股权代持的基本事实、股权代持的期限、股权代持关系的解除、股东权利包括人身权及财产权的行使、违反股权代持约定的违约责任、股东显名的安排、隐名股东无法显名情况下的处理等。此外，必要时也可以将股权代持协议进行公证，使其产生一定的外观效力。另外还应当注意保留出资凭证，尽可能多地参与公司经营管理，并争取取得其他股东书面确认，同时注意排除显名股东的财产控制权等。②

结　语

隐名股权纠纷案件日益增多，对隐名股东的权利保护已经是一个不可忽视的问题。但我国对于隐名股东的保护存在立法空白，相关规定仅出现在《公司法司法解释（三）》和《九民纪要》的个别条款之中，立法位阶较低且未能形成完整的体系性规范，为了解决司法裁判中无法可依导致的同案不能同判，严重影响司法公正等问题，对隐名股东的认定标准等立法缺位问题必须予以重视。笔者从隐名股东的概念、分类入手，讨论归纳隐名股东的出资义务和权利保护现状，而后引出笔者认为的隐名股东资格认定及显名化认定标准，以期能够引起相关部门对隐名股东义务履行和权利保护问题以及隐名股东认定标准的重视，以完善民事诉讼救济体系，促进整个民事诉讼体系的成熟和发展。

---

① 王丽婷：《解决争议视角下隐名股东交易风险及权利保护》，载《审计观察》2021年第7期，第90－93页。

② 参见冷亚娜、路敬宇《强制执行视角下隐名股东的权益保护——〈九民纪要〉引发的思考》。据澎湃网：https://www.thepaper.cn/newsDetail_forward_7021378，访问日期：2022年11月22日。

隐名股东资格认定及其权利保护

李武俊　朱沁雯*

引　言

1993 年全国人大常委会颁布的《中华人民共和国公司法》及历次修正案，对隐名出资的有关法律问题均未作出规定。之后的《最高人民法院关于适用〈中华人民共和国公司法〉若干问题的规定（三）》第二十四条对股权代持协议的效力认定、隐名股东投资权益归属的认定及隐名股东显名作出了较为明确的规定。《全国法院民商事审判工作会议纪要》（法〔2019〕254号）第二十八条对隐名股东显名作出了补充规定：隐名股东的显名条件不仅限于公司其他股东过半数同意，隐名股东能够提供证据证明公司过半数的其他股东知道其实际出资的事实，且对其实际行使股东权利表示默认或未曾提出异议的，隐名股东的显名请求应予支持。通过上述法律及司法解释规定可以看出，我国对隐名股东投资权益的认定及其权利保护的立法在逐渐完善。因隐名股东出资问题涉及的法律关系较为复杂，涉及的利益主体较多，加上司法实践中法官对隐名股东出资问题认识的偏差，导致产生同案不同判现象。本文主要结合目前已有的学术观点和案例对隐名股东资格认定及其权利保护问题进行分析。

一、隐名股东的概念

（一）隐名股东的含义

隐名出资是指实际出资人认购公司股份，但在公司章程、股东名册和工商登记中却记载为他人的投资行为。[①] 在隐名出资的状态下，出资人的信息得以秘密保护，并且可以借此规避法律对于出资人的种种限制，或是利用国

---

* 李武俊，广东正平天成律师事务所律师、合伙人；朱沁雯，广东正平天成律师事务所律师。

① 赵旭东：《公司法学》，高等教育出版社 2006 年版，第 313 页。

家对于税收等的优惠政策，借由符合条件之人的信息来追求更高利润。

隐名出资的股东即隐名股东，而与之相伴的概念是显名股东、名义股东，即没有出资却登记在公司章程、股东名册和工商登记上的股东。虽然隐名股东在形式上不享受股东资格，但却通过控制显名股东的方式实际行使股东权利。隐名出资的问题通常发生于有限责任公司内部。而股份有限公司的股东资格以是否持有公司发行的股票为认定标准，一般不存在疑义。① 并且由于股份有限公司资合性更强，资本流动较为频繁，相对有限责任公司而言更加开放，因此在股份有限公司中，对于股东显名的要求更加宽松。

通常意义上，有关隐名股东的纠纷涉及三重法律关系。一是隐名股东与显名股东之间的法律关系，简称代持关系。该层法律关系一般由股权代持协议进行连接，根据股权代持协议的内容来确定双方的权利义务。二是隐名股东与公司其他股东及公司之间的法律关系。该层法律关系受制于隐名股东是否显名。当隐名股东未显名时，隐名股东通过控制显名股东与公司其他股东和公司进行联系。当隐名股东希望显名时，则需要向公司或法院请求登记为股东，此时隐名股东需要证明自己实际取得股东权利且得到其他股东过半数同意。当隐名股东显名时，其与公司其他股东的权利义务完全一致。三是隐名股东与公司外部债权人之间的法律关系。隐名股东与公司外部债权人的关系也是靠显名股东进行联系。当外部债权人以未履行出资义务为由，请求显名股东对公司债务不能清偿的部分在未出资本息范围内承担责任时，显名股东需要按规定承担责任，之后再向隐名股东进行追偿。本文将主要针对前两层法律关系，对隐名股东股权认定及其权利保护进行讨论。

（二）隐名股东的特征

通过对隐名股东和显名股东之间关系的辨析，可以总结出隐名股东的特征。首先，隐名股东和显名股东之间需要有合意，即代持股合意。目前在司法实践中，代持股合意可以是书面的，也可以是口头的，只要能够证明隐名股东和显名股东之间有代持股的意思表示即可。若两者之间没有合意，则可能是冒名出资，即实际出资人盗用他人名义出资，而未取得冒名者的同意。根据《公司法司法解释（三）》第二十八条的规定，冒名出资的，冒名登记者承担相应的责任，被冒名之人无须承担任何责任。

其次，隐名股东作为实际出资人，必须要承担投资风险。如果隐名股东无须承担投资风险，即使其对于公司有资金注入，也只能视为借贷关系。在

---

① 范健、王建文：《公司法》，法律出版社 2014 年版，第 264 页。

司法实践中，此种情形常见于没有书面代持股协议的情形中。此时，出资人投资的性质难以区分，若出资人主张自己是隐名股东，则需要举证具体事实进行代持股合意的补充。否则，出资人的投资只能视为借贷，出资人不能享有股东权利。

二、隐名股东资格认定的裁判规则

法律对于隐名股东资格认定的规定尚不完善，仅仅是《公司法司法解释（三）》第二十一条至第二十四条进行了初步规定。2019 年 12 月，最高人民法院发布的《九民纪要》第二十八条对隐名股东的显名条件作出了规定，即隐名股东需要证明"有限责任公司过半数的其他股东知道其实际出资的事实，且对其实际行使股东权利未曾提出异议"，才能够请求将自己登记为股东。

虽然上述规则强调了适用于有限责任公司，但在实践中，封闭性股份有限公司也可以参照上述法律和司法解释的规定。[①] 事实上不只是封闭性股份有限公司，但凡是有关股权代持的案件，不少法官并不按公司形态进行明确区分，而是参照或直接引用有关有限责任公司的规定。[②] 因此以下有关隐名股东的讨论范围，并不局限于有限责任公司。

根据上述规则，隐名股东的认定条件为：其一，已经依法向公司出资或者认缴出资。其二，已经受让或者以其他形式继受公司股权（存在合法有效的股权代持协议）。如果隐名股东要求显名，则还需要公司其他股东半数以上同意。

笔者以"隐名股东"为关键词在中国裁判文书网中进行搜索，搜索到了最高人民法院自 2013 年以来相关的文书，以此为基础，将隐名股东资格认定的裁判规则分为四个方面进行分析：一是出资认定；二是股权代持协议是否存在；三是股权代持协议是否有效；四是隐名股东显名。[③]

（一）出资认定

根据前述规则以及学理上的观点，隐名股东在出资时，既可以通过名义

---

① 最高人民法院（2018）最高法民再 3××号民事裁定书。

② 徐佳咏：《上市公司股权代持及其纠纷之处理》，载《中国政法大学学报》2019 年第 3 期，第 114 页。

③ 王毓莹：《隐名股东的身份认定及其显名路径——基于最高人民法院 76 份裁判文书的实证分析》，载《国家检察官学院学报》2021 年第 2 期，第 55 页。

股东向公司实际缴纳出资，也可以认缴出资。但在实践中，由于隐名股东具有一定的隐蔽性，实际缴纳出资往往是判断隐名股东是否享有股权的重要标准之一。

在"王×、廖×等执行之诉"[1] 一案中，名义股东否认相关股权代持协议，要求法院认定其为建×公司 100% 股权的实际所有人。最高人民法院通过建×公司成立、投产、资金来源等情况来看，认定名义股东并未实际出资，并认可隐名股东实际享有股权。在认定隐名股东的出资时，往往还需要证明涉案的款项实际用于公司建设。如在"陈×与山东省轻×企业出资人权益确认纠纷"[2] 一案中，最高人民法院认为即使隐名股东实际出资，"如果其不能证明所投资款项已经计入公司注册资本，则不能将该部分资金兑换为股东持有公司股权的比例"。

（二）股权代持协议是否存在

在代持股的情况之下，一般而言，为了维护自身利益，隐名股东都会选择和显名股东签订代持股协议。根据《中华人民共和国民法典》（以下简称《民法典》）第四百六十九条的规定，合同可以以书面形式签订，也可以口头约定。但是在司法实践中，口头约定的效力较弱，股权代持协议是否存在需要充足的案件事实对股权代持关系进行辅助证明。

在"刘×、王×股东资格确认纠纷"[3] 一案中，最高人民法院认为刘×所提供的证据不能够证明涉案款项是用于圣×公司投资建设。刘×提交的证人证言涉及的证人虽然属于圣×公司的原股东和高级管理人员，但是其并没有直接参与刘×与王×之间设立的法律关系，因此此证人证言为传来证据，效力较弱。且刘×在另一诉讼中，曾亲口承认自己并未持有圣×公司的股份，虽然刘×解释为诉讼策略且是受到了王×的影响，但由此也证明了刘×言词证据的易变性。虽然刘×提供的"一致行动函、董事会决议、全权委托书、股东会决议"等书面文件，证实了刘×在×段时间内为圣×公司的实际控制人，但是对于刘×与王×之间的代持股关系并没有提及。根据《中华人民共和国公司法》第一百一十六条的规定，公司的实际控制人并不一定是股东。而王×在圣×公司有以股东身份完成出资、增资、分红及股权转让行为等，且取得了股东身份登记，应当认定王×为圣×公司的股东。

---

[1] 最高人民法院（2021）最高法民终 4×× 号民事裁定书。

[2] 最高人民法院（2014）民二终字第 1×× 号民事裁定书。

[3] 最高人民法院（2015）民二终字第 1×× 号民事裁定书。

类似的判决在"李×、屈×与甘肃福×有限公司、林×借款合同纠纷"① 一案中也有体现。再审申请人福×公司及其法定代表人林×称李×与屈×对公司交付的款项为投资款项，并且当事人之间达成了口头的投资入股合同。再审申请人提交的收据载明的收款事由明确表明涉案款项为投资款项。其亦提供证据证明实际出资人在公司建设过程中对公司进行了实际管理，而在一审起诉状、李×发送的手机短信中，李×与屈×甚至自己承认了投资的事实。但是最高人民法院在再审中认为，"双方没有代持股份协议或者相关明确约定，福×公司亦未将李×、屈×登记为注册股东，且李×、屈×对自己的股东身份也不认可的情况下"，双方之间的股权代持协议应当视为不存在。

而在"薛×与陆×、江苏苏×有限公司等委托代理合同纠纷"② 中，最高人民法院认为双方之间虽然未签订委托收购股权并代持股权的书面合同，但是根据薛×与相关公司原股东明×公司的承诺书可以证明双方之间存在股权转让的合意。另外，薛×曾向明×公司出具委托书，证明了薛×曾经委托陆×代其持股的事实。对于涉案款项，双方都无法出具书面文件证明其性质，因此最高人民法院根据股权转让纠纷中的亲历者和知情人的证言，认定双方之间成立代持股关系。

从以上三个案例中可以看出，代持股协议并不拘泥于书面形式，但要证明代持股合意的存在，主张代持股关系的一方需要提供足够令人信服的证据进行说明。相关证据包括但不限于能够证明双方具有代持股合意的其他书面文件、直接参与代持股关系之中的证人证言、能够证明涉案款项性质的文件、隐名股东实际行使股东权利的事实（如参与公司经营管理或者参与分红）等。在"李×、屈×与甘肃福×有限公司、林×借款合同纠纷"案中，可以看出隐名股东对股东身份的认可是认定双方存在代持股合意的重要依据，因此，实际投资人可以通过否定自己隐名股东的身份来避免承担亏损公司的股东责任。

（三）股权代持协议是否有效

在存在股权代持协议的案件中，否认股权代持协议的一方有时会提出股权代持协议无效进行抗辩，此时法院需要对股权代持协议的效力进行判断。

在法律法规层面上，并没有专门针对股权代持协议的效力进行规定。因

① 最高人民法院（2016）最高法民申3××号民事裁定书。
② 最高人民法院（2013）民一终字第1××号民事裁定书。

此，最高人民法院出台的《公司法司法解释（三）》在第二十四条中进行了规范，"实际出资人与名义股东对该合同效力发生争议的，如无法律规定的无效情形，人民法院应当认定该合同有效"。

而在规章和一些地方性文件中，往往对股权代持协议的效力有特别的规定。对于违反规章规定，股权代持协议效力如何需要进一步判断。学理上，基于监管的考量，"不仅是法律、行政法规的强制性规定，只要违反了规章类的文件就应当认定协议无法律效力"。[①] 最高人民法院在判例中也明确指出"有些虽属于部门规章性质，但因经法律授权且与法律并不冲突"[②] 的情况之下，可以根据部门规章的规定否定股权代持协议的效力。《九民纪要》第三十一条也表达了类似的观点，"违反规章一般情况下不影响合同效力，但该规章的内容涉及金融安全、市场秩序、国家宏观政策等公序良俗的，应当认定合同无效"。

在实践中，对股权代持协议的否定一般出现在特定的企业类型之中，如商业银行、保险公司和上市公司，主要是因为这一类企业涉及公共利益，可能对多数不特定人的利益产生重大影响。在"河南寿×公司、韩×案外人执行之诉"[③] 一案中，最高人民法院援引了中国银行业监督管理委员会（现为中国银行保险监督管理委员会，下同）公布的《商业银行股权管理暂行办法》（2018 年第 1 号）[④]，认为"商业银行股权的委托代持协议不应肯定"。最高人民法院从交易安全的角度出发，明确否定了商业银行的股权代持行为。

对于保险公司，在"福建伟×公司、福州天×公司营业信托纠纷"[⑤] 一案中，最高人民法院论证了援引规章的正当性和合法性："违反中国保险监督管理委员会（现为中国银行保险监督管理委员会，下同）《保险公司股权管理办法》有关禁止代持保险公司股权规定[⑥]的行为，在一定程度上具有与直接违反《中华人民共和国保险法》（以下简称《保险法》）等法律、行政

---

① 陈希国、彭震、李宁：《委托持股（隐名出资）引发的法律问题探讨——山东省高级人民法院第八期法官沙龙综述》，载《山东法官培训学院学报》2019 年第 4 期，第 33 页。

② 最高人民法院（2017）最高法民申 24××号民事裁定书。

③ 最高人民法院（2019）最高法民再××号民事裁定书。

④ 《商业银行股权管理暂行办法》第十条规定，商业银行股东应当使用自有资金入股商业银行，且确保资金来源合法，不得以委托资金、债务资金等非自有资金入股，法律法规另有规定的除外；第十二条规定，商业银行股东不得委托他人或者接受他人委托持有商业银行股权。

⑤ 最高人民法院（2017）最高法民终××号民事裁定书。

⑥ 《保险公司股权管理办法》第八条规定，任何单位或者个人不得委托他人或者接受他人委托持有保险公司的股权。

法规一样的法律后果，同时还将出现破坏国家金融管理秩序、损害包括众多保险法律关系主体在内的社会公共利益的危害后果。"即对于涉及保险公司的案件来说，《保险公司股权管理办法》虽然是规章，但此规章是在《保险法》的授权之下制定的，不仅没有与上位法相抵触，反而有利于实现其立法目的。更重要的是从该规章制定的内容、性质，以及其规避的危害后果来看，可以认为违反《保险公司股权管理办法》的规定属于《中华人民共和国合同法》第五十二条规定①的"损害社会公共利益"的范畴。

有关上市公司的案件，情况则较为复杂。按前文所说，隐名股东一般存在于有限责任公司中，股份有限公司的股东资格由持有的股票即可认定。但是为了保护广大非特定投资者的合法权益，法律法规及相关规章制度对于上市公司股东资格的披露有特殊的规定。② 在"杨×与林×股权转让纠纷"③一案中，最高人民法院认为隐名股东的存在违反发行人如实披露义务，属于规避监管措施，必然损害非特定投资者的合法权益，从而损害公共利益。而在"陈×、王×股权转让纠纷"④ 与"陈×、荆×股权转让纠纷"⑤（涉案上市公司相同）中，最高人民法院转变态度肯定了相关协议的效力。虽然双方实质上形成了股份代持关系，但不会"引起陈×股东身份及大×公司股权关系的变化"，因此不会免除陈×作为股东应当承担的责任，也不会对市场秩序有负面影响。虽然目前有关上市公司股权代持协议的效力究竟如何还未有定论，但是鉴于证监会的相关规章可以认定为效力性规定，当前越来越多的学者与实务中的法官倾向于上市公司股权代持协议应为无效的主张。⑥

还应当特别注意的是，股权代持协议无效并不当然表示双方不存在股权

---

① 《中华人民共和国合同法》第五十二条规定有下列情形之一的，合同无效：（四）损害社会公共利益。

② 《中华人民共和国证券法》第十二条规定，设立股份有限公司公开发行股票，应当符合《中华人民共和国公司法》规定的条件和经国务院批准的国务院证券监督管理机构规定的其他条件；第六十三条规定，发行人、上市公司依法披露的信息，必须真实、准确、完整，不得有虚假记载、误导性陈述或者重大遗漏。《首次公开发行股票并上市管理办法》第十三条规定，发行人的股权清晰，控股股东和受控股股东、实际控制人支配的股东持有的发行人股份不存在重大权属纠纷。《上市公司信息披露管理办法》第三条规定，发行人、上市公司的董事、监事、高级管理人员应当忠实、勤勉地履行职责，保证披露信息的真实、准确、完整、及时、公平。

③ 最高人民法院（2017）最高法民申××号民事裁定书。

④ 最高人民法院（2017）最高法民申××号民事裁定书。

⑤ 最高人民法院（2018）最高法民终××号民事裁定书。

⑥ 徐佳咏：《上市公司股权代持及其纠纷之处理》，载《中国政法大学学报》2019年第3期，第115页。

代持关系。在"吉林省替×公司、姜×等股东资格确认纠纷"①一案中，最高人民法院认为股权代持协议的效力应当与股权代持关系约定的效力分离。股权代持协议中其他的内容违反法律而导致协议无效，并不影响其中有关股权代持关系约定的有效性。因此在判断股权代持关系的案子中，应当注意的是相关约定的有效性，而不是整个相关协议的有效性。

综上所述，对于商业银行和保险公司，最高人民法院趋向于保护金融安全，否认股权代持关系。而对于上市公司，由于其在具有开放性的同时又需要政府部门的严格监管，因此最高人民法院对于上市公司隐名股东存在的看法并不一致。但是，在否定股权代持协议的情况下，最高人民法院并不否认委托投资关系的存在，给予了投资人救济的空间。

（四）隐名股东显名

根据《公司法司法解释（三）》和《九民纪要》的规定，隐名股东想要显名，必须要经过公司其他股东过半数同意。

"其他股东过半数同意"的认定首先体现在，如果有超过半数股东明确表示不同意，则隐名股东不可显名。这一观点在"吴×与浙江中×公司、中×公司一般股东权纠纷"②一案中得到了肯定。其次，根据《九民纪要》"有限责任公司过半数的其他股东知道其实际出资的事实，且对其实际行使股东权利未曾提出异议"的规定，股东可以采用默示的方式表示对隐名股东显名的同意。在"殷×、张×股东资格确认纠纷"案③中，最高人民法院以相关协议、其他股东知道出资事实以及其他股东默许隐名股东参加股东会议等证据证明其他股东对隐名股东资格的同意。值得注意的是，若能证明隐名股东实际出资的所占股权为100%，可直接确认其为100%股权的股东。④在隐名股东为独资股东的情况下，其显名不会侵害其他股东的利益，因此也不需要其他股东的同意。

三、隐名股东权利保护

隐名股东作为形式上不享有股东权利的一方，其股东利益时常会受到损

①　最高人民法院（2021）最高法民申××号民事裁定书。
②　最高人民法院（2013）民申字第××号民事裁定书。
③　最高人民法院（2017）最高法民申××号民事裁定书。
④　最高人民法院（2021）最高法民申××号民事裁定书。

害。实践中隐名股东权利受损主要出现在三种情况之下：股权处分、股权代持协议无效以及强制执行。

（一）股权处分下隐名股东权利保护

相关制度目前只规定了股权转让下隐名股东权利的保护，即"名义股东将登记于其名下的股权转让、质押或者以其他方式处分，实际出资人以其对于股权享有实际权利为由，请求认定处分股权行为无效的"，参照《民法典》有关善意取得制度的规定处理。需要注意的是，参照善意取得制度进行处理并不意味着名义股东处分股权属于无权处分。名义股东在股东名册、公司登记机关上均有真实且有效的登记，因此其处分股权属于有权处分。

（二）股权代持协议无效下隐名股东权利保护

股权代持协议被认定为无效后，根据《民法典》关于合同无效的规定，隐名股东可以选择返还财产、折价补偿、赔偿损失等。如果隐名股东选择返还财产则会出现矛盾。股权代持协议之所以被认定为无效，往往是因为隐名股东违反法律强制性规定或是为了规避法律规章对股东的限制。出于惩罚的目的，法院选择认定股权属于显名股东，因此不可能再将股权返还给隐名股东。类似规定在《最高人民法院关于审理外商投资企业纠纷案件若干问题的规定（一）》也有体现，当股权代持协议被认定为无效时，股权属于名义股东而隐名股东只能向其请求返还出资款。[①] 在这种情况下，隐名股东只能请求折价补偿或赔偿损失，如果是折价补偿的方式，一般是以涉案股权的市场价格为依据进行判断。若是请求赔偿损失，则隐名股东所能获得的赔偿则完全依赖于法官根据具体案件进行的自由裁量。

实践中，股权代持协议无效的情况下当事人还可以采用调解的方式解决问题。以调解方式达成合意的，其效力在法律上等同于判决书。学理上来说，虽然调解的方式有规避监管之嫌，但股东原本就可以自由处分自己的股

---

① 《最高人民法院关于审理外商投资企业纠纷案件若干问题的规定（一）》第十八条规定，实际投资者与外商投资企业名义股东之间的合同被认定无效，名义股东持有的股权价值高于实际投资额，实际投资者请求名义股东向其返还投资款并根据其实际投资情况以及名义股东参与外商投资企业经营管理的情况对股权收益在双方之间进行合理分配的，人民法院应予支持。外商投资企业名义股东明确表示放弃股权或者拒绝继续持有股权的，人民法院可以判令以拍卖、变卖名义股东持有的外商投资企业股权所得向实际投资者返还投资款，其余款项根据实际投资者的实际投资情况、名义股东参与外商投资企业经营管理的情况在双方之间进行合理分配。

权，因此名义股东若与隐名股东达成协议的，可以参照股权转让的规则，[①]将股份转移给隐名股东。

（三）强制执行下隐名股东权利保护

隐名股东的股权被强制执行的情况下，一个共同的争论点便是，隐名股东是否有权排除对被代持股权的强制执行。在隐名股东取得代持股权的归属的确权裁判时，股权的归属认定明确，根据《九民纪要》第一百二十三、一百二十四条和《最高人民法院关于人民法院办理执行异议和复议案件若干问题的规定》第二十六、二十七条的相关规定，法院通常认定隐名股东能够排除代持股权的强制执行。[②] 其中，需要注意的是，根据上述规则，如果作为执行依据的生效裁判同样是确认裁判的情况下，法院一般会告知隐名股东对执行依据的裁判申请再审或提起第三人撤销之诉进行救济，驳回其诉讼请求，而非排除强制执行。

在隐名股东没有取得代持股权归属的确权裁判时，情况则更为复杂。法律对此问题同样没有进行规定，部分省市对此出台了相关细则，但观点也并不统一。[③] 实践中，法院在此种情况之下，更加倾向于适用外观主义否定隐名股东排除强制执行。

在"庹×、刘×执行异议之诉"[④] 一案中，最高人民法院明确："'代持协议'是一种隐蔽关系，代持双方通常具有特殊的身份或利益关系，很容易通过对即将面临的外部风险的判断进而选择是否以'代持'规避法律风险。因此，认定实际出资人的权利不能排除强制执行，有利于实现法律在商事领域所注重和追求的安全、秩序与效率等价值。"而当申请执行人为非交易第三人时，申请执行人并未与名义股东进行股权交易，排除强制执行并不会损害交易安全，因此不适用外观主义原则。[⑤]

[①]　徐佳咏：《上市公司股权代持及其纠纷之处理》，载《中国政法大学学报》2019 年第 3 期，第 124 页。

[②]　张亮、孙恬静：《案外人执行异议之诉中债权人与隐名股东保护的价值衡量——兼论商事外观主义在强制执行程序中的运用边界》，载《法律适用》2021 年第 8 期，第 82 页。

[③]　江苏省高级人民法院《执行异议及执行异议之诉案件审理指南（三）》第十八条规定，执行法院对登记在被执行人名下的股权实施强制执行……案外人因此提起的执行异议之诉，如其提供的证据能够充分证明申请执行人明知或应知其是隐名股东或实际出资人的，应予以支持；否则，不予支持。山东省高级人民法院民事审判二庭《关于审理公司纠纷案件若干问题的解答》第六条规定，在名义股东不是因为股权交易而成为被执行人时，实际出资人要求停止执行的诉讼请求，应予支持。

[④]　最高人民法院（2019）最高法民再××号民事裁定书。

[⑤]　最高人民法院（2019）最高法民申××号民事裁定书。

结　语

　　针对股权代持问题，应当综合考虑出资、代持合意、公司其他股东意见和外观主义原则等多个方面。由于本文论述的根基还依靠大量学术观点和已有案例，因此常有不同观点或同案不同判的情况。有关股权代持问题亟待统一规范，相关司法裁处亟待统一尺度。相信随着有关代持法律制度的不断完善，相关行政监管措施会更加有效，法院处理相关规定有法可依，市场秩序将会更加稳定。

隐名出资股权认定探析

曾建洪[*]

引　言

随着经济社会的发展，人们投资公司的方式层出不穷，有部分人出于种种原因，希望他们出资公司的事项不被其他人知悉，不将自己的姓名记载于公司股东名册、公司章程及其他工商登记材料，而只愿意作为公司幕后的股东享有相应的股东权益。于是他们寻找人员与其订立代持股协议，由他人代其持有股权，以"他人"的名义予记载于股东名册、公司章程或其他工商登记材料上的"他人"则为显名出资人，而由于股权代持改变了股东身份与股权权属之间的联系，由此引申了一系列的问题。

其中隐名出资人拟从"隐名"变成"显名"的过程就是其中一个最常见的问题。由于有限责任公司的隐名出资人未经显名即转让其实际持有股权的情形时有发生，以至于大量的隐名出资人要求确认其隐名出资的股权，由此带来了一定的法律风险和争议。在理论和实践中出现的矛盾点归结于隐名出资关系中股东资格在隐名出资人及名义股东二者间的认定的问题，然而我国现行法律并没有对隐名出资股权给予明确定义，那究竟隐名出资股权应如何认定，相关法律规定及我国判例如何，在本文中将进行探讨。

一、隐名出资股权的界定

（一）隐名出资股权的概念

剖析隐名出资股权的概念，必须先明确隐名出资的具体概念。对于隐名出资的概念，从不同的角度而言有不同的定义——"从公司法的角度讲，隐

---

[*] 曾建洪，广州金鹏律师事务所律师。

名出资就是社会主体借用他人名义对公司进行出资"①；"从权利义务的角度来讲，隐名出资就是隐名出资人来承担出资，名义股东作为公司股东，由前者享有收益，后者履行股东权利义务的股权结构安排行为"②。

初步了解隐名出资的概念后，我们进一步探析隐名出资股权的具体概念。对于隐名出资股权的概念，目前法律并未明确规定。但就有限责任公司中的代持股行为，《最高人民法院关于适用〈中华人民共和国公司法〉若干问题的规定（三）》（以下简称《公司法司法解释（三）》）第二十四条第一款规定，"有限责任公司的实际出资人与名义出资人订立合同，约定由实际出资人出资并享有投资权益，以名义出资人为名义股东，实际出资人与名义股东对该合同效力发生争议的，如无法律规定的无效情形，人民法院应当认定该合同有效"。由此可知，我国在法律上肯定了代持股行为，而隐名出资股权可以理解为实际出资人与名义出资人以合同方式约定，由实际出资人进行投资并享有投资权益，而由名义出资人代其持有的股权。

（二）隐名出资股权的类型

我国法律虽未对隐名出资人持有隐名出资股权进行明确的分类及定义，但根据我国法律对于隐名出资股权的相关规定可知，对于隐名出资人持有隐名出资股权存在两种类型：

（1）隐名出资人的身份对内不隐名，对外隐名。即公司股东内部清楚知悉隐名出资人实际为公司股东的身份，但公司外部的人员并不清楚公司的某一显名股东实际非公司股东而仅是代他人持股的事实。

（2）隐名出资人的身份对内隐名，对外也隐名。即公司内部及外部均不清楚隐名出资人的身份。

如上分析可知，我国法律以有限责任公司股东内部是否知悉隐名出资人身份，将隐名出资人持有隐名出资股权区分为两种类型，并据此确定不同的隐名出资股权认定方式。笔者认为，如此区分隐名出资股权的类型，更符合实际情况，有利于解决纠纷，更符合社会发展的需要。

在实际的情况中，基于有限责任公司具有较强的人合性，股东之间的沟通较强，大部分的公司股东内部均知悉且同意隐名出资人的身份。但随着公

---

① 赵旭东、顾东伟：《隐名出资的法律关系及其效力认定》，载《国家检察官学院学报》2011年第2期，第141-148页。

② 刘韶华：《有限责任公司隐名出资协议法律性质的信托法解析》，载《法律适用》2011年第6期，第50-53页。

司的运营发展，股东之间、隐名出资人与名义股东之间较易产生分歧。在此种情况下，公司其他股东、隐名出资人、名义股东三者之间就会产生奇妙的利益博弈。如果不对隐名出资股权进行区分并据此确定不同的隐名出资股权认定方式，显然会因认定方式过于机械化而不利于社会经济的发展。

二、隐名出资股权的认定

（一）隐名出资股权认定的法律沿革

在《公司法司法解释（三）》颁布前，关于隐名出资人的认定并无统一标准，部分地方高级人民法院为解决隐名出资人的认定问题分别发布指导意见，对其辖区范围内关于隐名出资人认定相关的案件裁判标准作出规定，这就导致对同一类型案件，不同地方法院作出截然不同的判决。

2011 年 1 月 27 日，最高人民法院发布《公司法司法解释（三）》，其中第二十四条[①]首次在立法层面对公司隐名出资人的认定进行了规定，该条的立法有着重大的意义：

第一，肯定了代持股协议的效力。

第二，明确隐名出资人与显名出资人发生争议，应首先提起确权之诉，而不能直接向公司要求相应股东权利。

第三，明确须经其他股东过半数认可方可认定隐名出资人的资格。

2019 年 11 月 8 日，最高人民法院通过《全国法院民商事审判工作会议纪要》（法〔2019〕254 号）（以下简称《九民纪要》），其中第二十八条[②]对隐名出资人的认定作了进一步的明确，对隐名出资人的认定不仅限于得到其

---

① 《最高人民法院关于适用〈中华人民共和国公司法〉若干问题的规定（三）》第二十四条："有限责任公司的实际出资人与名义出资人订立合同，约定由实际出资人出资并享有投资权益，以名义出资人为名义股东，实际出资人与名义股东对该合同效力发生争议的，如无法律规定的无效情形，人民法院应当认定该合同有效。

前款规定的实际出资人与名义股东因投资权益的归属发生争议，实际出资人以其实际履行了出资义务为由向名义股东主张权利的，人民法院应予支持。名义股东以公司股东名册记载、公司登记机关登记为由否认实际出资人权利的，人民法院不予支持。

实际出资人未经公司其他股东半数以上同意，请求公司变更股东、签发出资证明书、记载于股东名册、记载于公司章程并办理公司登记机关登记的，人民法院不予支持。"

② 《全国法院民商事审判工作会议纪要》第二十八条："实际出资人能够提供证据证明有限责任公司过半数的其他股东知道其实际出资的事实，且对其实际行使股东权利未曾提出异议的，对实际出资人提出的登记为公司股东的请求，人民法院依法予以支持。公司以实际出资人的请求不符合公司法司法解释（三）第二十四条的规定为由抗辩的，人民法院不予支持。"

他股东过半数认可，而且在隐名出资人能够提供证据证明有限责任公司过半数的其他股东知道其实际出资的事实，并对其实际行使股东权利未曾提出异议的，人民法院依法予以支持隐名出资人的显名请求。

（二）隐名出资股权的认定要求

1. 隐名出资人的身份对内隐名、对外也隐名情况下的认定要求

根据《九民纪要》第二十八条规定，隐名出资人如能证明有限责任公司过半数的其他股东知道其实际出资的事实，即使在诉讼时其他股东表示不同意代持，以《公司法司法解释（三）》第二十四条为由予以抗辩的，法院在其他法律规定的要件均符合的情况下，仍会予以认定隐名出资股权。

然而，对于隐名出资人的身份对内隐名、对外也隐名的这种隐名出资股权的类型，由于其从始至终就未能让其他股东知悉其为隐名出资人的身份，显然该种类型无法符合《九民纪要》第二十八条的规定。

基于上述分析可知，对于隐名出资人的身份对内隐名、对外也隐名类型的隐名出资股权的认定只能根据《公司法司法解释（三）》第二十四条第三款规定提供证据，即必须证明经公司其他股东半数以上同意，请求公司变更股东、签发出资证明书、记载于股东名册、记载于公司章程并办理公司登记机关登记的情况下，方可予以认定其隐名出资股权。

2. 隐名出资人的身份对内不隐名、对外隐名情况下的认定要求

对于隐名出资人的身份对内不隐名、对外隐名类型的隐名出资股权的认定，根据《九民纪要》第二十八条规定，隐名出资人如能证明有限责任公司过半数的其他股东知道其实际出资的事实，即使在诉讼时其他股东表示不同意代持，以《公司法司法解释（三）》第二十四条为由予以抗辩的，法院在其他法律规定的要件均符合的情况下，仍会予以认定隐名出资股权。

而在实践中，关于公司的其他股东知悉且同意隐名出资人身份的方式较多，如在公司章程、公司股东会决议、出资证明书等明确记载，股东之间的往来函件、微信记录等，或通过行为方式的确认，如接受隐名出资人的出资、接受其行使股东权利、向其分配股息红利等而不要求必须以公司决议的方式就隐名出资人身份加以确认或对显名问题进行表决。

笔者认为，从《公司法司法解释（三）》到《九民纪要》的发布，不仅更符合实际、更体现有限责任公司的人合性，而且充分体现了最高人民法院顺应社会经济发展，对隐名出资股权认定的不断完善。

（1）将隐名股权的认定与股权转让进行区分。《中华人民共和国公司

法》第七十一条①规定，公司股东向股东以外的人转让股权的，应当经其他股东过半数同意。而《公司法司法解释（三）》中将隐名出资股权的认定方式也确定为经其他股东过半数同意。显然，隐名出资人一直实际享有股东权利，而仅是对外以名义股东持有股权，隐名出资股权的认定与股权转让完全是两个概念，应当予以区分。《九民纪要》的发布，对隐名出资股权的认定与股权转让的条件进行了区分，不要求隐名出资人必须持有以公司决议的方式就隐名出资人身份加以确认或对显名问题进行表决的决议方能显名。

（2）减少隐名出资人、名义股东、公司其他股东之间的利益博弈，减少纠纷的发生。在本文"一、隐名出资股权的界定"处，笔者就简述过，许多公司股东虽然在前期知悉且同意名义股东代持股权，但在隐名出资人请求认定隐名出资股权时，出于各种原因，站在了名义股东的一边，不同意认定隐名出资股权。对此，如果简单地对隐名出资股权的认定采取机械化方式，必须在显名时经其他过半数股东同意的，不仅严重损害隐名出资人的权益，而且容易滋长公司其他股东从中获得非法利益，不利于公司的发展，影响社会的稳定。

（3）减少法律对经济活动的过多干预，赋予经济活动更多的生命力。法律的意义是为营造一种有序的生活，并在这种有序的生活中实现包括自由在内的多种良好的价值目标。基于隐名人们制定隐名出资人与名义股东以合同方式约定由名义股东代持股权的方式，并没有损害公司人合性，也不会损害公司债权人利益，我国法律可以尊重合约隐名。而《九民纪要》的发布，大大降低了隐名出资股权认定的难度，减少法律对经济活动的过多干预，赋予经济活动更多的生命力。

（三）人民法院裁判案例

通过上文对我国法律关于隐名出资股权的认定的阐述，让我们对于隐名出资股权的认定有一定的了解。但司法实践中究竟对于法条规定的认定条件

---

① 《中华人民共和国公司法》第七十一条："有限责任公司的股东之间可以相互转让其全部或者部分股权。

股东向股东以外的人转让股权，应当经其他股东过半数同意。股东应就其股权转让事项书面通知其他股东征求同意，其他股东自接到书面通知之日起满三十日未答复的，视为同意转让。其他股东半数以上不同意转让的，不同意的股东应当购买该转让的股权；不购买的，视为同意转让。

经股东同意转让的股权，在同等条件下，其他股东有优先购买权。两个以上股东主张行使优先购买权的，协商确定各自的购买比例；协商不成的，按照转让时各自的出资比例行使优先购买权。

公司章程对股权转让另有规定的，从其规定。"

是如何予以认定的呢？笔者通过一个最高人民法院裁判案例，简单述明通过哪些证据能证明隐名出资股权达到法条规定的认定条件。

（1）案号：（2017）最高法民申××号。

（2）案件概述：甲×因与被申请人乙×、××房地产开发有限公司（以下简称"××公司"）股东资格确认纠纷一案，向最高人民法院申请再审称：被申请人乙×未能证明其履行了出资义务，也未获得其他股东半数以上同意并变更工商登记，且乙×是×国国籍，尚不具备成为内资公司股东的条件，所以乙×非×公司的股东，二审判决认定的基本事实缺乏证据证明。

（3）再审法院查明及认定：《协议书》和《补充合同书》以及乙×多次以××公司股东的身份参加股东会议，实际行使股东权利，均可证明，××公司及其股东对乙×以甲×的名义进行投资均是明知且予以同意的。因此，原审判决依据当事人之间的约定以及出资事实确认乙×为××公司的股东，适用法律并无不当。

（4）判决结果：裁定驳回甲×的再审申请。

（5）裁判要点：根据上文分析并结合该最高人民法院的判例可知，对于隐名出资股权的认定不局限于必须得到其他股东过半数同意，而是若隐名出资人能证明其他股东实际明知并同意隐名出资人行使股东权利，也能予以认定隐名出资人的股东资格。在本案例中，乙×提供了《协议书》和《补充合同书》及其参与股东会议的相关证据，充分证明其他股东实际知悉并同意其作为隐名出资人行使股东权利，人民法院则会认定该隐名出资人的股东资格。对此，隐名出资人为能认定其股东资格，应当注意保留相关证据证明其隐名出资的事实得到其他股东的认可，以达到保护自己权益的目的。

三、隐名出资股权认定的条件及实务经验总结

根据上述分析，隐名出资人需要证明的事实有：①隐名出资人实际进行了出资；②公司其他股东过半数知悉隐名出资人对公司进行了出资；③公司其他股东过半数未曾对隐名出资人实际行使股东权利提出过异议；④公司其他股东半数以上同意隐名出资人请求显名（隐名出资人的身份对内隐名、对外也隐名的类型）。

而根据实务经验，可通过如下方面予以证明上述四点：

第一，关于隐名出资人对公司进行了出资的事实，可通过代持股协议、转账流水等材料予以证明。

关于签署代持股协议，隐名出资人在签订代持股权协议时应当注意：协

议中必须明确表达协议双方的代持关系，特别需要提醒的是，在协议中须明确代持方无须支付股权对价的意思表示，以免被认定协议虽名为代持股协议，而双方实则并非代持股的关系。同时，代持股权协议中还应清楚地约定代持期限、归还方式及违约责任，以便产生纠纷时有所救济。另外，为能更进一步明确隐名出资人与显名出资人之间的关系，也为能在重要事项时自行进行表决，隐名出资人可以要求显名股东签署隐名股东出席股东会的授权书，以保障行使表决权。

关于出资应当注意：代持股协议签订后，隐名出资人要保留其向显名股东支付出资的记录，以及显名股东向公司注资的记录，注意出资时备注转账支付的为出资款，并在同一时间段内支付。

第二，关于公司其他股东过半数知悉隐名出资人进行了出资与关于公司其他股东过半数对隐名出资人实际行使股东权利未曾提出过异议。隐名出资人可通过其以股东身份行使过股东权利，比如参加股东会、指派董事、获取分红等事实予以证明。

第三，关于经公司其他股东半数以上同意，隐名出资人请求显名（隐名出资人的身份对内隐名、对外也隐名的类型）。隐名出资人可通过与其他股东签署协议，或经公司股东会决议、公司章程修正案等方式确认，或公司向隐名股东签发加盖公章的出资证明书、股东名册等证据予以证明。

四、关于隐名出资人保护自身合法权益的建议

从上文的分析中可知，隐名出资人并不登记于公司工商档案中，而我国法律对于股东享受权益及承担义务，明确约定为公示主义及外观主义。据此，隐名出资人的风险在于隐名出资人行使权益实际需要获得显名股东的同意予以配合。在此，为减少纠纷，笔者对隐名出资人参与股权投资事项提出如下四点建议：

第一，签订书面的代持股协议。

如上分析，在隐名出资股权的认定中，首要需要证明的是隐名出资人的身份，即隐名出资人与显名股东之间存在代持股的约定。对于此，最能简单直接证明双方之间存在代持股的约定的方式显然是签订代持股协议。而更重要的是，股权代持协议是隐名出资人与显名股东之间权利义务关系确认的基础，书面的代持股协议可以直接证明双方之间的法律关系，减少因无法证明隐名出资人身份而导致的风险。

而在双方签署代持股协议时，为了更好地保护隐名出资人的权利，代持

股协议应当包括但不限于如下内容：股权代持的基本事实、股权代持的期限、代持关系的解除约定、股东权利的行使、违约责任、股东显名的方式及无法显名的处理等。

第二，隐名出资人应通过有利于证明自行履行出资义务的方式进行出资。

隐名出资人享受股东权利的重要依据是履行了实际出资义务，遂建议隐名出资人应通过本人的账户进行转账履行出资义务，并在转账时加以备注，以免无法证明出资义务由隐名出资人履行，而被认定为显名股东自行履行的出资义务。

第三，在日常生活中尽量保留公司其他股东知悉、同意股权代持的证据。

如上分析，公司过半数其他股东知悉隐名出资人出资的事实并对隐名出资人实际行使股东权利未曾提出异议是认定隐名出资股权的重要条件。所以，隐名出资人应在日常生活中尽量保留公司其他股东知悉、同意股权代持情况的证据，如参与公司会议、参与公司经营管理的活动、与其他股东就公司事项进行现场或微信讨论的证据等。

第四，保留其他股东同意显名的证据。

如上分析，对于隐名出资人的身份对内隐名、对外也隐名的类型需经公司其他股东半数以上同意，请求公司变更股东、签发出资证明书、记载于股东名册、记载于公司章程并办理公司登记机关登记，对此，在股东之间尚算友好时，务必尽量保留其他股东出具的同意隐名出资人显名的书面证据。

结　语

综上，当拟认定隐名出资股权时，需根据《公司法司法解释（三）》第二十四条、《九民纪要》（法〔2019〕254号）第二十八条的规定，遵循以下标准对实际出资人的股东资格进行认定：①双方存在关于实际出资或代持股的合同约定或事实合意，合同形式包括代持股协议、出资协议等；②隐名出资人已依约实际履行出资义务；③隐名出资人若要主张显名化，还需经过公司其他股东半数以上同意或证明公司过半数其他股东知悉其出资的事实与对其实际行使股东权利未曾提出异议的。上述标准看似简单明确，但在司法实务中却存在着各色各样的问题及情况，如如何证明其他股东同意、如何证明其他股东知悉、如何证明双方达成代持股的协议，在实践中实现这些证明均困难重重。

　　出资入股一家公司对于大部分的人而言并不是易事，投入的可能是一生的积蓄。而隐名出资股权无法予以认定，可能就会使他们毕生的努力付诸东流。本文简单论述了隐名出资股权认定的内容，对我国法律关于隐名出资股权认定的规定进行阐述并提出了笔者的一些实务经验，盼能给尚未以隐名出资方式予以出资入股的人们一些建议与提醒，也盼能给已以隐名出资方式出资入股而正在忧虑如何认定其隐名出资股权的人们一些帮助。

公司决议效力瑕疵诉讼的实证分析

杨超男　李天荣[*]

引　言

决议是作为拟制人（法人）的公司实施民事法律行为的重要方式，在团体法领域扮演着重要角色。[①] 现行公司法体系（包括《民法典》中有关法人的一般性规则），根据瑕疵程度的不同，将公司决议划分为有效、可撤销、不成立和无效四种梯度化的效力状态。[②] 公司决议具有明显的涉他性，其效力问题不仅关系到公司内部人如股东、董事、监事、高级管理人员等的利益，还与公司外部人如债权人、主管部门、社会公众等的利益有关。因此，公司法赋予上述主体对股东会决议、董事会决议成立或生效与否的监督权和诉讼权利。然而，《民法典》总则编和《公司法》及其司法解释对公司决议效力的规定高度抽象，具体适用仍有赖于法官对裁判尺度的把握。实践中，影响公司决议效力的具体因素有哪些？涉及公司决议效力认定问题的案件中，举证责任如何分配？如何确保公司决议的有效性，或者，公司决议存在效力瑕疵时，相关利益主体如何获得救济？本文将在现行公司法框架下，结合对司法裁判的实证研究，对这一系列问题做出回答。

一、案例引入

原告李×系被告 A 公司的股东，并担任公司总经理。A 公司股权结构为：葛×持股 40%，李×持股 46%，王×持股 14%，三位股东共同组成董

---

[*] 杨超男，广东广信君达律师事务所合伙人；李天荣，广东广信君达律师事务所实习律师。

[①] 广义上的公司决议包括所有公司机关的决议，即股东会决议、董事会决议和监事会决议，而我国《公司法》仅规定了股东会决议、董事会决议的瑕疵和救济，因此，本文所称的公司决议也仅指股东会决议和董事会决议。

[②] 吴飞飞：《论决议对法律行为理论的冲击及法律行为理论的回应》，载《当代法学》2021 年第 4 期。

事会，由葛×担任董事长，另外两人为董事。公司章程规定：董事会行使包括聘任或者解聘公司经理等职权，董事会须由三分之二以上的董事出席方才有效；董事会对所议事项作出的决定应由三分之二以上的董事表决通过方才有效。2009 年 7 月 8 日，A 公司董事长葛×召集并主持董事会，三位董事均出席，会议形成了"鉴于总经理李×不经董事会同意私自动用公司资金在二级市场炒股，造成巨大损失，现免去其总经理职务，即日生效"等内容的决议。该决议由葛×、王×及监事签名，李×未在该决议上签名。①

一审法院认为，该决议结果失当，判决撤销董事会决议。理由是董事会罢免李×总经理的理由与事实存在重大偏差，在该事实基础上形成的董事会决议，缺乏事实及法律依据。

二审法院认为，该决议合法有效，判决撤销一审判决，驳回李×军的诉讼请求。理由是解聘总经理的事由不属于公司决议效力的司法审查范围。

该案例明确了一个规则，即董事会作出解聘或聘任经理所依据的理由是否成立，不属于司法审查的范围。换句话说，也就是董事会作出解聘或聘任经理所依据的理由，不属于影响公司决议效力的因素。对此，我们也产生了一个疑问，即影响公司决议效力的具体因素有哪些？

决议作为组织法上的法律行为，如果将其构成分解为"意思表示 + 程式"，则进一步可以将决议的效力瑕疵分解为意思表示瑕疵和程式瑕疵。意思表示的瑕疵体现在决议的内容上有违法律或者行政法规的规定；程式的瑕疵体现在决议的程序上有违法律、行政法规或公司章程的规定，决议内容有违公司章程规定也被公司法纳入此列。前者导致公司决议无效，后者导致公司决议不成立或可撤销。这是现行公司法确立的判断规则。显然，仅停留在成文法层面并不能回应本文提出的问题，我们还需要进一步考察这些规则在司法裁判中如何被解释和运用。

二、公司决议效力瑕疵纠纷的司法现状

通过聚法案例网站检索案由为"公司决议纠纷"的案件，其中 2015 年至 2020 年已形成生效民事判决的案例共计 6999 宗，具体数据情况如下。

---

① 载《最高人民法院公报》2013 年第 2 期。

（一）审理年份

审理年份见图 4 – 1。

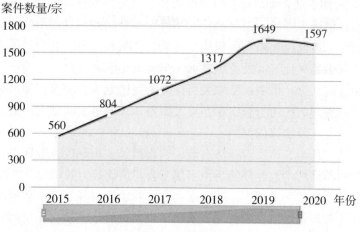

图 4 – 1 审理年份

根据统计结果，2015 年 1 月 1 日至 2020 年 12 月 31 日期间，该类案件数量呈现逐年快速增长的趋势，说明公司决议效力瑕疵受到越来越多的关注。

（二）审理地域

对该类案件形成生效判决文书数量最多的是北京市，共 770 份，占全体案件数量的 11%。其次是江苏省、上海市、广东省，分别是 589 份、551 份、535 份，排名前四的均是经济较发达省或直辖市。

审理地域见图 4 – 2。

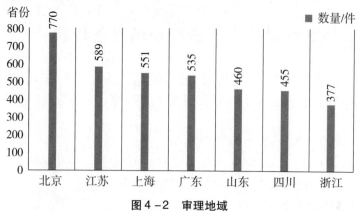

图 4 – 2 审理地域

（三）审理案由

审理案由见图 4-3。

图 4-3 审理案由

从统计结果来看，在该类案件生效裁判文书中，以公司决议效力确认纠纷作为案由的案件数量最多，共计 2990 宗，占比 43%；案件数量排名第二的案由是公司决议纠纷（判决书未能针对案件所属子案由进行分类），共计 2174 宗，占比 31%；案件数量排名第三的案由是公司决议撤销纠纷，共计 1835 宗，占比 26%。

可见，公司决议纠纷案件的数量分布与原告资格是否受到限制有直接关系。对于公司决议效力确认纠纷，公司法并没有对原告资格有所限制，理论上来说，任何人都可以提起该类诉讼。而对于公司决议撤销纠纷，公司法规定仅股东可以提起该类诉讼，且要求"在起诉时具有公司股东资格"。

（四）审理程序

审理程序见图 4-4。

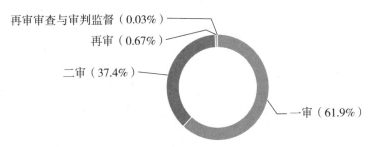

图 4-4 审理程序

由图 4-4 可知，该类案件在一审阶段形成生效民事判决书的比例为61.9%，二审阶段形成生效民事判决书的比例为 37.4%，这在一定程度上说明，该类案件的上诉率较高、争议较大。

（五）实体法适用

实体法条引用见图4-5。

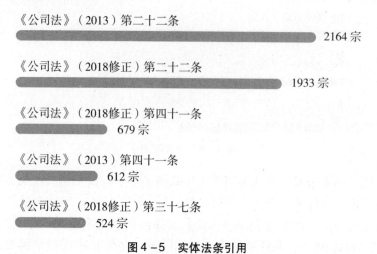

《公司法》（2013）第二十二条 ———————————————— 2164宗

《公司法》（2018修正）第二十二条 ———————————— 1933宗

《公司法》（2018修正）第四十一条 ——— 679宗

《公司法》（2013）第四十一条 ——— 612宗

《公司法》（2018修正）第三十七条 —— 524宗

图4-5 实体法条引用

根据实体法适用统计结果来看，该类案件基本会适用《公司法》第二十二条的规定。部分判例运用《公司法》第三十七条、第四十一条，而该等规定也涉及股东会决议内容、召开程序等具体问题。可见，《公司法》及其相关司法解释，是解决公司决议纠纷问题的主要法律依据。

（六）一审裁判结果

一审裁判结果见图4-6。

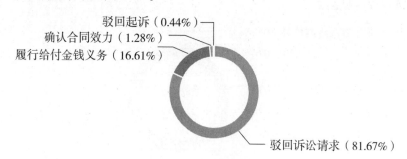

驳回起诉（0.44%）
确认合同效力（1.28%）
履行给付金钱义务（16.61%）
驳回诉讼请求（81.67%）

图4-6 一审裁判结果

从判决结果的统计结果来看，该类案件在一审被驳回诉讼请求的比例为81.67%，占比非常之高。这主要是因为《公司法》及其司法解释关于公司决议效力方面的规定比较抽象，裁判尺度不统一。以决议形式瑕疵为例，有关决议上的签名部分为伪造的案件中，被伪造的股东提起诉讼，各法院的判决中，有判决决议不成立的，有撤销决议的，还有判决决议无效的。法律适用结果的巨大差异，造成实践中很难形成对公司决议效力影响因素的准确预判。

三、影响公司决议效力的因素

通过分析法院的已生效的判决，可以观察到法院在认定公司决议效力时通常考虑的主要因素。诚然，影响公司决议效力的因素，在实践当中是呈现多样化的状态。但是，本文限于篇幅，不能够一一列举。我们在此着重考察四种有代表性的因素。

（一）股东的发言权和表决权是否得到保障

实践中，常有大股东利用其在公司治理层、管理层的优势地位，在股东会的召开过程中，虽然形式上履行了通知中小股东的义务，但是实质上阻碍中小股东进入会议场所，剥夺中小股东的发言权、表决权。这种情况是否对股东会决议的效力有影响？

在司法实践中，倾向于认为股东会是中小股东参与公司治理的重要方式，《公司法》及其司法解释有关于股东会召开程序的规定，其立法目的在于为防止大股东借助股东会损害中小股东合法利益提供法律和制度保障。如果大股东在股东会召开过程中实质性地剥夺中小股东的发言权和表决权的，该股东会决议应当属于可撤销决议。比如在 A 公司与明×公司决议效力确认纠纷案①中，法院认为，股东会决议 B 是在排除其他中小股东发言权、表决权的情况下产生的，相应的决议的表决程序违法，属于可撤销情形。理由是：A 公司虽然通知了股东明×参加临时股东会，但在明知明×已到达会场的情况下，未以必要的方式征求明×的意见，未明确明×是否参加该股东会，其后，公司采取关闭会议室门并上锁的方式，从物理上阻隔明×，使其无法进入会场参加会议进程，在明×敲门时也未询问其是否要求进入，这实际上剥夺了股东明×的发言权和表决权，造成决议的程序违法。

（二）公司决议内容是否事前通知

在股东大会上，大股东利用其优势地位，在未事先通知股东会决议表决

①　（2020）苏 05 民终××号民事判决书。

内容的情况下，对个别事项进行临时突击表决。对于该情形下产生的股东会决议，中小股东是否能够请求法院撤销呢？这关系到公司决议程序瑕疵严重到何种程度，才导致决议可撤销的问题。

司法实践倾向于认为，在未事先通知公司决议内容的情况下产生的决议属于可撤销决议。虽然我国《公司法》并没有明确的规定，《公司法司法解释（四）》第四条也仅规定了"轻微瑕疵，且对决议未产生实质影响"的抽象标准。① 但是法院在认定"轻微瑕疵"与"实质影响"时，除了考虑表决权数多寡以外，尚需考虑其他涉及中小股东利益平衡的实质因素，即以该程序是否会导致各股东无法公平地参与多数意思的形成以及获取对此所需的信息为判断标准。如果股东会未事先通知公司决议内容，则构成对股东的突袭，股东无法在表决之前对公司的经营、财务状况进行充分了解，对表决进行充分准备，这直接影响到了中小股东的权利行使，就此产生的决议应当属于可撤销决议。比如在 A 信息科技有限公司决议撤销纠纷案②中，法院认为，未事先通知公司决议内容的，属于召集程序瑕疵，并已对决议产生实质性影响，决议可撤销。理由是：被告在原定会议议程之外临时增加解散公司的会议议程，是对股东的突袭行为，此项增加的决议内容为解散公司，事关公司的存亡，对股东权益影响巨大，因此构成了对决议产生实质性影响。

（三）决议内容是否违反法律或行政法规的规定

在内容瑕疵因素方面，我国《公司法》第二十二条第一款规定"公司股东会或者股东大会、董事会的决议内容违反法律、行政法规的无效"，因此，可以提起公司决议无效诉讼的理由主要是决议内容违反法律、行政法规，有时也会当然扩大到损害公共利益或者违反公共政策或者违反公序良俗。③

比如，在 A 公司诉 B 公司决议确认纠纷案④中，法院认为，职工代表监事必须由公司职工通过职工代表大会、职工大会或者其他形式民主选举产生，对不具有职工身份的人员或未经过职工民主选举方式产生的人员任命为

---

① 《最高人民法院关于适用〈中华人民共和国公司法〉若干问题的规定（四）》第四条："股东请求撤销股东会或者股东大会、董事会决议，符合民法典第八十五条、公司法第二十二条第二款规定的，人民法院应当予以支持，但会议召集程序或者表决方式仅有轻微瑕疵，且对决议未产生实质影响的，人民法院不予支持。"

② （2019）闽 0211 民初××号民事判决书。

③ 施天涛：《公司法论》（第 4 版），法律出版社 2018 年版，第 391 页。

④ 《最高人民法院公报》2019 年第 11 期（总第 277 期）。

职工代表监事的，该任命应属于无效。理由是：第一，职工代表大会是协调劳动关系的重要制度，职工代表必须与公司存在劳动关系。第二，职工代表监事应通过职工代表大会、职工大会等形式，从职工代表中民主选举产生，《公司法》第五十一条第二款规定了监事会应包括公司职工代表，说明职工代表资格是成为职工代表监事的前提。因此，该决议因违反法律的强制性规定而应认定为无效。

（四）公司是否实际召开会议

在实践中，不乏有些大股东在中小股东不知情的情况下，未经公司召开股东会，即作出股东会决议，进而损害中小股东的合法利益。这种情形下形成的股东会决议效力又如何呢？

我国《公司法》中并没有关于公司决议不成立的规定。对此，《公司法司法解释（四）》第五条进行了补充规定，并列举了五种公司决议不成立的情形。① 在司法实践中，法院通常认为公司未实际召开会议，该公司决议不成立。比如在 A 公司诉 B 公司决议纠纷案②中，法院认为，原告 A 公司和第三人 C 公司在股东会决议上均无签名或盖章，且表示对股东会决议不知情、未参加会议；被告 B 公司也没有提供关于召开股东会通知的相关证据，且从股东会决议本身来看，也难以认定实际召开过股东会，因此该股东会决议不成立。理由是：股东会决议是否成立，应当从公司股东的身份、股东会的召集程序、决议内容、表决结果等方面来判断，未实际召开会议的，公司决议应当不成立。

四、公司决议效力瑕疵诉讼中的举证责任

因股东个人对于公司决议的程序信息的掌握具有先天性的弱势，在公司决议无效和可撤销的举证责任方面，法院并不会简单地适用"谁主张，谁举

---

① 《最高人民法院关于适用〈中华人民共和国公司法〉若干问题的规定（四）》第五条："股东会或者股东大会、董事会决议存在下列情形之一，当事人主张决议不成立的，人民法院应当予以支持：（一）公司未召开会议的，但依据公司法第三十七条第二款或者公司章程规定可以不召开股东会或者股东大会而直接作出决定，并由全体股东在决定文件上签名、盖章的除外；（二）会议未对决议事项进行表决的；（三）出席会议的人数或者股东所持表决权不符合公司法或者公司章程规定的；（四）会议的表决结果未达到公司法或者公司章程规定的通过比例的；（五）导致决议不成立的其他情形。"

② （2020）渝 0104 民初字××号民事判决书。

证"的规则。那么，何种情况下法院会认为应当由股东承担举证责任，又在何种情况下会认为应当由公司承担举证责任？

在司法实践中，通常将公司决议瑕疵区分为程序瑕疵与内容瑕疵。如果是程序瑕疵，因公司有按照法定程序召开会议的义务，因此由公司承担举证责任。比如在邝×诉 A 公司决议撤销纠纷案[1]中，法院认为，被告 A 公司、B 合伙企业、翁×、郑×、吴×及李×认为股东会决议已经原告参与讨论表决后达成，对该决议达成的基本事实应当承担举证责任。因上述被告未能举证证明系争股东会决议程序合法，法院认定该股东会决议存在程序瑕疵。这是由于公司资本多数决的表决方式，中小股东参与股东会决议时存在先天劣势，在举证责任方面，由于按照法定程序召开股东会并做出决议是公司的义务，因此当股东提出决议程序违法时，应当由公司承担举证责任。

如果是公司决议的内容瑕疵，由于公司与股东在内容瑕疵的举证能力方面，并不存在明显的优劣势，因此仍应遵循"谁主张，谁举证"的规则。

五、公司决议效力瑕疵的典型情形

（一）虚假出资股东以股东会决议对其他股东作出的除名决议无效

我国《公司法》规定了股东除名制度，并借此对没有履行出资义务或抽逃全部出资的股东进行惩罚和制裁。但是，当所有股东均为虚假出资或抽逃全部出资时，部分股东是否能够通过股东会决议解除其他股东的股东资格呢？也就是说，该股东会决议是否还有效呢？

在司法实践中，通常会否定这种决议的效力。因为公司是股东之间达成的契约结合体，股东之间的关系应当受该契约的约束。如果其中部分股东没有履行出资义务或抽逃全部出资的，则会危害公司的正常经营和其他股东的共同利益，因此股东除名制度的立法目的在于维护守约诚信股东的利益。对于本身即为没有履行出资义务或抽逃全部出资的股东，没有所谓的合法权益受损之说，因此其通过公司决议解除其他股东的股东资格欠缺合法性基础，应认定该决议无效。

比如在刘×诉 A 公司等公司决议效力确认纠纷案[2]中，二审法院认为，

---

① （2019）闽 0211 民初××号民事判决书。
② （2018）苏 04 民终××号民事判决书。

公司股东均为虚假出资的，部分股东通过股东会决议解除特定股东的股东资格，该除名决议应当认定为无效。理由是：股东除名制度的目的，在于通过剥夺股东资格的方式，惩罚不诚信股东，维护公司和其他诚信股东的权利，如果公司股东均为虚假出资的，部分股东通过股东会决议解除特定股东的股东资格，由于该部分股东本身亦非诚信守约股东，其行使除名表决权丧失合法性基础，背离了股东除名制度的立法目的，因此该决议无效。

（二）超出公司章程规定的处罚事项范围、金额范围的公司决议无效

在公司治理中，常有股东之间通过公司章程约定一定的惩罚措施来规范股东的行为，该约定因不违反法律的强制性规定，应属有效。但是，事后通过公司决议在超出公司章程规定的处罚事项范围、金额范围作出的处罚是否还有效呢？

我国《公司法》及其司法解释并没有对公司章程的处罚事项作出规定。司法实际中，法院认为超出公司章程规定的处罚事项范围、金额范围的公司决议应当无效。因为公司章程规定的惩罚事项不同于违约责任，被惩罚股东的责任范围已超出受害人的实际受损，如果事前没有对惩罚事项和惩罚范围作出明确规定，则超出被惩罚人的可预见性，缺乏法定的依据。

比如在 A 公司诉祝 × 股东会决议罚款纠纷案[①]中，法院认为，有限公司的公司章程在赋予股东会对股东处以罚款职权的同时，应当明确规定罚款的标准和幅度，股东会在没有明确标准和幅度的情况下处罚股东，属于法定依据不足，相应决议无效。理由是：公司章程规定的罚款是一种纯惩罚性的制裁措施，虽与行政法等公法意义上的罚款不能完全等同，但在罚款的预见性及防止权力滥用上具有可比性，根据我国行政处罚法的规定，对违法行为给予行政处罚的规定必须公布，未经公布的，不得作为行政处罚的依据，否则该行政处罚无效，而在本案中，公司章程虽然规定了股东会有权对股东处以罚款，但没有在公司章程中明确记载罚款的标准及幅度，使得股东对违反公司章程行为的后果无法做出事先预料，且该案中股东会对祝 × 的罚款已明显超出了其的可预见范围，因此，该临时股东会作出对祝 × 的罚款决议明显属法定依据不足，应当认定为无效。

---

① 《最高人民法院公报》2012 年第 10 期（总第 192 期）。

（三）修改股东出资期限不适用资本多数决规则

司法实践中，常有中小股东因股东会决议修改股东出资期限，而向人民法院提起诉讼，并主张股东会决议因未经过中小股东的一致同意，请求确认无效。那么，修改股东出资期限是否必须经过全体股东同意，还是可以适用资本多数决规则？

在司法实践中，通常认为修改股东出资期限的股东会决议如果仅满足资本多数决规则，而未经过全体股东一致同意，则该股东会决议属于无效。因为股东的出资期限是股东通过公司章程或者股东出资协议达成合意的事项，要求各个股东之间意思表示一致。在公司成立以后，如果要通过股东会决议修改股东出资期限的，那么也需要全体股东一致同意。

比如在姚×与A公司、章×等公司决议纠纷案①中，法院认为，修改股东出资期限，涉及公司各股东的出资期限利益，并非一般的修改公司章程事项，不能适用资本多数决规则。理由如下：第一，股东的出资期限利益是公司资本认缴制的核心要义，是公司各股东的法定权利，如允许公司股东会以多数决的方式决议修改出资期限，则占资本多数的股东可随时随意修改出资期限，从而剥夺其他中小股东的合法利益；第二，修改股东出资期限直接影响各股东的根本利益，其性质不同于公司增资、减资、解散等事项；第三，股东出资期限是公司设立或股东加入公司成为股东时，公司各股东之间形成的一致合意，股东按期出资虽是各股东对公司的义务，但本质上属于各股东之间的一致约定，而非公司经营管理事项。

六、公司决议效力瑕疵诉讼的系列问题

现行《公司法》及其司法解释为股东、董事、监事及其他利害关系人提供了公司决议效力瑕疵救济的三种方式——不成立、可撤销和无效。然而，公司决议因其具有团体性特征而不同于一般民事法律行为。在司法实践中，仍然需要注意两者之间的差异，从而不断完善公司决议效力瑕疵的认定和救济。

在公司决议效力瑕疵诉讼的研究中，我们认为以下问题应当给予重点关注：

（1）关于公司决议的不成立、可撤销和无效，在成文法与审判实践之间

---

① 《最高人民法院公报》2021年第3期（总第293期）。

体现怎样的张力？有无共识性的裁判规则？

（2）公司决议效力瑕疵纠纷中的举证、质证和认证有无特殊性，如何确定和证明要件事实（小前提）？

（3）作为律师或者公司管理者，哪些与公司决议效力有关的因素应予重点关注？或者，有无应着力避免的"雷区"？

结　语

《公司法司法解释》的出台，虽然在一定程度上丰富了公司决议效力认定方面的法律制度，但是在公司决议效力瑕疵的诉讼方面，仍然存在一些问题。之所以还存在一些问题，一方面是因为公司决议效力制度的立法尚未健全，另一方面是因为公司决议本身具有特殊性。因此，本文立足于公司决议效力认定的立法现状和司法现状，同时结合公司决议的特殊性，对其司法认定中存在的问题做了具体分析。首先，在公司决议效力的影响因素方面，明确了具体因素包括股东的发言权和表决权是否得到保障、公司决议内容是否事前通知、决议内容是否违反法律或行政法规的规定、公司是否实际召开会议等。其次，在公司决议效力瑕疵诉讼中的举证责任方面，如果是程序瑕疵，因公司有按照法定程序召开会议的义务，因此由公司承担举证责任；如果是公司决议的内容瑕疵，由于公司与股东在内容瑕疵的举证能力方面，并不存在明显的优劣势，因此仍应遵循"谁主张，谁举证"的规则。最后，在公司决议效力瑕疵诉讼的研究中，还提出了将来应当给予重点关注的问题。

公司决议无效诉讼的实证分析

杨超男　李天荣[*]

引　言

公司决议无效纠纷是公司决议瑕疵纠纷中最复杂的问题。《公司法》第二十二条第一款"公司股东会或者股东大会、董事会的决议内容违反法律、行政法规的无效"的规定，属于缺少构成要件的"不完全条款"，而《公司法司法解释（四）》也未能进一步添补"解释空间"。在成文法未能作出体系化安排的前提下，如何认定公司决议无效，亟待司法实践的回应与补足。认定公司决议无效的具体事由有哪些？涉及公司决议无效认定问题的案件中，是否存在法院据以做出裁判的价值标准？在实务中，对公司决议的合规与风控，有哪些具体的建议？本文是"公司决议效力瑕疵诉讼重要问题"系列研究第二篇，以 964 份判决书为样本，展开实证分析，拟对上述问题作出回答，供大家交流探讨。

一、公司决议无效诉讼的司法现状

笔者以"公司决议纠纷"为案由，以"无效"为诉讼请求段落关键字，进行检索，发现 2018 年 11 月 1 日至 2021 年 11 月 1 日期间，已形成生效民事判决书的案例共计 1009 宗。通过人工进一步筛选，剔除无关案例后，剩余案件数量为 964 宗，具体数据情况如下：

（一）公司决议效力认定

公司决议效力认定见图 4 - 7。

---

[*]　杨超男，广东广信君达律师事务所合伙人；李天荣，广东广信君达律师事务所实习律师。

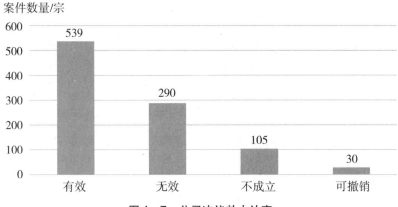

图 4-7 公司决议效力认定

统计结果显示，2018 年 11 月 1 日至 2021 年 11 月 1 日期间，在原告请求确认公司决议无效的 964 宗案件中，法院认定公司决议为有效的案件最多，共计 539 宗，占全体案件数量的 56%；认定公司决议为无效的案件共计 290 宗，占比 30%；认定公司决议为不成立的案件共计 105 宗，占比 11%；认定公司决议可撤销的案件共计 30 宗，占比 3%。由此可见，法院在公司决议无效诉讼纠纷中，一般不会轻易否定公司决议的效力。

（二）无效公司决议类型

无效公司决议类型见图 4-8。

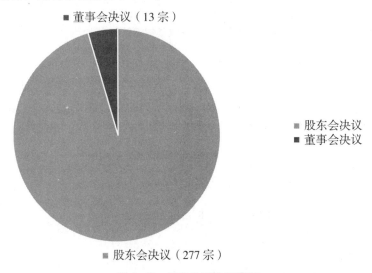

图 4-8 无效公司决议类型

从统计结果来看，在法院认定公司决议为无效的 290 份生效判决文书中，股东会决议被认定为无效的案件数量最多，共计 277 宗，占比 95%；董事会决议被认定为无效的案件数量为 13 宗，占比 5%。由此可见，在公司决议无效诉讼纠纷中，涉股东会决议无效纠纷数量比董事会决议无效纠纷多，这或许与我国公司法采用股东会中心主义立场以及公司多为股权集中型的现状有关。[①]

（三）股东会决议具体无效事由

股东会决议具体无效事由见图 4-9。

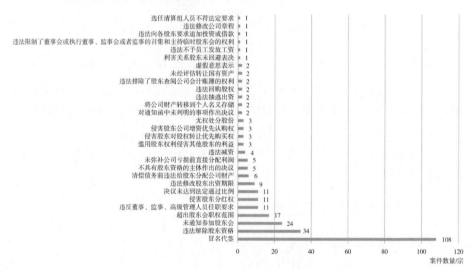

图 4-9　股东会决议具体无效事由

由图 4-9 可知，通过对上述 277 宗股东会决议无效案件的分析，一共存在 29 种具体的无效事由。其中以"冒名代签"为无效事由，认定股东会决议无效的案件数量最多，共计 108 宗，占比 39%；案件数量排名第二的无效事由是"违法解除股东资格"，共计 34 宗，占比 12%；案件数量排名第三的无效事由是"未通知参加股东会"，共计 24 宗，占比 9%。

（四）董事会决议具体无效事由

董事会决议具体无效事由见图 4-10。

---

① 叶林：《股东决议无效的公司法解释》，载《法学研究》2020 年第 3 期，第 62 页。

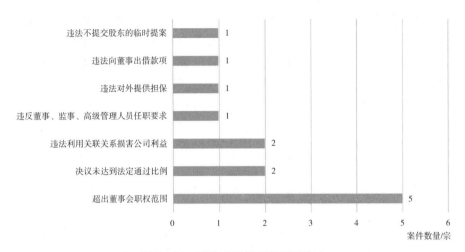

图 4 - 10　董事会决议具体无效事由

由图 4 - 10 可知，通过对上述 13 宗董事会决议无效案件进行分析，一共存在 7 种具体的无效事由。其中以"超出董事会职权范围"为无效事由，认定董事会决议无效的案件数量最多，共计 5 宗，占比 38%；案件数量排名第二的无效事由是"决议未达到法定通过比例"，共计 2 宗，占比 15%；案件数量排名第三的无效事由是"违法利用关联关系损害公司利益"，共计 2 宗，占比 15%。

（五）实体法适用

实体法适用见图 4 - 11。

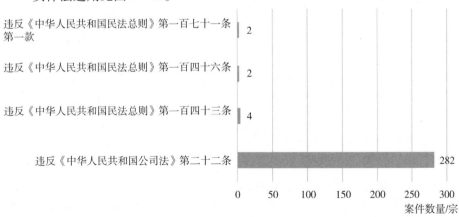

图 4 - 11　实体法适用①

根据实体法适用的统计结果来看，对于公司决议无效诉讼纠纷案件，法院基本会适用《公司法》第二十二条的规定。部分案件适用了《中华人民共和国民法总则》（以下简称《民法总则》）第一百四十三条、第一百四十六条以及第一百七十一条第一款的规定，这三个条文涉及民事法律行为的有效要件、虚假意思表示和无权代理等问题。由此可见，《公司法》和一般民事法律规范是认定公司决议无效的主要法律依据。其中，适用《公司法》第二十二条规定的案件数量为 282 宗，占比 97%；适用一般民事法律规范的案件数量共 8 宗，占比为 3%。

下文将分别从公司法路径和一般民事法律规范路径，进一步分析司法实务中如何认定公司决议无效。

二、认定公司决议无效之公司法路径

《公司法》第二十二条第一款规定："公司股东会或者股东大会、董事会的决议内容违反法律、行政法规的无效"，法院通过适用该规定来认定公司决议无效的，都可以归类为公司法路径。《公司法》第二十二条第一款仅抽象地规定了"违反法律、行政法规的无效"，并没有明确公司决议无效的具体事由。因此，有必要进一步明晰导致公司决议无效的具体原因有哪些。在本文选取的案例中，一共存在 29 种具体的无效事由，以下将具体分析其中最为常见的 8 种无效事由。

（一）冒名代签

针对冒名代签的股东会决议效力，有的法院会首先认定决议行为在性质上应属于法律行为，在效力认定方面，股东会决议行为也应当符合意思表示真实这一构成要件。其次，基于冒名代签而形成的股东会决议，因其存在意思表示方面的瑕疵，不是股东的真实意思表示，因此违反了《民法总则》第一百四十三条的规定，进而违反了《公司法》第二十二条的规定，最终将被认定为无效。

比如在 A 公司、B 公司决议纠纷二审民事案[①]中，二审法院认为，2016 年 8 月 30 日的 B 公司股东会决议上 A 公司的签章并非其备案公章，该决议行为不是 A 公司的真实意思表示，不满足法律行为有效的构成要件。因此，该股东会决议违反《公司法》第二十二条第一款"公司股东会或者股东大

---

① （2019）粤 03 民终 ×× 号民事判决书。

会、董事会的决议内容违反法律、行政法规的无效"的规定，侵害了 A 公司的合法权益，应确认为无效。理由是：有限责任公司通过股东会对变更公司章程内容、决定股权转让等事项作出决议，该决议在性质上属于法律行为，在判断其效力时，应当审查其是否符合意思表示真实这一构成要件。如若不符合意思表示真实，股东会决议将属于无效决议。因此，公司股东通过参加股东会议并作出真实意思表示，是股东会议及其决议有效的必要条件。

（二）违法解除股东资格

我国《公司法》规定了股东除名制度，并借此对没有履行出资义务或抽逃全部出资的股东进行惩罚和制裁。但是，当所有股东均为虚假出资或抽逃全部出资时，部分股东是否能够通过股东会决议解除其他股东的股东资格呢？也就是说，该股东会决议是否还有效呢？

在司法实践中，法院通常会否定这种决议的效力。因为公司是股东之间达成的契约结合体，股东之间的关系应当受该契约的约束。如果其中部分股东没有履行出资义务或抽逃全部出资的，则会危害公司的正常经营和其他股东的共同利益，因此股东除名制度的立法目的在于维护守约诚信股东的利益。对于本身即没有履行出资义务或抽逃全部出资的股东，没有所谓的合法权益受损之说，因此其通过公司决议解除其他股东的股东资格欠缺合法性基础，应认定该决议无效。

比如在吴×与 A 公司等公司决议效力确认纠纷案①中，法院认为，《公司法解释（三）》第 17 条赋予的是守约股东对未履行出资义务或者抽逃全部出资的股东的除名权，基于违约方的行为已严重损害公司利益和股东权益，故不应赋予违约方对未履行出资义务或者抽逃全部出资股东的除名权。本案中，吴×同样存在抽逃全部出资的情形，就股东内部而言，并不存在其股东合法利益受损一说，因此吴×不能对此进行救济，否则将违背权利与义务一致、公平诚信的法律原则，即吴×无权通过召开股东会的形式，决议解除余×的股东资格。A 公司于 2020 年 5 月 25 日召开的股东会所作出的股东会决议无效。

（三）未通知参加股东会

对于公司未通知股东参加股东会的情形下，形成的股东会决议是属于无效还是可撤销？有观点认为，未通知股东参加股东会仅仅是会议的召集程序

---

① （2020）粤 19 民终××号民事判决书。

和表决程序违法，属于决议可撤销的情形，而不是决议无效。对此，司法实践是如何认定的呢？

在司法实践中，法院通常认为未通知股东参加股东会而作出的决议应属无效，因为这剥夺了股东所享有的参与公司重大决策的权利。比如在 A 公司、B 公司决议效力确认纠纷二审民事案①中，二审法院认为，B 公司在未依法通知 A 公司且 A 公司也未参加股东会的情况下，召开会议并对修改公司章程、改选董事会及监事会等多项议题作出的决议，属于无效。理由是：充分行使表决权、平等参与公司决策是股东行使权利的主要方式。为了切实保障所有股东各项股东权利，公司法规定了公司召开股东会时，必须通知全体股东，从而为所有股东行使权利创造必要的条件。如若公司未通知股东参加股东会，该股东实际上也未参加股东会并作出真实意思表示时，那么在这种情形下所形成的股东会决议，应当属于无效。因此，通知股东参加股东会，是股东会及其决议有效的必要条件。

（四）超出股东会职权范围

《公司法》第三十七条规定："股东会行使下列职权：（一）决定公司的经营方针和投资计划。"这是公司法对股东会职权的明确规定，股东会在该职权范围之外形成的决议将会被认定为无效。

比如在程×与杜×等公司决议效力确认纠纷案②中，法院认为，公司总经理聘任和解聘的权利归属于董事会，B 公司于 2017 年 11 月 16 日召开股东会会议通过《关于解聘程×任公司总经理的议案》和《关于聘任马×任公司总经理的议案》，违反了公司法的规定，应属无效。

（五）违反董事、监事、高级管理人员任职要求

《公司法》第四十五条规定"董事任期由公司章程规定，每届任期不得超过三年"，第五十一条第四款规定"董事、高级管理人员不得兼任监事"，这些都属于公司法对董事、监事、高级管理人员的任职要求，违反这些规定的公司决议也会被认定为无效。

比如在黄×与 A 公司决议效力确认纠纷案③中，法院认为，系争股东会决议中，选举黄×、朱×、龙×为公司董事会成员，任期五年，该决议中董

---

① （2019）粤 03 民终 ×× 号民事判决书。
② （2018）京 0115 民初 ×× 号民事判决书。
③ （2018）粤 0307 民初 ×× 号民事判决书。

事任期违反了公司法关于董事任期不得超过三年的规定。因此，该股东会决议中董事任期超过法律规定最长任期的部分应当属于无效。

（六）侵害股东分红权

为了维护有限责任公司股东行使资产收益权，股东会决议关于股东分红比例的内容，如若违反"同股同权"一般原则，将会被认定为无效。《公司法》第三十四条规定："股东按照实缴的出资比例分取红利；公司新增资本时，股东有权优先按照实缴的出资比例认缴出资。但是，全体股东约定不按照出资比例分取红利或者不按照出资比例优先认缴出资的除外。"这一规定表明，在全体股东没有约定不按照出资比例分红的情况下，基于"同股同权"的一般原则，股东应按照实缴的出资比例分取红利。股东会决议违反该规定，侵害股东分红权的，应当认定为无效。

比如在李×与A公司决议纠纷案①中，法院认为，系争股东会决议在分红比例方面，并没有按照股权份额同比例分红。在全体股东没有约定不按照出资比例分红的情况下，该决议实际上导致了A公司差异化分红。根据《公司法》第三十四条规定，股东应当按照实缴的出资比例分取红利。由于该决议差异化分红未获得全体股东的一致同意，该分红模式已违反了公司法的规定，违反了有限责任公司股东"同股同权"的一般原则，直接损害了李×作为股东的分红权，应当认定为无效。

（七）违法修改股东出资期限

股东通常以公司章程的方式事前确定股东的出资期限，虽然《公司法》第四十三条第二款规定，修改公司章程须经代表全体股东三分之二以上表决权的股东通过，但是对于修改股东出资期限来说，能否也适用资本多数决规则呢？

在司法实践中，法院倾向于认为，修改股东出资期限不适用资本多数决规定，应当经过全体股东一致同意。比如在姚×与A公司、章×等公司决议纠纷案②中，法院认为，临时股东会形成的决议无效，即A公司要求各个股东完成注册资本的缴纳期限从二十年左右缩减到于半个月不到的时间之内的股东会决议无效。理由是：公司股东以多数决的方式修改出资期限的，属于股东滥用其控股地位的行为，该行为损害了其他股东的期限利益。除法律规

---

① （2019）渝0105民初××号民事判决书。
② （2019）沪02民终××号民事判决书。

定或存在其他合理事由外，股东会决议中修改出资期限的内容，应经过全体股东一致通过才能认定为有效。公司注册资本的出资期限，是通过公司章程或股东出资协议确定的，属于全体股东之间的合意。仅通过多数决的方式所形成修改出资期限的公司决议，并非全体股东之间的合意，侵害了其他股东的期限利益，应当认定为无效。

（八）违法减资

公司增减出资是公司为达成经营目标的一种管理手段，其不仅涉及公司的经营发展以及股东之间的利益关系，同时也与公司相关的其他各方主体的利益息息相关。与公司股东同比例减资情形不同的是，公司能否通过股东会决议向部分股东定向减资，返还投资款呢？

在司法实践中，法院通常认定此类定向减资的股东会决议属于无效，因为此类定向减资的股东会决议，不仅损害债权人的利益，也损害公司其他股东的利益。其实质上是让部分股东优先于其他股东收回所投入的注册资本。同时，如若允许部分股东通过定向减资的方式收回其资本，将可能使得债权人无法实现其债权，从而损害债权人的利益。比如在华×与 A 公司决议纠纷上诉案①中，法院认为，A 公司在经营严重亏损状态下，股东会决议通过的定向减资无效。理由是：在公司经营亏损的情况下，如果公司股东可以通过股东会减资决议的方式，向部分股东返还其所投入的注册资本，那么该股东会决议本质上是未经清算程序即变相向个别股东分配公司剩余资产。该股东会决议不仅损害债权人的利益，也使得公司其他股东的利益和公司的财产权遭受损失，该决议应属无效。

三、认定公司决议无效之民事一般法路径

对于公司决议效力案件，法院有时会采用民事一般法的分析路径。通过对以上检索的案例进行分析可以发现，有的法院首先认定公司决议行为是民事法律行为，应当满足民事法律行为有效的构成要件，再认定公司决议是否违反了民事一般法中关于民事法律行为无效的规定。若公司决议违反了这些规定，则直接认定公司决议为无效。

比如在陈×与 A 公司决议效力确认纠纷案②中，法院认为，案涉股东会

---

① （2018）沪 01 民终××号民事判决书。
② （2020）苏 0311 民初××号民事判决书。

决议是陈×、吴×及明×以虚假意思表示实施的民事法律行为，根据《民法总则》第一百四十六条规定"行为人与相对人以虚假的意思表示实施的民事法律行为无效"，该公司决议应确认为无效。理由是：明×出资 700 万元先以增资的方式进入公司，再作为股权转让对价款予以转出，支付给陈×、吴×。因此，案涉股东会决议名为增资，实为股权转让，该增资决议属于无效。

四、公司决议无效认定中的价值衡量

公司决议是公司中错综复杂利益关系的重要载体，公司决议无效将引发更复杂的利益冲突。公司决议无效的认定所面对的实质问题是，如何平衡大股东与小股东、外部债权人以及内部利益相关者之间的利益关系。

在公司决议无效纠纷案件中，少数股东通过诉讼的形式，阻止了多数股东所形成的决议。这意味着已在公司形成的新的利益关系，将不得不恢复到公司内部原有的利益关系状态，重新调整外部债权债务关系，这将会诱发对公司内部和外部关系安定性的担忧。[1] 换而言之，在公司决议无效认定之中，法院需要在"尽力维持公司决议效力"与"消除公司决议违法性"乃至"防止控股股东滥用权力、保护小股东"之间寻求利益平衡。[2] 对比英美法和大陆法关于决议无效的立法，"谨慎"认定无效已成为共识。纵观司法实践中法院认定决议无效的事由，可以看出，以下因素事关公司决议效力：决议是否违背了公司的独立人格和股东有限责任；决议是否违背了公司民主参与规则；决议是否导致公司法加以保护的法益如小股东利益、债权人利益等受到明显侵害；决议是否违反公序良俗。[3]

五、公司决议合规风控建议

通过上述实证和理论分析，不难看出，公司决议并非一经作出当然有效。公司决议效力所涉纠纷亦关涉广泛，一旦被法院认定无效，不但既有利益格局发生变化，还可能引致无效过错方进一步的法律责任。为了提高公司

---

① 叶林：《股东会议无效的公司法解释》，载《法学研究》2020 年第 3 期，第 69 页。

② 托马斯·莱塞尔、吕迪格·法伊尔：《德国资合公司法》，高旭军等译，上海人民出版社 2019 年版，第 425 页。

③ 叶林：《股东会议无效的公司法解释》，载《法学研究》2020 年第 3 期，第 78－80 页。

决议效力的稳定性，我们建议，在实务中要特别注意以下五点：

（1）公司决议上的签字、签章一定要属于本人或本单位的真实签字、签章，未得到授权而代签的决议可能会被认定为无效；如果不能本人签署，则必须经过合法授权，并由公司留存所有授权文件。

（2）股东会的召开应严格遵循公司法和公司章程的规定，无论是定期会议还是临时会议，均需完成所有"规定动作"，如提前十五日通知，明确议题、时间、地点，形成会议记录、股东签名等。

（3）公司法对股东会、董事会职权作出了明确规定，公司章程一般也会进一步细化该等规定，公司股东会、董事会不能超出职权范围决议事项。

（4）对于修改股东出资期限等事项，虽然法律、行政法规没有明确要求应当经过全体股东同意，但是对这类容易引起争议、可能会被否定效力的事项，可以由全体股东一致通过，而不是仅仅适用资本多数决规则。

（5）加强对股东会、董事会召开程序、决议程序、内容的合法合规性审查，既要对照成文法规定，也要注意把握司法实践中关涉决议效力的因素，同时，还可以从实质公平的角度，将受保护的法益是否受到损害纳入审查范围。

公司决议撤销诉讼的实证分析

孙健为[*]

引　言

《公司法》第二十二条规定，股东会议的召集程序、表决方式违反法律、行政法规或者公司章程，或者决议内容违反公司章程的，股东可以自决议作出之日起六十日内，请求人民法院撤销决议。据此，当公司决议的程序存在瑕疵，或者该决议内容有违公司章程规定时，该决议从性质上就属于可撤销范畴。该决议瑕疵类型对原告的限制条件和起诉时限不同于公司决议无效和不成立。根据《公司法》第二十二条和《公司法司法解释（四）》第二条规定，能提起公司决议撤销之诉的主体仅限于公司股东，且对于股东进行了更加细化的要求，即股东资格必须维持在"起诉时具有公司股东资格"，另外对起诉时限也加以限制，要求是在涉案决议作出之日起六十日内方可提出。当然公司决议可撤销诉讼也有例外情形存在，《公司法司法解释（四）》第四条规定，若涉案会议的召集程序或者表决方式仅有轻微的瑕疵，并且未能对决议产生实质影响的，不得撤销。实践中，对于决议应否予以撤销，是否存在法院据以作出裁判的价值标准？决议被撤销，涉及哪些具体事由？本文尝试通过司法裁判实证研究，对前述问题作出回答。

一、公司决议撤销纠纷的司法现状

笔者以"公司决议撤销纠纷"为案由，以"撤销"为关键词在诉讼请求段落中进行检索，发现 2018 年 11 月 1 日至 2021 年 11 月 1 日期间，已形成生效一审民事裁判案例共计 569 宗。通过人工进一步筛选，剔除无关案例后，剩余案件数量为 552 宗。

（一）公司决议撤销纠纷裁判结果

公司决议撤销纠纷裁判结果见图 4-12。

---

* 孙健为，广东广信君达律师事务所律师。

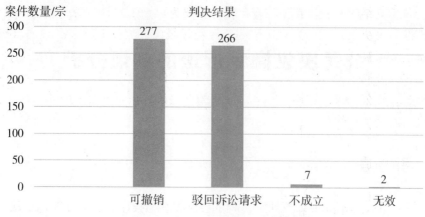

图4-12　公司决议撤销纠纷裁判结果

　　统计结果显示，2018年11月1日至2021年11月1日期间，在原告请求确认公司决议可撤销的552宗案件中，法院认定公司决议可撤销的案件最多，共计277宗，约占全体案件数量的50%；法院认定驳回原告诉讼请求的案件共计266宗，约占全体案件数量的48%；法院认定公司决议为不成立的案件共计7宗；法院认定公司决议无效的案件共计2宗。由此可见，在公司决议撤销纠纷中，法院认定公司决议可撤销的比例达到了50%。

（二）可撤销公司决议类型

　　可撤销公司决议类型见图4-13。

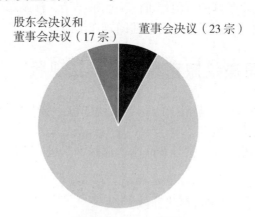

图4-13　可撤销公司决议类型

从统计结果来看，在法院认定公司决议为可撤销的 277 份生效裁判文书中，股东会决议被认定为可撤销的案件数量最多，共计 237 宗，占比 86%；董事会决议被认定为可撤销的案件数量为 23 宗，占比 8%；股东会决议和董事会决议在同一案件中均被认定为可撤销的案件数量为 17 宗，占比 6%。由此可见，在公司决议撤销纠纷中，涉股东会决议撤销纠纷数量最多。

（三）实体法适用

实体法适用见图 4 - 14。

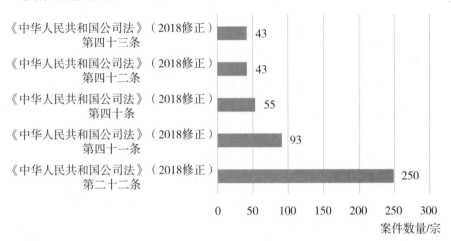

图 4 - 14　实体法适用②

根据实体法适用的统计结果来看，对于公司决议撤销诉讼纠纷案件，法院通常会适用《公司法》第二十二条的规定。部分案件除了适用《公司法》第二十二条的规定之外，还涉及第四十条、第四十一条、第四十二条、第四十三条等相关条文。由此可见，《公司法》是认定公司决议可撤销问题的主要法律依据。其中适用《公司法》第二十二条规定的案件数量高达 250 宗，占比 90%，部分案件适用法律条文多，以上统计结果为主要适用条文。

下文进一步分析司法实务中如何认定公司决议可撤销。

二、公司决议可撤销认定之事由

在讨论决议可撤销的认定之事由之前，首先要明确决议行为的性质是民事法律行为，也正是因此才有对其"可撤销事由"这一问题进行探讨的必要。而如何区分决议的不成立、可撤销与无效的事由一直以来都是实践中的难点，因为这三种诉讼的事由都是公司决议程序违法或违章，且法律规定了"轻微""不产生实质影响"以及"其他事由"此类较为模糊和原则性的用词①。

笔者对本文选取的案例进行归纳分析发现，在法院判决公司决议可撤销时，也同样是依照《公司法》第二十二条第二款来进行具体分析。在已判决的可撤销的公司决议纠纷中，主要有召集程序瑕疵、表决方式瑕疵以及决议内容瑕疵三类事由。公司决议可撤销事由见图4-15。

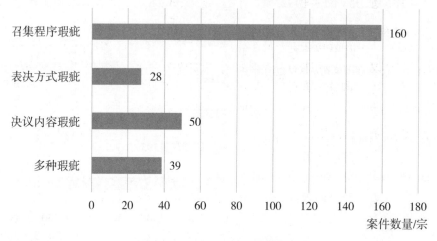

图 4-15　公司决议可撤销事由

（一）召集程序瑕疵

召集程序瑕疵是一个复合的可撤销事由，在实践中可以具体分为召集主体不适格、召集权瑕疵、通知程序瑕疵等。通过《公司法》第四十条可以对召集主体是否适格进行有效判断：召集的主体必须是法律规定的几种主体之一，另外，这几种主体间存在一定的顺位关系，只有当上一顺位的主体不召集或者未被设立的，下一顺位的主体才有资格进行召集，若某一主体跳过顺位进行召集则属于召集主体不适格。至于召集权瑕疵，笔者从案例中总结出两种情况，即表见召集和绝对无召集权的人召集。表见召集表现为召集人在未满足特定条件时就进行召集行为；绝对无召集权的人召集表现为如未达到法律规定的可进行召集行为的股权数的股东或者公司其他工作人员等进行召集。对于通知程序瑕疵，在法律与公司章程都无规定时，公司可采用的召集

① 张芮：《公司决议撤销之诉问题研究》，硕士学位论文，华北电力大学，2021年。

通知的方式有口头、书面、邮件、微信等多种方式，但若公司章程规定了通知方式，则义务人应按照公司章程规定进行通知。若与会人员因瑕疵方式未接到通知或者接到通知后提出异议，无论与会人员是否参加会议，都属于存在程序瑕疵；通知时间及通知内容的瑕疵包含通知应在会议召开前多长时间发出，通知应说明会议时间、地点、审议内容等存在的具体案例中呈现的不同的瑕疵。

比如在甲与A公司决议撤销纠纷案[①]中，公司股东会议（2021年3月29日）的召集程序存在瑕疵，根据《公司法》及A公司《2021年3月25日公司章程》规定，召开股东会议，必须要在会议召开的十五日前通知全体股东。原告、被告均认可A公司在召开股东会议前没有通知甲参加2021年3月29（25）日的股东会议，即公司未召集全体股东参加股东会议，存在召集对象上的瑕疵。召集对象上的瑕疵并不是一般的轻微程序瑕疵，它对股东会决议有根本影响，理由有二：首先，股东会决议的成立必须要经过法定的正当程序，这是形式上的硬性条件，如果召集对象上存在瑕疵将会直接导致会议缺少法定条件而无法作出有效决议。其次，未通知股东参会的行为与表决过程中的一般程序瑕疵相比具有明显不同，其实质是从根本上剥夺了股东行使表决权的机会和可能，并非表象上的影响股东表决权的行使结果。在本案中，公司于2021年3月29日召开的股东会议不仅没有通知股东甲参会，还伪造其签名，进而形成了涉案股东会决议，该决议未能充分代表和体现全体股东的真实意思表示，故撤销A公司于2021年3月29日作出的两份股东会决议。

（二）表决方式瑕疵

"表决方式违反法律、行政法规或者公司章程"的公司决议可以诉请撤销。相对于其他可撤销事由，表决方式瑕疵涉案数量占比较小。表决方式是指股东通过股东会行使表决权时所应遵循的某些程式。[②] 表决方式瑕疵具体包括表决主体瑕疵、主持瑕疵、股东意思表示瑕疵、表决权数计算瑕疵等类型的瑕疵。表决主体瑕疵指表决的主体不具有表决权或者表决权状态不圆满时进行表决，最典型、最严重的情形就是非股东进行表决；一般所说的主持瑕疵是指主持人不具有主持资格或者主持人没有依照法律或公司章程的规定进行主持；股东意思表示瑕疵指股东在表决时由于重大误解等因素而作出了

---

① （2021）川1681民初××号民事判决书。

② 李建伟：《公司决议效力瑕疵类型及其救济体系再构建——以股东大会决议可撤销为中心》，载《商事法论集》2008年第15卷第2期，第53－94页。

虚假的意思表示，值得注意的是，并不能直接据此认为公司决议可撤销，还要判断该瑕疵的起因或结果是否会达到较为严重的标准，比如起因会导致一般人都产生误解而作出不真实的意思表示，显然这属于较为严重的瑕疵；表决权数计算瑕疵导致的决议撤销的情况存在于个别与会人在行使表决权的时候出现瑕疵。

在乙等与 B 公司等公司决议撤销纠纷再审一案①中，B 公司于 2017 年 7 月 17 日召开的临时股东会所形成的决议解除了乙等的股东资格，且乙等请求确认该临时股东会决议无效的相关诉讼已经撤诉，故该决议在经股东会通过后直至被确认无效前，其效力不因公司股东或者其他人员是否认可而受到影响，由此可见，乙等在参与 2017 年 7 月 18 日召开的临时股东会表决时并不具备表决主体资格，故决议表决方式不符合法律和公司章程的规定，根据《公司法》第二十二条第二款规定，该决议依法应予撤销。

（三）决议内容瑕疵

根据法律规定，公司决议内容违反公司章程也是诉请撤销的具体情形之一，这也是公司内部自治的一种高度体现，司法实践中因公司决议内容违反公司章程而导致的公司决议可撤销的案例也屡见不鲜。公司章程是公司全体股东意思自治的结果，决议内容违反公司章程当然构成公司决议瑕疵。

比如在丙、C 公司决议撤销纠纷案②中，C 公司要求股东丙提前出资，涉及公司章程中股东出资时间的修改问题，根据法律和章程的规定，修改公司章程的决议应当由代表三分之二以上表决权的股东表决通过，或者提供全体股东一致同意并签名盖章的决定文件，而 C 公司并不能对上述内容进行举证，亦未能举证证明本案存在股东出资加速到期的其他法定情形及正当理由。据此，C 公司于 2021 年 1 月 29 日召开的临时股东会作出的决议不存在修改公司章程出资时间的效力，2015 年 8 月 3 日的 C 公司章程修正案对 C 公司、股东具有约束力。综上，2021 年 1 月 29 日召开的临时股东会的会议决议内容违反了公司章程关于股东出资时间的约定，现丙请求撤销 C 公司该协议，法院予以支持。

（四）多种瑕疵

在公司决议被认定为可撤销的案例中，同一案例可能存在多种可撤销的

---

① （2020）京民申××号民事裁定书。
② （2021）皖 0603 民初××号民事判决书。

事由，即在一个案例中存在多种决议瑕疵。

比如在 D 公司等与 E 公司决议撤销纠纷案①中，首先，E 公司并未将会议通知提前十五日向五位原告送达，故而应当认定该股东会的召集程序存在瑕疵，且该瑕疵直接影响了五位原告公平参与会议和对涉及的议案发表意见，不属于轻微瑕疵。其次，关于股东会的表决方式是否存在瑕疵，法院认为，丁作为 D 公司委托的律师，其在股东会召开过程中代表该公司对相关问题予以说明和回应，是 D 公司行使股东权利的体现，不能因为丁在股东会中发言多，或者对部分问题回应更多而否认戊的主持人身份，因此股东会的表决方式符合法律规定。最后，关于决议内容是否违反公司章程规定的问题，表决通过的《经营管理团队对执行董事负责管理办法》规定，将应当由股东会行使的职权下放至执行董事，而将执行董事的职责交由经营团队予以实施，已经改变了公司章程中确立的公司治理结构，应当认定该决议的内容违反了公司章程，故对于股东会表决通过的包含《经营管理团队对执行董事负责管理办法》的议案，依法应当予以撤销。

三、公司决议可撤销诉讼中原告资格之认定

（一）隐名股东是否具有原告资格

隐名股东是指实际向公司出资，认购公司股份，但是不愿意显露自己的身份，将其他人代替自己登记在公司相关法律文件上的投资者。② 与名义股东不同的是，隐名股东不是公司法律意义上的股东，不享有公司股东的实际权利，不向公司履行义务，不承担法律责任，但可以享有公司股份收益权。对于隐名股东提起的公司决议撤销诉讼，如果其在起诉时没有显名化，则法院认定其不具有原告资格。

如己与 F 公司决议撤销纠纷二审一案③中，己是涉案公司的隐名股东，其委托其父亲代其持有涉案公司5%的股权，2019 年 12 月 14 日，F 公司做出了两份股东会决议，己主张股东会召开前并未向股东履行通知义务，故起诉请求撤销上述两份股东会决议。二审法院认为，根据《公司法司法解释（四）》第二条规定，在起诉时不具备股东资格的，应当驳回起诉。当事人

① （2019）京 0105 民初××号民事判决书。

② 谭有土：《商法学》，中国政法大学出版社 2011 年版，第 35 页。

③ （2020）京 02 民终××号民事裁定书。

提起公司决议撤销之诉的，应当提交工商登记、股东名册等文件以证明自己的股东身份。对公司而言，隐名股东公示上与公司并无人身属性的关联，因此隐名股东在显名前尚不能具备法律规定的原告资格。本案中，法院于2020年4月23日作出生效判决确认己是F公司股东，而己于2020年1月19日向一审法院提起公司决议撤销之诉时，尚未完成显名，从证明文件上看其并非F公司在工商登记或股东名册记载的股东，因此不具备原告资格，裁定撤销一审判决并驳回起诉。

（二）除名决议中被除名股东是否具有原告资格

决议撤销纠纷的涉案股东会内容多种多样，在诉讼过程中比较特殊的一种是股东除名决议，即通过股东会决议剥夺×股东的股东身份。其在诉讼中的特殊之处在于：一方面该股东的确是涉案决议的直接利害关系人，含《民事诉讼法》第一百二十二条中的原告范围；另一方面由于已被除名，导致其在起诉时不再具有股东资格，这与《公司法司法解释（四）》中第二条的规定相悖。此种情况下，法院如何裁判？

试举一例：庚、G公司等公司决议纠纷一案[①]中，庚原为G公司的股东，2019年6月27日，G公司召开股东会并作出股东会决议。该股东会决议载明，同意G公司增加注册资本2625万元，G公司依据上述股东会决议相应地修改了公司章程并于次日办理了公司投资人变更登记。变更后，H公司持股51%、庚持股1.6%、辛持股33.4%、壬持股14%。2019年7月31日，G公司做出变更股东股权的股东会决议并办理了投资人变更登记。变更后G公司登记的投资人为H公司持股51%、癸持股19%、辛持股30%。庚认为G公司于2019年7月31日办理的投资人变更登记系癸与寅恶意串通，伪造其与寅签订的《委托书》等虚假材料进行变更登记而提起诉讼。法院认为，庚起诉时G公司登记的股东为H公司、癸、辛，庚已不具有G公司股东资格，根据《公司法司法解释（四）》第二条的规定，庚不具备法律要求的原告资格，故裁定驳回庚的起诉。

从上述案例可以看出，被除名股东在对除名决议保有质疑的情况下难以请求法院对涉案决议进行实质审查，对自身权利的救济难以实现。追溯到《公司法司法解释（四）》出台前，被除名股东的救济其实是有一定保障的：在《公司法》第二十二条第二款中，只是将公司决议撤销之诉的原告笼统地限定为股东，并没有具体规定是"决议时"的股东还是"起诉时"的股东，因此虽然

---

① （2019）桂0107民初××号民事裁定书。

法院裁量不一，但被除名股东尚未完全失去救济途径；而自《公司法司法解释（四）》出台后，其第二十二条明确了原告的股东资格要以"起诉时"为标准，这就使得被除名股东不能成为涉案决议撤销之诉的原告，从而失去了救济渠道。正因如此，学界对于被除名股东如何救济的问题展开了激烈讨论，也衍生出了如诉的利益理论主张、确认之诉主张、扩大原告范围主张、强制除名之诉主张等诸多救济思路，但由于这些主张或无法与现行公司法体系兼容、或不存在适当的请求权基础、或增加诉累牺牲效率等，因此始终没能出现主流观点，也导致被除名股东的救济渠道在法律上仍处于空白状态。

四、股东的风险控制

（1）在召集程序方面，不仅要注重对召集主体资格的审查，还要严格按照法律或章程对于召集时间的规定进行召集，既要保证召集通知能够准确地送达给其他股东，也要确保发出的召集通知所包含的信息足够全面、具体。

（2）在表决方式上，除了在举行会议时要严格按照法律或章程规定，避免导致决议可撤销或不成立外，在制定或者修改公司章程时，还要注意股东会、董事会等议事规则的简单易行，最大限度确保公司高效运转，且不可设计过于复杂导致决议困难或者容易被诉撤销。

（3）在决议的内容上，除了注意不要违反公司章程中的具体规定而导致决议成为可撤销决议外，还应注意不得违反法律规定，否则还会有导致决议无效的风险。

（4）要充分发挥好外部律师的风控作用，注意事前审查，最大限度确保股东会、董事会的召集程序、表决程序、决议内容等符合法律和公司章程的规定。

（5）在提起诉讼的时限上，要注意法律规定的时间，即自决议作出之日起六十日内，超过此时限，可撤销权因期间届满而告消灭。

结　语

《公司法司法解释（四）》不仅对可撤销之诉的形式要件进行了更详细的阐明，同时也强调了对实质要件的注重，明确要求"仅有轻微瑕疵、未对决议产生实质影响"，而至于瑕疵轻微程度的判断，司法解释又通过确立决议不成立的构成要件来进行对照，让法官的裁量有了更加明确具体的依照，有利于统一司法裁判的尺度；对原告起诉资格加以限制，一方面有利于避免公司内部矛盾激化，可以从宏观上维护营商环境稳定；另一方面对减少诉累也有重要作用。但依然要看到，司法实践中仍然存在诸如除名决议之诉难以通过可撤销诉讼进行救济等问题，因此，对于公司决议相关诉讼的救济和完善亟待更深入的探索。

完善公司监事制度若干问题探讨

白定球[*]

引　言

公司治理制度是中国特色社会主义市场经济发展的重要制度基础，成熟的社会主义市场经济制度需要完善的公司治理制度，否则市场经济发展到一定程度很可能会遇到制度瓶颈。公司治理的本质是利益相关者之间对彼此利益和风险的相互制衡，是对权责利进行合理配置并建立有效的内部监督和约束的机制。公司治理的关键点在于让权益在相关主体之间保持相对均衡的状态，进而保障公司能够良好运行。[①] 如何加强企业内部监督制度，完善公司治理结构，是近些年来公司法制度改革的重点。

作为公司治理的重要内容，监事制度在实践中形同虚设，发挥的作用往往很有限，并未得到社会高度认可。不过，监事制度始终是公司治理中的"一把利剑"，在继续贯彻"二元制"结构下的监事制度的基础上，现阶段的研究重点在于如何能够更好地发挥监事制度的监督作用，为公司治理和经济发展助力，这也是本文研究的主要内容。

一、监事制度的基本理论

（一）我国监事制度的主要法律规定

我国的监事制度建立的标志是 1993 年《中华人民共和国公司法》（以下简称《公司法》）的制定，后其在历次修订中不断被完善。《公司法》确立了公司内部治理的"三会"和"二元"结构，即公司股东会为公司的最高

---

[*] 白定球，北京德恒（广州）律师事务所律师、合伙人。

① 赵万一、华德波：《公司治理问题的法学思考——对中国公司治理法律问题研究的回顾与展望》，载《河北法学》2010 年第 9 期，第 3 页。

权力机构，股东会选举董事会和监事会；董事会为公司的执行机构，执行股东会的决议；监事会对董事会进行监督，董事会和监事会相对独立，分别对股东会负责。监事会是公司行使监督职能的常设机关，被赋予若干监督权限，如提议召开临时股东会、检查财务、监督违法行为、要求管理层纠正损害公司利益的行为、提起监事代表诉讼等，依照法律以及公司的章程规定，对公司的经营业绩、财务状况和董事、高级管理人员的行为等独立进行监督，以确保公司和股东以及利益相关人的利益。

我国《公司法》历次修订中对于监事制度呈现出扩权的趋势，这和公司制度的不断发展和完善紧密联系，也与世界各国企业监督制度的主要发展方向相一致。2021 年 12 月公布的《中华人民共和国公司法（修订草案）》（以下简称为《公司法（修订草案）》）中对监事制度做出了一些新的尝试：公司可选择在董事会中设立审计委员会以取代监事会或监事；监事可以作为撤销股东会或董事会决议的权利主体，且只有在公司证明撤销决议具有不正当目的的情况下才需要提供起诉担保；解任监事不得以临时提案的方式提出，将监事的选举和解任的重要性与公司三分之二表决事项放在同等重要位置等。

（二）监事制度的起源与理论基础

学界一般认为监事制度起源于 17 世纪时荷兰的东印度公司。[①] 1602 年，荷兰东印度公司的大股东受股东会委托担任董事及监察人。之后，很多国家吸纳分权制衡理论的政治和思想精髓，逐步形成股东大会、董事会与监察人三权分立的公司治理模式。但率先在立法层面对监事会制度做出明确规定并发展完善的国家是德国。1870 年，德国最先开始正式施行监事会制度，随后，包括我国在内的很多大陆法系国家，根据本国经济和公司制度发展需要，对监事会制度做出调整和完善，形成具有本国特色的监事制度模式。

监事制度的理论基础主要有委托代理理论、权力制衡理论和利益相关者理论。

委托代理理论侧重于在降低代理成本层面讨论监事会的作用。在企业所有权和经营管理权分离的前提下，管理层对公司进行日常经营管理，为了避免管理层背离股东利益，股东需要对管理层进行监督，股东将监督权交给监事会，使得监事会能够对管理层进行实时监督，相对于股东自行监督能够减

---

① 国务院国有资产监督管理委员会研究局编：《探索与研究 国有资产监管和国有企业改革研究报告（2014—2015）下册》，中国经济出版社 2017 年版，第 694 页。

少代理成本和代理风险，同时可以保障管理层高效行使管理经营权。

权力制衡理论更侧重于从监事会对管理层进行权力制约的角度来谈论监事会发挥的作用。作为公司治理结构中的专职监督主体，监事会可以随时对公司决议以及财务情况进行监督，管理层的权利因此得到制衡。监事会可以为企业利益群体守好安全防线，防止管理层滥用权力损害各方利益。

利益相关者理论则认为公司并不是简单的资本集合体，除了股东之外，管理层、职工、债权人等利益相关者实际上都为公司作了投资，只是在投资形式上存在差别。[①] 公司经营应当为公司利益相关者服务，而非单独服务于股东。公司设立监事机构是为平衡所有在企业财富创造活动中如股东等利益相关者之间的关系。《公司法（修订草案）》中"公司从事经营活动，应当在遵守法律法规规定义务的基础上，充分考虑公司职工、消费者等利益相关者的利益以及生态环境保护等社会公共利益，承担社会责任"的内容就是利益相关者理论的体现。

这三种理论从不同角度阐述了监事制度的功能，可以在降低代理成本的同时实现对管理层的制衡，亦可对利益相关者的利益进行兼顾。正是因为具有这些功能和效果，监事制度才能够一直被重视，其完善才显得更有现实意义。

（三）监事制度在公司治理中的利益平衡

我国商法的立法宗旨就是追求社会整体利益，也就是站在社会整体的角度，通过法律对社会经济关系的调整，保障经济总量的平衡，优化经济结构，维护竞争秩序，协调社会的再分配，要将经济个体的行为纳入社会整体利益的框架中来评价，使自由与秩序、效率与公正、个体利益与整体利益达到统一。[②] 从监事制度的理论基础中可以看出，监事会的重要功能之一是能够协调股东会、管理层以及其他公司利益相关者之间的利益平衡，促进公司整体利益的发展。公司法中监事会不少于三分之一职工监事的要求，就可以看出立法者也希望通过监事制度加强对公司职工利益的保护。

公司治理中的利益平衡主要取决于公司自身的股权结构及治理模式。如果公司的股权结构较为分散，此时监事就更能够发挥作用。而如果股东本人同时作为管理层参与公司经营，监事发挥作用的空间就较为有限，不过随着

---

① 杨瑞龙、周业安：《企业的利益相关者理论及其应用》，经济科学出版社 2000 年版，第 129 - 130 页。

② 徐杰：《经济法的立法宗旨》，中国政法大学出版社 2002 年版，第 3 页。

公司的发展壮大，股东自行监督会越发力不从心，在这个过程中监事制度的重要程度也会愈加凸显。从微观角度来看，企业中的各个主体在公司治理制度的构建中尽力争取各自利益，小股东也可以通过争取监事职位在企业中争得话语权，从而使各方利益达到平衡，这些都会影响到公司治理的基本状况。从整个市场的角度来看，公司是以单个经济主体的形式存在的。股东、董事、监事、经理、职工等利益相关者，是以公司为依托而在市场中开展经济活动的。那么这些利益相关者在很大程度上的利益追求也是一致的，都希望公司能够持续经营发展，并在合法的前提下尽可能多地创造利润。但是高利润是会让人疯狂的，其中某些主体特别是管理层在利益的诱惑面前可能会丢失法律底线，为了获得利益不择手段，对公司经营状况进行监督就成为必要。

当然，监事制度只是公司治理的内容之一，除了监事制度之外，现行公司法还规定了多项保障股东、债权人、投资者等主体的利益的措施，如股东代表诉讼制度、公司资本制度、公司信息披露制度、公司人格否认制度、破产清算制度等。这些措施确实对于保障相关利益者整体利益发挥了积极作用，但绝大多数具有被动性和滞后性的特点，利益相关者很难完全了解公司的真实情况，无法在公司经营过程中实时参与并发表意见，在自身利益可能受损时很难及时了解情况并采取措施维护权益，监事会作为常设机构的设置就显得愈发重要，在理论上是能够对公司经营管理状况进行实时监督的。监事制度及时有效发挥作用就能够让公司整体利益损失最少，帮助公司尽快回到正轨，确保公司经营程序的合理与合法，保障公司整体利益最大化。[①] 在公司治理下各方利益的平衡之中，监事会扮演了一个非常重要的关键角色。

不过并不是说其他监督保障措施就无足轻重，各项措施作为公司监督措施的作用是相互补充的，而且我们对于监事制度的作用也不必抱有过高的期望，当代公司治理并不能单纯依靠监事制度解决全部问题，需要同时建立起适合公司的多元化、立体的监督管理体系，才能更好地为企业发展助力。

二、监事制度在实践中发挥作用有限的原因探析

结合我国现行监事制度具体法律规定及司法实践，总结监事制度在实践中发挥作用有限的主要原因有以下四点。

---

① 国务院国有资产监督管理委员会研究局编：《探索与研究 国有资产监管和国有企业改革研究报告（2014—2015）下册》，中国经济出版社 2017 年版，第 695 页。

（一）监事制度的文化缺失

监事制度能够普遍发挥作用的一个重要基础是形成监事监督公司的文化氛围。但如今社会公众普遍对监事制度并不了解，不知道可以通过监事制度维护自己在企业的合法权益，甚至很多监事自己也不清楚自己的职责及如何进行监督，加之受到各种因素的影响，监事正当行使权利还可能被他人认为是为了谋取私利，导致监事更加不敢进行监督。

此外，很多股东并未认识到监事的重要作用，因为监事不能为公司创造利润而将其边缘化，只是为了应付工商登记要求而找人挂名，这也是监事制度文化缺失的后果。

（二）监事会欠缺独立性

根据《公司法》规定，监事会和董事会的成员除职工监事之外均由股东会选举产生，加之国内股东本人直接参与公司治理的情况较为普遍，监事会和管理层的利益选择都容易受到股东的影响而趋于一致，导致监督难以真正发挥作用。且实践中监事会成员的选任依赖于董事，得不到董事支持的人很难当选监事。即使是职工监事，其也不能完全保持独立性。《公司法》虽然规定了监事会中应当有职工代表，且职工代表人数不得少于三分之一，但由于职工代表仍然属于与公司签订劳动合同的职工，其个人薪资、职位晋升和工作稳定性等主要取决于公司管理层的评价，这会导致职工监事的独立性同样大打折扣。虽然表面上看职工监事是监督公司的主体，但实际上却可能时时被公司管理层监督着。更有甚者，如果管理层和监事会的利益相一致，可能发生监事会支持和包庇管理层的违法行为。[①]《公司法》的规定是为了通过职工监事加强公司职工群体监督，保障职工利益，增加职工在公司中发表意见和维权的途径，但实际上职工监事从制度的设计上就缺乏现实条件行使监督职能，因而也就无法对董事和高级管理人员展开有效监督。

监事会在组织上也缺乏独立性。在大多数情况下，监事的任职均为兼职，无常设办事机构，监事会的日常监督职能根本无法正常发挥。监事会不得不听命于管理层，甚至会出现管理层责成监事会抓紧调查并提出处理意见的现象。监事会所议事项很少有否决的。监事会的监督只是流于形式。

监事会往往缺乏必要的经费保障和激励措施，这就使得监事会更加欠缺独立性。监事会行使监督权所必须支付的费用，在实践中受制于公司管理

---

① 王文钦：《公司治理结构之研究》，中国人民大学出版社 2005 年版，第 267 页。

层，没有可靠的保障。而且，在多数的公司中，监事被认为不能直接为公司创造利润，其获得的报酬远远低于董事和经理。低廉的代理成本导致监事缺乏动力去行使监督职权，自然无法达到高效的监督。

（三）监事会成员专业能力有待提升

公司在经营中涉及最多的是经营信息和财务信息，这就决定了监事会履行好监督职能就必须具备应有的职业性和专业性。如果监事既没有经营管理经验，也没有法律、财务等履行监督职权必需的知识，会导致可能无法对是否需要进行监督以及进行何种监督做出有效判断，也就无法胜任工作。

且实践中公司的经营信息和财务信息多数都掌握在管理层手中，监事会很多情况下仅依靠管理层提供的信息进行监督。由于专业能力的缺失，导致监事根本不知道对公司进行监督所需信息及如何通过职权获取这些信息，甚至都不明确自己的职权范围，就很难对公司经营的现状作出准确的判断。监事因得不到信息而无法进行监督，这会加剧监事会和管理层之间的信息不对称，导致监督工作无法有效展开。

（四）企业缺乏监事行使职权的具体规则

《公司法》仅对监事制度的实施规定了基础的法律框架，未对监事的选任程序及监督操作流程进行明确规定。因各个企业实际情况都不同，立法者是希望留给企业自行灵活处理，但多数公司在具体落实中并没有制定相关的实施细则，导致监事即使想要实施监督也会处处碰壁。

三、完善公司治理中监事制度的建议

先进的企业制度离不开完善的监事制度。在监事制度的完善过程中要注意以下四个方面：首先，应加强和突出公司监事会的监督权，提升监事会专业水平，使其能够监督、愿意监督、敢于监督，并在制度上为其行使监督权减少不必要的障碍；其次，要保证监事制度不被滥用，不会成为监事用以扰乱公司正常经营的工具；再次，因公司的类型、所处行业、职工数量、发展阶段、成本控制等因素的差异，各个公司的发展重心以及需监督的重点不同，所以公司对监事制度的完善还要结合公司自身具体情况来考虑；最后，也是最重要的一点，在法律基本框架的基础上结合公司实际情况搭建起切实可行的具体规范。具体而言，可以从以下五个方面完善监事制度。

（一）加强监事制度文化的建设

如前所述，监事制度没有在实践中得到重视以及监事不会监督、不敢监督的一个重要原因是监事制度的文化缺失。公众不能理解监事制度建立的意义以及监事的具体职权，以为只是一个需要挂名的虚职，用来满足工商登记的需要。这需要政府以及社会各界加强对监事制度的宣传，针对监事行使职权出具指引性文件，这样才能激发监事部门的监督热情，帮助监事制度在社会和企业中生根发芽，发挥应有的作用，保障公司长远健康发展。

更为关键的是股东及管理层要认识到监事制度的重要意义。他们通过滥用其地位和权力损害公司整体利益的行为较为普遍，需要让他们认识到接受监督也是为企业经营发展前途着想，这样他们才会主动积极推动建设有效的监事制度并配合监事工作。忽略对生产经营过程的监督，放松对风险的警惕，会导致发生风险的概率增加，反而可能使公司发展严重受挫，所以监督也是生产力。

同时，监事自身也要认识到，在维护小股东利益、维护并增加公司的社会信用、维护公司利益相关者及公众利益等问题上，监事应该有所作为。

（二）保障监事会的独立性

保障监事会的独立性是监事制度发挥作用的关键所在。如果不能保持监事会的独立性，监事制度就会流于形式。

首先，要保障监事会候选人任职资格的独立性。我国《公司法》第五十一条第四款、第一百一十七条第四款和第一百四十六条就对消极任职资格作出明确的规定。除不考虑不具备完全行为能力的自然人外，这些规定只将那些存在"经营管理劣迹"的人员"限时地"（三到五年不等）排除出监事候选人名单，而对同样可能严重影响监事公正客观履职的"利益冲突"要件未给予充分关注。[①] 德国在2012年通过《德国公司治理准则》的出台建立起了较为完备的监事独立体系，可以参考德国《股份法》及《德国公司治理准则》的规定，将关联公司中管理层的人员同样排除出监事候选人名单；如果候选人与公司、关联企业、某一控股股东之间的业务或个人关系可能对股东会的选聘决定产生重大影响，那么应当予以充分披露；同时，为保证监事合格履职，有必要对监事兼职的数量加以限制。其次，要保障监事履职过程中

---

① 杨大可：《论监事独立性概念之界定——以德国公司法规范为镜鉴》，载《比较法研究》2016年第2期，第89页。

不受其他主体特别是股东和管理层的干扰。再次，对监事人员的报酬进行经济独立性的保障。没有独立的薪酬保障，监事会成员就缺乏足够的动因将监督行动付诸实施，监事会也较难吸引到优秀人才，这是监事兼职化现象严重的重要原因。相关实证研究指出：监事会经济独立性越强，公司违规的可能性越小、程度越轻，且该治理作用主要由监事会主席的经济独立性推动。当企业内部控制有效程度较弱时，更要着重强调保持监事会经济的独立性。[①]最后，通过合理的解任制度对监事独立性进行保障。《公司法（修订草案）》中解任监事不得以临时提案的方式提出，将董事、监事的选举和解任的重要性与公司三分之二表决事项放在同等重要位置的内容就是对监事解任制度的完善，保障监事能够稳定履职。

在保障监事会独立的前提下，可以要求公司监事会中专职监事不少于一定比例，从而保证监事会履行监督职责有最基本的时间投入。

（三）提高监事会成员专业能力

监事会成员的专业能力决定了其能否切实有效地履行监督职责。如果没有专业知识背景，监事会成员很难通过业务、财务等数据对公司现状进行准确分析和监督，即使聘请律师事务所、会计师事务所等外部专业性机构，与其沟通的效率也较低，容易产生"无能"监事。监事会成员，至少部分成员应当具备基本的公司经营知识、财会知识和法律基础，熟悉企业经营管理工作，并能够贯彻执行国家有关法律、行政法规和集团公司规章制度，具有较强的综合分析判断能力、财经分析能力、风险识别能力。在公司发展需要的时候，可以在章程中规定将专业知识水平作为选举监事的重要考量因素。监事会合格履职并不要求每名监事都具有为本公司提供最优咨询和监督所需的全部条件。这在现实中也几乎是不可能的，只要全体监事具备为公司的最佳利益服务的各项才能即可。这意味着理想的监事会应由混合阵容组成。如此，虽然并非每名监事都是专家，但是全体监事能够判断公司的基本运营情况。[②]

《公司法（修订草案）》中提出了另一种不设立监事会的途径，公司可选择在董事会中设立审计委员会的方式取代监事会或监事，这也是重视专业能力在公司监督中作用的体现。

---

① 周泽将、马静、胡刘芬：《经济独立性能否促进监事会治理功能发挥——基于企业违规视角的经验证据》，载《南开管理评论》2019年第6期，第65-66页。

② 马库斯·路德、盖尔德·克里格尔：《监事会的权利与义务》，杨大可译，法律出版社2011年版，第10页。

（四）公司根据自身情况善用章程及规章制度

《公司法》仅对监事制度的实施规定了基础的法律制度框架，对于监事的选任程序、监督操作流程等并无明确规定。公司的经营管理应当具有不同的模式。任何强行的、划一的、机械的法律预设均将构成对企业自主经营管理的束缚，并可能导致企业丧失其应有的竞争力。因此，立法者应将该事项交由公司根据自身情况自行灵活处理并作出细化规定。这个自由设置可以通过公司章程以及公司内部的规章制度来实现。正是因为多数公司并未制定相关的实施细则，导致监事即使想要发挥作用，其他部门也不配合，使得监督需耗费大量时间和精力。公司可以在监事法律制度的基础上，通过公司章程以及规章制度，对比如监事会的人员组成、任职条件、权利范围、监事责任、获得企业信息流程等内容作出细化规定，制定出适合公司发展和实际情况的监事制度。

（五）强化对监事会的监督

单单从权力制衡理论的角度来看，很容易就得出监事会与管理层是相互对立的结论。德国监事会的定位就有一个从监督机构演化为共同经营管理机构、咨询机构和共同决策机构的过程。[①] 结合利益相关者理论共同理解，明确监事会的定位是监督机构，同样也是为了企业经营发展服务的。监事会要明确自身的职责范围及履职不尽责时责任的承担，加强与管理层的协同，善于从建设性的角度和善意的立场出发履行内部监督职责，把企业发展中存在的各种问题和漏洞找出来，及时、真实地发表意见并推动及时共同修补漏洞，成为管理层的智囊和帮手，让公司能够顺利地投入改革发展中去，切忌误导决策、不当干预经营，形成与公司其他人员相互对立、人为内耗的局面。

结　语

我国公司治理已经发展到相对成熟的阶段，此时应更关注内部监管。监事制度的进一步完善，关键还是在于公司要认识到可以在公司法律规范框架的基础上，结合自身实际情况对监事制度进行内部完善，帮助企业稳健进步。期待监督制度能够在公司发展和治理中发挥更大的作用。

---

① 杨大可：《监事会制度在德国的最新发展》，载《国外社会科学前沿》2016 年第 20 辑，第459 页。

变更或涤除法定代表人实务研究

卞 静*

引 言

法人是法律拟制的主体，本身没有意思表示的能力，只能通过自然人来代表它从事民事活动，因此法律规定，法定代表人依法代表公司行使职权，法定代表人以法人名义从事的民事活动，其法律后果由法人承担。法定代表人是公司的主要负责人，有其权利，也有其义务，比如公司存在违法犯罪行为的，法定代表人作为负责人可能需承担刑事责任，常见的罪名如重大责任事故罪、生产销售伪劣产品罪、非法吸收公众存款罪、拒不支付劳动报酬罪等①，除了会对公司进行处罚外，也将法定代表人纳入了追究范围。除了刑事责任，法定代表人还可能存在行政责任、民事责任等等。除此之外，根据《最高人民法院关于限制被执行人高消费及有关消费的若干规定》，被执行人为单位的，被采取限制高消费措施后，被执行人及其法定代表人、主要负责人、影响债务履行的直接责任人员都要被列入限制高消费名单，限制高消费措施会给法定代表人的日常生活造成重大影响，无法乘坐高铁、飞机等造成出行不便，甚至可能影响子女入读高收费私立学校。

对法定代表人采取限制高消费措施，立法初衷考虑的是法定代表人由董事长、执行董事或者经理担任，实质上是公司的主要负责人，对公司债务的履行有重大影响，限制高消费等间接强制措施可以迫使法定代表人督促公司履行法律义务。但也正是由于法定代表人的法律责任较重，实践中有些公司的实际控制人会选择用员工来担任法定代表人，甚至冒用他人名义登记为法定代表人，以此来规避和转移可能产生的法律风险。

冒用他人名义登记为法定代表人，根据国务院 1994 年颁布的《中华人民共和国公司登记管理条例》（2014 年废止）（以下简称《公司登记管理条

---

* 卞静，广东楚庭律师事务所律师、高级合伙人。

① 王志明：《离职法定代表人法律风险及无法变更登记时的救济措施研究》，载《中国律师》2021 年第 8 期（总第 370 期），第 53 – 55 页。

例》）以及国务院 2021 年颁布的《中华人民共和国市场主体登记管理条例》（以下简称《市场主体登记管理条例》），可以通过向登记机关申请撤销市场主体登记，或者采取提起行政诉讼的方式解决。[①] 而对于员工担任法定代表人的情形，在员工离职时，按照相关规定，公司应当依法在规定时间内变更法定代表人，但有些情况下，公司实际控制人的主观目的就是利用员工担任法定代表人来规避自己的法律责任，或者公司存在僵局，无法形成有效决议，导致公司不配合或无法配合办理相关变更登记手续。这种情况下，是否可以通过司法介入要求公司变更或涤除法定代表人工商登记，对于离职员工来说就成了"救命稻草"。但是结合目前司法实践来看，要求法院介入变更或涤除法定代表人登记仍然存在一定争议，各地判决也是大相径庭，既有支持的也有不支持的，甚至同一法院也有不同意见。

结合我们在实务中了解的情况，员工在职期间担任公司的法定代表人，是基于公司和公司股东的委托，实际上员工与公司或公司股东之间形成了委托合同关系，这种关系随着双方劳动关系的终结不再有存在的必要。离职员工继续担任公司的法定代表人，也不符合《公司法》对法定代表人的形式要求，理应及时变更工商登记，但因为种种原因，公司不配合办理法定代表人变更登记手续，离职员工就会出现需要持续承担法律责任的风险。最常见的问题就是公司因未能履行法院生效判决，被列入失信被执行人名单，同时法定代表人被限制高消费，这是公司实际控制人最需要员工"顶雷"的地方，也是公司不配合办理法定代表人变更登记手续最重要的原因之一。员工在职时担任法定代表人，基于权责利相统一原则，被依法限制高消费有理有据，但员工离职后对公司已经没有任何经营管理权限，也无法促使公司履行法律义务，仍然被限制高消费则似有不公，因此需要变更或涤除其法定代表人身份，为解除限制高消费扫除身份障碍。本文结合近年来的司法实践，对员工离职后变更或涤除法定代表人诉讼路径选择、诉讼要点、执行等问题进行梳理，从实务的角度提供一些解决思路。

一、变更或涤除法定代表人身份的途径

所谓"涤除"，按字面意思理解就是"洗去、清除"，"涤除法定代表人工商登记"就是指申请法院判决公司配合变更原法定代表人登记事项并办理

[①] 赵晓波：《法定代表人已经离职，但公司拒绝办理法代工商变更登记如何救济？》，载《上海法学研究》集刊（2019 年第 2 卷总第 2 卷），第 265－268 页。

变更登记。冒用他人名义登记可以采用行政诉讼或者申请撤销市场主体登记方式解决，而员工想要变更其法定代表人身份有两种途径，分别是申请企业破产或者提起诉讼请求变更或者涤除法定代表人。

（一）申请企业破产

如果企业满足破产条件，即企业法人不能清偿到期债务，并且资产不足以清偿全部债务或者明显缺乏清偿能力的，可以向法院申请破产。按照《中华人民共和国企业破产法》规定，法院受理破产申请后，经审查认为企业符合破产条件，做出宣告破产的裁定，执行机构就应当裁定案件终结执行，待企业破产清算完毕，公司注销登记，主体身份消灭，员工的法定代表人身份也相应消灭。这里值得注意的是，可以向法院申请企业破产的主体有三类：债务人、债权人、清算义务人。也就是说，法定代表人本身并不具备申请企业破产的主体资格，只有满足以上三类主体条件之一，才可以主动通过申请破产消灭公司主体，进而消灭员工的法定代表人身份。如果法定代表人控制着企业的证照、印章和财务资料，可以以债务人身份申请；如果法定代表人代为清偿公司债务或者本身也是公司的债权人，也可以以公司的债权人身份申请。

（二）通过诉讼方式变更或者涤除法定代表人

若企业不满足破产条件，或者离职法定代表人不具备申请破产的主体资格，还可以向法院提起变更或者涤除法定代表人工商登记的诉讼。此种诉讼目前存在两种处理意见：

第一种处理意见：认为变更或者涤除法定代表人工商登记属于公司内部事务，应当由公司自治决定，不属于法院受理范围或者判决驳回原告诉讼请求。

例如（2021）粤0306民初215××号案[①]，法院认为"本案中，原告并未提交×××公司有关变更法定代表人的公司决议或决定。另，公司法定代表人的变更属于公司自治范畴，原告应就法定代表人变更事项首先寻求公司内部救济。综上，原告诉请×××公司办理法定代表人变更登记，依据不足，本院不予支持"，因此判决驳回原告的诉讼请求。

又如（2019）沪0120民初83××号案，法院认为"孟××的起诉不符合民诉法规定的起诉条件，理由是本案名为请求变更公司登记纠纷，然其实

---

① 深圳市宝安区人民法院，（2021）粤0306民初××号民事判决书。

质是要求良×公司形成变更执行董事、法定代表人的公司决议，而公司决议的形成属于公司内部治理范畴，在良×公司没有做出相关的公司决议之前，本案不具有可诉性。其次，由于孟××的诉请属于公司内部治理问题，而我国公司法未提供司法救济途径，自然也无配套的行政法律规范。因此，公司登记机关在公司法定代表人登记上不可能空白，故即便曾有判例做出涂销登记的判决，孟××在执行过程中亦不能实现变更登记之目的。再次，本案系请求变更公司登记纠纷，该案由对应的情况系公司登记内容的应然状态与实然状态发生矛盾，进而需要进行变更。而本案项下的登记内容应然状态与实然状态是一致的。且被告提出的经营困难、资不抵债等问题并不是变更执行董事、法定代表人的合理理由"，因此判决驳回原告起诉。

第二种处理意见：在自力救济无效、内部治理失范的情况下，判决支持变更或者涤除法定代表人。

例如（2022）鄂0115民初25××号案，法院认为"首先，公司法定代表人选举、任命、登记等事项，原则上属于法人内部治理范畴，相应选举、任命、登记等程序符合法律、法规规定的，司法不宜也不应过度介入，但当法人某些内部治理失范脱轨，且对相关权利主体利益造成侵害或具备侵害的可能性时，应当允许司法进行合理限度的介入，依法提供救济。本案中××公司已停止经营，未保留经营管理人员。汤×作为法定代表人，通过自力救济方式向××公司主张变更法定代表人工商登记事项的途径并不畅通，汤×向公司控股股东提出相应的要求后，未得到肯定答复；××公司停止经营后，还负担有向学员退费的义务，部分纠纷已进入诉讼程序，汤×作为××公司法定代表人，日常生活已受到困扰。如××公司相应债务进入执行程序，将对汤×的征信及生活产生重大影响，其合法权益可能受到侵害，在法定代表人通过自力救济方式无法维护其合法权益的情况下，应当允许其通过诉讼方式寻求司法救济。其次，汤×并非××公司股东，且已辞任××公司执行董事职务，已不符合××公司章程及法律规定的担任法定代表人的形式条件，应当进行法定代表人变更。再次，法律之所以赋予法定代表人对外代表法人的资格，源于法人与法定代表人之间存在紧密的、实质性的联系，法定代表人能够知晓并参与法人的经营管理，并由此按照法律规定承担法定代表人的责任，法人则依照法律规定承担其法定代表人相应代表行为的法律后果。汤×离职后，与××公司脱离实质关联，已不具备担任××公司法定代表人的实质要件。相反，如汤×继续担任××公司法定代表人，有权对外以××公司名义从事民事活动，既有悖××公司利益，也显著增加了××公司的运营风险。最后，在法律关系性质上，汤×为受托担任××公司法定代表人，受托人与委托人之间的委托合同关系可随时解除。汤×已发表辞任声明，明确表明了其解除委托合同关系的意思，委托合同关系解除后，汤×作为法定代表人的登记事项应当予以变更或涤除"。

从上述两种处理意见可以看出，在实务中目前仍有法院不支持法定代表人在没有公司决议的前提下，单方要求变更或涤除法定代表人工商登记，但是笔者通过检索发现，已经有越来越多的案例支持在员工离职的情况下，判令公司变更或涤除法定代表人工商登记，而往往不支持变更或涤除法定代表人工商登记是基于难以执行或者内部治理不可诉的考虑。例如最高人民法院第六巡回法庭 2020 年度参考案例：王×廷诉巴州赛×机械设备安装有限公司（以下简称赛×公司）、曹×刚请求变更公司登记案［（2020）最高法民再××号］，最高人民法院认为"公司的法定代表人辞职后，因公司拒不办理法定代表人变更登记，起诉要求公司履行股东决议办理变更公司法定代表人工商登记的，系平等主体之间的民事争议，属于人民法院受理民事诉讼的范围。若人民法院不予受理王×廷的起诉，则王×廷因此所承受的法律风险将持续存在，而无任何救济途径，故王×廷对赛×公司办理法定代表人变更登记的诉讼请求具有诉的利益，该纠纷系平等主体之间的民事争议，属于人民法院受理民事诉讼的范围"。由此可见，最高人民法院倾向于在自力救济无效、内部治理失范的情况下，由法院基于实体审理来判断是否应当变更或涤除法定代表人工商登记。至于部分法院认为即使判令涤除法定代表人工商登记也不具备执行可能性，也就是胜诉后的执行难问题，后文将进行详细分析。

二、请求变更或者涤除法定代表人相关诉讼中的审查要点

提起变更或者涤除法定代表人之诉是目前最常见的司法救济手段，但正如上文所言，司法实务中仍存在不同的处理意见，无论是支持还是不支持，法官的审查重点都具有相似性，我们在检索大量同类判决的基础上，提炼出了以下诉讼要点。

（一）是否已不适合继续担任法定代表人

按照《公司法》规定，公司法定代表人仅能由董事长、执行董事或者经理担任，因此担任法定代表人需要具有以上形式要件。如果员工与公司解除劳动关系，或者以上职务的任期届满后不再续任以上职务，形式上就不再满

足法定代表人的形式要求，则应当依法予以变更。但同时还要考虑法定代表人与公司之间是否具有实质性联系，虽然法定代表人不再担任公司的董事长、执行董事或者经理，但如果法定代表人本身就是公司股东，或者仍然对外代表公司从事经济活动，两者之间仍然存在实质性联系，法院就会倾向于认为应当通过公司内部治理解决。如（2020）粤 0111 民初 163××号案，法院认为"虽然原告寻×已不是海×公司的员工，亦不是海×公司的记名股东，但原告寻×在案件审理中自认其是海×公司的投资人且拥有股权，原告寻×仍与海×公司存在实质上的关联，原告作为有民事行为能力的成年人，其理应知悉担任公司法定代表人应承担的法律责任，现原告执行董事的任期尚未届满，本案并不具备涤除原告海×公司法定代表人身份的实质要件及形式要件，故就其诉讼请求，本院不予支持"。

（二）是否已履行通知义务

员工担任公司的法定代表人，实质上是与公司或者公司股东之间产生了委托与被委托的关系。委托合同关系的解除自通知到达之日起发生法律效力。实践中，法院也通常会考虑法定代表人是否已经履行了书面告知义务，作为穷尽救济手段的证据。因此法定代表人应当明确通过书面方式提出要求公司限期变更法定代表人，办理工商登记变更手续。在部分案件中，由于公司股东或实际控制人失联，不得已，法定代表人选择通过在报纸上刊登公告的形式，来声明自己不再担任该公司法定代表人，以此作为免除自身法律责任的证据。部分法院认为，在报纸上刊登公告并非解除劳动关系、变更法定代表人的必要程序，但从实践效果来看，在公司股东、实际控制人失联的情况下，在报纸上刊登公告仍不失是履行通知义务的一种有效方式。①

（三）是否穷尽了救济手段

变更或涤除法定代表人身份，首先应当属于公司的内部治理范畴，因此法定代表人应当按照公司章程规定，在公司现有治理框架下寻求内部救济手段。只有当公司内部治理机制陷入停滞、失效状态，且有证据证明已经对当事人的合法权益造成侵害或者存在侵害的可能时，才是司法介入提供必要救济的合理限度。比如法定代表人如果作为执行董事，应当尝试召集股东会议，通过正常程序提出离职以及变更法定代表人登记事项，保留相应记录，在公司以及公司股东怠于履行变更义务时，要多次积极督促公司办理变更登

---

① 刘春松：《法定代表人变更的实务分析》，载《经济论坛》2020 年第 11 期，第 64 - 65 页。

记，或者请求工商行政机关介入等，在穷尽自力救济手段仍无法更换法定代表人，才是提起变更或涤除法定代表人诉讼的恰当时机。

三、变更或涤除法定代表人诉讼成功后的"执行难"问题

变更或涤除法定代表人诉讼胜诉后，法院一般会判令公司在合理期限内变更法定代表人，办理工商登记变更手续，如公司在规定期限内不予变更，则应当涤除原告的法定代表人工商登记。但是，实践中存在比如公司股东拒不配合、股东失联、公司僵局、公司已被法院列入失信被执行人等情况，在这些情况下，公司可能不配合或无法配合办理相应的变更手续，原告不得不申请法院强制执行涤除法定代表人工商登记。结合目前的实践情况来看，强制涤除法定代表人登记很可能会面临工商行政机关不配合办理或者无法办理的情形。因为强制涤除法定代表人，公司将面临法定代表人缺失的情形，工商行政机关基于《市场主体登记管理条例》等规范要求，认为公司法定代表人登记不可缺失，因此要求被执行公司提供依法选任的新的法定代表人或者提供前任法定代表人同意恢复登记的证明，作为配合执行的必要条件，这实际上造成了强制执行没有可操作性，执行程序无法继续，法院不得不终结执行。例如（2020）粤 0305 执 110 × × 号案，法院认为"根据深圳市市场监督管理局的答复，因前任法定代表人的登记涤除无法操作，故本次执行程序无法继续进行，本案应予以终结"。又如（2020）粤 0305 执 46 × × 号案，法院表示"经本院函询深圳市市场监督管理局后，该局答复称无法执行，需提供新的法定代表人身份信息"。而（2020）粤 0305 执 134 × × 号案，法院则认为"无法直接涤除李 × 的法定代表人登记，必须恢复原法定代表人登记状态，此项操作将为该公司原法定代表人增设法律负担，属于未经审理的权利义务争议，不宜在执行阶段直接认定"。

由于涤除法定代表人登记属于不可替代履行行为，如果工商行政机关不予配合，则法院只能对被执行公司采取间接强制执行措施，比如将被执行公司列入失信被执行人、限制消费等，而限制消费措施又主要是针对公司的法定代表人等责任人，这就出现了执行上的"死循环"，本身就是为了解决法定代表人会被采取强制执行措施问题才提起诉讼，结果胜诉了反而要执行身为法定代表人的自己，显然，这并不能解决问题。

四、解决"执行难"问题的思路探索

虽然强制执行变更法定代表人工商登记在操作层面上存在障碍，但是从解决问题的角度来看，尤其从解决法定代表人被限制高消费的角度来看，"执行难"仍有突破空间。

（一）部分执行

工商行政机关基于被执行公司未能提交新的法定代表人，因此不予办理涤除法定代表人工商登记，但是作为执行法院，仍然可以要求工商行政机关在企业信用信息公示系统中公示基于人民法院判决的变更法定代表人登记事项，通过信息公示来避免公司未来发生法律风险时对法定代表人产生重大影响，尽可能减少法定代表人工商登记对申请执行人合法权益的损害。

（二）间接强制执行

对于不可替代的履行行为，间接强制执行仍然是最有力的方式方法。根据《中华人民共和国民事诉讼法》规定，除了可以对被执行公司的法定代表人采取限制高消费的强制执行措施以外，还可以对公司的实际控制人等责任人采取强制执行措施。如果法定代表人本人曾参与公司经营，有证据能够证明公司实际控制人身份，可以向法院申请对公司的实际控制人采取强制执行措施，以此迫使实际控制人配合变更法定代表人工商登记。[①]

（三）申请吊销公司营业执照

最新实施的《市场主体登记管理条例》《市场主体登记管理条例实施细则》规定，"市场主体未按规定办理变更登记的，由登记机关责令改正；拒不改正的，处1万元以上10万元以下的罚款；情节严重的，吊销营业执照"。新的《市场主体登记管理条例》相较于老的《公司登记管理条例》，增加了"情节严重，吊销营业执照"的规定，因此可以尝试在法院强制执行无效的情况下，向登记机关申请吊销公司的营业执照。一旦被吊销营业执照，依照《公司法》规定，公司被吊销企业法人营业执照，属于法定解散范畴，应当予以解散，并在十五日内成立清算组进行清算。逾期不成立清算组

---

① 李陆昕：《浅析对"老赖公司"间接强制执行措施的完善——从涤除法定代表人登记案件出发》，载《法制与社会》2020年第27期，第25－26页。

的，债权人可以申请人民法院指定有关人员组成清算组进行清算。清算结束后，公司主体消灭，法定代表人身份消灭。

（四）依据胜诉判决书申请解除强制执行措施

对于已经因公司未履行生效判决而被采取限制高消费等强制措施的法定代表人而言，解除其强制执行措施、减少其法律风险是其寻求司法介入的主要目的。即使由于种种原因，无法完成涤除法定代表人的工商登记，如果能够依据胜诉判决书解除其强制执行措施，免除其未来的法律风险，也从实质上保护了其合法权益免受侵害。那么，依据涤除法定代表人的胜诉判决书，能否解除其强制执行措施呢？

首先，法定代表人变更，并不能解除原法定代表人的强制执行措施。在人民法院执行过程中，被执行人的法定代表人发生变化时，法院仍然要判断原法定代表人是否为被执行人的主要负责人或者影响债务履行的直接责任人员。但是，对于基于正当理由的变更法定代表人，特别是依据人民法院涤除法定代表人的生效判决，申请解除对原法定代表人的强制执行措施，是应当获得支持的。根据《最高人民法院关于在执行工作中进一步强化善意文明执行理念的意见》第十七条第（2）款规定"单位被执行人被限制消费后，其法定代表人、主要负责人确因经营管理需要发生变更，原法定代表人、主要负责人申请解除对其本人的限制消费措施的，应举证证明其并非单位的实际控制人、影响债务履行的直接责任人员。人民法院经审查属实的，应予准许，并对变更后的法定代表人、主要负责人依法采取限制消费措施"，涤除法定代表人工商登记的生效判决正是基于法院对原法定代表人已非单位的实际控制人、影响债务履行的直接责任人员的判断而产生的。例如（2020）最高法执监1××号案中，法院认为"在执行过程中，被执行人的法定代表人发生变化时，要判断原法定代表人是否为被执行人的主要负责人或者影响债务履行的直接责任人员。本案中，徐×系被执行人的原法定代表人，在被执行人法定代表人已变更为王××且徐×已将62%股权进行转让的情况下，执行法院变更对王××限制消费，解除了对徐×的限制消费措施并无不当"。由此可见，在原法定代表人已被生效判决认为并非被执行人的主要负责人或者影响债务履行的直接责任人员情况下，理应解除对其采取的强制执行措施。

结　语

要求公司的法定代表人承担特定的法律责任是为了规范市场主体的经济

行为，比如对法定代表人限制高消费，其目的是督促公司履行法律义务。正如前文所述，员工在职时担任法定代表人，基于权责利相统一原则，被依法限制高消费有理有据，但员工离职后对公司已经没有任何经营管理权限，即使将其限制高消费也无法促使公司履行法律义务，反而使员工陷入法律上的困境。此时，要求变更或涤除其法定代表人工商登记就成了员工的合理诉求。尽管在实践中，变更或涤除法定代表人工商登记的诉讼仍然因为工商行政机关与法院的衔接问题，而存在执行上的障碍，但是法院作出的生效法律文书具有公示力、公信力，原告在取得涤除法定代表人的生效判决后，既可以凭借该生效判决，请求法院解除对自己采取的限制高消费等强制执行措施，也可以避免未来因法定代表人身份而产生的其他权益受损，降低其法律风险，是具有现实意义的。同时，笔者相信，随着执行力度的不断加强，工商登记与法院执行的衔接问题在不久的将来终会被彻底解决，我们拭目以待。

公司归入权的收入范围和计算方式研究

李建新[*]

引　言

公司董事、高级管理人员损害公司合法利益责任纠纷案件中，常见公司行使归入权，归入权属于《公司法》规定的一种公司特别救济权。我国《公司法》并未对归入权作出明确的定义，现在所主张的"归入权"是学者们从学理上总结的概念。公司归入权是指对公司的董事、高级管理人员违反公司忠实义务、竞业禁止义务等法定义务所获得的溢出收益，公司有权收归所有的权利。目前，公司法归入权的设立目的是保护公司资产，保护公司股东、公司债权人的合法权益，规范董事、高级管理人员的行为，公司董事、高级管理人员如有违反公司忠实义务、竞业禁止义务等特殊行为，如滥用职权、违反公司竞业禁止义务等，公司有权采取合法途径保护自己权益不遭受损失。虽然《公司法》第一百四十八条规定了公司董事、高级管理人员存在哪几种情形适用归入权，但未明确关于归入权的收入的界定和收入计算的方式，使得法院在此类案件审判过程中，既存在大量如何界定收入和计算方式的不同导致的分歧，还存在权利人在诉讼过程中举证困难等问题。笔者认为我国公司法中有关公司归入权的收入范围和收入计算方式需要进一步分析、界定。

一、公司归入权的立法沿革

（一）国内立法演进

公司归入权制度是 1993 年在我国正式确立的。我国 1993 年颁布的《公司法》明确了公司归入权是一种法定权利，第六十一条、第二百一十四条分别规定了董事、经理实施特定行为所得收益归公司所有。第五十九条界定了

---

* 李建新，广东国鼎律师事务所律师。

忠实义务的内涵，即"董事、监事、经理应当遵守公司章程，忠实履行职务，维护公司利益，不得利用在公司的地位和职权为自己谋取私利"①。但是归入权规定的辐射范围不够全面，仅适用于违反竞业禁止义务、挪用公司资金或将公司资金借贷给他人、以公司资产为股东或其他个人担保这三种行为，并且未将公司归入权相关条款与忠实义务条款进行联系，在立法上并未形成系统、完备的制度。

2005 年，为适应公司制度的发展，我国对《公司法》进行修订，对公司归入权重新进行界定，第一次明确提出"忠实义务"这一术语，具体罗列了董事、监事、高级管理人员体现忠实义务的具体行为方式，并首次将董事、高级管理人员违背公司的忠实义务与公司归入权的适用相结合，规定了公司归入权的基本框架，相较于 1993 年《公司法》作出较大修正，为公司寻求救济提供了更为有效的保障。

2006 年，为实现与 2005 年《公司法》的衔接，中国证监会对《上市公司章程指引》进行相关修正，完全列举了 2005 年《公司法》规定的违反忠实义务的行为，并且新增"不得利用其关联关系损害公司利益"这一条款，这一条款可纳入兜底条款"违反对公司忠实义务的其他行为"，可见其并未扩大公司归入权适用范围。

2013 年新修订的《公司法》中关于公司归入权制度的规定与 2005 年《公司法》相比并无不同。2013 年《公司法》第一百四十八条对归入权进行了规定，② 包括确定归入权的适用对象范围为董事和高级管理人员，罗列了七种特定的违反忠实义务的具体情形，并在该条最后规定了一个兜底条款，即"违反对公司忠实义务的其他行为"。

---

① 1993 年《中华人民共和国公司法》第五十九条：董事、监事、经理应当遵守公司章程，忠实履行职务，维护公司利益，不得利用在公司的地位和职权为自己谋取私利。董事、监事、经理不得利用职权收受贿赂或者其他非法收入，不得侵占公司的财产。

② 2018 年《中华人民共和国公司法》第一百四十八条：董事、高级管理人员不得有下列行为：（一）挪用公司资金；（二）将公司资金以其个人名义或者以其他个人名义开立账户存储；（三）违反公司章程的规定，未经股东会、股东大会或者董事会同意，将公司资金借贷给他人或者以公司财产为他人提供担保；（四）违反公司章程的规定或者未经股东会、股东大会同意，与本公司订立合同或者进行交易；（五）未经股东会或者股东大会同意，利用职务便利为自己或者他人谋取属于公司的商业机会，自营或者为他人经营与所任职公司同类的业务；（六）接受他人与公司交易的佣金归为己有；（七）擅自披露公司秘密；（八）违反对公司忠实义务的其他行为。董事、高级管理人员违反前款规定所得的收入应当归公司所有。

（二）域外立法情况

1. 大陆法系国家：公司归入权仅适用于从事竞业行为的情况

德国《股份公司法》规定，董事违反竞业禁止条款的，如果给公司带来损害，可以由监事会代表公司向其主张损害赔偿，或认为这是为了公司的利益而进行的商业活动，要求该董事交出从事的商业活动所得利益或者放弃对利益的要求。若未造成任何损失，公司可要求违反规定的董事将其所得收益归于公司，即公司可以自主选择主张公司归入权还是损害赔偿请求权，但只能择一主张。

日本《公司法》规定，从事竞业行为的董事应当将交易的重大事实告知股东大会并获得股东大会确认，否则公司可以要求董事赔偿损失，将其所得利益额推定为损害额归入公司，即用公司归入权代替损害赔偿请求权。另外，日本商法典规定行使权利的时效是一年除斥期间，到期不行使，权利即告消灭。

2. 英美法系国家：不禁止董事从事与公司有竞争的商业活动，但是不允许与公司进行非法竞争，否则需承担法律责任

公司的董事和高级员工作为公司的受信托人，对公司负有忠实信义义务，即要求公司董事、高级员工不得将自身利益与公司利益置于冲突位置。如果存在利益冲突，公司利益应当优先于个人利益，否则违反信义义务所得的收益均收归公司所有。

英国法规定，归入收益可以采用推定信托的方式或报账交款之诉的方式实现。推定信托是指法院在某些情况下推定成立的信托，要求当事人作为推定受信人承担责任，在适用推定信托的情形下，公司可直接追索至尚存的财产，该财产价值可能不等同于受托人受领时的价值。此外，当受信人破产时，委托人或受益人享有优先受偿权。报账交款中，受信人需支付受领时等额的金钱，不论该笔金钱是否被消费或投资。

新加坡商法明确规定了违反忠实义务的法律后果，一种是损害赔偿，一种则是董事未经公司同意的情况下利用职务便利所得的收益归公司所有。

二、我国公司法归入权的理论基础

公司归入权的成立在理论上存在一项基本前提——公司负责人对公司负有忠实义务。因此，就公司负责人对公司的忠实义务进行分析是探讨公司归入权必不可少的环节。

　　忠实义务是公司负责人对公司负有的基本义务之一。忠实义务一方面要求公司负责人在其职权范围内为公司谋求最大利益，另一方面要求公司负责人应避免自身与公司发生利益冲突，在发生冲突时个人利益不得高于公司利益。可见忠实义务的内涵应当包含以下两个方面：一是主观责任，也就是公司负责人的行为目的，应当始终将公司利益放在第一位，在我国法律规范和公序良俗所容许的限度内，以公司利益最大化作为自己分析、判断、处理公司事务的准则、宗旨，恪守公司的规章制度，尽职尽责，全心全意地为公司利益服务，努力实现公司利益最大化。二是客观责任，也就是公司负责人行为的忠实性。公司负责人作出的与公司具有关联性的行为应当是公正的，并且与公司的总体利益相一致。在自身或他人利益与公司利益相抵触的情况下，公司负责人应当优先确保公司的利益，决不以损害公司利益为代价维护自身或他人利益，更遑论以公司身份为自己或其他利益相关者谋取不正当利益。

　　公司负责人对公司负担忠实义务是因为双方存在某种特殊关系，我国《公司法》并未明确界定公司负责人与公司间的关系，学界也暂未有统一定论。学界对公司与公司负责人的关系界定主要存在以下三种学说：①信托关系说。即公司负责人是受信托人，是被信托而对公司财产负有管理义务的人，必须在其职责范围内以最有利于信托受益人公司的利益的方式履行义务。在这种情况下，不仅董事，其他同样管理公司事务的负责人也均与公司成立信托关系，基于此种信托关系，公司负责人对公司负有忠实义务。②代理关系说。尽管公司是一个独立的"人"，但是它自身无法参与到任何活动中，只能由公司负责人，例如董事来进行。公司负责人在以公司的名义对外与第三方进行业务往来时，享有代理权，承担代理人的义务和责任，即包含忠实义务，而公司如同代理关系中的"本人"享有同样的权利和承担同样的责任。③委任关系说。公司作为委任人，委任公司负责人作为受任人管理与经营公司财产。只有在经过股东会的选任决定及公司负责人同意就任的情况下，这种委任关系才会建立。基于委任关系，公司与公司负责人之间建立了信赖关系，无论是受任人还是委任人，都对信赖关系的存续承担义务，即包含受任人公司负责人对公司的忠实义务。

　　上述三种学说都是在特定的法律文化传统与环境下逐渐形成、发展并传播到我国的。每种学说都具备合理性，但没有一种学说可以全面总结出公司和负责人之间的法律关系，公司和负责人的法律关系是上述各种学说的有机结合。不管是哪种学说，都强调公司负责人对公司负有忠实义务的重要性，并且非常重视通过制定法律法规来阻止公司负责人损害公司利益。

公司负责人的忠实义务制度，强化了公司负责人为公司服务的信念感，是减少公司负责人个人利益凌驾于公司利益、投资者利益之上的情况发生的强有力手段，有利于降低事后监督的成本，忠实义务制度的不断发展也是推动公司法进步的关键一步。对公司归入权进行探讨的前提是必须明确公司负责人的忠实义务，并对其具体含义和适用范围进行界定。在这种情况下，公司责任人负有维护公司利益的义务，这种义务来源于法律明文规定，当公司负责人利用自己的职权和信息渠道侵害公司利益时，公司才能行使归入权。因此，区分公司各利益相关者之间的关系，厘清其忠实义务，才能对归入权的形成和发展进行全面梳理。

三、公司归入权的适用情形

我国《公司法》第一百四十八条规定了适用公司归入权的情形，[①] 即对董事和高级管理人员不得实施违反公司忠实义务的行为作了详细规定，如果董事、高级管理人员违反了这一行为，即使在董事、高级管理人员利用职权为自己谋取私利，但并没有对公司利益造成直接损害的情况下，公司也享有对违反忠实义务的董事、高级管理人员的收入归入权。但《公司法》并未明确界定公司归入权的收入认定和计算方式。在司法实践中，法院审理此类案件时也出现过分歧，部分法院认为公司行使归入权不以公司利益遭受到损害为前提，也有部分法院认为公司行使归入权以公司利益遭受到损害为前提。关于法院对公司收入权的形式不以公司利益受损为前提的审判案件可以参见江苏省南京市建邺区人民法院（2014）建商初字第1××号民事判决书、江苏省南京市中级人民法院（2015）宁商终字第2××号民事判决以及江苏省高级人民法院（2016）苏民再2××号民事判决书。例如A公司与谢××、B公司损害公司利益责任纠纷案，此案经历了一审、二审、再审的程序，且三个法院对公司董事、高级管理人员违反忠实义务中的竞业禁止业务以及自

---

① 《中华人民共和国公司法》第一百四十八条：董事、高级管理人员不得有下列行为：（一）挪用公司资金；（二）将公司资金以其个人名义或者以其他个人名义开立账户存储；（三）违反公司章程的规定，未经股东会、股东大会或者董事会同意，将公司资金借贷给他人或者以公司财产为他人提供担保；（四）违反公司章程的规定或者未经股东会、股东大会同意，与本公司订立合同或者进行交易；（五）未经股东会或者股东大会同意，利用职务便利为自己或者他人谋取属于公司的商业机会，自营或者为他人经营与所任职公司同类的业务；（六）接受他人与公司交易的佣金归为己有；（七）擅自披露公司秘密；（八）违反对公司忠实义务的其他行为。董事、高级管理人员违反前款规定所得的收入应当归公司所有。

我限制交易行为的认定标准都不同。一审法院认为，公司高级管理人员从事各种经营活动是否侵害了公司现实利益或者可预见的预期利益是其判定标准。最终一审法院以证据不足为由驳回了 A 公司的诉讼请求。二审法院认为，没有证据证明谢××因实施 A 公司与 B 公司的交易行为获得了溢出利益，也没有任何证据表明谢××在 A 公司与 B 公司之间的交易中对 A 公司造成了损害或损失，因此，不支持 A 公司对谢××违反忠实义务进行自我交易所获得的收入归公司的主张。再审法院认为，董事、高级管理人员违反忠实义务中的竞业限制所取得的收益应当归公司所有，公司行使归入权，并不以董事、高级管理人员的交易行为获得溢出利益，或者其行为给公司造成损害或者损失为前提。只要公司董事、高级管理人员的交易行为不符合公司章程或者未经股东会、股东大会的同意，其通过交易所获得的收益均归公司所有。[①]

四、公司归入权收入范围的界定

《公司法》第一百四十八条第二款关于公司董事、高级管理人员违反忠实义务所得的收入，是指公司的董事、高级管理人员实际已取得的收入，还是应包括约定但尚未取得的收入，实践中也存在着不同的看法，需要辨明，这对于明确各方举证责任也影响甚大。由于《公司法》及其司法解释未对此做具体规定，导致审判过程中案件适用公司归入权收入的范围问题认定不清晰。如果公司董事、高级管理人员通过违反公司忠实勤勉义务、竞业禁止义务获取了利益，但是并未获得任何收入，公司则无法行使归入权。事实上，从归入权的性质上来看，只要是因为公司董事、高级管理人员违反忠实义务而取得的不正当收益，都属于归入权的权利范畴。按照此原则，违法收入并不以实际取得的收入为限。而且，根据公司长期的经营惯例，只要公司的章程有规定收益的分配比例，就会存在将来获取收益的可能。采用应得原则，以应得收入来界定归入权范畴更加能体现我国的立法原意，也有利于保护公司的合法利益，制裁不诚信的违法侵权行为。现实中的"收入"存在多种形态，既有隐性收入，也有显性收入（货币形态和实物形态）。公司对货币和实物形态的收入可以行使归入权，却不能对隐性收入行使归入权。司法实践中关于收入的问题，存在许多不同的看法，暂未形成统一认知。有的观点主张，"收入"应当是本人直接从公司获取的报酬，不包括利润；有的观点主

[①]　李洪灯：《公司诉讼法律事务全解》，法律出版社 2001 年版，第 522－524 页。

张，"收入"扣除本人直接从公司获得的报酬外，还应当包括所得利润（包含既得利润与可得利润）；还有的观点主张，"收入"并非仅指货币收入，扣除本人在公司直接所获取的报酬及可分配利润外，还应当包括其他所得物品、其他可得利益，以及既得或可得的商业利益。我国现行的《公司法》与《证券法》对归入权"收入"表述存在不同的意思。《公司法》规定："所得的收入应当归公司所有。"《证券法》则规定："所得收益归公司所有。"从字义来看，"收入"往往是指积极利益，如金钱等；而"收益"的范畴则更加宽泛，不仅包含积极的金钱利益，也包括了其他方面的利益，更能体现归入权收入的要求。笔者认为，由于公司的董事、高级管理人员违反忠实勤勉义务、竞业禁止义务的行为具有多样性，在不同的环境中，不同的行为方式下产生的"收入"方式也各不相同，不能一概而论地认为所有违反忠实勤勉义务、竞业禁止义务的行为所产生的"收入"都适用归公司所有。

　　一般情况下，权利人主张行使公司归入权的，一方面需证明公司董事、高级管理人员现实存在违反忠实义务的事实，另一方面需确认归入权的收入具体范围，即公司董事、高级管理人员因违背忠实义务而取得的个人收入。但事实上，权利人往往难以获知公司董事、高级管理人员违反竞业限制或忠实勤勉义务所获取的个人所得。从以下两个裁判案例中可以看出其中的问题。裁判案例一：[①] A 公司损失标的系商业机会，难以准确认定数额。且在李××的个人获益和 B 公司及其股东的实际损失亦无法认定的情况下，原判决综合考虑公司的运营成本、网络医院项目的发展前景和技术团队、资本团队对网络医院项目的投入、贡献情况，酌定李××向 A 公司赔偿 2916 万元以弥补 A 公司和 B 公司及其背后投资人的实际损失与合理期待利益，并无不当。裁判案例二：[②] 综合何××在 A 公司的任职时间、参照该期间四川省相近行业人均收入情况，酌情认定何××在为 A 公司经营期间所获得的收入。

　　笔者认为从以上案例可以看出，应该坚持具体问题具体分析原则，根据案件的具体案情对公司董事、高级管理人员违反忠实勤勉义务、竞业禁止义务的行为进行具体分析，并结合董事、高级管理人员在违反此行为中所获取的利益，以此界定收入的范围。

---

　　① 最高人民法院（2021）最高法民申 16××号裁定书，"李××、A 公司与在线网络有限公司损害公司利益纠纷再审审查与审判监督民事案"。
　　② 四川省成都市中级人民法院（2015）成民终字第 52××号判决书，"何××、××有限公司与 A 公司损害公司利益责任纠纷二审民事案"。

五、归入权收入的计算方式

目前，我国现行法律和司法解释对公司归入权所得的详细计算方法还没有成文规定。公司收入权的收入界定方式具有多种情形，因此，相应的计算方式也是多种多样的。而不同的计算方式也会导致案件对具体收入金额的认定存在歧义。在"收入"的计算方法上通常包括以下方式。

1. 精准计算

以下情形适合采用精准计算方式。首先，大多数情况下公司的董事、高级管理人员违反竞业限制的同时也会在同行业其他公司进行工作，这种行为已经违反对公司的忠实勤勉义务，因此公司主张的归入权收入主要就表现为公司的董事、高级管理人员在竞业公司获取的劳动报酬以及股权、股票等财产性票证，此类报酬、财产性票证本身具有可计算的属性，因而在实务纠纷中就较为容易计算精确。其次，也可以采用账户资金流水账计算违反忠实义务行为所获得的实际收入，该方法仅在对账户直接进行结算的情况下才能使用。这种计算方式不能用于直接现金交易（除非双方承认），而现实中大量存在公司董事、高级管理人员采用现金方式进行结算，从而导致无法使用精准的计算方式来计算其实际收入。

2. 酌定计算

酌定计算方式主要用于测算自营业务或为他人经营同类业务产生的利润。具体包括以下两种类型：一种是按照业务收入扣除相应成本费用进行计算，另一种是在无法估算收入时，依据行业普遍利润率进行酌定测算。此种计算方式适用于公司、董事、高级管理人员均无法给出充足的证据前提下，应当对归入权的收入的数额进行盖然性举证时，法院往往会从公司涉及行业利润率、平均利润、以往的财报等角度，酌定给出一个较为合理的数额，然后再进行归入。此种计算方式可以参见上海市嘉定区人民法院（2014）嘉民二（商）初字第24××号民事判决书与上海市第二中级人民法院（2015）沪二中民四（商）终字第7××号民事判决书。例如宋××违反忠实义务的收入所得的认定，A公司针对宋××在B公司取得20万元的收入无法通过合理途径进行取证，二审法院无法对B公司具体经营项目、销售盈亏状况及职工工资收入等情况进行核实，最后二审法院根据已掌握的证据，在查明案件事实基础上参照了香肠类制品公司的一般盈利情况以及宋××持有B公司30%的股权份额，认定酌情改判宋××对 A 公司承担 8 万元的赔偿。[①]

3. 审计计算

审计计算方式适用于存在关联关系以及共同故意侵害公司利益的情况下，可能发生竞业公司或者关联公司需对受损害公司的损失承担连带责任，而对于关联公司或者竞业公司的获利情况才可能采用审计方式计算其实际获利数额从而明确归入的具体数字。

公司归入权的收入具体金额存在举证困难，司法实践过程中对董事、高级管理人员因违反忠诚义务所得收入具体金额往往难以直接证明。由于所得收入所采用的计算方法各有不同，法院审判结果也五花八门。例如，有的以竞业公司年度未分配利润为基数乘以被告董事的持股比例，得出被告可以从竞业公司分得的利润额为违法收入；有的则参照竞业公司营业收入及年检报告确认的费用确认利润，再乘以被告的持股比例确定违法收入；也有的以竞业公司的净利润为基数计算违法收入。而对于具体个案中需要采取何种计算方式，实际上取决于法院对于举证责任的分配以及双方当事人的举证责任的完成情况。

笔者认为，法院对归入权"所得收入"这一事实的认定存在一定困难，从而认定所得收入所采用的计算方法也各有不同，导致案件审理过程中对具体金额的计算方式各种各样，无统一标准，我国立法者需结合目前存在案例，加快制定具体的计算标准。

结　语

我国现行法律对公司归入权的制度规定仍存在许多不完善的地方，尤其涉及公司归入权的收入范围的界定和计算方式这两个方面，使得法院在审判过程中没有统一的标准适用或参考，导致诉讼过程中对收入范围界定和计算方式的适用方式多种多样，审判结果也各不相同。目前，我国公司法应尽快明确具体的收入范围和计算方式，让法院审理此类型案件时，有法律规定的具体标准可以参照。完善公司归入权制度是目前我国公司法体系中亟须解决的问题之一。也是保护公司合法权益的方式之一。公司归入权制度的完善，有利于使法院对公司董事、高级管理人员违反公司忠实义务及竞业限制行为的案件具有明确的认定标准和处理方式。

---

① 李洪灯：《公司诉讼法律事务全解》，法律出版社 2001 年版，第 525－526 页。

专题六　法人人格否认

论一人公司的负外部性[①]问题

冯承臻[*]

引　言

我国在 2005 年《公司法》中允许设立一人公司，鉴于一人公司的特殊性，现行《公司法》中专设一节对一人公司做特别规定。

根据现行《公司法》，一人公司仅指一人股东有限责任公司。有限责任是现代公司的基本特征，在我国，一人公司也并不例外。而例外的是，《公司法》第六十三条规定："一人有限责任公司的股东不能证明公司财产独立于股东自己的财产的，应当对公司债务承担连带责任。"即当债权人主张否定一人公司的法人人格，对财产混同问题采取举证责任倒置的举证责任分配规则时，由一人公司的股东承担举证责任。法人人格否认，又称为"刺破公司面纱"，系对法律赋予公司人格独立的否定。法人人格否认在域外公司法中一般以判例法的方式存在，我国 2005 年《公司法》首创性地把法人人格否认成文法化，[②] 具体为《公司法》第二十条第三款："公司股东滥用公司法人独立地位和股东有限责任，逃避债务，严重损害公司债权人利益的，应当对公司债务承担连带责任。"

不少论者认为，现行《公司法》第六十三条与第二十条第三款的法人人格否定规则，系特别法与一般法的关系。债权人诉请否定有限责任公司或股份有限公司的法人人格时，应适用《公司法》第二十条，对公司股东滥用法人独立地位和股东有限责任、债权人利益遭受到损害以及滥用行为与损害之

---

①　外部性原为经济学概念，20 世纪，随着美国芝加哥学派的"法经济学"理论的崛起，利用经济学作为法学的研究方法风靡全球，在法学，尤其在公司法的研究中，经常会使用"外部性"一词。外部性的内涵具体是指：当一个人从事一种影响旁观者福利并对这种影响既不付报酬又不得报酬的活动时，就产生了外部性。如果对旁观者的影响是不利的，就称为负外部性——笔者注。

*　冯承臻，澳门科技大学法学博士研究生，广东盈隆律师事务所律师。

②　参见朱慈蕴《公司法人人格否认：从法条跃入实践》，载《清华法学》2007 年第 2 期，第 111－125 页。

间存在因果关系等客观事实承担举证责任；当债权人诉请否定一人公司之法人人格时，一人公司的股东只要与一人公司发生财务混同，一人公司的法人人格即告否定，而且，有关股东与一人公司财务没有混同的举证责任，会依法分配给一人公司的股东。

现行公司法对一人公司的区别对待，能够体现出立法机构对一人公司股东滥用公司法人人格的负外部性问题具有清醒且谨慎的认识，甚至"存有不信任的前见"[1]。传统公司法理论将公司定义为民法中的社团法人，[2] 顾名思义，社团法人的前提须是一个社团，解释上至少须有二人。[3] 民法通说认为，社团法人的行为是一种共同行为。[4] 而一人公司仅有一个自然人或法人股东，不具备社团性，一人公司股东会形成的决议必然是唯一股东的意思表示，其天然地有被解释为人格混同的理由，也意味着，一人公司股东滥用公司法人人格的成本很低。如果不加以严格规范，一人公司的股东必然有巨大的利益激励其滥用法律赋予的有限责任，将公司经营的全部风险转嫁给债权人，最终由全社会为一人公司造成的损失买单，此即一人公司的负外部性。[5]

2021 年向社会征求意见的《公司法（修订草案）》中，有关一人公司的规定与现行公司法区别较大，笔者主要归纳为三点：①从体例上，不再专门设置一节规定一人公司；②新增一人股份有限公司，一人公司不单指一人有限责任公司；③废除当前《公司法》第六十三条对一人公司人格否认的举证责任倒置规定。

因为举证责任的倒置，一人公司的法人人格被刺破的比例极高，根据笔者对一人公司的判例的检索，一人公司的法人人格在民事诉讼中被法院判决否定的比例超过 90%。如此惊人的数字，却也符合我们在实务中总结的经验。实务中，如果被告是一个一人有限公司，律师通常会建议原告列一人公司的唯一股东作为共同被告，对一人公司的债务承担连带责任。而且，这样的诉请也一般能够得到法庭的支持。有鉴于此，论者通常认为，一人公司的法人人格被高频否定与法律规定举证责任的倒置密切相关。二者是否具有因果关系？如有，废除举证责任倒置背后的立法逻辑是什么？在《公司法（修

---

① 蒋大兴：《一人公司法人人格否认之法律适用》，载《华东政法学院学报》2006 年第 6 期，第 16–20 页。

② 参见朱慈蕴《一人公司对传统公司法的冲击》，载《中国法学》2002 年第 1 期，第 104 页。

③ 王泽鉴：《民法总则》，三民书局（台湾）出版社 2000 年版，第 194 页。

④ 王泽鉴：《民法总则》，三民书局（台湾）出版社 2000 年版，第 194 页。

⑤ 曼昆：《经济学原理：微观经济学分册》，梁小民、梁砾译，北京大学出版社 2015 年版，第 211 页。

订草案）》中还新增了一人股份有限公司，扩张了一人公司的设立范围。废除举证责任倒置是否会显著地增加一人公司作为一种公司制度对债权人及社会的负外部性？我们应如何应对《公司法（修订草案）》给我们出的这个难题？本文通过对我国 2010 年至 2022 年的公司法人人格否定判例的实证分析为出发点，着重对比有限公司与一人公司法在司法裁判中的样态，对公司法人人格否定尤其是一人公司的法人人格否定作理论研究。

一、对我国法人人格否认案例的实证分析

（一）研究方法

本节通过对我国法院案例一手资料的收集，分别重点检索了股东人数为二人以上的有限公司①（检索时并未区分有限责任公司与股份有限公司）与一人公司，通过对两类公司的法人人格否认制度在司法实践中的裁判现状，使一人公司制度的特殊性得以突显，并为一人公司制度的问题发现与解决建议提供基础。本文检索我国自 2011 年 1 月 1 日起至 2022 年 9 月 20 日止的公司法人人格否认案例。最后检索时间为 2022 年 9 月 25 日。由于 2019 年 12 月，最高人民法院《全国法院民商事审判工作会议纪要》（以下简称《九民纪要》）中对公司法人人格否认的理由、标准进行了细化的解释，为能够体现《九民纪要》可能对我国公司法人人格否定产生的影响，2020 年至 2022 年的样本，笔者作另行检索。

黄辉教授 2012 年曾发表论文《中国公司法人人格否认制度实证研究》，对 2006 年 1 月 1 日起至 2010 年 12 月 31 日止的所有公司法人人格否认案例进行了检索。该论文对 2011 年以前公司法人人格否认的案例都已作收集并进行详尽的分析，加之 2011 年以前的案例与当今已相隔 10 年有余，为免重复，本文不再对 2011 年以前的案例进行重复收集、分析。

需要指出的是，本文研究的是法院的诉讼案件，并不包括仲裁案件，只能体现法院在法人人格否认方面的观点。而且，在现实中可能很多纠纷并未提起诉讼解决，尤其对于有限公司的法人人格刺破而言，由于有限公司的法人人格否认并未适用举证责任的倒置，会存在当事人因证据不足而另辟蹊径解决纠纷的可能性，而选择提起诉讼的当事人都是掌握一定证据的，这样的

---

① 本文中未特别注明的有限公司，指我国公司法规定的有限责任公司和股份有限公司，不另行作区分。一人有限责任公司，以下简称"一人公司"。

可能性难以通过实证判例的统计与分析体现出来。

（二）总结数据及分析

表6-1　有限公司法人人格否定案例统计（1）

裁判日期	样本总数/件	刺破/件	未刺破/件	刺破率
2011. 01. 01—2019. 12. 31	50	38	12	76%
2020. 01. 01—2022. 9. 20	30	19	11	63.33%
总计	80	57	23	71.25%

说明：①表6-1的数据来源为Alpha的案例搜索系统，关键词为"公司法第三条第一款""公司法第二十条第三款"，根据该关键词，2011年1月1日—2019年12月31日搜得案例总数为2033件，笔者随机抽取50件做样本；2020年1月1日—2022年9月20日搜得案件总数为708件，笔者随机抽取30件做样本。②笔者已对样本案例中的系列案作筛选，系列案理由、结果均相同的，仅作一案处理。③案例排除了由最高人民法院审理的，包括一审、二审、再审程序的案件。

黄辉教授在《中国公司法人人格否认制度实证研究》中，其检索的2006年1月1日至2010年12月31日整5年的研究期间内，合共才有99个公司法人人格否认的案例。[①] 但笔者检索的2011年1月1日至2022年9月20日约11年期间内，案例总数已达2741个，增幅超过十倍。原因可能是，2012年我国裁判文书公开尚不成熟，很多案例尤其是基层法院的案例并未上传。但从案件数量以及有限公司法人人格被否定的比例来看，我国有限公司被否定法人人格的普遍程度的确已经高达非常夸张的地步。这个比例不仅远高于国外，相比于10年前黄辉教授实证研究的比例数据也有增长。

表6-2　一人公司法人人格否定案例统计（1）

裁判日期	样本总数/件	刺破/件	未刺破/件	刺破率
2011. 01. 01—2022. 09. 20	50	47	3	94%

说明：①表6-2的数据来源为Alpha的案例搜索系统，关键词为"公司法第六十三条""公司法第六十四条"，根据该关键词，搜索得到案件数135631件，笔者随机抽取50件作样本。②笔者已对样本案例中的系列案作

---

① 参见黄辉《中国公司法人人格否认制度实证研究》，载《法学研究》2012年第1期，第5页。

筛选，系列案理由、结果均相同的，仅作一案处理。③案例排除了由最高人民法院审理的，包括一审、二审、再审程序的案件。

从一人公司案例检索得出的样本数可见，相较于股东为二人以上的有限公司，在诉讼中债权人要求唯一股东承担连带责任的数量明显高企。

从公司独立法人人格被否认的比例上来看，虽然有限公司法人人格被刺破的比例已经相当高，但无论是从检索案件的总数，还是从一人公司法人人格被否定（刺破）的比例来看，一人公司仍大幅高于有限公司。

鉴于有限公司以及一人公司案例检索的样本非常多，难以将全部案例纳入统计样本，表6－1及表6－2均是笔者通过随机抽取一定数量样本的方式进行呈现。为了进一步提高统计的准确性，笔者专门对最高人民法院审理的有关二人以上有限公司及一人公司法人人格否定的判例进行统计。

表6－3 有限公司法人人格否定案例统计（2）

裁判日期	法院层级	样本总数/件	刺破/件	未刺破/件	刺破率
2010.01.01—2022.09.20	最高人民法院	30	11	19	36.67%
		50	16	34	32%
	省级高级人民法院	15	9	6	60%

说明：①表6－3的数据来源为Alpha的案例搜索系统，法院层级选择最高人民法院，关键词为"公司法第二十条第三款"，当关键词"公司法第三条第一款"同时存在时，检索案例数量仅有4个，笔者去掉关键词"公司法第三条第一款"后，检索得到案例132个，检索案例均与公司法人人格否定有关。为获得充足的样本，笔者特别调整了关键词，根据该关键词，搜索得到案件数132件，笔者随机抽取30/50件做样本。②笔者已对样本案例中的系列案作筛选，系列案理由、结果均相同的，仅作一案处理。③省高级人民法院的案例搜索案件数137个，其中大部分为系列案件，在筛选系列案后，符合要求的样本仅15个。

表6－4 一人公司法人人格否定案例统计（2）

裁判日期	法院层级	样本总数/件	刺破/件	未刺破/件	刺破率
2010.01.01—2022.09.20	最高人民法院	50	26	4	86.6%

说明：①表6－4的数据来源为Alpha的案例搜索系统，法院层级选择最

高人民法院，关键词为"公司法第六十三条"，根据该关键词，搜索得到案件数164件，笔者随机抽取30件做样本。②笔者已对样本案例中的系列案作筛选，系列案理由、结果均相同的，仅作一案处理。

当案例的样本仅有最高人民法院的判例时，有限公司与一人公司被刺破公司面纱的比例均有下降，"审理层级越高，审理法人人格否认案件时会更慎重"① 依然能够得到印证。但是，有限公司法人人格否定中，经最高人民法院审理的案件（刺破率36.67%）与未经最高人民法院审理的案件（刺破率71.25%），被刺破的概率同比下降34.58%；而且，未经最高人民法院审理的案件样本数达80个，最高人民法院审理的案件样本数仅30个，当最高人民法院审理案件的样本数增加至50个时，刺破率仅为32%，二者差距进一步增大。

相比之下，经最高人民法院审理的一人公司法人人格否定案件（刺破率86.6%）与未经最高人民法院审理的案件（刺破率94%）差距极小，不足10%。可见，一人公司极高的刺破率与法院的审级、法官对法律的理解无关，一人公司极高的刺破率是当前一人公司制度在司法实践中的常见、普遍现象。

表6-5　一人公司法人人格否定案例统计（3）

法院层级	样本总数/件	提供审计报告/件	占比	刺破数/件	刺破率
最高人民法院	30	4	13.33%	2	50%
省级高级人民法院以下	30	2	6.67%	0	0

说明：①"提供审计报告"一栏统计样本为一人公司或其股东提供审计报告的样本案例数；表6-5中统计的刺破率，特指诉讼中提供了一人公司审计报告的公司被法院否定法人人格的比例。②表6-5样本案例来源与表6-4相同，不再另行说明。

（三）小结

（1）公司人格独立和股东有限责任是公司法的基本原则和典型特征。否认公司独立人格，由滥用公司法人独立地位和股东有限责任的股东对公司债务承担连带责任，是股东有限责任的例外情形。最高人民法院在《九民纪要》中同样秉持这样的观点。但是，从案例统计分析的结果来看，无论是传

---

① 弗兰克·伊斯特布鲁克、丹尼尔·费希尔：《公司法的经济结构》，罗培新译，北京大学出版社2014年版，第49页。

统有限责任公司，还是一人公司，其法人人格的刺破率均非常高。

（2）有限公司中，被刺破的无一例外均是有限责任公司，样本中未发现股份有限公司被刺破；结合一人公司的统计数据，可以印证公司的股东规模与公司的刺破率呈负相关的结论。[①]

（3）有限公司法人人格否定的案件中，审级越高，刺破率越低。原因可能是多方面的：审级越高，案件标的越大，意味着案涉有限公司的规模越大；审级越高，法院审理法人人格否定越慎重；基层人民法院对法人人格否认的理解有误，审判说理粗糙，导致误判；等等。《九民纪要》发布后，有限公司的刺破率显著下降（从76%骤降至66.33%）。可见，由于《公司法》第二十条第三款对法人人格否定的规定过于抽象，法院尤其是基层法院审理案件时缺乏标准，难以把握，导致法人人格否定制度一定程度的滥用等可能是有限公司法人人格否定比例高企的重要原因。目前来看，虽有限公司的刺破率仍属较高水平，但该情况随着《九民纪要》的出台已经得到一定改善。

（4）一人公司法人人格否定案例中，一人公司的刺破率虽随审判层级的升高而下降，但下降幅度较小，从最高人民法院到基层四级法院在审理涉一人公司案件中均表现出极高的刺破率。显然，法院审理的层级并不是一人公司法人人格频繁被刺破的决定性因素。

（5）虽然最高人民法院审理的涉一人公司案件的刺破率稍低于省高级人民法院及以下层级法院审理的案件的刺破率，但唯一股东承担连带责任在总体样本中仍占绝对多数比例。基于法院审级及统计案件的数量、比例，基本排除法院或个案中法官对《公司法》第六十三条的理解、适用存在偏差的可能性，该结论能够印证前述立法机关对一人公司的天然不信任，该比例能够体现《公司法》第六十三条的立法目的。同时，在最高人民法院审理的案件中，一人公司股东仍基本无法证明公司财产独立于其自身财产，从另一方面来看，足见一人公司的负外部性问题的确严重，一人公司独立法人人格的基础受到严重挑战。

（6）从样本反馈的裁判理由中，有限公司法人人格否定案件中，公司因"混同"被刺破的占比最高。"混同"主要表现为人员混同、业务混同、办公地点混同、财务混同等表征人格的混同，其中人员混同、业务混同、办公地点混同、财务不混同的有限公司，不一定被刺破，但财务混同的有限公司，无论是否存在其他混同情形，均会被刺破。而关于混同的标准，裁判文

[①] 参见斯蒂芬·M. 班布里奇、M. 托德·亨德森：《有限责任：法律与经济分析》，李诗鸿译，上海人民出版社2019年版，第1页。

书的原文中公司与股东的"边界不清"是出现频率最高的标准。但认定公司与股东"边界不清"的具体标准，判例中所呈现的并不统一，原因是部分判例中采用的标准很低，而部分判例采用的标准很高，而且呈现出法院层级越高，采用标准越高、说理越充分的情况。

区别于有限公司多样化且难以确定、经常浮动的刺破"标准"，一人公司的法人人格否定案件呈现出更统一的标准——公司的唯一股东是否能够提供公司的审计报告，以满足《公司法》第六十二条①的要求。根据《公司法》第六十三条，法律仅规定股东须证明公司的财产独立于个人财产，并未对刺破的标准作任何规定。但法院的裁判思路却整齐划一：一人公司不能提供审计报告的，一律否定法人人格。最高人民法院 2016 年的一则经典案例更加确定了这个刺破标准。②

（7）从表 5 我们可以看出，无论是哪一级法院，一人公司能够提供审计报告的，刺破率均得到了显著下降。有趣的是，基层法院、中级人民法院及省级高级人民法院审理的案件中，一人公司一方提供了审计报告的，刺破案例数为 0；而在最高人民法院审理的 4 个案例中，一人公司方均提供了审计报告，但仍有两家公司被否定了法人人格。也就是说，省级高级人民法院以下层级的法院，在审理一人公司法人人格否定案件过程中，只审查财产混同的问题。而在最高人民法院审理的案件中，财产混同的审查是首要且重要的一环，但其他导致法人人格被否定的方面（人格混同、法人人格形骸化、过度控制、资本显著不足等），同样是最高人民法院的审查范围。最高人民法院在审理一人公司法人人格否定案件中，既适用《公司法》第六十三条，也适用《公司法》第二十条第三款。最高人民法院倾向于认为，一人公司应在各个方面均独立于股东个人，才符合公司法的要求。

二、一人公司法人人格被频繁否定的原因分析

（一）双重标准

从本文实证数据来看，尽管有限公司被否定法人人格的比例也相当高，

---

① 《中华人民共和国公司法》（2018 年修正）第六十二条：一人有限责任公司应当在每一会计年度终了时编制财务会计报告，并经会计师事务所审计。

② 齐×银行股份有限公司天津分行诉爱康××健康体验管理集团有限责任公司股东损害公司债权人利益责任案，北京市朝阳区人民法院判决书，（2016）京 0105 民初第××号，载国家法官学院案例开发研究中心编：《中国法院 2019 年度案例（公司纠纷）》，中国法制出版社 2019 年版。

但与一人公司被刺破的比例相比，仍有不小差距。而且，随着《九民纪要》对审慎否定公司法人人格要求的出台，有限公司法人人格否定比例已经明显下降。相比之下，一人公司被频繁刺破公司面纱，却是法院在遵守法律规定作出裁判下的逻辑必然。

根据现有的举证规则，债权人主张有限公司的法人人格否认须承担举证责任。有限公司的日常经营管理情况多是公司的内部信息，债权人一般无法掌握。法院为平衡债权人与公司的利益，经常适用"初步证据规则"，也就是债权人提供一定的形式上的证据，包括举证证明其所受损害与滥用公司法人人格的行为之间存在因果关系。如果债权人的举证能够达到法官"有理由相信公司股东滥用公司法人人格"的程度，法官就会将证明不存在滥用公司法人人格之情形的举证责任分配给公司一方。[①] 尽管"初步证据规则"在极力平衡债权人在公司、股东面前的信息不对称劣势，但仍在"谁主张、谁举证"的正向举证责任范围内。

而一人公司则不然，根据现行《公司法》第六十三条的规定，债权人无须提供任何证据，即可诉请一人公司的股东对公司债务承担连带责任。而在举证责任倒置的前提下，一人公司的股东须证明公司财产独立于其个人财产，否则，公司面纱将被刺破，公司的法人人格将被否定。

举证责任的倒置并不单纯地影响到具体个案中对于举证责任的分配。公司资本并不等同于公司资产，公司资本只能证明一定数量的资产曾经在公司存在过，不代表公司在任何时刻都具备与注册资本相当的偿债能力。而即便公司资产无法清偿债权人的债务，股东依然能够得到有限责任的保护。债权人深刻地认识到这一点，在诉讼中会想方设法地突破公司独立的法律人格。虽然有限公司与一人公司的刺破率都在高位，但二者的案件数量不相同，在同一个时间段内，法院审理的有限公司法人人格刺破案件数量为 2873 件，而一人公司的案件数量为 135795 件，是有限公司的 47 倍。

显而易见的是，举证责任的倒置不仅影响了个案的平衡，还直接影响了债权人维权的方式和策略。所以，有限公司法人人格刺破的案件数量，是获得一定证据的债权人诉请否定公司法人人格的案件数量，不能代表法院对全部滥用独立法人人格的公司均进行了审查。基于诉讼和取证所需的成本，没

---

① 法信网：北京×眼镜护理产品有限公司诉长沙×眼镜产品有限公司、朱×买卖合同纠纷案，案例来源：北京市第四中级人民法院网：以案析理，2010 年 5 月 7 日。公司法人人格否认制度的适用并非否定公司的独立法律人格，对于其他不是利用公司法人独立地位和股东有限责任的行为给债权人造成的利益损害，个案中法院的判决对其没有影响。

有证据的债权人很可能不会将追究股东连带责任纳入其诉讼的策略之中，而律师也很可能不会提供这种策略的建议，大量的案件最终都仅以有限公司作为被告。

而由于举证责任的倒置，极大地降低了债权人诉请刺破公司面纱的成本，债权人起诉一人公司，基本都会以一人公司的股东作为唯一被告，即便债权人对公司股东是否有滥用公司法人人格的情况一无所知。实际情况是，法律对此似乎也是持漠不关心的态度。理由是，债权人即便在诉讼中没有诉请刺破一人公司的面纱，没有要求股东承担连带责任，在生效判决的执行程序中，一人公司的股东也可以被申请追加为共同的被执行人。[①] 而在单纯的执行程序中，执行法官不会也无权对实体法律关系进行裁判，但一人公司的面纱的确在此时（执行程序）被刺破了。

（二）市场监督行政管理过于宽松

我们惊讶于统计数据中一人公司法人人格被刺破的惊人比例，但同时，我们也发现法院对一人公司是否应当被刺破，有很明确的标准。这对一人公司的投资者来说，是一个非常有利的因素。一直以来，横贯中西，公司法人人格否定理论难点均在于法人人格否定标准难以确定。即便在公司法研究与实践均领先全球的美国，都无法对法人人格否定（刺破公司面纱）提供确定的可供预测的或结果一致性的标准。[②] 确定、可供预测的标准意味着更低的商业风险与更可预见的司法裁判结果。

但让我们更为惊讶的是，在法院刺破一人公司面纱的理由和标准均如此明确——不提供审计报告的都否定法人人格——的情况下，在统计的案例中能够提供审计报告的，日常经营有财务审计的一人公司寥寥无几。最高人民法院受理的案件中，能够提供审计报告的一人公司仅占统计案例的 13.33%；省级高级人民法院及以下层级法院受理的案例中，能够提供审计报告的一人公司仅占 6.67%。实务中，到达省一级高级人民法院的一人公司案件，都是标的额很大、专业性很强的案件，涉一人公司的案件更多可能直接由基层人民法院一审、中级人民法院二审，这个比例会更高。

---

① 《最高人民法院关于民事执行中变更、追加当事人若干问题的规定》（2020 年修正）第二十条："作为被执行人的一人有限责任公司，财产不足以清偿生效法律文书确定的债务，股东不能证明公司财产独立于自己的财产，申请执行人申请变更、追加该股东为被执行人，对公司债务承担连带责任的，人民法院应予支持。"

② 参见斯蒂芬·M. 班布里奇、M. 托德·亨德森：《有限责任：法律与经济分析》，李诗鸿译，上海人民出版社 2019 年版，第 124 页。

按理，审计理应成为一人公司日常经营的标配。在缺乏审计的成本如此高昂（股东对公司债务承担连带责任）的前提下，履行审计义务的公司股东仍然只占少数，这种情况应该被重视。

一个比较重要的原因是，当前一人公司的投资者对一人公司几乎接近100%的高刺破率并不了解。笔者在从事律师实务工作时发现，一人公司拥有法律顾问的比例很低，投资人对法律了解较少，法律风险的意识不强。他们往往不清楚什么是法人人格否定，更不清楚法人人格被否定后的法律后果。一人公司的高刺破率、必须作日常经营审计的商业成本，并不在其最初选择营商主体的考虑范围之内。

笔者认为，最为重要的原因可能是，市场监督的行政管理部门对一人公司的管理过于宽松。一人公司制度是2005年《公司法》创设的公司制度，根据2005年《公司法》第六十四条、第一百六十四条的规定，一人公司、有限公司均强制要求会计师事务所对公司编制的年度财务会计报告作审计。国家工商行政管理总局（现为国家市场监督管理总局）2006年修改的《企业年度检验办法》可算作是对2005年修订公司法的配套规定。《企业年度检验办法》第七条明确要求，企业申报年检应当提交下列材料：企业法人应当提交资产负债表和损益表，公司和外商投资企业还应当提交由会计师事务所出具的审计报告。行政管理部门对一人公司的年度审计是有强制要求的，不作审计的公司无法通过企业年检。

因为2013年修订的公司法，公司资本制度大幅放宽，注册资本认缴制全面落实。为了配套当时新公司法的立法精神，2014年，政府提出推进公司注册资本及其他登记事项的改革，推进工商注册制度便利化，强调企业自我管理、行业协会自律和社会组织监督，放松对市场主体准入的管制，降低准入门槛，优化营商环境是主要基调，出台了《注册资本登记制度改革方案》。著名的"股东对公司出资无须再提交验资报告"，就是出自该规定。根据该规定，原企业年度检验制度正式改为企业年度报告公示制度，企业每年按年度报告只需要提交公司股东缴纳出资情况、资产状况等资料，不再强制要求审计。笔者向行政管理部门及一人公司的投资人进行调查发现，自2014年后，工商管理行政部门的确不在年度审查中要求公司提交年度审计报告。

而且，作为政府部门，对于《注册资本登记制度改革方案》的政策，工商管理行政部门是作为放宽政府管制、优化营商环境，配合2013年新公司法的立法精神进行大力宣传的。公司，尤其是一人公司的投资人，大多误认为该规定替换了原公司法对于公司应当作年度审计的要求。很多一人公司的投资者只知道"改革方案"，而不知道公司法。

据此，无论从《公司法》《企业年度检验办法》还是《注册资本登记制度改革方案》，法律、政策对于公司与一人有限责任的财务要求均是同等的，都要求公司进行年度审计。但法院对二者又是区别对待的。从我们检索的案例中看，虽然有限公司的刺破率较高，但从未见裁判文书的说理中将有限公司因未经会计师事务所进行年度审计作为刺破公司面纱的理由。但是，无法提供审计报告的一人公司，100%会被否认法人人格，投资人100%会因为没有依法进行审计而要承担连带责任。由此我们可以发现，深层的原因是：政府的行政理念与法院的裁判思路缺乏有效对接，政府没有在充分考虑法院裁判思路与标准的前提下推行新政，法院裁判时也没有考虑政府施政理念对一人公司所作之影响。

前已述及，一人公司的投资人淡薄的法律意识，以及较少获得专业法律帮助决策是基础，因此投资人更依赖政府对其进行指导。因为在大多数时候，听从政府的指导的确是成本更低的办法。而在政府的引导与司法裁判的尺度完全背离情况下，直接导致了一人公司畸高的刺破率。

从结果上来看，无论当前一人公司存在的负外部性问题有多严重，在法定举证责任倒置与法院对一人公司独立法人提出的统一之标准的合力之下，一人公司负外部性造成的损害并没有向社会外溢。

三、一人公司负外部性问题的改善

有限责任是公司制度的根基，是公司制度最突出的特征,[1] 频繁地刺破公司面纱会严重损害公司有限责任的基础。法院通过事后干预的方式，虽然阻断了一人公司的负外部性向社会外溢的风险，但如果一种有限责任公司制度的负外部性过高，导致其几乎难以享有法律赋予的有限责任，对于制度存在的合理性基础是一次重大的挑战。既然成立一人有限公司承担连带责任的可能性几乎接近100%，制度就会激励投资者放弃设立一人公司，转而设立个人独资企业或个体工商户，反正无法享受有限责任的保护，后者主体权责分明，还能享受税法的优惠。因此，改善一人公司的负外部性问题迫在眉睫。

一人公司只有一个股东，不设立股东会，故一般有限公司股东会中多个

---

① 弗兰克·伊斯特布鲁克、丹尼尔·费希尔：《公司法的经济结构》，罗培新译，北京大学出版社2014年版，第49页。

股东之间的内部制衡机制也荡然无存，单一的股东控制了公司的管理权，[①]
这导致了公司的意志实际上就是唯一股东的意志。所谓更大的滥用公司法人
独立地位和股东有限责任的道德风险与制度漏洞[②]根源在此。法律虽然规定
唯一股东的股东决议必须采取书面形式，但是即便股东严格遵守这一规定，
也只能产生区分经营行为与股东个人行为的功能，而且这仅是一种形式要
件。我们根本无法实质性地通过是否已采取书面股东决议来区分公司意志与
股东意志，因为公司的意志就是唯一股东的意志，除了股东必须把产生于其
个人思维的意志写在纸上外，没有任何区别，在有意识地混淆与隐藏的情况
下，我们也无法从决议事项的性质本身来推定这是否必然属于公司经营的范
畴，因为经营活动与日常活动很多时候并没有明确的边界。因此，实质上的
人格混同应当是一人公司的本质特征，在此基础上是否承认一人公司具有独
立人格更像是一种价值判断与法律拟制。对一人公司的法定化，就是对这种
实质性人格混同的肯定。

故此，一人公司只能从财产方面具备独立的可能。一人公司的财产必须
严格、充分地独立于股东的财产，其存在才具备正当性，一人公司的股东才
配得上有限责任的保护。

财产独立的外在标准就是审计报告，市场、债权人和法官必须借助"看
门人"的机制[③]，才能获得对一人公司的信任。由此，我们认为，法院赋予
一人公司单一、确定、严格的财产独立标准是必要的，审计报告应该要成为
投资人享受有限责任的前置成本。

现在的问题是一人公司的投资人对法院的严格标准并不知情，后补审计
报告往往也并不可行。我们必须正视一人公司因天然的人格混同所致的粗糙
的公司治理，如果"看门人"没有在公司治理时就介入提供帮助，一人公司
的股东大多无法在面临法人人格否定的诉讼之时短期内提供司法审计要求的
财务单据。而且，根据法院的裁判思路，后补的司法审计的证明力显然不如
历年的审计报告。

解决审计问题的最好方式依然是加强行政管理的引导。既然法院对一人
公司采取了更为严格的标准，政府也必须要给予匹配的监管力度与措施。如

[①]　参见李建伟《公司法人人格否认规则在一人公司的适用——以〈公司法〉第64条为中心》，
载《求是学刊》2009年第2期，第75页。

[②]　弗兰克·伊斯特布鲁克、丹尼尔·费希尔：《公司法的经济结构》，罗培新译，北京大学出
版社2014年版，第49页。

[③]　参见约翰·C. 科菲：《看门人机制：市场中介与公司治理》，黄辉、王长河等译，北京大学
出版社2011年版。

果行政机关在前期对一人公司的经营监管放任自流，而法院又在事后以审计为由大面积地否定一人公司的法人人格，法律赋予一人公司独立的人格和股东的有限责任都将形同虚设。

"看门人"的缺位，导致法院被迫来到防范一人公司负外部性的前沿，股东也因此付出了远比强制审计更高昂的代价。而"看门人"缺位的根本原因是政府行政管理的缺位，所谓"放、管、服"的"放"，理应是放松，而绝不是放任。

结　语

2021 年向全社会征求意见的《公司法（修订草案）》取消了一人公司股东举证责任倒置的法律规定，而且新增了股份有限公司也可以为一人公司。一人股份有限公司的创设，意味着一人公司今后还将成为可以直接孵化上市公司的融资实体。而根据《中华人民共和国诉讼法》的原则，举证责任倒置必须法定，如果取消，法院无法再将证明财产独立的责任分配给一人公司。法院难以继续顶替会计师充当公司的"看门人"，一人公司的负外部性成本极可能向社会外溢。

从立法目的角度，作为一种法人主体的一人公司是被充分肯定，并要继续大力发展的。但在我们收集的裁判案例中，一人公司存在的必要性与正当性，却备受质疑。现实中，法院为一人公司独立法律人格树立了一个明确标准，而能够遵守的商业主体却寥寥无几。一人公司因其特殊的性质，自其诞生以来就伴随着争论，社会既寄希望于其在资本市场发挥活力、大放异彩，又忌惮、提防着它难以估量的、巨大的负外部性。利用"看门人"的介入来遏制其负外部性，具有一定的合理性，但具体的效果如何，还需要通过实践来检验。我们现在尚且还没踏出这一步，就要取消举证责任倒置，就要大力发展一人公司，是否为时尚早？

法人人格否定与债权人追偿法律问题研究

张杨莉[*]

引　言

公司法人财产独立原则和公司股东有限责任原则一直是公司法的圭臬，该"独立性"赋予了公司法人灵动的行动力和持续生命力，而股东有限责任赋予了股东安全感和确定的止损线，市场经济得益于此在现代社会得到快速发展。但公司股东、实际控制人等主体有意或无意的违规行为，导致公司财产丧失独立性，或者破坏股东出资充足的原则，损害了债权人对公司法人的信赖利益，最终导致债权人遭受损失。我国《公司法》设计了法人人格否定制度，规定在特殊情形下可以突破法人财产独立和股东有限责任原则，保障债权人利益并惩治破坏规则者，确有立法高明之处。但实践中也存在对此制度理解片面化和僵化现象，特别在审判实践中，存在对法人人格否定情形的辨识度不够、侵权主体认定狭窄、举证责任分配不当等现象，本文将一一探讨并提出相应完善建议。

一、法人人格否定制度概述

公司法人财产独立原则和股东有限责任原则是公司法两大基石原则，这样的制度设计赋予公司法人享有独立财产权利，自主行使公司财产所有者的权利，"长命百岁"的公司法人不在少数，公司法人的活跃度和蓬勃生命力使市场经济得到快速发展。而公司股东、实际控制人、高管等的违规行为，导致公司法人财产被侵占、资金被挪用、出资被抽逃、利润被掏空等公司财产丧失独立性情形出现，甚至有的股东利用股东有限责任规则，设立小额注册资本且后续无盈利能力的空壳公司作为屏障，规避自然人股东的出资责任。该等情形的本质皆是公司法人财产丧失独立性和完整性，经营风险被人为转嫁给债权人，损害债权人对公司法人财产独立的信赖利益。我国《公司

---

　[*]　张杨莉，广东金桥百信律师事务所律师、一级合伙人。

法》第二十条特别规定，公司股东滥用公司法人独立地位和股东有限责任，逃避债务，严重损害公司债权人利益的，应当对公司债务承担连带清偿责任，即本文所研讨的法人人格否定制度。

我国法人人格否定制度属于舶来品，它是以英美法系中"刺破公司面纱"原则为基础建立的，该原则最早发源于美国。美国法院在1905年审理"美国诉密尔沃基冷藏运输公司"一案时，法官在判决中写道"就一般规则而言，公司应当被看作法人而具有独立的人格，除非有足够的相反的理由出现。然而，公司的法人特征如果被作为损害社会公共利益、使非法行为合法化、保护欺诈或者为犯罪辩护的工具，那么，法律上应当将公司视为无权利能力的数人结合体"①。法人人格否认制度在美国逐渐得到广泛应用。随后，这一制度又被英国、德国、日本等国家相继接受。各国学者及司法人员积极探索，提出了各种相关学说。英美法系国家中，美国在适用"刺破法人面纱"时的学说有"一体说""代理说"；英国在适用"揭开公司的面纱"时则有"另一个自我"的学说，只是英国在适用时相对于美国来说较为保守和谨慎。大陆法系国家中，德国在特殊情况下适用"直索责任"时存在三种学说，分别是"滥用说""规范实用说""分离说"；而日本的"人格形骸化理论"则包括"中义说""广义说""狭义说"②。德日倾向于尽量限定和缩小该制度的适用范围。法人人格否认制度发展至今，实际上已成为英美法系与大陆法系国家共同认可的基本制度。

《公司法》设立法人人格否定制度是相对法人财产独立原则的例外情形，并非对法人财产独立原则的否定，相反，它是建立在法人财产独立原则基础之上，以法人财产独立为前提的例外制度设计。法人人格否定并非全面、彻底、持续否定，其否定结果仅适用于个别债权人的具体案件中，个案中依据特定的法律事实、法律关系，突破股东等主体对公司债务不承担责任的一般规则，例外地判令实施违法行为的特殊主体承担连带责任。在具体案件中否认公司法人独立人格的客观事实可以作为其他案件中的证据，其他债权人可以据此主张涉己案件中的事实认定，但不得依据其他案件判决的既判力直接约束违法相对方。有人曾对此打了个形象的比喻，法人人格否定就如同在公司树立起来的责任之墙上钻上一个孔，对于被钻之孔的所有其他地方而言，

---

① 刘俊海：《揭开公司面纱制度应用于司法实践的若干问题研究》，载《法律适用》2011年第8期，第22页。

② 朱慈蕴：《将实际控制人纳入公司法人人格否认适用中的法律思考》，载《文学馆》2011年第4期，第42页。

这堵墙依然矗立着。[1] 2019 年 11 月 8 日最高人民法院发布"关于印发《全国法院民商事审判工作会议纪要》的通知"中对法人人格否定也持这一观点。无论是理论界还是审判界，对于法人人格否定的适用都是谨慎谦抑的，根据案件具体事实，既防止滥用又鼓励当用则用，这体现了法律多维度的全方位保护功效。

二、法人人格否定的常见情形

（一）公司法人丧失独立意志，股东或者实际控制人等主体以个人意志控制公司意思表示，且不能证明公司财产独立于个人财产

公司法人对外承担独立民事责任的基本前提是法人具有独立的民事行为能力和独立意志，这也是民法"权责一致"的基本精神。如公司法人的行为能力被其他主体直接控制，完全丧失独立意志，则其承担民事责任的独立性也无从谈起。如果只坚持独立责任，而忽略独立行为和独立意志，公司法人将成为股东任意妄为的最佳责任隔离屏障。实践中普遍存在的丧失独立意志的公司类型有以下两类：

（1）一人有限公司。《公司法》第六十三条规定"一人有限公司的股东不能证明公司财产独立于股东自己的财产的，应当对公司债务承担连带责任"。一人公司相比于其他有限公司最大的区别即决策机构的不同，一般的有限公司最大的权力机关为股东会，二人以上股东的有限公司股东会由全体股东组成，经过股东会决策后的有效决议代表了集体意志和组织意思，即使股东会中存在拥有绝对控制权的股东，股东会的决策程序也会将控股股东的个人意志合法转化为集体意志。而一人公司其股东仅有一人，公司完全按股东个人意志做出意思表示和行为承诺，权力极易失控和被滥用，结合投资者逐利避害的本性及无监管的权力往往出现被滥用的普遍现象，立法者区别规定了一人公司股东财产独立的举证责任，将一般公司债权人举证股东与公司财产出现混同的举证责任倒置分配给一人公司股东，否则，债权人有权主张一人公司股东对公司债务承担连带责任（此条规定在 2021 年 12 月 25 日全国人大常委会通过的《公司法（修订草案）》中被删除），其背后的理论逻辑就是建立在公司法人独立民事行为能力和独立意志基本原则之上。

---

[1] 孙彩霞：《浅析公司法人人格否定制度》，载《广西质量监督导报》2020 年第 5 期，第 227 - 228 页。

（2）夫妻公司或"凑数"挂名公司等实质上为单一利益体的非一人有限公司。常见的丧失独立意志的非一人公司有多种形式，如夫妻共同持股100%股权的公司。在（2019）最高法民再3××号案件中，最高人民法院认为，夫妻持有公司全部的股权实质上属于夫妻所组成的家庭这一共同利益组合体，股东权益为该组合体共同享有和支配，该股权主体具有利益的一致性和实质的单一性，因此该类夫妻公司系实质意义上的一人有限公司。再如找人挂名担任"马甲股东"但实际股东持有100%公司股权的公司。前述非一人公司的股权结构的共同特征都是在形式上为非一人有限公司，实质上等同于一人公司，公司法人丧失独立性，公司按独立控制人或者100%控股股东的意志进行民事活动。此种情形下，应适用一人公司股东财产独立证明标准，科以100%控股股东或独立控制人举证公司财产与股东或独立控制人财产未混同的证明义务，否则应对公司债务承担连带责任。

（二）公司法人丧失财产独立性，公司财产与股东等主体的财产混同

对于债权人而言，其遭受损失的表现形式为公司财产不足以偿付债权人到期债权，而股东等主体需要对此承担过错责任，法人人格否定本质上就是令有过错的股东等主体对公司债权人的损失承担侵权赔偿责任。侵权人对损害的发生或存在直接过错，或因侵权人未尽法定注意义务推定其存在过错，因此应承担赔偿责任。

财务混同情形中，股东、实际控制人等侵权人或将公司财产据为己有，或挪作他用，或混同公司财产及盈利导致公司财产与他人财产无法区分，均是损害公司利益致使公司财产价值减少的行为，此类行为必然与公司无法偿付欠付债权人的债务息息相关，所以侵权人应在债权人的损失范围内以连带清偿方式承担赔偿责任。

《九民纪要》中列举了五种财务混同的情形：①股东无偿使用公司资金或者财产，不作财务记载的；②股东用公司资金偿还股东债务，或者将公司资金供关联公司无偿使用，不作财务记载的；③公司账簿与股东账簿不分，致使公司财产与股东财产无法区分的；④股东自身收益与公司盈利不加区分，致使双方利益不清的；⑤公司财产记载于股东名下，由股东占有、使用的。以上情形中的①②⑤类属于明显过错行为导致公司财产减少，③④类情形虽然无法确认其是否导致公司财产减损，但属于侵权人明知法律对于公司的财产及财务独立性规范要求，却未尽注意义务可能导致公司财产减损的情形，为保护处于信息弱势地位的债权人，推定侵权人存在过错责任。

为便于识别公司与侵权人财务混同，《九民纪要》又结合实际现象补充列举了财务混同情形下往往伴随的其他混同现象，如公司业务和侵权人的其他业务混同、用工混同特别是财务人员混同、住所经营场地混同等情形。其他方面的混同往往只是财务混同的补强，判定是否构成"法人人格否定"的关键审查点仍是财务是否混同并可能导致公司财产减损的情形，只有财产减损这一实质后果与债权人的利益受损之间才存在因果关系，其他混同只是表象，财产混同是实质。

（三）采取"以小博大"方式设立公司，公司资本显著不足，将经营风险转嫁债权人，利用上级公司股东有限责任逃避对下级公司的出资义务

股东有限责任原则是激励市场主体积极创业、促进经济发展的伟大制度设计，是十九世纪以来商法领域最具创意的文明成果。但这一创举也被一部分居心叵测之人加以利用，出资人以资本显著不足的方式规避出资责任，股东实际投入公司的资本数额与公司经营所隐含的风险明显不匹配，股东利用较少资本从事力所不及的经营，本质是恶意利用公司独立人格和股东有限责任把经营风险转嫁给债权人。市场经济环境客观上并不能使公司每一位债权人都能成为独立商业交易中的完全"理性人"[1]，此时，如果仍然不加区分固守法人独立原则和股东有限责任，公司法人会逐步沦为商人们任意妄为逃避法律责任的最佳屏障，风险预见与控制的比较成本决定了将相关义务配置给股东较之配置给债权人更为合理。

实践中"以小博大"资本显著不足的方式一般分为直接显著不足和间接显著不足两种。直接显著不足的方式表现为自然人股东直接持股设立公司，但其认缴的注册资本与其所经营的业务所需资本明显不匹配，且其实际投入公司的资本数额也明显不足。此表现形式下债权人主张法人人格否定的，股东可能以出资义务已完成及属商业风险为由进行抗辩，债权人可能需要进一步举证其具有不诚意经营的故意，较难举证。间接显著不足的方式表现为自然人股东以小数额注册资本成立母公司作为屏障，再去设立下一级巨额注册资本的子公司或者控股公司，以下级公司名义对外经营，利用下级公司注册资本外观形式，换取债权人的信赖以获取经济利益，再利用穿透后股东小额

---

[1]　许明月、泽君茹：《公司法人人格否认规则对"资本显著不足"的适用》，载《西南政法大学学报》2021 年第 23 卷第 4 期，第 3 - 13 页。

注册资本的有限责任，最终规避自然人股东的出资义务，将公司的经营风险转嫁给债权人。此情形下自然人股东利用债权人对下级公司注册资本的外观利益信赖，但实际上屏障公司根本不具备与下级公司注册资本对应的出资能力，特别是屏障公司本身就是空壳公司并不对外经营的，自然人股东"以小博大"的侥幸心理明显，破坏资本确定原则和资本的完整性[1]，债权人大多以各级公司的股权结构和外观形式即可达成举证其不具备诚意经营的目的，相较于直接显著不足的举证较为容易。总体来看，资本显著不足的判断标准仍然存在很大的模糊性，特别是要与公司采取"以小博大"的正常经营方式相区分，因此在适用时要十分谨慎，应当与其他因素结合起来综合判断。

（四）股东等主体过度支配与控制公司，转移公司利益或者盈利机会，加重公司负担或债务，致使债权人利益受损

股东设立多家公司法人，鉴于法人独立这一圭臬原则，关联法人之间即使股东身份及比例完全一致，在法律领域里也以独立的法人人格加以区别。股东往往利用关联公司法人之间主体独立的特征，进行各种关联交易，甚至以其对关联法人的掌控做出转移公司交易机会、转移有价值的无形资产、转移研发成果或能为公司创造价值的人员和物资、虚构关联交易转移公司财产及利润、转嫁关联公司的债务等恶劣行为，以上行为都是股东对公司过度支配与控制的结果，使公司完全丧失独立性，沦为侵权人的工具或躯壳，致使公司法人形骸化。股东支配行为的目的也不尽相同，有逃避公司过往债务的，有包装公司财务数据以达成其融资或者上市目的的，有侵占其他股东利益的，等等。如因直接转移财产引起债权人损失的，债权人可以行使撤销权主张转移行为无效，但以上情形中有很多并非直接转移财产，更多的是转移法人的预期盈利能力，因此立法者为简化债权人的维权路径，直接赋予债权人向股东等直接主张连带责任的权利。如以上行为未引起债权人损失的，也不表示违法者不用承担责任，在行政监管领域同样有对应的惩治措施。

实践中常见的过度控制与支配的情形包括：①母子公司之间或者子公司之间进行利益输送的；②母子公司或者子公司之间进行交易，收益归一方，损失却由另一方承担的；③先从原公司抽走资金，然后再成立经营目的相同或者类似的公司，逃避原公司债务的；④先解散公司，再以原公司场所、设备、人员及相同或者相似的经营目的另设公司，逃避原公司债务的。前述

---

① 赵万一：《资本三原则的功能更新与价值定位》，载《法学评论》2017年第35卷第1期，第83-96页。

①②类行为属于直接转移公司财产或直接转嫁其他方债务给公司，致使公司财产减损，③④类行为属于转移公司业务机会、客户资源、有价值的经营人员及物资，明显导致公司预期收益减少，公司的财产和收益完整性遭受破坏，势必影响公司对债权人的偿债能力，基于此突破股东的有限责任，要求对债权人的损失承担连带责任。

债权人除向股东追责外，股东或实际控制人实际控制多个子公司或者关联公司，控制人滥用控制权使多个子公司或者关联公司财产边界不清、财务混同，利益相互输送，丧失人格独立性，沦为控制股东逃避债务甚至违法犯罪的工具，关联公司之间也因其受控地位被动丧失人格独立，关联公司之间财产混淆或经营混淆，债权人还可根据实际情况认定关联法人之间独立人格否定，对债权人的债务承担连带责任。最高人民法院发布的指导案例 15 号中，江苏省高级人民法院认为："三个关联公司之间财务混同，使用共同账户，以同一审批人的签字作为具体用款依据，对其中的资金及支配无法证明已作区分；三个公司与债权人之间的债权债务、业绩、账务及返利均计算在其中一家公司名下。因此，三个公司之间表征人格的因素（人员、业务、财务等）高度混同，导致各自财产无法区分，已丧失独立人格，构成人格混同。"

三、法人人格否定的难点

（一）无法律对法人人格否定作出明确规定，导致审判实践中认知差异巨大

前文已做出分析，法人人格否定的内涵及实质应当是法人丧失意志独立性及财产独立性，特别是财产独立性这一内涵尤为关键。司法判例中大部分省级法院深刻领会了法人人格否定的内涵，如（2020）鲁民终 8××号案件中，山东省高级人民法院认为，证明公司人格与股东人格是否存在混同，债权人应当证明债务人公司不具有独立意思和独立财产，最基本特征为债务人公司的财产与其股东财产存在混同且无法区分。而公司业务和股东业务混同、公司住所与股东住所混同等，仅作为人格混同的补强；证明是否存在过度控制，债权人应当证明公司股东通过控制公司，滥用控制权致使公司与关联公司财产边界不清、财务混同，利益相互输送，丧失人格独立性。但另有部分法院未能准确理解人格混同的内涵，如（2020）川 0603 民初 6××号判决中法院认定："债务人公司的法定代表人与关联公司的投资人均为同一人，

二法人系关联企业。从查明的事实来看，债务人公司无偿租用关联公司厂房办公，经营场所同一，两企业经营范围重合，根据环保局的文件可以证实，两企业实际系两块牌子、一套人马，人员同一，上述情形符合法人人格混同的构成要件，应认定债务人公司与关联公司构成人格混同。"明显该案件存在人员混同、业务混同的外在形式。

为甄别标准认定公司与关联公司人格混同，而未准确把握人格混同的实质要件为公司独立意志和独立财产这一关键内涵。

导致以上认定差异的原因，笔者认为是现行法律体系并无明文的法律法规或者司法解释对法人人格否定作出规定，虽在《九民纪要》中对此做了较为详尽的阐述，但鉴于纪要并非成文法律条款，在审判工作中不能直接作为法条引用，导致《九民纪要》对审判工作的影响存在局限性。

（二）现有法律规定对于侵权主体的认定过于狭窄，仅限于股东身份，而实际侵权人的主体远泛于股东

无论是《民法典》还是《公司法》[①]，抑或是对实践审判工作有指导意义的《九民纪要》，均规定法人人格否定下，承担侵权连带责任的主体为公司股东，仅在股东过度支配与控制情形下，关联公司作为财产混同的受益方可能共同承担连带责任。但通过本文前述分析可以看出，实践中实施法人人格否定行为的主体远不止股东，相比于公司股东，公司的实际控制人更有实施便利，如果实际控制人一早就有预谋规避自身责任，其完全可以不直接持股而以无任何偿债能力的"马甲股东"代持股方式避开股东身份。除此之外，公司的董事、高管也有可能独立或协助实施以上法人人格否定行为，但现有法律未对股东身份以外的侵权主体加以明确规制，导致审判实践中对股东外的其他主体的责任认定不一，很多审判机构鉴于"法无明文规定"，对于股东身份外的主体不敢作出追责认定，致使侵权人有机可乘、有空可钻。

（三）债权人对法人丧失人格独立性的全面举证难度较大

法人人格否定中的关键因素是法人独立性，其中又以财产独立为重点认定因素，其他独立性要素如决策、管理、业务、经营人员为补充性认定要素。无论是财产还是其他独立性要素，均体现在公司内部经营活动中，债权

---

① 参考法条：《公司法》第二十条【股东禁止行为】公司股东应当遵守法律、行政法规和公司章程，依法行使股东权利，不得滥用股东权力损害公司或者其他股东的利益；不得滥用公司法人独立地位和股东有限责任损害公司债权人的利益。

人作为公司外部人员，收集证据难度较大。现有法律未对债权人的举证程度进行统一，导致实践中审判人员划分举证责任和举证程度标准不一，同案不同判现象较多。

如（2020）鄂民再2××号案件中，法院认为债权人并未证明债务人公司与股东王×互转资金的用途，究竟是王×挪用公司的资金，还是双方正常经济、商业往来，或者互相拆借资金、给付利息等，均没有进一步予以证明，无法证明债务人公司与王×的财产混同且无法区分，达不到否认公司独立人格的程度。在该案件中即使已有初步证据显示公司与股东之间存在用途不明的款项往来，债权人仍因无法进一步举证而必须承担不得要求股东连带担责的不利后果。但在（2019）苏民终15××号案件中，法院认为债权人提供的债务人与关联公司企业公示信息及招聘信息等证据，已证明三公司存在人员及业务混同交叉的较高盖然性。在此情况下，债权人申请法院调取三公司自2010年12月至2019年1月共同存续期间的全部财务账册及银行流水以进一步证明三公司存在财务混同具有一定的合理性，根据调取的银行流水明细显示，三公司资金往来密切，鉴于债务人表示不清楚多笔资金转账原因，故对三公司的财务账册（尤其是独立性）进行审计有利于查明三公司资金往来性质，债务人公司及其三股东作为财务账册的持有人有责任和义务配合提供，一审法院对该举证责任的分配，并无不当。该案件最终法院基于债务人未能配合提供财务账册认定其承担举证不能的不利法律后果，支持了债权人要求股东承担连带责任的主张。可见，以上两个案件中因法院对举证责任的不同分配，出现了不同的判决结果。

（四）诉讼程序不统一，债权人维权成本过高

债权人主张的债权案由根据其具体法律关系认定，法人人格否定股东承担连带责任在案由中归属于"损害公司债权人利益责任纠纷"，两种不同的案由导致大多数法院在案件审判中不会一并处理。虽然《九民纪要》第十三条规定"（1）人民法院在审理公司人格否认纠纷案件时，应当根据不同情形确定当事人的诉讼地位；（2）债权人对债务人公司享有的债权提起诉讼的同时，一并提起公司人格否认诉讼，请求股东对公司债务承担连带责任的，列公司和股东为共同被告"，但因该纪要仅作为法院说理指导，不具有司法程序的强制性作用，实践中仍有大量法院按照旧有审判习惯操作，要求债权人先后分案主张。当然，如若公司表面看起来正常经营，尚未出现无法偿付债权的情况，债权人需要先向公司法人追偿，如果公司不能偿债导致债权人损失方可主张股东担责，先后分案进行无可厚非。但如若公司已经出现资不抵

债无法偿付其他债权人的情形，公司已经被列为被执行人甚至因无财产可供执行已被列为失信被执行人的，仍要求债权人先后分案诉讼，无疑徒增了债权人的诉讼周期和诉讼成本，导致债权人维权成本过高，部分债权人因此被挡在诉讼程序外，被迫终止救济之路，这明显是对债权人利益保护失衡的行为。

四、司法审查"公司法人人格否定"的改进建议

（1）按是否具有法人独立意志的实质认定公司股东的举证责任。如修订后的《公司法》保留一人公司的股东的特别财产举证原则的，应同步扩大一人公司的认定范围，以实质"单一股东"的内涵本质，课以"实质一人股东的非一人公司"股东举证股东财产与公司财产未混同的举证责任。

（2）扩大责任承担主体，将公司实际控制人等侵权行为人纳入责任承担范围，符合"权责一致"的法律精神。

法人人格否定本质上是公司法人以外的第三人对公司债权人利益的侵权损害行为，因此其责任主体不应局限是否具有股东身份，而应以是否主导实施了损害法人意志独立性和财产独立性为判断标准。公司高管可能存在受控于股东或者实际控制人命令下的职务行为，其是否应承担连带责任有待商榷；但实际控制人凌驾在公司股东之上，其完全以自己独立意志实施的损害债权人利益的行为，应当认定其与股东同等担责。

（3）弱化外部债权人的举证程度，在外部债权人根据身份特征已全力举证且已达到初步证明目的的情形下，应支持债权人进一步调查取证或将举证责任倒置给公司侵权股东、实际控制人，实现真正的公平正义。

根据"谁主张，谁举证"的基本证据原则，公司债权人主张股东滥用公司法人独立地位和股东有限责任的，当然应对股东滥用公司法人独立地位和股东有限责任的事实承担举证责任。但鉴于公司债权人外部身份，如能够提供初步证据证明股东滥用公司法人独立地位，然而确因客观原因不能自行收集公司账簿、会计凭证、公司决策文件等相关证据，申请进一步调查取证的，审判机关应当支持。如有证据证明侵权人或者侵权人控制下的公司持有证据但无正当理由拒不提供，应当由侵权人承担举证不能的不利后果。审判人员根据具体案情，如债权人完成初步举证的，可以将举证责任倒置给侵权人，结合公司经营基本常识和经营习惯合理分配举证责任，如侵权人拒不提供证据的，可以推定债权人的主张成立。

（4）统一诉讼维权程序，在公司已经资不抵债等情形下，允许债权人在

债权纠纷案件中对侵害债权人利益责任纠纷一并处理，简化司法程序，实现诉讼为民。

结　语

笔者通过以上分析，列举出我国现行法人人格否定制度在法律规定及司法实践中仍然存在的不足之处，并提出了对应的完善建议。希望本文对关注法人人格否定制度的研究者有一定的启发思考，对法律从业者在遇到此类案件时有一定的指导意义。

专题七　股权转让

公司营业执照被吊销后的股权转让效力研究

陈建华*

引　言

根据《公司法》及《中华人民共和国公司登记管理条例》（以下简称《公司登记管理条例》）规定，公司被依法吊销营业执照属公司解散的法定事由。公司应自解散事由出现之日起十五日内成立清算组开始清算，并在清算结束后依法向原公司登记机关申请注销登记。公司在清算期间不得开展与清算无关的经营活动。经公司登记机关注销登记后，公司法人主体资格最终消灭。在实务中，公司被吊销营业执照后至公司注销登记期间，公司或股东仍存有一些商业行为，股权转让便是其中之一。那么现实中存在的此情形下的股权转让行为是否属于经营活动？公司被吊销营业执照后是否对股权转让构成障碍？此种情形下股权转让的效力如何？这些问题不仅时常困扰公司股东，在司法实践中也存在一定的争议。本文试就以上问题结合已有相关判例的裁判思路进行分析。

一、问题的提出

笔者曾处理的一起股权收购案例中，客户拟收购一家公司的部分股权，要求提供专项法律服务。根据客户介绍，其拟收购股权的目标公司已停止经营，营业执照也被吊销，但目标公司名下尚有土地使用权等资产，希望收购该公司股权以便间接取得公司名下土地使用权。经初步调查，该目标公司已实际停止经营，因未按规定进行年检已被吊销营业执照。目标公司为有限责任公司，其中大股东占51%股份，另一股东占49%股份。因大股东长期不在国内，且公司实际停止经营至今，故另一股东拟出让其49%全部股份。

---

* 陈建华，广东启源律师事务所律师、高级合伙人。

《公司法》第一百八十条明确规定，公司依法被吊销营业执照、责令关闭或者被撤销，应依法解散；《公司法》第一百八十三条规定，公司因本法第一百八十条规定而解散的，应当在解散事由出现之日起十五日内成立清算组，开始清算；《公司法》第一百八十八条规定，公司清算结束后，清算组应当制作清算报告，报股东会、股东大会或者人民法院确认，并报送公司登记机关，申请注销公司登记，公告公司终止。根据以上规定，公司依法被吊销营业执照属公司解散的法定事由，公司应成立清算组进行清算，并在公司清算结束后向原公司登记机关申请注销登记。经公司登记机关注销登记，公司终止。另外，《公司法》及《公司登记管理条例（2016 修订）》[①] 均有明确规定，公司在清算期间不得开展与清算无关的经营活动。

依据上述规定，在公司被吊销营业执照后至公司注销登记期间必须进行清算，而清算期间不能进行经营活动。因此，该股权收购事项需要综合考虑并解决以下几个关键问题：股权转让是否属于经营活动？公司被吊销营业执照后是否对股权转让构成障碍？该情形下的股权转让效力如何？

二、公司被吊销营业执照的主要情形及法律性质分析

（一）公司被吊销营业执照的主要情形

实务中经常遇到公司被吊销营业执照的情形。一类情形是公司可能因为违反公司登记管理的相关法律法规而被吊销营业执照。如以下情形：①《公司法》第一百九十八条规定的虚报注册资本、提交虚假材料或者采取其他欺诈手段隐瞒重要事实取得公司登记。②原《公司登记管理条例》第七十一条规定的伪造、涂改、出租、出借、转让营业执照，情节严重的。③《中华人民共和国市场主体登记管理条例》第四十四条规定的提交虚假材料或者采取其他欺诈手段隐瞒重要事实取得市场主体登记，情节严重的；第四十五条规定的虚报注册资本取得市场主体登记，情节严重的；第四十六条规定的市场主体未依照本条例办理变更登记，拒不改正，情节严重的。此外，《中华人民共和国个人独资企业法》《中华人民共和国企业法人登记管理条例》《外国企业常驻代表机构登记管理条例》《中华人民共和国合伙企业登记管理办

---

① 2022 年 3 月 1 日《中华人民共和国市场主体登记管理条例》生效施行后，《公司登记管理条例（2016 修订）》被废止。但笔者处理本案事项时，该条例仍有效。

法》也有类似规定。

另一类情形是公司的生产经营行为违反法律、法规的规定而被吊销营业执照。如以下情形：①《公司法》第二百一十一条规定，公司成立后无正当理由超过六个月未开业的，或者开业后自行停业连续六个月以上的，可以由公司登记机关吊销营业执照；第二百一十三条规定，利用公司名义从事危害国家安全、社会公共利益的严重违法行为的，吊销营业执照。②《中华人民共和国广告法》第五十五条规定，发布虚假广告的，两年内有3次以上违法行为或者其他严重情节的，可以吊销营业执照。① 此外，《中华人民共和国拍卖法》《中华人民共和国药品管理法》《中华人民共和国反不正当竞争法》《中华人民共和国产品质量法》也有相关规定。

（二）公司被吊销营业执照的法律性质

吊销营业执照，是市场监督管理行政机关依据行政法规对违法的企业法人作出的行政处罚行为。该行为的本质是行政机关依法对违反行政管理秩序的公民、法人或者其他组织，以减损权益或者增加义务的方式进行的一种惩戒，属于行政机关依职权做出的行政行为。

应当认识到，对企业吊销营业执照的行政处罚，只影响企业的经营行为，并不必然导致企业民事主体的消灭。《最高人民法院关于企业法人营业执照被吊销后，其民事诉讼地位如何确定的复函》（法经〔2000〕24号函）明确："吊销企业法人营业执照，是工商行政管理机关依据国家工商行政法规对违法的企业法人作出的一种行政处罚。企业法人被吊销营业执照后，应当依法进行清算，清算程序结束并办理工商注销登记后，该企业法人才归于消灭。因此，企业法人被吊销营业执照后至被注销登记前，该企业法人仍应视为存续，可以自己的名义进行诉讼活动。"② 该规定表明，吊销营业执照只是对企业的营业资格、行为能力、经营活动等作出限制，并非限制企业的所有资格、权利能力。

（三）股权转让不应认定为行政法意义上的经营活动

《公司法》规定了公司在被吊销营业执照之后，应在规定时间内成立清算小组进行清算。清算期间公司的主体资格仍然存续，但不得开展与清算无

---

① 《中华人民共和国广告法》第五十五条。
② 《最高人民法院关于企业法人营业执照被吊销后，其民事诉讼地位如何确定的复函》（法经〔2000〕24号函）。

关的经营活动。由于《公司法》及其相关司法解释对经营活动的范围并没有作出明确的定义，导致不少市场主体对经营活动是否包括股权转让行为产生争议，如经营活动是否仅指企业的生产经营行为，而股权转让不在其列？

笔者认为，股权转让行为不应认定为行政法意义上的经营活动，公司被吊销营业执照后对股权进行转让，并没有禁止性的法律规定。第一，公司被吊销营业执照虽然是工商行政管理部门对企业或公司的惩罚与制裁，但是并未剥夺其作为商事主体的资格和权利能力，只是对其行为能力和权利能力进行了限制。第二，股权是公司股东所拥有的、属于私法上的财产性质的权利。股权转让行为更多的是财产权的流转，不能简单等同于行政法上的经营行为。限制股东自由处分自己的财产权利并不符合工商行政管理部门对企业进行惩罚的宗旨，故股权转让行为不应当被限制。第三，在私法领域应遵循的原则是法无禁止即可为，在我国没有相关法律法规明确禁止被吊销营业执照公司的股东不能转让公司股权的规定下，股权转让的行为应该合法、有效。

三、司法实践中判决及裁判思路的变化

（一）不同裁判结果的相关案例

1. 认为吊销营业执照情形下公司股权转让无效

在（2013）成民终字第33××号彭×与钱×股权转让纠纷一案中，二审法院审理后认为：成都×餐饮娱乐有限公司已被吊销营业执照、股权变更登记事实上已无法实现，钱×在此情况下，无法再通过向彭×承诺协助办理股权变更登记以达到满足双方约定的彭×向其支付剩余股权转让款条件的目的，故钱×在本案中要求彭×支付剩余股权转让款的理由不能成立，其诉讼请求不应得到支持。该案判决生效后，原告申请再审。四川省高级人民法院（2014）川民申字第19××号判决认为：因成都×餐饮娱乐有限公司已经被吊销营业执照，双方在《股权转让协议》及《补充协议》中约定的股权转让事项已无法履行，因此，钱×要求彭×支付剩余股权转让款，已无现实基础，二审判决并无不当，驳回钱×再审申请。

2. 认定吊销营业执照情形下公司股权转让有效

在（2020）辽0105民初23××号原告范××与被告塔×汽车公司股权转让纠纷一案中，法院认定该情形下股权转让合同有效。案情概要：2009年和2017年，原告范××分别与被告塔×汽车公司原股东吴×海签订两份

《股权转让书》，以每股 1 元的价格购买原股东吴×海所持有被告塔×汽车公司的 30000 股股份。被告公司于 2017 年召开股东大会同意该股权转让。被告塔×汽车公司于 2006 年 4 月 29 日被吊销营业执照。被告公司因未到工商部门为原告办理变更登记手续，原告范××诉请判令被告立即为原告办理股权变更登记。法院认为，《股权转让书》系双方真实意思表示，也没有违反法律强制性规定，合法有效。根据《公司法》相关规定，被告公司应当将股东的姓名或者名称及其出资额向登记机关办理变更登记。本案中，虽然被告公司于 2006 年 4 月 29 日被吊销营业执照，但现行法律并未规定被吊销营业执照的公司不能进行股权变更，故被告公司应当为原告办理股权变更登记，判决被告塔×汽车公司为原告范××办理股权变更登记。

此外，在（2019）鲁 0391 民初 3××号郭×喜与张×国、张×荣股权转让纠纷一案[①]中，法院认为：目标公司虽被吊销营业执照，但现行法律并未规定被吊销营业执照的公司不能进行股权变更，被吊销营业执照的事实不构成目标公司股权变动的法律障碍。另在（2019）黑 0103 民初 159××号万×佳与董×股权转让纠纷一案[②]中，法院判决认为：虽然法律规定公司被吊销营业执照后，禁止从事一切经营活动，但是相关法律未规定被吊销营业执照的公司不能进行股权变更，并且股权转让也不属于上述经营活动，因此公司被吊销营业执照的事实，不能成为股权转让的法律障碍，被告不应以此为由拒绝履行合同义务。

（二）公司被吊销营业执照不构成公司股权转让的法律障碍

2015 年，最高人民法院就×信托公司股权转让案[③]作出裁判认为，关于公司被吊销营业执照后能否转让股权，现行法律并无禁止性规定。该案的裁判要旨为：案涉《合作协议》就信托资金的退出约定了三种方式，信托公司享有其中任何一种退出方式的选择权。信托公司主张以将兴×公司的全部股权转让给指定公司的方式实现本案信托资金的退出，并据此要求受让公司支付转让对价，符合《合作协议》的约定，有合同依据。而兴×公司虽然被吊销了营业执照，但现行法律并没有规定被吊销营业执照的公司不能进行股权变更，原审判决认定该事实不构成兴×公司股权转让的法律障碍并无不当。笔者经研究发现，此裁定作出后，法院对此类问题的裁判已基本达成共识，

---

① 裁判文书网：【（2019）鲁 0391 民初 3××号】郭×喜与张×国、张×荣股权转让纠纷案。
② 裁判文书网：【（2019）黑 0103 民初 159××号】万×佳与董×股权转让纠纷案。
③ 裁判文书网：【（2015）民申字第 31××号】×信托公司股权转让案。

即公司被吊销营业执照不构成公司股权转让的法律障碍。

（三）相关行政法规对此问题的专门性规定

经笔者检索，江苏省工商行政管理局在 2012 年曾就此问题专门规定[①]：被吊销营业执照的有限公司股权发生变更的，可以向登记机关申请办理变更登记。除此之外，没有发现其他省市对此问题有更明确的规定，这也导致实务中不断有人对此问题提出疑义。

从以上判例的裁判思路变化分析可以看出，公司被吊销营业执照不构成公司股权转让的法律障碍，已基本达成共识。但即便如此，在公司被吊销营业执照的情况下，很多地方仍存在股权变更登记无法完成的情况，造成股权转让纠纷。笔者认为，在最高人民法院已作出被吊销营业执照不构成股权变动障碍的判决后，部分商事登记机构或法院审判依据及结果仍存在分歧的原因在于：各界对股权转让是否属于经营活动、股权转让的合同目的是否实现等问题无法达成共识。

四、公司被吊销营业执照后股权转让效力的分析

笔者认为，公司被吊销营业执照的情况下其股权转让效力的认定，可以进一步从以下角度进行分析。

（一）从股权转让合同目的的角度

在股权转让合同中，出让人的基础合同目的是获得股权转让款；就股权受让方而言，获得目标公司股权则为其基础合同目的。在实际操作中，股权转让只要符合公司法及公司章程的相关规定，则股权变更仅需向公司通知备案，公司签发出资证明并修改公司章程和股东名册即可。被吊销营业执照的公司主体资格尚存，股权转让备案登记完全可以完成，因此股权交付不存在无法履行的障碍，也即基础合同目的可以实现。但股权作为包括自益权和共益权在内的一种特殊权利，其转让必然会牵扯多方利益，所以在股权转让过程中，还需考虑股权受让方的主观目的，即公司控制权和剩余价值索取权。也正是因为这些股权转让合同在商事交易中的"隐性目的"，才导致出现司法裁判的差异和理论分歧。笔者认为，针对司法实践中存在争议的股权转让

---

① 江苏省工商行政管理局：《关于印发被吊销营业执照的公司股权变更登记规范的通知》（苏工商注〔2012〕458 号）。

合同的主观目的界定，可以从以下三个方面去考察：

（1）从股权转让时的价款来进行认定。如前所述，实现经济利益是合同目的一种。因此法院在认定能否实现合同目的时，可通过违约方对守约方期待的经济利益的损害程度进行判断，即不能实现的经济利益占总体期待利益的比例。若比例过高，则判定合同目的不能实现。对应到股权转让合同中，若股权受让方主张合同目的还包括公司控制权和剩余价值索取权，必然将这一价值涵盖在股权转让价款中。

（2）从是否约定合同履行期限来进行认定。合同约定的履行期限，是合同一方期待能够在约定的期限内实现合同目的的时间。在股权转让合同中，当事人明确约定在一定期限内完成工商变更登记，而违约方未在规定时间内履行义务，则应该视为当事人未履行合同的主要义务。违约方逾期履行义务将严重影响守约方订立合同所期望的利益，导致合同目的不能实现。

（3）从违约方对守约方合同目的可预见性来认定。一方当事人之所以选择另一方当事人作为相对方签订合同，必然存在特定的利益诉求，而此种特定的利益诉求是否能够被对方知悉，决定了相对方是否要对该利益诉求的未能实现承担相应的责任。即如果违约方能够证明自己对对方所追求的利益诉求不明知且无法明知，违约方则不对因其违约行为而产生的后果承担责任，否则另一方将陷入不可预知的交易风险，使得交易关系愈加的不稳定。就股权转让合同而言，缔约当事人在签订合同前必然会进行大量的磋商与信息交换，即便合同目的未明确写在合同内容中，也会出现在双方签订合同时双方的磋商过程中。因此法院在判断双方合同目的时，可通过调查双方在磋商期间的会议记录、邮件往来等认定违约方对守约方合同目的的认知程度，并据此认定违约方的责任。

综上，对已被吊销营业执照的公司的股权进行转让时，出让方及受让方一般均会考虑是否符合自己的目的。即使目标公司已被吊销营业执照，不论是出让方还是受让方，仍然均可以期待在该股权转让行为过程中实现自己的目的。

（二）从股权转让能否实现的角度

即使公司被吊销营业执照，其股权转让也是可以实现的。首先，被吊销营业执照的公司法人资格仍然存续。根据《公司法》及相关法律规定，虽然公司被吊销营业执照是公司解散的法定事由，但公司被吊销营业执照后该公司法人资格还是存续的，只是不能进行经营行为。公司只有在依法完成清算及经注销登记后，法人主体资格才终止。在该阶段，不少公司因其仍然有一定的财产（有的公司甚至有大量的财产，如某些房地产项目公司拥有土地使用权），其股权有较高的价值。其次，股权转让并非公司的经营活动。股权转让行为是公司股东之间的商事行为，不是公司作为市场主体的交易行为，现行法律并未规定被吊销营业执照的公司不能进行股权变更，所以公司被吊销营业执照后股东仍可进行股权转让行为。再次，股权转让系公司股东对其持有的股权进行处分，合法合规的股权转让不会损害公司债权人以及其他股东的利益，也不会损害行政管理秩序及市场秩序。因此，即使公司被吊销营业执照，只要公司股东是在各方真实意思表示情形下协商一致对股权进行转让，该股权转让的效力应得到承认。当然，如果在股权转让过程中，转让方故意隐瞒公司被吊销营业执照的事实，导致受让方对股权价值判断出现错误的，可以视具体情况通过其他途径解决。例如存在欺诈、重大误解等行为，可以通过请求合同无效或行使撤销权等方式解决。

五、被吊销营业执照的公司可以进行股权转让，并不意味着公司经营资格的恢复

实务中不少人提出，既然被吊销营业执照的公司可以进行股权转让，是不是意味着公司经营资格的恢复？如果公司经营资格不能恢复，则即使理论上能完成股权转让，股权转让后公司也还是处于被营业执照吊销状态，不能进行任何市场经营行为，这样的公司没有任何价值，股权转让也没有意义。

笔者认为这些观点存在认识的误区。一方面，允许被吊销营业执照的公司进行股权转让并不意味着可以恢复经营资格。根据《公司法》及相关法律规定，被吊销营业执照是公司解散的法定事由，公司被吊销营业执照后只能进行清算并最终注销，不能恢复经营资格，也不会因为允许股权转让则恢复经营资格。但另一方面，不少被吊销营业执照的公司仍有一定的价值。这些公司虽然被吊销营业执照后不能进行经营活动，但有些公司仍然有一定的财产或价值，有的甚至有较大的财产。即使这些公司不能恢复经营资格，也还是有较高的清算价值。另外，有些公司虽然不能恢复经营资格，但在一定时期对公司控制权和剩余价值索取权等方面有相应的价值。故此，不能认为被吊销营业执照的公司就没有任何价值，也不能认为其股权转让没有任何意义。

结　语

综合以上案例及法院裁判思路的变化，可以看出在最高人民法院（2015）民申字第31××号裁决作出后，各级法院在裁判思路方面已基本形成共识：被吊销营业执照的公司可以进行股权变更，股东可以转让所持公司股权；公司被吊销营业执照不构成公司股权转让的法律障碍。

笔者需要提醒的是，在具体个案中，股权转让还受到其他法律法规的约束，该类公司的股权转让还应当遵循相关法律及地方法规的规定。此外，目前各地方市场监督管理部门就被吊销营业执照的公司的股权变更登记事项各自有不同的理解，对此也暂没有全国统一的政策。实务中我们发现，不同地方的企业登记管理部门对被吊销营业执照的公司的股权变更登记有不同的做法。故笔者建议相关市场交易主体在拟受让被吊销营业执照的公司的股权时，可以先向目标公司登记地所在的工商行政主管机关咨询，保障交易顺利进行。

公司章程限制股权转让条款
法律效力实证研究

余 亮[*]

引 言

1993 年全国人大常委会颁布我国第一部《中华人民共和国公司法》，该版《公司法》第三十五条对有限责任公司股东之间转让股权、股东对外转让出资、股东优先权等内容作出规定，但对股东转让股权意思自治未作任何规定。2005 年全国人大常委会首次修订《中华人民共和国公司法》，修订后的《公司法》第七十一条第四款规定："公司章程对股权转让另有规定的，从其规定。"从 2005 年《公司法》修订中可以看出，我国公司法呈现出由强制性向尊重意思自治转变的趋势，股东意思自治范畴的边界不断扩展，立法层面表达了通过股东约定公司章程个性化条款来实现股东对公司治理的意思自治，在一定程度上达到了可以通过制定或修改公司章程"排除"公司法适用的效果。

随之而来的问题是，公司章程的个性化条款虽然满足了股东意思自治的要求，但公司章程的个性化条款是否合理、是否与公司法的强制性规范存在冲突，这给股东按照公司章程治理公司的可行性带来了不确定性。在实践中，存在大量股东之间对公司章程部分条款效力产生怀疑而选择诉诸法院，请求法院认定章程条款效力的情况。2016 年 4 月 12 日，最高人民法院发布《最高人民法院关于适用〈中华人民共和国公司法〉若干问题的规定（四）》（以下简称《公司法司法解释（四）》）（征求意见稿），面向全国公开征求意见。《公司法司法解释（四）》（征求意见稿）第二十九条规定："有限责任公司章程条款过度限制股东转让股权，导致股权实质上不能转让，股东请求确认该条款无效的，应予支持。"在《公司法司法解释（四）》（征求意见稿）当中，立法者试图解决这一矛盾，但在 2020 年 12 月 29 日最终正式发布的《公司法司法解释（四）》中删除了这一条款，删除的原因是立法和司

---

[*] 余亮，广东济方律师事务所专职律师、合伙人。

法实践中对"过度"的客观标准存在较大争议，因此这一条款暂时被搁置。对此，本文将以实证研究的方式探讨司法实践中，公司章程限制股权转让条款的法律效力问题。

一、公司章程的法律性质

在讨论公司章程限制股权转让条款的法律效力问题之前，我们应先讨论公司章程的法律属性。公司章程的法律属性有契约说和自治规范说两种学术观点。

契约说认为，制定或者修改公司章程的主体是公司与股东或者股东与股东，公司章程体现的是公司与股东或者股东与股东之间的意思表示，具体条款是公司与股东或者股东与股东之间合意的结果。自治规范说认为，制定或者修改公司章程的主体是公司，公司章程体现的是法人的意思表示，具体条款是在资本多数决原则下股东大会会议的结果。

事实上，笔者认为以上两种观点，单从任何一种观点来看待公司章程都是片面的。例如，公司章程中关于股东出资责任，规定有限责任公司股东不按照公司章程规定缴纳出资的，对已按足额出资的股东承担违约责任。如果适用自治规范说的话，那么在资本多数决原则下，大股东可以修改公司章程将股东的出资期限提前，但在司法实践中，如果大股东未经小股东同意就直接将出资期限提前显然加重了小股东的责任，无异于直接损害了小股东的期待利益，因此，此时只有适用契约说，将公司章程中关于出资期限的规定看成是大小股东之间形成的合意才能更好解决这个问题。又如，公司章程中关于公司治理结构，规定公司机关（董事会、股东会、监事会、经理）的权限范围、议事方式、表决程序，如果适用契约说则这些内容的调整需要公司与股东或者股东与股东重新一一形成合意，那么将导致公司治理效率的低下，故此时适用自治规范说以资本多数决来解决这个问题更为适宜。

虽然《公司法》没有直接明确界定公司章程的法律属性，但是参照《上市公司章程指引》对公司章程的定义"为规范公司的组织与行为、公司与股东、股东与股东之间权利义务关系的具有法律约束力的文件，对公司、股东、董事、监事、高级管理人员具有法律约束力的文件"，可以看出公司章程同时具备契约说和自治规范说的二元属性，既包含意思表示一致的要求，又包含受多数决原则约束自治的要求。公司章程法律属性的认定，有利于分析限制股权转让条款在具备契约说和自治规范说的二元属性下，如何达成公司治理与股东利益保护之间的平衡。

二、公司章程限制股权转让主要情形的效力分析

（一）公司章程基于劳动关系终止作出强制转让的规定合法有效

实证案例①：上诉人（原审原告）陈××诉被上诉人（原审被告）常熟市×医药有限公司股东资格确认纠纷一案中，陈××起诉请求依法判定陈××为常熟市×医药有限公司自然人股东。

法院认为，公司章程体现全体股东的共同意志，是公司组织和活动的基本准则，应当为公司和全体股东所遵守。就本案而言，常熟市×医药公司于2002年7月一届三次股东会已经表决通过修改公司章程，增加规定"自然人股东因本人原因离开企业或解职落聘的，必须转让全部出资，由工会股东接收"，该章程并未违反法律规定，该医药公司依据该章程规定在2003年1月28日就陈××不再担任正科级职务，调整陈××相应的持股比例，将相应部分的股权转让至该医药公司持股会，具有合法的依据；同时，根据工商备案资料及双方当事人所举证的材料，该医药公司于2003年7月25日一届五次股东会再次修改公司章程，而登记备案的章程仍旧规定"自然人股东因本人原因离开企业或解职落聘的，必须转让全部出资，由工会股东接收"，而至2005年并无证据表明该医药公司股东会修改了该条章程规定，故就陈××在2005年1月不再担任副科级职务，应适用该条章程规定，该医药公司据此调整陈××剩余的股权，将股权作价转让给该医药公司持股会，亦具有合法的依据。本案中常熟市×医药公司提交经过备案登记的工商资料，陈××对此不认可但并未提供任何反证，一审法院采信该医药公司提交的证据并无不当。

综上，一审法院判决驳回陈××的诉讼请求，二审法院维持原判。

在上述实证案例中，法院首先肯定了公司章程同时具备契约说和自治规范说的二元属性，为维护股东之间的关系及公司自身的稳定性，公司章程可以对有限公司的股权转让作出相应的限制和要求，这是公司自治及人合性的重要体现，同时也是诚实信用原则和当事人意思自治原则的体现。公司章程中关于"人走股留"的规定，属于对股东转让股权的限制性规定而非禁止性规定，离职股东依法转让股权的权利没有被公司章程所禁止，公司章程不存

---

① （2016）苏05民终××号民事判决书。

在侵害离职股东股权转让权利的情形，因而是合法有效的。

（二）公司章程约定股东转让股权须经董事会一致同意的限制无效

实证案例①：原告××（中国）投资有限公司诉被告上海×信息咨询有限公司、第三人×A科技信息服务有限公司、第三人中国×B有限责任公司、第三人×C控股集团（中国）有限公司请求变更公司登记纠纷案。

原告××（中国）投资有限公司起诉请求判令被告上海×信息咨询有限公司将登记在原告名下的被告上海×信息咨询有限公司15%的股权变更登记至第三人×A科技信息服务有限公司名下；请求判令被告上海×信息咨询有限公司配合办理公司章程变更及合资合同备案。

法院认为，从《公司法》第七十一条规定来看，公司章程作为股东意志的集合，可以对股权转让作出比一般性规定更为严格的限制性约定。公司章程是在法律规定的范围内，由全体股东的意思表示而形成的决议，是公司对内管理的依据，是公司赖以实现公司自治的规则。但公司章程不得与公司法的强制性规范及公司法的基本精神、原则相冲突，如有冲突，其所制定条款无效。最高人民法院在第96号指导案例"宋×军诉西安市E有限公司股东资格确认纠纷案"中确定如下裁判要点："国有企业改制为有限责任公司，其初始章程对股权转让进行限制，明确约定公司回购条款，只要不违反公司法等法律强制性规定，可认定为有效。"从该指导案例的裁判要点来看，判断公司章程对股权转让作出另外规定是否有效，应审查该另外规定是否违反公司法的强制性规定，不违反则有效，反之则无效。就本案而言，即应审查被告上海×信息咨询有限公司的章程约定任何一方转让公司股权须经全体在职董事一致同意方能转让是否违反了公司法的强制性规定。

首先，在有限责任公司中，由于各股东往往是基于相互信任才出资设立公司，股东更替意味着原有信任关系的断裂和新信任关系的建立，如果不能恰当处理股权转让问题将会影响到公司未来的正常经营。因此，公司法赋予了公司股东自主决定股权转让事项的权利，亦即公司股东可以通过公司章程对股权转让进行一定的限制。但是限制不等于禁止，限制必须符合立法目的和不违反法律的强制性规定。股东享有的股权是一种财产性权利，任何财产权皆具有处分权能，公司章程对股权转让的限制不得违反财产权的本质。如果公司章程通过其他条件和程序的设置，实际造成股东股权转让极度困难或

---

① （2020）沪0115民初××号民事判决书。

根本不可能，则该章程因违反公司法的规定而无效。本案被告的公司章程约定股东转让股权必须经董事会一致同意方能转让，该约定明显比公司法规定的经其他股东过半数同意苛刻。同时，在董事反对股权转让时，被告公司章程未约定转让股东的救济程序，使转让股东的股权转让目的落空，实质上无法通过转让股权退出公司经营，显然有违公司法的规定。

其次，被告上海×信息咨询有限公司是依法成立于 2010 年的中外合资企业，其设立和经营既要符合我国法律对中外合资经营企业的特殊规定，也要符合我国公司法的一般规定和基本精神。被告上海×信息咨询有限公司设立时所依据的《中华人民共和国中外合资经营企业法》（以下简称《中外合资经营企业法》）和《中华人民共和国中外合资经营企业法实施条例》（以下简称《中外合资经营企业法实施条例》）虽然规定董事会是合营企业的最高权力机构，决定合营企业的一切重大问题，但同时也明确了需由董事一致通过方可作出董事会决议的事项范围。1983 年颁布施行的《中外合资经营企业法实施条例》规定需由董事会会议的董事一致通过方可作出决议的事项包括：（一）合营企业章程的修改；（二）合营企业的中止、解散；（三）合营企业注册资本的增加、转让；（四）合营企业与其他经济组织的合并。其他事项可以根据合营企业章程载明的议事规则作出决议。1987 年修订的《中外合资经营企业法实施条例》沿袭了该规定，但 2001 年修订的《中外合资经营企业法实施条例》对上述第三项进行了修改，将"（三）合营企业注册资本的增加、转让"修订为"（三）合营企业注册资本的增加、减少"，将注册资本的转让排除在需要董事一致通过的事项之外。2014 年修订的《中外合资经营企业法实施条例》再未对该条进行修改。被告上海×信息咨询有限公司成立于 2010 年，公司章程对董事会决议事项的规定理应符合当时的《中外合资经营企业法实施条例》的规定，不再将转让纳入须董事一致同意方可作出决议的事项范围。2020 年 1 月 1 日，《中华人民共和国外商投资法》（以下简称《外商投资法》）和《中华人民共和国外商投资法实施条例》（以下简称《外商投资法实施条例》）施行，《中外合资经营企业法》及《中外合资经营企业法实施条例》相应废止。《外商投资法》规定外商投资企业的组织形式、组织机构及其活动准则，适用《公司法》等法律规定。《外商投资法实施条例》进一步规定《外商投资法》施行前依照《中外合资经营企业法》设立的外商投资企业，在《外商投资法》施行后 5 年内，可以依照《公司法》的规定调整其组织形式、组织机构等，并依法办理变更登记，也可以继续保留原企业组织形式、组织机构等。自 2025 年 1 月 1 日起，对未依法调整组织形式、组织机构等并办理变更登记的现有外商投资企业，市场监督管理部门不予办理其申请的其他登记事项，并将相关情形予以公示。从上述法律规定来看，中外合资企业虽然存在一定的特殊性，但也应符合公司法的相关规定，不得与公司法的规定相违背。

法院认为被告上海×信息咨询有限公司的章程约定任何一方转让公司股权须经全体在职董事一致同意方能转让的规定违反公司法的强制性规定，应属无效。

从上述实证案例中可以看出，全国人民代表大会于2019年3月15日审议通过《中华人民共和国外商投资法》，并将于2020年1月1日起施行，同时废止《中华人民共和国中外合资经营企业法》《中华人民共和国外资企业法》《中华人民共和国中外合作经营企业法》。

《外商投资法》第三十一条规定："外商投资企业的组织形式、组织机构及其活动准则，适用《公司法》《中华人民共和国合伙企业法》（以下简称《合伙企业法》）等法律的规定。"这一规定意味着外资与内资的公司组织形式将统一，"外资三法"中对外资企业的特殊规定不再适用，统一到《公司法》和《合伙企业法》的规制当中。

《中外合资经营企业法》和《中外合资经营企业法实施条例》诞生于20世纪80年代，当时中国正值改革开放初期，既缺乏资金，也缺乏技术，对吸引外商投资有很强的需求。但面对强大的外资，中方在合营公司往往处于弱势，外资的资金优势使外资在合营公司所占股权较大，如果按照股权比例行使表决权，那么中方将彻底丧失在合营公司中的话语权。为了适应当时的特殊形势，全国人民代表大会常务委员会法制工作委员会（以下简称"全国人大法工委"）在立法时巧妙地运用董事会制度，将董事会设置为合营公司的最高权力机构，让中方在董事会中通过委派的方式至少占有一席席位，通过对重大事项必须经全体董事同意的方式来让中方在重大事项上拥有否决权。可以说，"外资三法"所设置的制度适应了当时特殊历史时期中外合资的需要，体现了较高的立法智慧。

但是，随着改革开放的深化，外资在资金和技术上已丧失了绝对优势，甚至被中方赶超。在这种背景之下，建立统一的现代企业治理制度反而显得更为重要，因此"外资三法"被废止，所有公司组织形式都统一接受《公司法》的调整。

在现代公司治理制度当中，股权转让自由是公司法的基本原则，股权作为财产权的一种，股东转让股权是股东的基本权利。根据《公司法》规定，股权转让须征得其他股东同意是出于保护公司股东的人合性和优先购买权的考虑。但同时也规定了相应的救济途径，即不同意转让的股东应当购买该转让的股权、不购买的视为同意转让，作为其他股东限制股权转让的利益平衡。一方面，如果股东股权转让须经董事会一致通过，一旦董事会不能一致通过，股权便不能转让，则股东的利益无法得到保护。另一方面，董事会的董事是由股东委派的，在一定程度上代表股东意志，董事如果反对，不同意转让的股东可以通过行使优先购买权来进行救济。

所以，股权转让须经董事会决议的程序客观上限制了公司法赋予有限责任公司股东依法转让股权的法定权利，该规定不但与公司法相悖，而且完全不具有合理性，因此应属无效。

（三）公司章程约定股东对外转让股权须全体股东一致同意的限制合法有效

实证案例①：上诉人（一审原告）张家港×贸易有限公司诉被上诉人（一审被告）×能源股份有限公司、一审第三人江苏×集团有限公司股东资格确认纠纷案。

原告起诉请求确认张家港×贸易有限公司的×能源股份有限公司股东身份，并确认张家港×贸易有限公司持有×能源股份有限公司股份；请求判令×能源股份有限公司限期办理张家港×贸易有限公司股份的股东名册和工商变更登记。

法院认为，公司章程是关于公司组织和行为的自治规则，是公司的行为准则，对公司具有约束力。公司章程又具有契约的性质，体现了股东的共同意志，对公司股东也具有约束力。公司及股东应当遵守和执行公司章程。案涉股份转让的目标公司×能源股份有限公司修订后的公司章程对股东向第三方转让股份作出限制性规定，即应事先取得其他股东一致同意及其他条件。尽管该修订后的公司章程并未在工商登记机关备案，未起到公示作用，但因×能源股份有限公司时任各股东均已盖章确认，故在公司内部对公司股东应当具有约束力。×能源股份有限公司的股东在对外转让股份时，应当遵守公司章程相关规定。张家港×贸易有限公司与江苏×集团有限公司所签《股权转让协议》中约定的合同生效条件之一，亦为目标公司股东会同意目标股份转让的决议或者其他股东放弃优先受让权，能够说明合同双方在签订《股权转让协议》时知晓案涉股份转让并非合同双方达成合意即可发生法律效力，还需征得相关方同意方可完成股份转让行为。张家港×贸易有限公司虽称江苏×集团有限公司已将案涉股份转让事宜通知了×能源股份有限公司及各股

---

① （2020）最高法民终××号民事判决书。

东，但×能源股份有限公司及黑龙江×电站设备有限公司、常熟×电力设备股份有限公司均未表示同意转让，亦未明确表示放弃优先受让权等相关权利，故案涉《股份转让协议》目前对×能源股份有限公司并未发生法律效力。×能源股份有限公司的抗辩主张成立，一审法院予以支持。二审法院维持原判。

从上述实证案例中可以看出，法院首先肯定了公司章程同时具备契约说和自治规范说的二元属性，×能源股份有限公司时任各股东均已盖章确认，故在公司内部对公司股东应当具有约束力，×能源股份有限公司的股东在对外转让股份时，应当遵守公司章程相关规定。公司章程第二十四条第二款规定了股东对外转让股份，应取得其他股东同意，且为"事先""一致"；第三款规定了其他股东享有"优先受让权"；第四款规定了其他股东享有"同售权"。根据以上章程规定，股东对外转让股份，应保障其他股东的"优先购买权""同售权"，且应无法定限制或其他股东正当事由否定。最高人民法院认为公司章程中对股权转让进行的限制是有效的，无论《股权转让协议》如何约定，只要目标公司的章程对股权转让有限制性规定，都应被遵守，即目标公司章程的约束力溯及于股权受让方。

三、公司章程限制股权转让条款法律效力有效性的考量因素

（一）从尊重公司的人合性方面进行考量

一方面，传统意义上，学界观点认为股份有限公司以"资合性"为主，股东之间具有强经济依存和关联关系，但股份有限公司组织形式的缺陷在于允许股份自由转让，这样通常会导致股东变动，而这一变动涉及公司内部事务，会给公司利益带来损失。另一方面，只以"人合性"为基础的合伙企业的组织形式，合伙人的变动非常困难，且合伙人要对合伙债务承担无限连带责任，使得合伙企业的发展通常会因此受到限制。面对上述两者的缺陷，有限责任公司组织形式则兼具"资合性"和"人合性"的双重特点，在其中取得了一定平衡，可以称为具有人合性特征的资合性公司。有限责任公司的"人合性"是指有限公司股东之间具有某种非经济上的依存或关联关系，股东之间具有一定的信任关系，类似合伙企业合伙人之间的关系，具体体现在有限责任公司股东人数有一定限制（不超过50人）、禁止公开募集资金、股权对外转让有限制等。

然而，对公司人合性的定义，至今在学界都没有统一的定论，上述观点至今亦仅停留在学理层面，在公司法的历史沿革和目前现存的五部公司法司法解释中对人合性均未作出明文规定，进而导致一种奇特的局面，即人合性尺度的大小多凭法官自由心证的裁量。正是基于人合性具有主观性、难以量化的特征，面对公司章程中的限制条款，法院通常更加强调股权作为公司利益的这一特点。这一价值选择最直接的表现是，法院在案件裁判中对人合性目的正当性以及目的与手段之间的关联性缺乏实质判断，法院简单地认为当一个股东选择出让股权时，不仅将会破坏现有的信任关系，同时也会引入新的不确定因素进入公司内部，应赋予公司和继续参与公司运营的股东决定由谁进入公司的权利。

从本文上述实证案例的法院观点中可以看出，法院认为有限责任公司章程基于劳动关系终止作出强制转让的限制合法有效，同时认为股份有限公司章程约定股东对外转让股权须全体股东一致同意的限制合法有效。事实上，在大量的公司章程设限股权转让纠纷的案例当中，绝大多数法院均认定公司章程中限制股权转让的条款有效，即使是章程对股东内部转让股权作出的限制性规定，法院亦认定有效。在认定有效的判决书中，法官说理常见表述如下："基于有限责任公司封闭性和人合性的特点，由公司章程对公司股东转让股权作出某些限制性规定，系公司自治的体现。"可见法院认定有效的思维逻辑是，《公司法》第七十一条允许公司章程设限股权转让，因此设限措施符合有限责任公司的人合性特点和公司自治理念，故设限措施有效，只要排除完全禁止股权转让的情形即可。这样粗放的裁判逻辑，即一般只要设限措施没有完全禁止股权转让即可，而对于设限措施是否真正以维系公司人合性为目的、是否必要以及是否合比例，通常不作实质判断。

事实上这些股权转让的限制，并非总以维系公司人合性为目的，未必是维系公司人合性所必须，且未必能真正起到维系公司人合性的作用。从公司人合性的角度出发，如果股东执意要转让股权而退出，强制股东保留在公司反倒不符合人合性的要求，其内在体现出的是大股东对小股东的压制。例如，公司章程中关于"人走股留按照1元回购"的限制，实际情况往往是强势的大股东利用其优势地位，强制想要投资入股的职工股东签署，如果职工股东想退出，就必须按照公司章程约定的价格回购。这相当于变相侵犯员工股东的公平交易权。限制股权转让尚可说是以维系人合性为目的，公司章程规定股权转让价格则可以说与公司人合性毫无干系，完全体现的是大股东的意志。因此，为了让限制股权转让变得更加合理，取得企业利益保护和小股东利益保护的平衡，还应当从救济途径方面进行规定。

（二）从公司章程限制股权转让救济途径进行考量

转让股权是股东的基本财产权利，如果禁止转让财产或强制低价放弃财产，既不符合私法自治的原则，也不符合公司法的有限责任理念。因此，《公司法》第七十一条除了对股东对外转让股权做出一定限制外，同时也规定了救济途径，即异议股东应行使优先购买权，否则可以转让，这是在公司利益和退出股东利益之间作出平衡。因此，笔者认为，即便公司章程对股权转让部分的限制合法有效，如果这种限制没有最长期限，仍是变相绝对禁止股权转让，更有甚者作出"人走股留按照1元回购"限制，这是变相强制股东放弃股权，故规定股权转让限制的最长时限、最低出让价格并强制异议股东行使优先购买权，才能达到企业利益保护和小股东利益保护的平衡。

（三）考量因素的量化建议

可以参考异议股东股权收购请求权的条件来进行量化。《公司法》第七十四条规定在股东会上对三种情形决议投反对票的股东可以请求公司按照合理价格收购其股权，这给予了小股东退出公司的救济途径。公司股东之间产生矛盾，如果因公司章程限制股权转让而导致小股东的退出不能，非但会加深股东间的矛盾，更会损害小股东的合法权益。因此，可以参考异议股东股权收购请求权的条件来进行量化，如果符合《公司法》第七十四条规定的三种情形，应当准予解除公司章程对股权转让的限制。参考异议股东股权收购请求权的条件解除公司章程对股权转让的限制，事实上是拓宽了小股东的救济途径，一方面可以选择让大股东以合理价格回购，另一方面也可以对外出让股权，这一设置可以达到企业利益和小股东利益平衡，在出让时只要保障了大股东的优先权，亦不会对公司的人合性造成影响。

结　语

通过上述对公司章程限制股权转让条款法律效力实证研究的探讨，我们发现虽然法院对公司章程限制股权转让条款法律效力的判定在司法实践中趋于统一，但仍存在一定缺陷，未能实现公司利益保护和小股东利益保护的平衡。因此，为了保护小股东利益，在《公司法》的修订过程中，应针对公司章程在限制股权转让的同时，完善对限制时间、限制转让价格和强制异议股东行使优先购买权等方面的强制性规定，进而规范公司股东之间的利益平衡。

有限责任公司股权善意取得制度
司法实务探析

周　清[*]

引　言

《公司法司法解释（三）》规定《民法典》规定的善意取得制度可类推适用"一股二卖"和"名义股东处分其名下股权"两种股权转让情形，这标志着物权善意取得制度正式以立法形式被引入有限责任公司股权转让的司法审判中，初步形成股权善意取得制度。因股权在财产性质上不同于物权，对善意取得制度在有限责任公司股权转让的场景中如何类推适用将通过本文进行探讨。

一、有限责任公司股权转让对善意取得制度的适用

（一）股权善意取得制度的法律依据及来源

《公司法司法解释（三）》于2010年12月6日正式通过，其中第二十五条和第二十七条规定人民法院可参照适用《民法典》第三百一十一条规定（承继《中华人民共和国物权法》第一百零六条规定），即我国现行法律将物权善意取得制度引入公司法领域之股东出资、有限责任公司股权转让纠纷案件的司法审判当中。换言之，基于有限责任公司股权财产性质的特殊性，有限责任公司股权转让在特定情形下可适用股权善意取得制度。

（二）股权善意取得之构成要件

1. 出让人无权处分是股权善意取得之前提

股权善意取得是指在股权出让人实质上并无转让股权权利的情况下，股权出让人基于一定的权利外观表象将股权转让给受让人，如受让人出于善意

＊　周清，北京市康达（广州）律师事务所律师、高级合伙人。

并支付了合理对价受让，为保障交易安全，则其可受让取得该股权。物权制度中的善意取得须以处分人无权处分该物权为前提，股权善意取得制度作为对物权善意取得制度的借鉴，也应当以股权出让人无权处分股权为前提。在《公司法司法解释（三）》第二十五条、第二十七条中，无论出让人是"一股二卖"，还是"名义股东处分其名下股权"，出让人均不具有处分股权的权利。

相反，如果是有权处分人将股权转让给受让人的情形，则不适用股权善意取得制度。例如在"杨×与何×确认合同无效纠纷案"[①] 中，第三人荣×作为涉案股权的股东，杨×作为荣×配偶，其主张涉案股权属于夫妻共同财产，其与荣×对涉案股权共同共有，认为荣×无权处分股权。法院认为，股东配偶仅对股权所取得收益享有共同所有权，荣×作为有权处分人，有权按《公司法》规定，通过公证遗嘱转让涉案股权给何×，故何×受让涉案股权不适用股权善意取得的规定。

受让人主观善意是股权善意取得的必要条件，股权被无权处分时，在主观善意的情境下，还需要进一步区分无权处分的具体情形。

情形一：在名义股东代持股的情形下，名义股东虽然是工商登记记载的股东，但其实质无权转让或处分该股权，该股权应归属于实际出资人，如第三人明知名义股东不是真实的股权人，仍向名义股东受让股权，若法院或仲裁机构认定该股权转让行为有效，将无形中助长第三人与名义股东恶意串通的不诚信行为，导致实际出资人的权益严重受损，破坏市场交易秩序。

情形二：原股东转让股权后，由于各种缘由未及时在工商登记机关办理公司变更登记，此时原股东又将该股权再次转让给其他第三人。再次转让时，股权权属实际已归于第一手受让人，若第三人在受让股权时明知原股东已不是真实股权人，此时法院或仲裁机构仍认定原股东向该第三人处分股权为有效的话，同样会损害第一手受让人的合法权益。

因此，受让人主观善意是股权善意取得制度的必要条件，在司法实践中，法院或仲裁机构如何判断受让人是否主观善意，一般从以下两个方面进行审查。

（1）受让人有理由对出让人的权利外观产生合理信赖。《公司法》第三十二条第二款、第三款规定，"记载于股东名册的股东可以行使股东权""如股东姓名或名称未在公司登记机关登记的，不得对抗第三人"。可见股东名册为股权受让取得的依据及公示方式之一，而股权权利的另一种公示方式

---

① （2018）苏民申 23 ×× 号民事裁定书。

为股权登记，该公示方式采取登记对抗主义，其向社会公示范围更广泛，也是普遍存在的商事公示制度。基于股权登记制度具有更强的公信力，第三人依据工商登记记载内容有理由相信出让人就是实际的股权权利人，由此所产生的合理信赖利益应受到法律保护，这是判断受让人是否主观善意的条件之一。

（2）受让人需尽到基本的审慎注意义务。除了前述权利外观基础之外，我国现有司法裁判观点对于受让人是否符合善意要件还会从具体事实情况，如受让人身份、受让主体专业性等方面判断受让人是否已尽到基本的审慎注意义务或对"不明知"不存在重大过失。例如在"亿×公司与李×、明×公司、抚×银行案外人执行异议纠纷"① 一案中，虽然李×向法院申请对明×公司持有的抚×银行股份查封在先，但明×公司在与亿×公司签订《股权转让协议》之前因未查阅相关工商档案而对权利负担情况不知情，其作为商事主体，未对受让股权是否存在权利负担等情况进行事先调查，没有对自身权利的保护尽到最基本的审慎注意义务，故不适用股权善意取得制度。又例如在"刘×、樊×股东资格确认纠纷"② 一案中，法院认为，唐×作为现职公务员，虽然唐×与樊×签订了《股权转让协议》并支付了相应转让款，但根据《中华人民共和国公务员法》的规定，唐×对其不能以股东身份享有股东权利是明知的，故唐×受让樊×股权在主观上不具有善意。基于前述理由及其他事实，唐×对受让的股权不构成善意取得。

2. 受让人已支付合理对价

股权善意取得制度本身为价值平衡的结果，其意义在于保障交易安全，要求受让人支付合理对价的目的在于防止受让人以不合理的显著低价受让股权或存在恶意串通行为。若受让人以低价受让，其在权益上不应当具备优先性，不能认定其具备主观善意。

例如在"钱×、J公司、H公司等确认合同效力纠纷一案"③ 中，姚×在与钱×存在股权转让协议解除争议的同时，与H公司签订《股权转让协议》，约定转让其持有J公司2879.3633万元人民币的股权给H公司，《股权转让协议》约定的转让价格不明确，且当地市场监督管理局档案载明的股权转让价格仅为2879.3633元。法院认为股权转让价格约定不明确，而且工商登记机关备案登记的股权转让价格足以使人对H公司受让股权是否构成善意

---

① （2017）最高法民申31××号民事裁定书。
② （2019）湘民再5××号民事判决书。
③ 江苏省连云港市中级人民法院（2021）苏07民终16××号民事判决书。

产生合理怀疑。即使姚×与 H 公司之间的股权转让款是 1150 万元，因姚×转让的股权中包含钱×投资的部分，且股权价值已经发生变动，该转让价格无法确定为合理价格，故不能推断出 H 公司受让股权是出于善意。又如"C公司与王×、薛×等股权转让纠纷案"①中，法院认为王×、薛×受让涉案股权的价款仅为 500 万元，不足注册资本 5020 万元的 1/10，与 C 公司的股权转让价款 4583 万元相差甚远，该转让价款应属不合理对价，故王×、薛×受让股权的行为不属于善意取得。

3. 受让人已办理股权工商变更登记

虽然根据《公司法》前述规定，股东名册的记载可作为股权变动生效的公示方式，但股权工商登记应作为具有对抗效力的手段，如股权转让后未及时办理股权工商变更登记，受让人取得的股权就没有登记对抗效力，不能对抗其他股权受让人。因此，受让人已办理股权工商变更登记系股权善意取得的补强要件。

司法实践中也存在以股权工商变更登记判断受让人是否善意取得之观点。如在"黄×1 与厦门×公司、黄×2、刘×股东资格确认案"②中，刘×与黄×2 设立厦门×公司，由于厦门×公司决议解除刘×股东资格后未及时办理工商变更登记手续，刘×作为无权处分人将原持有股权转让给黄×1 并收取相应的股权转让款，双方同样未办理工商变更登记手续，故黄×1 请求确认其股东资格。法院认为，依据《公司法》规定，股权属于"依照法律规定应当登记"的事项，黄×1 虽然支付了相应的股权转让款，但并未到工商部门办理股东变更登记手续，工商部门所登记的股东依然为刘×，黄×1 未取得涉案讼争的股权，未成为厦门×公司的股东。

综上，我国的股权善意取得制度通过借鉴物权法意义上的善意取得制度，对《民法典》第三百一十一条进行类推适用，在司法实践中总结出股权善意取得的四个要件：出让人无权处分、受让人主观善意、受让人已支付合理对价、受让人已办理股权工商变更登记。不难看出，我国的股权善意取得制度既遵循权利外观原理，也以权利人无权处分、工商登记权利外观、是否支付合理对价和第三人善意、尽到合理审查义务等为基本要件。其中，法院对股权善意取得中善意的认定比较灵活，往往基于多个证据如对价是否合理、受让身份、是否尽到审慎的注意义务等进行综合判断，这在对受让人未变更股权工商登记的情形，法院往往也结合其他善意取得要件综合判断，一

---

① （2014）最高法民二终字第 2××号民事判决书。
② （2014）厦民终字第 28××号民事判决书。

定程度上反映了司法实践中股权善意取得制度法律适用贴合实际、法院拥有一定程度的自由裁量权、尊重个案情况的司法立场和趋势。

二、瑕疵股权转让时善意取得制度的适用

前文介绍了《公司法司法解释（三）》为保障交易安全与保护善意第三人利益而创设的股权善意取得制度、相关构成要件、司法裁判尺度及观点。而在现实生活中，除了股权无权处分的情况外，还存在受让人取得的股权存在瑕疵的情形，在此情形下是否适用及如何适用股权善意取得制度？

（一）瑕疵股权与非瑕疵股权的定义

股权取得是以股东的出资为基础，瑕疵股权是指因股东出资瑕疵导致其取得的股权权利存在缺陷，具体而言是指股东违反对认缴出资的承诺、逾期不履行或不全面履行实缴义务、股东以实物出资的价值高估、股东抽逃出资等情形。针对瑕疵股权，《公司法司法解释（三）》第十八条规定的是"股东未履行或未全面履行出资义务"情形，第十四条、第十九条规定的是"股东抽逃出资"情形，前述规定虽然并非直接适用善意取得制度，但对有关责任的认定却借鉴了善意取得的有关法律逻辑及基础。非瑕疵股权是指不存在上述导致股权权利存在瑕疵的情形。非瑕疵股权转让及其转让效力可参照《公司法司法解释（三）》及前文论述适用股权善意取得制度。

（二）瑕疵股权转让的影响

除了公司减资或清算解散，股权一旦设立即具有恒定性，股权转让只是变更持有主体，股权中包含的权利内容，一般不会因股权转让而发生改变，由受让主体全部继受取得。[①] 瑕疵股权实际上是出资不完整的股权，不属于正常的股权，瑕疵股权转让前，如果持有该股权的股东的出资义务未履行完毕，公司或公司其他股东均有权请求该股东全面履行出资义务。并且，为保护公司债权人的利益，债权人也有权请求该股东在其未出资范围内承担补充赔偿责任。换言之，瑕疵股权在转让前本身可能存在前述争议，持有瑕疵股权的股东背负有补足出资义务。

有限责任公司具有人合性，一般来说，公司内部股东之外的第三人仅能

---

① 张军强、张煜：《认缴制背景下瑕疵股权转让后股东出资责任承担问题研究》，载《北京政法职业学院学报》2019 年第 3 期，第 30 – 36 页。

凭借工商登记载明的权利外观来判断股权的价值、权属及股东出资情况，但在现实生活中存在工商登记情况与股东实际出资瑕疵情况不完全匹配的情形，受让人在正式受让取得股东资格及权利之前不可能从外部获悉股权瑕疵情况。在此情况下，如果按一般的股权转让规则，瑕疵股权转让后，受让人取得瑕疵股权，并取代原股东的地位取得股东资格，如前文所述，受让人取得瑕疵股权也相应地继受了原股东的补足出资义务，如果该受让人在受让时并不知晓股权的瑕疵情况，其已向原股东支付了合理的股权转让对价并取得股权的，则受让人实际需要付出的代价是高于其与原股东协议的股权转让价格的，这将严重损害受让人的合法权益。并且，原股东也可能利用转让瑕疵股权给第三人以逃避出资责任，这同样会损害公司债权人及公司其他股东的权益。

（三）瑕疵股权转让对受让人的效力

股东出资瑕疵情形并不影响股权的设立与行使，瑕疵股权具有可转让性，股权转让行为属于双务行为，是原股东与受让人两方转让股权和变更股东资格的行为，在原股东完成法律规定的相关程序后，只要股权转让双方达成合意即可完成，股权转让合同并不因股权权利是否存在瑕疵而影响其效力。

此情形下，如果瑕疵股权原股东刻意隐瞒股权出资瑕疵的事实，受让人对此不知情并以相应对价受让取得股权的，则受让人应属于善意受让人，其有权以欺诈为由请求变更或撤销股权转让合同。但如果股权受让人受让股权时已知道或应当知道股权存在瑕疵，其仍与出让人签订股权转让合同的，基于前述认知其仍同意作出的有偿受让股权的意思表示，证明其接受股权瑕疵的事实，因此原股东不存在欺诈。如果没有其他合同无效事由，则股权转让合同合法有效。

（四）瑕疵股权转让中善意取得制度的适用

为平衡各方利益、保护股权交易安全，《公司法司法解释（三）》第十八条规定参照或借鉴了股权善意取得的法律逻辑及法理基础，对受让人已办理工商变更登记、取得瑕疵股权后是否应承担出资责任的问题进行审查，即取决于其在主观上是否善意。如果受让人在受让股权时明知或应当知道股权存在瑕疵，例如公司内部其他股东受让股权时不可能不清楚股权出资有瑕疵问题，此属于受让人应当知道的情况，此时，公司有权请求受让人与转让人共同承担连带清偿责任，即受让人负有连带出资义务，其不得以股权善意取得进行抗辩。

相反地，如果受让人在受让股权时已经尽到合理审查义务，但仍不知道股权出资瑕疵相关事实，其在支付合理对价取得股权之后，仍由转让人承担股权出资义务，受让人不承担相关义务及责任。即使受让人先行替转让人承担了相应的股权出资责任，鉴于受让人的损失是由转让人造成的，受让人仍然有权就其承担的股权出资责任向转让人追偿。瑕疵股权转让中适用股权善意取得制度，既能避免产生善意受让人付出高于股权转让价格的不公后果，又能避免产生瑕疵股权的原股东恶意逃避出资责任的不良现象。

关于受让人是否善意，其取得瑕疵股权是否应承担连带责任的问题，综合我国各地法院对此的认定，受让人应承担连带责任须同时具备以下四个条件：一是公司作为债务人负有不能清偿的到期债务；二是股权的转让股东未履行或者未全面履行出资义务；三是股权受让人对受让瑕疵股权有主观过错，即知道或者应当知道转让股东未履行或者未全面履行出资义务；四是公司债权人主张权利时，受让人未补足出资。受让人是否符合第三个条件属于其是否应承担连带责任的关键条件，法院对此认定也持相对审慎态度。

如在"张×等人与B公司股东损害公司债权人利益责任纠纷"[①]一案中，A公司设立后，其股东为张×（持股40%）和徐×（持股60%），其中张×出资20万元，徐×出资30万元，前述出资已验资。张×、徐×分多次将其持有股权转让给其他第三人，涉案股权又经多轮转让。后来由于A公司与B公司开展业务欠付货款33万元，B公司向法院起诉要求A公司的多位股东对A公司所欠债务不能清偿的部分承担补充赔偿责任或连带责任。

法院经审理认为，本案中，原股东张×存在出资瑕疵的股权经过多重转让，多名被告作为上述瑕疵出资股权的受让人，在受让股权时应当在自身条件允许和能力所及的范围内查证该股权所对应的出资义务是否已经履行，尽到善意相对方的谨慎注意义务。各被告辩称在受让股权时查看过审计报告和验资报告，但各被告均未提供审计报告，而验资报告亦无法反映转让股东是否存在缴纳出资后抽回的情况，从而无法证明受让人对转让股东是否抽逃出资尽到了合理注意义务。而受让人在成为A公司股东之后，其应具备查阅公司财务记录的权利和条件。本案中，A公司的原股东张×在缴纳增资款并经验资后，在短时间内A公司又有相等金额的资金被转出，本案多名被告受让相应股权成为公司股东后若查阅过公司财务记录，理应能够发现上述明显异常情况，但本案中并无证据显示受让人曾就瑕疵股权的转让行为依法对转

---

① （2020）鲁05民终20××号民事判决书。

股东提起诉讼进行权利救济，而是受让人在一段时间后将受让的股权再次转让，对此应视为其认可瑕疵股权转让行为的法律效力。同时股权转让款是否公允并实际支付，也是识别受让人是否善意受让股权的重要考量因素。各被告均未提供有效证据证明其已实际足额支付股权转让款，且部分股东以1元受让瑕疵股权，但未能作出合理说明。综上，可推定多位股权受让人在受让股权时，未尽到合理注意义务，其应当知道转让股东存在违反出资义务的行为，不属于善意受让人，应当在各自受让瑕疵股权范围内承担相应的连带责任，受让股东在承担责任后，有权分别向抽逃出资的股东追偿。

结　语

《公司法司法解释（三）》第二十五条和第二十七条所规定股权转让参照适用善意取得制度，是对促进股权交易公平和维护交易秩序的积极探索，应得到肯定。我国的股权善意取得制度遵循以权利人无权处分、工商登记权利外观、支付合理对价和第三人尽到合理审查义务等为构成要件，受让人符合前述要求可以善意取得股权。对于瑕疵股权的受让，我国法律也参照和借鉴了善意取得制度的法律基础对受让人是否善意取得瑕疵股权以及是否应对公司债务承担连带清偿责任确定了一定的司法裁判尺度，有效地权衡各方利益，保障交易安全。善意取得制度在有限责任公司股权转让中的适用对司法裁判具有积极的指导意义。

公司经营管理发生严重困难的司法认定

沈嘉伟*

引 言

公司是投资者联合各方资本形成的经济组织，具有资合性和人合性双重特征。投资者作为股东，在股东（大）会对公司经营管理作出重大决定中，难免出现各类冲突和矛盾。当此类冲突和矛盾走向极端发生股东僵持，公司决策和管理机制陷入瘫痪并演变为公司僵局，股东间的意思自治规则无法发挥作用，股东一方往往寻求司法权的介入解散公司并获得退出，避免利益继续受损。

我国《公司法》第一百八十二条赋予了股东该等救济权利：持有公司全部股东表决权百分之十以上的股东，在公司经营管理发生严重困难，继续存续会使股东利益受到重大损失，通过其他途径不能解决的情况下，可以请求人民法院解散公司。其中，对于何为公司经营管理发生严重困难，最高人民法院通过司法解释罗列了公司无法召开股东（大）会、公司不能作出有效股东（大）会决议，及董事冲突且无法通过股东（大）会解决等几种情形。

实践中，对于上述条款如何理解和适用，存在不同认识。本文将围绕上述法律和司法解释规定，通过分析最高人民法院及地方各高级人民法院近年生效裁判，总结人民法院在审理公司解散案件中对于公司经营管理严重困难的审查方向及考察要点，以期给予律师同行及企业客户在办理同类案件时参考和启示。

一、公司经营管理严重困难的审查方向

《公司法司法解释（二）》第二条所规定的公司无法召开股东（大）会、

---

* 沈嘉伟，广东固法律师事务所律师。

公司不能作出有效股东（大）会决议，及董事冲突且无法通过股东（大）会解决的三种情形，我们一般称之为"公司僵局"。在公司僵局基础上，该条款同时要求"公司经营管理发生严重困难的"方构成公司经营管理严重困难，存在循环定义之嫌，各方对此理解不一。部分观点认为，公司僵局情形系公司经营管理发生严重困难的表现形式，只要发生任一僵局情形，即可认定公司经营管理严重困难；也有观点认为，该等僵局情形系认定公司经营管理严重困难的条件之一，除此以外还需考察公司实际业务经营情况，如是否正常经营等。

实践中，人民法院在审查和认定公司经营管理是否存在严重困难时，主要有以下三种观点。

（一）既考虑公司业务经营情况，又关注公司权力运行情况

在《最高人民法院公报》案例仕×公司诉富×公司解散纠纷案[①]中，最高人民法院指出："公司经营管理严重困难包括两种情况：一是公司权力运行发生严重困难，股东会、董事会等权力机构和管理机构无法正常运行，无法对公司的任何事项作出任何决议，即公司僵局情形；二是公司的业务经营发生严重困难，公司经营不善、严重亏损。如公司仅业务经营发生严重困难，不存在权力运行严重困难的，根据《公司法司法解释（二）》第一条第二款的规定，不符合《公司法》第一百八十三条的解散公司条件。"

换言之，审查公司经营管理严重困难，需要兼顾公司的权力运行和业务经营情况，二者缺一不可。

（二）公司是否处于盈利状态并非判断公司经营管理发生严重困难的必要条件

在最高人民法院于2012年发布的第二批指导性案例林××诉凯×公司解散纠纷案[②]中，江苏省高级人民法院认为："公司经营管理发生严重困难的侧重点在于公司管理方面存有严重内部障碍，如股东会机制失灵、无法就公司的经营管理进行决策等，不应片面理解为公司资金缺乏、严重亏损等经营性困难。"

在董××、东××公司解散纠纷案[③]中，最高人民法院认为："判断公司

---

① （2011）民四终字第××号。
② （2020）苏商终字第××号。
③ （2017）最高法民申××号，《最高人民法院公报》2018年第7期（总第261期）。

的经营管理是否出现严重困难，应当从公司组织机构的运行状态进行综合分析，公司是否处于盈利状态并非判断公司经营管理发生严重困难的必要条件。其侧重点在于公司经营管理是否存在严重的内部障碍，股东会或董事会是否因矛盾激化而处于僵持状态，一方股东是否无法有效参与公司经营管理。"

（三）如公司日常经营正常运行，即使股东会或董事会发生运行困难，也不属于公司经营管理发生严重困难情形

《广西壮族自治区高级人民法院民二庭关于审理公司纠纷案件若干问题的裁判指引》（桂高法民二〔2020〕19号）第十六条【在公司解散纠纷中如何判断公司经营管理发生严重困难】规定"股东请求解散公司的，在认定'公司经营管理发生严重困难'这一要件时，应注意从两个维度判断：……即使股东会或董事会发生运行困难，但执行董事或经理层等仍然能够正常作出经营管理指示，使得公司日常经营实际上也能够正常运行。公司应当同时存在公司内部机构（股东会或董事会）僵局以及日常经营完全瘫痪，方符合'经营管理发生严重困难'的要件……"

综上，笔者认为，人民法院在认定公司经营管理严重困难时，均将公司权力运行情况和公司业务经营情况纳入审查范围，公司仅业务经营困难或仅权力机构运行失灵，均不足以构成公司强制解散条件下的"公司经营管理严重困难"。

二、公司权力机构运行失灵的表现形式和考察要点

《公司法司法解释（二）》第二条规定，公司权力机构运行失灵主要表现为：①公司持续两年以上无法召开股东会或者股东大会；②股东表决时无法达到法定或者公司章程规定的比例，持续两年以上不能做出有效的股东会或者股东大会决议；③公司董事长期冲突，且无法通过股东会或者股东大会解决。

司法实践中，人民法院在考察该等表现形式时，特别关注几个要点，笔者试逐一分析、归纳如下。

（一）股东（大）会"无法召开"原则上应理解为"应召开而不能召开"，不能单纯理解为未召开

在西×公司与兰×公司等公司解散纠纷案①中，最高人民法院认为，西×

---

① （2021）最高法民申××号。

公司章程有"股东会每年召开一次，会议时间 3 月 20 日"的规定，西×公司已近三年未按照章程规定召开股东会，从而确定西×公司的治理结构存在失灵的情形。

此外，最高人民法院在恒×公司与雷×等公司解散纠纷案①中亦持类似意见，认为恒×公司章程规定股东会每年召开一次，但恒×公司未提供证据证明公司召开过股东会，遂认定恒×公司的内部机构已不能正常运转，公司经营管理陷入僵局。

笔者认为，对于股东会或股东大会属于应召开的情形，应根据《公司法》第三十九条进行判断。《公司法》第三十九条规定："股东会会议分为定期会议和临时会议。定期会议应当依照公司章程的规定按时召开。代表十分之一以上表决权的股东，三分之一以上的董事，监事会或者不设监事会的公司的监事提议召开临时会议的，应当召开临时会议。"换言之，公司章程规定的定期会议，以及具备相应提议资格的股东、董事、监事（会）提议召开的临时会议，均属于应召开的股东（大）会。对于不能召开，主要表现为应召开而无人召集，或召集后股东一方或多方拒绝出席导致出席股东未达法律或章程所规定人数，实践中并无太大异议。

值得注意的是，在认定不能召开时，应着重考察不能召开之原因，如股东一方拥有召集股东会的权利，而其在未主动召集股东会情况下，以未召开股东会为由请求法院解散公司，人民法院可能认为股东怠于行使权利，未穷尽救济途径，不支持解散公司请求。在黄×与佳×公司解散纠纷案②中，广东高级人民法院认为，依照《公司法》及佳×公司章程的规定，股东有权提议召开股东会临时会议，黄×并未行使该项权利，不能据此认定股东会决议机制已失灵，无法就公司经营管理进行决策。

（二）在股东一方绝对控制公司情形下，如股东会未召开并不影响公司正常经营，一般不构成公司僵局

在栾×、田×与鲁×公司解散纠纷案③中，最高人民法院认为："由于田×个人的表决权已超过三分之二，即便持股 25% 的股东栾×不参加股东会，或与另一股东田×意见不一致，鲁×公司仍可以召开股东会并形成有效决议。鲁×公司超过两年未召开股东会，并不等于无法召开股东会或股东会议机制

---

① （2021）最高法民申××号。
② （2019）粤民申××号。
③ （2019）最高法民申××号。

失灵，栾×提出公司运行机制失灵并无事实和法律依据。"此外，最高人民法院在赵×、义×公司解散纠纷案①中亦持相同意见。

笔者分析认为，由于公司实行资本多数决，部分股东由于持股比例小（如小于三分之一），无法对决策事项形成实质影响力，公司往往由大股东控制，即使不召开股东会，亦不影响公司按照大股东意志正常经营，在此情形下如认定股东会无法召开构成公司僵局，似有矫枉过正之嫌，不符合公司维持原则。在该等股权架构下，如小股东知情权、利润分配请求权等合法权益受到损害，可循其他诉由和途径解决，并非必须认定公司僵局以解散公司。

现代公司具有人合性和资合性双重特征，当公司人合性特征并不十分强烈时，在审理公司解散纠纷案件中，更应关注股东的资合性目的是否获得实现，如上述栾×、赵×两案中，如公司正常经营、业务良好，即使一方小股东难以行使其在公司的参与决策权，亦不妨碍公司资合性基础，不应落入公司解散条件中"公司僵局"的认定范畴。

（三）在公司具有较为明显的人合性特征情形下，公司合营目的、股东合作基础和信任关系等，系认定公司僵局的核心考量因素

在仕×公司诉富×公司解散纠纷案②中，最高人民法院认为"富×公司治理结构由股东特别约定而实行的严格一致表决机制，使得人合性成为富×公司最为重要的特征。……永×公司和仕×公司因富×公司的厂房租赁交易、公司治理结构安排、专利权许可使用等问题发生了实质分歧，股东之间逐渐丧失了信任和合作基础"，由此认定富×公司权力决策机制长期失灵，属于公司僵局情形。

在百×公司与百×乡村俱乐部公司解散纠纷一案③中，最高人民法院认为"公司的各方股东之间缺乏基本信任，已经完全不能按照合同的约定和章程的规定进行合作……公司经营方式已经完全背离了设立目的，并且合作各方对于公司发展方向意见亦完全冲突，该种情形亦实质损害了公司股东利益"，遂进一步认定发生公司僵局。

在黄×公司、东×公司、信×公司与黄×旅游公司解散纠纷一案④中，黄×公司系东×公司、信×公司与黄×旅游公司共同签订《中外合作经营合

---

① （2019）最高法民申××号。
② （2011）民四终字第××号。
③ （2016）最高法民申××号。
④ （2020）最高法民申××号。

同》设立的经营温泉水资源的中外合作经营企业，具有特定的合作目的。最高人民法院认为："由于东×公司是信×公司的实际控制人，两公司共同委派的董事能有效召开且形成的董事会决议，实际上能够完全排除黄×旅游公司意见。……由此可见董事会虽然可以运行，但是董事会的召开与否和意见形成，完全取决于东×公司和信×公司，实际并未为黄×公司发展而有效运行。且东×公司、信×公司作为黄×公司的大股东，确有滥用其控制地位形成决议，使得股东之间信任基础不再，矛盾激化……可以认定黄×公司经营管理陷入僵局。"

笔者认为，公司作为现代经济社会中的拟人化组织，其人合性体现了绝大多数股东的共同意志和相互关系。当公司人合性超越资合性成为公司主要特征时，如股东组建公司具有特定的经营目的，公司经营须以各方股东合作为基础，或公司发展必须依赖于股东分工和信任等，则在处理该等公司解散纠纷时，须更多考量公司合营目的是否无法实现、股东合作基础是否仍然存在、股东信任关系是否能够修复等人合性因素。如人合性丧失，则可考虑认定发生公司僵局。

（四）"持续两年以上无法作出有效决议"应理解为股东（大）会能够依法召开情形下，因股东分歧、僵持或互不配合，无法对公司治理、经营等重大事项作出有效决议

对于《公司法司法解释（二）》第二条规定中"有效决议"的理解，结合语义，是指该项决议在股东表决时达到法定或者公司章程规定的比例，获得通过。未获通过的表决不属于有效决议，系该规定应有之义。

对于"两年以上"的理解，最高人民法院民事审判第二庭在其编著的《最高人民法院关于公司法司法解释（一）、（二）理解与适用》中认为："无法作出有效决议的状态必须是'持续'的，即在'两年以上'的期间内没有作出任何一项有效的股东（大）会决议，如果期间内……通过了有效的决议，哪怕……是一项不重要的决议，均会使这一期间中断，而不能构成本条司法解释所要求的僵局认定条件。"[①]

显然，如公司在两年以上期间内无法作出有效决议，依此认定僵局，并无异议。但如该观点所言，两年期间内通过了有效的决议，哪怕是一项不重

---

① 最高人民法院民事审判第二庭：《最高人民法院关于公司法司法解释（一）、（二）理解与适用》，人民法院出版社 2015 年版，第 119 – 125 页。

要的决议，均会使这一期间中断，笔者认为过于绝对和严苛，应结合公司实际经营情况具体分析、综合判断。

一般而言，股东僵持的主要原因在于任一股东单方所持表决权比例均无法达到《公司法》或公司章程规定的拟表决事项所要求的比例，其他股东对此存在分歧并互不配合。常见如对于须经过半数或以上同意方可通过的一般经营事项，由于双方股东各持 50% 股权，互相不配合导致无法作出有效决议，或对于须经三分之二或以上同意方可通过的重大事项，任一方股东单独无法表决通过，且不能联合其他股东表决通过，导致无法作出有效决议。

因此，对于在公司章程规定范围外的，可由管理层直接决定但其基于忠实勤勉义务或其他审慎原因提交股东（大）会审议的一般经营事项，即使股东（大）会通过该决议，亦不宜认定为公司僵局条件下的"有效决议"。

在龙×公司与博×公司解散纠纷案①中，龙×公司主张，龙×公司于 2016 年 1 月 15 日召开股东会对陈×的违法经营问题作出决议，至本案诉讼时尚未满两年，龙×公司不符合法定解散条件。但最高人民法院指出："未召开股东会持续时间不足两年并非阻碍判定公司解散的绝对条件……即使 2016 年 1 月 15 日龙×公司召开股东会且作出了股东会决议，亦不能得出龙×公司尚未陷入公司僵局的结论。"

在泰×公司与涟×集团公司解散纠纷一案②中，泰×公司的两方股东因水渣供应问题产生了严重分歧，致使公司生产经营受到影响，泰×公司始终无法通过董事会就水渣供应价格、数量等影响公司正常生产经营的问题进行商议并形成有效处理决议，公司正常生产经营受到严重影响的状态一直无法得以改善。最高人民法院认为"虽然泰×公司于 2015 年 12 月、2018 年 9 月召开了两次董事会，但仅就公司董事调整形成了决议，并未涉及公司治理等重大问题"，遂认定泰×公司实际已形成公司经营管理发生严重困难的局面。

在珠江内×公司诉三水三×公司解散纠纷案件③中，三×公司系股东为经营港口而组建设立，因主管部门注销其码头登记证书而歇业。就公司业务转型或解散等重大方向性问题，股东无法达成一致意见而搁置，为减少公司损失，三×公司最高权力机构董事会就裁减员工、减少办公成本支出等非主业经营性事务作出决议，并不构成"两年以上"期间的中断而影响相关认定。理由在于，公司经营困难一直在持续，并不因该等自我救济措施的作出

---

① （2018）最高法民申 2×× 号。
② （2021）最高法民申 16×× 号。
③ （2019）粤 06 民初 1×× 号。

而有所改善，各方股东仍未就如何实质改善该等困难达成一致。

（五）"公司董事长期冲突"的表现形式可参考股东会无法召开或无法形成有效决议进行判断

在仕×公司诉富×公司解散纠纷案①中，最高人民法院认为："富×公司董事会是公司最高权力机构，……富×公司董事会不仅长期处于无法召开的状态，而且……也因为双方股东存在重大分歧而无法按照章程规定的表决权比例要求形成董事会决议。富×公司权力决策机制长期失灵，无法运行长达七年时间，属于《公司法司法解释（二）》第一款第（一）、（二）项规定的经营管理严重困难的公司僵局情形。"

笔者认为，一般而言，董事由股东委派或股东提名后选举产生，往往代表股东意志，董事长期冲突又无法通过股东层面解决，则意味着股东之间亦存在冲突。因此，对于以董事会为最高权力机构的中外合资、合作企业等企业，如何判断董事长期冲突，可参照《公司法司法解释（二）》第二条前两款关于股东会无法召开或无法形成有效决议之规定。

三、公司业务经营困难的表现形式和考察要点

我国法律和司法解释并未对业务经营困难的情形有明确规定。如前文所述，公司盈利与否并非认定公司解散条件下"公司经营管理严重困难"的必要条件，因此，基于商业风险导致的短期的经营不善、业绩不佳，不在司法机关考察的范围内。根据目前司法实践，在认定公司业务经营困难层面，人民法院主要关注公司生产经营现状，是否仍然具备经营资质、资金、场所等生产经营要素，公司停产时间、原因及是否仍有复产希望等因素。

（一）经营违法、经营场所丧失

在基尼斯·乔×与澳×公司解散纠纷一案②中，最高人民法院认为："澳×公司于2014年9月28日停止生产……且该公司因经营异常被列入严重违法企业名单。澳×公司因拖欠租金，已被判决解除租赁合同，生产经营场所已经丧失。上述情形均导致澳×公司的业务无法正常开展……公司经营发生严重困难。"

---

① （2011）民四终字第2×号。
② （2020）最高法民申6×××号。

在安×新里程公司于安×集团公司解散纠纷一案[1]中，河南省高级人民法院认为："安×新里程公司未实际运营，且注册场所已不存在。……安×新里程公司的注册地址安×总医院 CT 楼已于 2019 年 8 月拆除，安×新里程公司已无办公场所。……因此，安×新里程公司已陷入公司僵局。"

（二）经营资金严重不足

在金×资产公司与宏×集团公司解散纠纷一案[2]中，最高人民法院认为，宏×集团公司利用对金×资产公司的控制地位，擅自将注册资本和经营资金单方改变用途作为贷款外借给其关联公司且长期无法收回，导致金×资产公司批量收购、处置不良资产的主营业务无法正常开展，公司经营发生严重困难。

新×物流公司与宏×公司等公司解散纠纷一案[3]中，江苏省淮安市中级人民法院认为："新×物流公司注册资本 6 亿元，持有公司 70% 股权的股东×浙江公司出资严重不足且已进入破产清算程序，继续缴纳 4 亿多元的出资并经营已无可能性，新×物流公司运营资本严重不足……其经营管理发生严重困难。"

（三）资质缺失

在煤×张台公司与能×张台公司解散纠纷一案[4]中，山西省高级人民法院认为，能×张台公司的设立目的××路的项目，拟建项目在核准文件有效期内未开工建设，也未申请延期，核准文件已自动失效，故能×张台公司的设立目的客观上已无法实现。

在珠江内×公司诉三水三×公司解散纠纷案件[5]中，佛山市中级人民法院认为"佛山海关已注销三×公司的码头登记证书，其已无法开展公司经营范围中最主要的水路货物装卸、仓储、拆装箱业务"，最终认定三×公司经营已出现严重困难。

---

[1]　（2021）豫民终 6××号。
[2]　（2019）最高法民申 14××号。
[3]　（2022）苏 08 民终 3××号。
[4]　（2020）晋民终 8××号。
[5]　（2019）粤 06 民初 1××号。

（四）营业期限届满且不能续期

在科×公司与上海财×公司解散纠纷一案①中，上海市第二中级人民法院认为："各股东对于公司章程中营业期限约定为二十年的意思表示真实明确。……上海财×公司亦明确表示不同意延长科×公司营业期限……科×公司在客观上已不具备延长营业期限继续合法经营的可能性。综上，因科×公司营业期限已经届满，股东间存在巨大分歧，公司经营、管理已发生严重困难。"

（五）长期停业、未实际经营且复产无望

文×公司与西安阿×公司解散纠纷一案②中，陕西省高级人民法院认为，西安阿×公司自2007年以来未召开过董事会会议，也未形成任何董事会决议，且近五年没有经营收入，也未对外开展任何业务，西安阿×公司事实上处于歇业状态，符合公司经营管理发生严重困难的情形。

但对于部分能够通过其他途径有效解决经营困局、复工复产的公司，人民法院原则上倾向于维持公司存续。如在隆×公司与灵×船厂公司解散纠纷一案③中，广东省高级人民法院认为"灵×船厂公司经审计尚有一个多亿资产在册，其股东裕×公司表示只要资金被解封即可逐步恢复生产，灵×船厂公司恢复生产亦符合股东利益"，不足以证明灵×船厂公司继续存续会使隆×公司的股东利益受到重大损失。

结　语

根据我国司法实践，在公司解散纠纷中，公司经营管理严重困难的认定主要包含内部权力机构运行和对外业务经营两个层面。

就内部权力机构运行而言，既要看股东会或董事会等权力机构形式上的运行状态，包括但不限于能否召开会议、表决是否符合法定或约定比例、能否形成有效决议等，还要关注和判断权力机构决议的内容，是否关切公司治理事项或有利于实质解决公司目前的经营问题。就对外业务经营而言，则要考察公司对外开展业务的目前状态、是否存在客观困难或障碍及是否存在改

---

① （2020）沪02民终78××号。
② （2020）陕民终3××号。
③ （2018）粤民申70××号。

善的机会等。

　　尽管存在以上审查要点，但实践中各公司情况千差万别，难以以绝对、统一尺度进行衡量。基于公司维持原则，人民法院将公司强制解散视为例外，在判令公司解散的案件中，人民法院会审视全局，结合多方面因素进行综合性分析。一般而言，除考察公司经营管理情况、公司组织机构运行状况等方面外，人民法院还会结合实际，从各股东是否还有合作基础，股东间的人合性、信任关系是否仍然存在，公司是否可能恢复经营等公司长远发展角度予以考虑。

有限责任公司解散清算与破产清算竞合时清算义务人的清算赔偿责任研究

——兼论《九民纪要》及清算义务人、清算人、配合清算义务人责任

郭艳东[*]

引　言

有限责任公司出现法定解散事由之后，其清算义务人负有组成清算组依公司法组织清算之义务；当公司出现法定破产事由后，公司自身或债权人皆可以向法院申请其进行破产清算，而司法实践中"僵尸企业"众多，"当破而不破"，逃废债务现象屡见不鲜。此时解散清算与破产清算出现竞合现象，清算义务人的法律责任之承担就面临现实困境。在 2019 年《九民纪要》发布之后，这一竞合现象开始被理清，但《公司法》与《企业破产法》也面临分割之象，有些有明显的法律逻辑错误，有些有法律适用的违法乱象。本文旨在司法实践的基础上，理清清算义务人法律责任的竞合现象，兼就辨明及厘定《九民纪要》的部分内容及清算义务人、清算人、配合清算义务人等，以有助于对这一问题的理解，甚至纠正。

一、关于公司清算义务人清算赔偿责任法律的演变与司法践行 [①]

根据我国《公司法》第一百八十条、第一百八十三条和《公司法司法解释（二）》第十八条之规定，有限责任公司出现解散事由后，有限责任公司的股东应当在解散事由出现之日起十五日内依法组成清算组对该公司进行自行清算，有限责任公司的清算组由股东组成。如若逾期不成立清算组进行清

＊　郭艳东，广东格士律师事务所律师。

① 本文仅探讨有限责任公司的问题，暂不讨论股份有限公司及其他形式的商事主体的法律责任。

算的，债权人可以申请人民法院指定有关人员组成清算组进行清算。人民法院应当受理该申请，并及时组织清算组进行清算。据此可知，有限责任公司解散清算的视域下，所谓清算义务人是公司的股东（所有股东，无例外），其负有依法组成清算组、对公司进行清算、保管公司账册等义务。而如若清算义务人拒不履行清算义务，或怠于履行清算义务，导致公司主要财产、账册、会计账簿及其他重要文件丢失无法清算的，或者导致债权人损失的，清算义务人依法应当承担相应法律责任，即司法实践中通常所说的"清算赔偿责任"，相关诉讼即为"清算赔偿诉讼"或称"股东损害公司债权人利益责任纠纷案"，前者（指拒不履行清算的行为方式）的行为方式为有作为，即不当为而为之，后者（指怠于履行清算的行为方式）的行为方式则为不作为，即当为而不为。可以说，随着我国《公司法》及其相关司法解释等的不断修订及十余年的司法实践，我国公司法领域已逐步形成了体系完备、法律严密的"有限责任公司→解散事由→清算义务人（股东）→清算义务→清算责任→怠于履行→清算赔偿责任"一体模式与流程，通过全国各地法院、审判人员、律师等法律工作者的共同努力，几已成熟，对维护社会主义市场经济秩序、净化社会营商环境及市场风气、防止逃废债务、建立社会主义市场经济诚信体系等具有深远的推动意义及进步价值。详见图8-1：

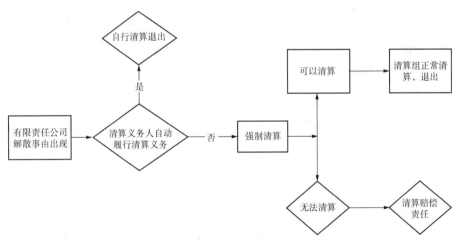

图8-1　解散清算事由出现后流程图解

然而，本文要探讨的是，在破产清算程序终结后，如若作为破产法人的有限责任公司被破产法院裁定因无法清算而终结破产清算程序后，破产管理人是否可以或当管理人怠于提起破产衍生诉讼时债权人是否可以代为继续适用我国《公司法》及《公司法司法解释（二）》追究清算义务人的法律责任呢？而这又与《最高人民法院关于债权人对人员下落不明或者财产状况不清的债务人申请破产清算案件如何处理的批复》（法释〔2008〕10号，以下简称《最高法破产清算批复》）中所涉及的"有关人员"的法律责任相互之间存在什么关系？两者相矛盾吗？这些都是司法实务中值得探讨的法律疑难问题，有必要撰文对该一应问题抽丝剥茧，谨以明确各自的法律责任及适用范畴，进而进行法律适用，统一司法裁判尺度，遵守法制之治，防止价值判断预定司法立场，侵害债权人的合法权益。我们欲清晰阐述这一应问题，需先行对前述法律法规规定涉及的清算义务人、清算人、配合清算义务人等概念进行清晰厘定与详细辨析，下文将进行详述。

二、清算义务人、清算人、配合清算义务人的界定

（一）清算义务人的实证考察

1. 清算义务人的概念与范围

最高人民法院刘敏法官曾撰文指出，"清算义务人，是指基于其与公司之间存在的特定法律关系而在公司解散时对公司负有依法组织清算义务，并在公司未及时清算给相关权利人造成损失时依法承担相应责任的民事主体"[1]。中国人民大学法学院教授、北京市破产法学会会长王欣新对清算义务人的概念进行了列举、细化，将"负有依法组织清算义务"细化为"负有在法定期限内启动清算程序、成立清算组织的义务"。[2] 本文认为，概念具有统领性、概括性之重要特征，如若列举、细化，反而容易造成概念外延的限缩，不利于概念的整体描述与提纲挈领。因此，本文赞同最高人民法院刘敏法官的观点。事实上，最高人民法院民事审判第二庭在《最高人民法院关于公司法司法解释（一）、（二）理解与适用》中，对此也予以了肯定。[3]

清算义务人的概念主要是针对在我国当前司法实践中，作为债务人的公司出现法定解散事由后，不依法组成清算组、不依法及时进行清算，严重损害债权人利益的现状提出的。在我国立法中，《民法总则》第七十条第二款明确规定"法人的董事、理事等执行机构或者决策机构的成员为'清算义务

---

① 刘敏：《公司解散清算制度》，北京大学出版社2010年版，第229页。

② 王欣新：《论清算义务人的义务及其与破产程序的关系》，载《法学杂志》2019年第12期，第24页。

③ 最高人民法院民事审判第二庭：《最高人民法院关于公司法司法解释（一）、（二）理解与适用》，人民法院出版社2015年版，第397页。

人'；法律、行政法规另有规定的，依照其规定"。现为我国《民法典》第
七十条所规定并明确。而我国《公司法》及《公司法司法解释》从未使用
"清算义务人"这一明确的法律表述，《公司法》中甚至缺失对清算义务人
范围及其法律责任的规定。2008 年 5 月 29 日开始实施的《公司法司法解释
(二)》第十八条规定："有限责任公司股东、股份有限公司的董事和控股股
东未在法定期限内成立清算组开始清算，导致公司财产贬值、流失、毁损或
者灭失，债权人主张其在造成损失范围内对公司债务承担赔偿责任的，人民
法院应依法予以支持。有限责任公司的股东、股份有限公司的董事和控股股
东因怠于履行义务，导致公司主要财产、账册、重要文件等灭失，无法进行
清算，债权人主张其对公司债务承担连带清偿责任的，人民法院应依法予以
支持。"至此，我国公司法领域的清算义务人及其范围才逐渐清晰、明确，
即有限责任公司的清算义务人系公司全部股东，无一例外。

2. 清算义务人的清算义务

我国《公司法司法解释（二）》规定"清算义务人的义务是在法定期限
内成立清算组开始清算"，换言之，清算义务人的义务是及时组织清算，故
又有人称之为公司清算的组织主体。需要明确的是，清算义务人与清算人是
指两个不同的法律概念。清算人是指在清算中具体进行清算事务的主体。当
然，清算义务人在直接担任清算人进行清算时，虽然在具体民事主体上是存
在竞合之情形的，但仍需明确区分该两个法律概念，不可混淆。

有学者提出，清算义务人的清算义务不仅包括"在法定期限内成立清算
组开始清算"，还包括负责公司具体清算工作。也有学者提出，清算义务人
的清算义务主要表现为组织清算组，担任清算组成员，启动清算程序，并竭
尽全力对清算组的清算工作履行必要的协助义务。[①] 这些论述均混淆了清算
义务人与清算人的概念与内涵，有失妥当。本文赞同王欣新教授的论述。

还有学者主张清算义务人的清算义务还包括妥善保管法人财产、账册、
重要文件等，或提供财务会计报告和会计账簿、原始凭证、公司财产清单等
内容。[②] 本文认为此论述实际混淆了清算义务人与清算程序中负有全面配合
和协助义务的公司有关人员即配合清算义务人两者的概念与内涵。

据此可知，清算义务人的清算义务，重在突出其成立清算组、组织进行
清算之要求与应然状态。质言之，清算义务人的清算义务是在解散清算中负

---

①　刘俊海：《现代公司法》，法律出版社 2015 年版，第 1156 页。
②　张新宝：《〈中华人民共和国民法总则〉释义》，人民大学出版社 2017 年版，第 134 页。

责启动清算程序、组织清算和产生清算人。① 实践中必须明确清算义务人、清算人、配合清算义务人三者之间的边界与迥异，唯此，方不致模糊与混乱。

（二）配合清算义务人的实然分析

如上，我们理清了清算义务人的概念与范围，确定了其义务内容后，则"配合清算义务人"的概念、范围及其义务内容，就容易界定了。根据我国《企业破产法》及其司法解释、上文引述的《最高院破产清算批复》，结合2019年11月14日最高人民法院发布的《九民纪要》之内容，配合清算义务人系指破产清算程序中，债务人的法定代表人、财务管理人员和其他经营管理人员。对此，学界与实务界均已无疑义。

配合清算义务人的义务系指履行《企业破产法》第十五条规定的配合清算义务。我国《企业破产法》第十五条规定："自人民法院受理破产申请的裁定送达债务人之日起至破产程序终结之日，债务人的有关人员承担下列义务：（一）妥善保管其占有和管理的财产、印章和账簿、文书等资料；（二）根据人民法院、管理人的要求进行工作，并如实回答询问；（三）列席债权人会议并如实回答债权人的询问；（四）未经人民法院许可，不得离开住所地；（五）不得新任其他企业的董事、监事、高级管理人员。"由此可见，妥善保管义务、协助与配合义务属于配合清算义务人的义务内容，同时该义务系发生于公司破产清算程序中。据此，我们可以清晰知晓清算义务人与配合清算义务人的义务内容之迥异，将清算义务人的义务增加协助、配合、保管等内容实属不妥，具有混淆清算义务人与配合清算义务人的义务内容之嫌，不足取。

为便于区别，详见表8-1（前提为有限责任公司）：

表8-1　清算关联人员列表

名称	所属阶段	人员	义务	法律责任
清算义务人	解散清算	股东	组织清算义务	赔偿责任、连带清偿责任
清算人	解散清算	股东/其他清算组成人员（如会计师等）	依法清算义务	民事、行政、刑事责任
配合清算义务人	破产清算	法定代表人、财务管理人员、其他经营管理人员	保管、协助、配合清算义务	罚款、拘留、限制出入境、损害赔偿责任

① 刘敏：《实践中的商法》，北京大学出版社2011年版，第439页。

三、破产清算程序中清算义务人之清算赔偿责任承担

破产清算程序中主要涉及管理人、配合清算义务人的问题，而属于解散清算程序中的清算义务人并不适用于破产清算程序。据此，破产法院/审判庭因债务人公司无法清算裁定终结破产清算程序后，破产管理人/债权人根据我国《最高院破产清算批复》及《九民纪要》，依法以"其行为导致无法清算或者造成损失"为由提起诉讼追究法律责任，系指债务人的有关人员不配合清算的行为导致债务人财产状况不明，或者依法负有清算责任的人（笔者注：清算义务人）未依照《企业破产法》第七条第三款的规定及时履行破产申请义务，导致债务人主要财产、账册、重要文件等灭失，致使管理人无法执行清算职务，给债权人利益造成损害。对此，笔者认为，对《九民纪要》这一解读是错误的。上下文的主体一直均是"配合清算义务人"，突然出现"清算义务人"的概念，令人费解。而这也恰恰反映了，无论我们如何去释法读法，均无法回避司法实践中存在解散清算与破产清算竞合之情形，此时原属解散清算程序中的清算义务人便有了存在的意义与现实价值。虽然从以上法律规定及会议纪要可以看出最高人民法院有意区分了解散清算与破产清算，前者适用于《公司法》及《公司法司法解释（二）》中清算义务人的清算赔偿责任；后者则适用于《企业破产法》及《最高院破产清算批复》中配合清算义务人的罚款、拘留、限制出入境的相应法律责任。但无论如何，在公司出现解散事由后，同时符合《企业破产法》第七条第三款之规定时，实际出现了解散清算与破产清算的法律竞合情形，此时如果坚持认为必须适用《企业破产法》《最高院破产清算批复》《九民纪要》（该会议纪要甚至不是司法解释，法院声明不得引据适用）则存在着严重的逻辑错误，法律也不具有自洽性。笔者认为，在公司出现解散清算与破产清算竞合时，如笔者参与尽调过的广州农×银行申请执行的广州天河×星发展有限公司案，该债务人公司于2003年出现解散事由（吊销）至今仍属吊销未注销状态，根据工商内档显示，其早已资不抵债，也明显缺乏清偿能力，但其清算义务人张×带、蔡×华至截稿之日仍拒不履行清算义务[1]，同时也拒不履行申请破产清算义务，此种竞合情况下，如果仍然坚持以上逻辑及法律适用，恐怕也

---

[1]　《中华人民共和国企业破产法》第七条第三款：企业法人已解散但未清算或者未清算完毕，资产不足以清偿债务的，依法负有清算责任的人应当向人民法院申请破产清算。

不能够逻辑自洽、法治统一。笔者认为，此种情形应该允许适用我国《公司法》及《公司法司法解释（二）》追究清算义务人之法律责任。申言之，即使不存在竞合时，作为清算义务人拒不履行清算义务，视《公司法》及其司法解释于无物，坐等破产清算甚至拒不申请破产清算，债权人又却无可奈何，此种情形，难道是我们立法者、司法者愿意看到的情形？

综上所述，笔者认为，继续强化解散清算程序中清算义务人的法律责任，同时强化企业破产清算程序中配合清算义务人的法律责任，在出现解散清算与破产清算竞合时，应当允许交叉情形下的《公司法》及《公司法司法解释（二)》之清算义务人的法律责任追究。如若坚持分离解散清算与破产清算，坚持《公司法》与《企业破产法》的并行割裂，是不符合逻辑自洽与法律统一的。退一步而言，我国《公司法》与《企业破产法》是我国社会主义特色法律体系中不可分割的组成部分，任何忽略甚至割裂逻辑自洽与法律统一的解释与解读都是苍白的，也是经不起司法实践检验的。毕竟，实践是检验真理的唯一标准，何况不论其实践检验的问题，单就其本身是否逻辑自洽就值得怀疑。

结　语

总而言之，无论是《公司法》之修改，抑或《企业破产法》之完善，既需要兼顾债权人与债务人及有关人员利益平衡之思考，还需要固守法律逻辑及法律体系间的适用衔接。否则，必然损害债权人或债务人及有关人员的合法权益，也不符合法律的目的，还可能让几十年来形成的法律论证体系及公司法严密法网顷刻间崩塌，这带来的伤害是致命的，长远来看，也是社会主义法律体系建设长河中必将招致修正的内容。

有限公司股东未尽清算相关义务
赔偿责任辨析

华青春[*]

引　言

公司因经营困难、期限届满、股东转行人去楼空、弃之不用的情形，时有发生。此种情形之下，公司债权人启动诉讼要求公司股东承担责任，甚至在申请公司破产、终结破产程序后，仍向股东追责，相关司法案例时有出现，股东有限责任原则时有被突破，尤其连带赔偿责任的压力，让小股东们始料不及，甚至陷入倾家荡产的境地。如以下案例（下文统称"引述案例"）：

自然人 A 为有限公司 B 的股东，占公司股份的 20%，但不参与公司管理，营业期限届满时 B 公司未清算。应债权人 C 申请，2018 年 7 月，B 公司被法院宣告破产并终止破产程序，告知债权人另行起诉，追究 B 公司的清算义务人的民事责任。当年底，债权人 C 将 B 公司包含 A 在内的小股东告上法庭，要求小股东对未清偿的债务承担连带赔偿责任。2019 年 12 月底，债权人突然撤回起诉。2021 年 4 月，B 公司的破产管理人将 B 公司的股东全部告上法庭，要求股东对 B 公司未清偿的债务承担连带清偿责任。法院认为，全体被告滥用公司法人独立地位和股东有限责任，营业期限届满而全体股东怠于履行清算义务，全体股东未及时申请 B 公司破产清算，致使公司主要财产、账册、重要文件等灭失，无法查明财产状况，导致管理人无法清算，给债权人造成损害，遂判决支持原告的诉求。

尽管引述案例法院支持了破产管理人的诉讼请求，但裁判理由和裁判结果仍然存在值得商榷和讨论的空间。无论如何，引述案例无疑具有警示意义，在公司清算的多个环节，有限公司小股东都可能面临"秋后算帐"法律风险。无论是在公司出现解散事由而未及时履行清算义务，还是在强制清算、破产清算中因无账册或账册不全无法清算，债权人或管理人均有可能发

* 华青春，北京策略（广州）律师事务所律师、合伙人。

起诉讼，要求股东个人就公司未能清偿的债务承担赔偿责任。在此种情形下，股东不再受股东有限责任和法人独立人格的保护，公司股东沦为类似合伙人的地位，这与股东投资设厂的初衷相背离，股东甚至遭受灭顶之灾。本文结合引述案例，对有限公司小股东未尽清算相关义务所要承担的赔偿责任加以辨析。

一、解散清算的赔偿责任

（一）《公司法》规定的股东清算义务

《公司法》第一百八十条列举了公司出现解散的五种情形①，第一百八十三条前段规定："公司因本法第一百八十条第（一）项、第（二）项、第（四）项、第（五）项规定而解散的，应当在解散事由出现之日起十五日内成立清算组，开始清算。有限责任公司的清算组由股东组成，股份有限公司的清算组由董事或者股东大会确定的人员组成。"引述案例中，两次诉讼均指向公司股东在公司营业期限届满的解散事由出现时，未及时成立清算组开始清算，对公司债权人造成了损害。该种清算即为解散清算，或称自行清算，由股东主导清算，有别于法院强制清算、破产清算。

（二）财产损害赔偿责任

《公司法司法解释（二）》第十八条第一款规定："有限责任公司的股东、股份有限公司的董事和控股股东未在法定期限内成立清算组开始清算，导致公司财产贬值、流失、毁损或者灭失，债权人主张其在造成损失范围内对公司债务承担赔偿责任的，人民法院应依法予以支持。"《公司法司法解释（二）》第十八条第一款是针对财产的流失或灭失，确立了股东消极不作为而产生的财产损害赔偿责任，简称为财产损害赔偿责任，以别于第二款的证据灭失损害赔偿责任。

可能引起争议的是，对于不在公司任职的小股东，是否仍与控股股东一并对迟延清算所造成公司财产损失向债权人承担赔偿责任？作为损害赔偿责任，其性质属于侵权责任，应以迟延清算与损害结果之间具有因果关系为成

---

① 《公司法》第一百八十条　公司因下列原因解散：（一）公司章程规定的营业期限届满或者公司章程规定的其他解散事由出现；（二）股东会或者股东大会决议解散；（三）因公司合并或者分立需要解散；（四）依法被吊销营业执照、责令关闭或者被撤销；（五）人民法院依照本法第一百八十二条的规定予以解散。

立要件。尽管 2019 年发布的《九民纪要》亦未提及，但根据《九民纪要》第十四条和第十五条制定的背景，以及对最高人民法院指导案例 9 号案不再适用的态度变化上，说明《九民纪要》第（五）节"有限责任公司清算义务人的责任"及对小股东的倾向性意见同样适用于《公司法司法解释（二）》第十八条第一款的股东怠于履行清算义务所导致的财产损害赔偿责任情形。① 最高人民法院 2012 年发布的指导案例 9 号案②：上海存××贸易有限公司诉蒋××、王××等买卖合同纠纷案。该案例引起争议的表述部分为：有限公司的全体股东在法律上应一体成为公司的清算义务人。公司法及其相关司法解释并未规定小股东的例外条款，故无论所占股份为多少，是否实际参与了公司的经营管理，在公司被吊销营业执照后，都有义务在法定期限内依法对公司进行清算。

（三）证据灭失损害赔偿责任

实践中，当以《公司法司法解释（二）》第十八条第二款规定的"怠于履行清算义务"争议为最，一定程度上喻其为"职业债权人的盛宴"和"小股东的噩梦"亦不为过。该款规定："有限责任公司的股东、股份有限公司的董事和控股股东因怠于履行义务，导致公司主要财产、账册、重要文件等灭失，无法进行清算，债权人主张其对公司债务承担连带清偿责任的，人民法院应依法予以支持。"债权人只要获得公司主要财产、账册、重要文件等灭失的司法认定，则可以追究全体股东对公司债务承担连带清偿责任。表面上前述第二款的规定是为解散清算环节而设，但股东即使未组织清算，债权人也很难获得财产、账册、重要文件等灭失的证据，因此，第二款主要是为强制清算和破产清算中，因证据灭失而导致无法清算时，追究股东个人责任而设。尤其是第二款对股份大小、是否任职、是否参与等情形不加区分，导致小股东遭遇连带赔偿责任，引发对责任合理性的质疑。

此种偏颇和失衡现象，通过《九民纪要》得以矫正。《九民纪要》在"关于有限责任公司清算义务人的责任"中，将公司股东的清算责任明确界

---

① 最高人民法院民事审判第二庭：《〈全国法院民商事审判工作会议纪要〉理解与适用》，人民法院出版社 2019 年版，第 172 页；贺荣：《民法典总则编条文理解与司法适用》，法律出版社 2020 年版，第 129 页。

② 上海市松江区人民法院（2009）松民二（商）初字第 10××号民事判决书/上海市第一中级人民法院（2010）沪一中民四（商）终字第 13××号民事判决书。

定为侵权责任，且在第十四条中明确了"怠于履行清算义务"的认定①，在第十五条中确认了股东的因果关系抗辩②。无论是《九民纪要》第十四条对股东采取积极措施的豁免、对非董监高和非管理层身份的豁免，还是第十五条消极不作为与灭失后果之间不具有因果关系的豁免，笔者将其概括为广义上的因果关系要件，以此对债权人构成一定的制约，对股东有限责任制度给予基本的维护。

需要特别注意的，人数较少的有限公司，小股东多担任监事或登记为监事，尽管监事非公司的决策机构和执行机构，甚至在公司运营中，亦不实际行使监事职权，仅为满足公司登记需要，《九民纪要》将监事列为承担责任的主体的情形，容易为小股东所忽视，因此，对小股东而言，监事的身份未必是一种荣耀，反而可能会带来灾难。

引述案例中，债权人曾提起诉讼，以 B 公司小股东怠于履行清算义务为由，引用《公司法司法解释（二）》第十八条第二款的规定，要求小股东承担连带责任，但此后自动撤回起诉，应是与诉讼期间适逢《九民纪要》发布且其请求权基础为《九民纪要》所否定有关。

二、强制清算损害赔偿责任

公司出现解散事由十五日内，公司股东应成立清算组开始清算。《公司法》第一百八十三条后段规定："逾期不成立清算组进行清算的，债权人可以申请人民法院指定有关人员组成清算组进行清算。人民法院应当受理该申请，并及时组织清算组进行清算。"这是由股东自行清算转为强制清算的规定。当股东的自行清算转为人民法院强制清算，发现公司主要财产、账册、重要文件等灭失，或者公司人员下落不明的情形时，根据《最高人民法院关于审理公司强制清算案件工作座谈会纪要》（法发〔2009〕52 号）（以下简称《强制清算纪要》）第二十九条的规定，清算法院将以无法清算为由终结

---

① 《九民纪要》第十四条　【怠于履行清算义务的认定】公司法司法解释（二）第十八条第二款规定的"怠于履行义务"，是指有限责任公司的股东在法定清算事由出现后，在能够履行清算义务的情况下，故意拖延、拒绝履行清算义务，或者因过失导致无法进行清算的消极行为。股东举证证明其已经为履行清算义务采取了积极措施，或者小股东举证证明其既不是公司董事会或者监事会成员，也没有选派人员担任该机关成员，且从未参与公司经营管理，以不构成"怠于履行义务"为由，主张其不应当对公司债务承担连带清偿责任的，人民法院依法予以支持。

② 《九民纪要》第十五条　【因果关系抗辩】有限责任公司的股东举证证明其"怠于履行义务"的消极不作为与"公司主要财产、账册、重要文件等灭失，无法进行清算"的结果之间没有因果关系，主张其不应对公司债务承担连带清偿责任的，人民法院依法予以支持。

强制清算程序，并告知债权人可另行依据《公司法司法解释（二）》第十八条的规定，要求公司股东、董事、实际控制人等清算义务人对其债务承担偿还责任。

需要说明的是，在强制清算中，股东并非清算义务人，其承担的责任并非在强制清算中未尽清算义务，而是指公司出现解散事由时，股东怠于履行清算义务，导致公司主要财产、账册、重要文件等的灭失，损害了债权人的利益，构成损害赔偿。责任的性质，还是属于《公司法司法解释（二）》第十八条规定的股东怠于履行解散清算义务的赔偿责任。

根据《九民纪要》第十四条和第十五条的规定，凡是适用《公司法司法解释（二）》第十八条第二款而追究公司股东怠于履行清算义务的连带赔偿责任，均应根据《九民纪要》第十四条和第十五条确立的广义上的因果关系要件赋予被告的抗辩权，对债权人的诉讼进行"过滤"。

三、怠于申请破产清算的损害赔偿责任

引述案例中，尽管破产清算程序已经终结，但管理人发起诉讼，并获得法院支持，判决理由之一便是认为 B 公司的股东未及时申请破产清算，导致破产清算无法进行，损害了债权人利益，应一体承担连带赔偿责任。因此，有必要对该种赔偿责任进行梳理。

（一）责任出处

《企业破产法》第七条第三款规定："企业法人已解散但未清算或者未清算完毕，资产不足以清偿债务的，依法负有清算责任的人应当向人民法院申请破产清算。"股东未申请破产清算，本身并不构成赔偿责任，但如果破产清算由债权人提起，且出现债务人下落不明、财产状况不清等导致无法清算的事由时，则公司股东作为负有清算责任的人而可能承担赔偿责任。对此，《最高人民法院关于债权人对人员下落不明或者财产状况不清的债务人申请破产清算案件如何处理的批复》（法释〔2008〕10 号）（以下简称《批复》）第三款规定："债务人的有关人员不履行法定义务，人民法院可依据有关法律规定追究其相应法律责任；其行为导致无法清算或者造成损失，有关权利人起诉请求其承担相应民事责任的，人民法院应依法予以支持。"司法实践中，存在适用《公司法司法解释（二）》第十八条第二款的规定，人民法院判决全体股东承担赔偿责任的案例，如温州市中级人民法院作出的（2017）浙 03 民终××号民事判决书、杭州市中级人民法院作出的（2019）

浙 01 民终××号民事判决书、重庆市南岸区人民法院作出（2018）渝 0108 民初××号民事判决书。

为统一裁判尺度，《九民纪要》第一百一十八条对上述《批复》第三款的适用给予具体的解释，其中第四款规定："上述批复第三款规定的'其行为导致无法清算或者造成损失'，系指债务人的有关人员不配合清算的行为导致债务人财产状况不明，或者依法负有清算责任的人未依照《企业破产法》第七条第三款的规定及时履行破产申请义务，导致债务人主要财产、账册、重要文件等灭失，致使管理人无法执行清算职务，给债权人利益造成损害。'有关权利人起诉请求其承担相应民事责任'，系指管理人请求上述主体承担相应损害赔偿责任并将因此获得的赔偿归入债务人财产。管理人未主张上述赔偿，个别债权人可以代表全体债权人提起上述诉讼。"因此，《批复》第三款中的"其行为导致无法清算或者造成损失"，应区分两种情形，情形之一是依法负有清算责任的人未依照《企业破产法》第七条第三款的规定及时履行破产申请义务，导致债务人主要财产、账册、重要文件等灭失，致使管理人无法执行清算职务，给债权人利益造成损害的行为。情形之二是债务人的有关人员不配合清算的行为导致债务人财产状况不明。在程序上，《九民纪要》首次让破产管理人获得原告资格，在破产清算中以自己的名义提起诉讼，但在引述案例中，破产清算程序已经终结多年，由管理人而非债权人提起诉讼，引致被告质疑其主体是否适格。

（二）责任性质

无论是公司解散的强制清算无法进行，还是破产清算无法进行，均是在清算过程中，发现公司主要财务、账册、重要文件灭失等情形，损害了债权人的利益，两者具有相似性，但两者在法律渊源、制度框架、具体操作等方面具有重大差异。对于公司解散强制清算无法进行的，按《强制清算纪要》第二十九条的规定，适用《公司法司法解释（二）》第十八条的规定，追究清算义务人怠于履行解散清算义务的损害赔偿责任；而对于破产清算无法进行的，应依照《企业破产法》、《批复》和《九民纪要》第一百一十八条的规定处理，且《九民纪要》第一百一十八条第三款明确规定，人民法院在适用《批复》第三款的规定，判定债务人相关人员承担责任时，应当依照《企业破产法》的相关规定来确定相关主体的义务内容和责任范围，不得根据《公司法司法解释（二）》第十八条第二款的规定来判定相关主体的责任。在《九民纪要》发布后，如原告以《公司法司法解释（二）》第十八条作为请求权基础的，法院均驳回诉讼请求，如以下裁判案例 1 和裁判案例 2。

裁判案例1：华×公司诉惠×公司等公司债权人利益责任纠纷案①

惠×公司等被告系贝×公司的股东，贝×公司进入破产清算程序，法院认为贝×公司已停止经营，债务人无场所、无资产、无人员，且法定代表人、主要股东无法联系，未向管理人移交公司账册、印章等物品，导致无法进行清算，遂于2018年裁定终结破产清算程序，随后贝×公司注销登记。华×公司对贝×公司享有债权，并在破产程序中申报了债权，但未得到清偿。华×公司遂提起民事诉讼。法院认为，原告援引的请求权基础规范为《最高人民法院关于适用〈中华人民共和国公司法〉若干问题的规定（二）》第十八条第二款，但贝×公司已被宣告破产，贝×公司法人已终止，如贝×公司的相关人员存有不履行法定义务、不配合破产清算的行为，亦应根据破产法规定来确定相关主体的义务内容和责任范围，不再适用公司解散清算情形下关于股东履行清算义务的相关规定，法院判决驳回原告的诉讼请求。

裁判案例2：恒×公司与孙×等九人损害公司债权人利益责任纠纷上诉案②

欣×公司注册资金为1000万元，有十名股东，控股股东占股79%任董事长，恒×公司对欣×公司享有债权，破产法院以欣×公司财务账册、人员下落不明，财产状况不清，无法全面清算为由，裁定终结破产清算程序。恒×公司遂对控股股东之外的九位小股东提起诉讼，要求对欣×公司未清偿的债务承担赔偿责任。一审法院认为，九名被告并非企业法定代表人、财务管理人员、经营管理人员，并非债务人的有关人员，不负责保管公司的财务账册，不属于《企业破产法》规定的有责任的股东，无义务便无责任，且九名被告持股比例较低，对公司清算的启动没有决定性作用，无证据证明九名被告有怠于履行清算义务的主观过错；本案不适用《公司法司法解释（二）》，即使在解散清算程序中，如股东能够举证证明其已经为履行清算义务作出了积极努力，或者能够证明自己没有参与经营，也没有管理公司财务账册文件的情形，均不构成怠于履行清算义务，判决驳回原告的诉讼请求。二审法院补充认为，欣×公司并无解散清算之情形，且破产清算事务亦由人民法院指定的管理人主导，负有协助配合义务的是法定代表人和经人民法院决定的财务负责人等经营管理人员，而非全体股东，控股股东确认公司账簿等均由其

---

① 浙江省龙游县人民法院（2019）浙0825民初××号民事判决书。
② 南京市中级人民法院（2019）苏01民终××号民事判决书。

掌管，九位被上诉人并未掌管，故九位被上诉人对公司账簿亦无保管义务，判决维持了一审判决。

（三）因果关系要件的适用

《九民纪要》第十四条、第十五条确立的广义上的因果关系要件是否适用于清算义务人怠于申请破产清算，或者说能否适用《九民纪要》第一百一十八条第四款所列情形？笔者认为，答案是肯定的，理由有三：一是《九民纪要》第一百一十八条第一款对债务人相关人员下落不明或者财产状况不清的破产案件，强调了避免不当突破股东有限责任原则，该指导思想与《九民纪要》在"关于有限责任公司清算义务人的责任"确立的指导思想是一致的。二是怠于履行申请破产清算，如导致公司（债务人）主要财产、账册、重要文件等灭失，无法进行清算，债权人利益受损的，其性质均为侵权责任，侵权行为与损害后果之间应当具有因果关系，是侵权责任成立的必要前提，《九民纪要》第一百一十八条第四款的法理基础不应存在例外①。三是在自行清算、强制清算、破产清算环节中，在特定情形下，公司债务转由股东偿还，是《公司法》第二十条设定的"法人人格否认"制度在上述环节中的具体表现②，而对于《公司法》第二十条第三款的适用，《九民纪要》确定了三条指导精神，其中一条是"只有实施了滥用法人独立地位和股东有限责任行为的股东才对公司债务承担连带清偿责任，而其他股东不应承担责任"。该条指导精神在《九民纪要》"关于有限责任公司清算义务人的责任"和第十四条、第十五条中得以具体落实。因此，《九民纪要》第一百一十八条第四款的适用，仍然受《九民纪要》第十四条和第十五条设置的因果关系要件的"过滤程序"，小股东仍享有广义上的因果关系抗辩权（包括身份抗辩、因果关系抗辩等）。比如前述裁判案例2中，法院便明确将股东身份、行为、因果关系要件等适用于破产清算的责任认定中。如下面的裁判案例3和裁判案例4，法院便较好地把握了因果关系的认定，避免了"连坐制"裁判的弊端。

---

① 最高人民法院民事审判第二庭：《〈全国法院民商事审判工作会议纪要〉理解与适用》，人民法院出版社2019年版，第597页。

② 《公司法》第二十条：公司股东应当遵守法律、行政法规和公司章程，依法行使股东权利，不得滥用股东权利损害公司或者其他股东的利益；不得滥用公司法人独立地位和股东有限责任损害公司债权人的利益。公司股东滥用股东权利给公司或者其他股东造成损失的，应当依法承担赔偿责任。公司股东滥用公司法人独立地位和股东有限责任，逃避债务，严重损害公司债权人利益的，应当对公司债务承担连带责任。

裁判案例3：亿×公司管理人与被告林×、林×和与破产有关的纠纷案①

亿×公司于2001年登记设立，注册资本50万元，股东林×出资45万元，持有90%股权，担任执行董事、法定代表人和总经理，林×和出资5万元，持有10%股权，担任监事。2016年，亿×公司被吊销营业执照，并于2017年被债权人申请破产。2020年，法院以有关人员没有移交会计账册、文书资料，导致无法清算，且破产财产不足以支付破产费用为由，裁定宣告亿×公司破产并终结破产程序。亿×公司管理人提起诉讼，要求两名股东承担亿×公司的债务1300余万元。法院经审理认为，被告林×作为公司法定代表人，未尽到妥善保管其占有和管理的财产、印章和账簿、文书等资料等职责，且未尽到配合清算义务，导致无法清算，债务人财产状况不明，债权人受到损失，二者之间具有因果关系，故林×应承担赔偿责任。但对于林×和，其作为公司监事，为公司监督机构成员，承担对公司事务进行监督的职责，并不属于《企业破产法》第十五条中的"有关人员"，不承担妥善保管并交付清算资料的职责；其作为公司股东之一，在公司已解散但未清算、资产不足以清偿债务时，负有申请破产清算的义务，且亿×公司被吊销营业执照，已具备解散事由，只有在其未申请破产清算的行为导致债务人主要财产、账册、重要文件等灭失，致使管理人无法执行清算职务，给债权人利益造成损害的，才承担损害赔偿责任。原告没有举证证明被告林×和未申请破产清算的行为与债务人主要财产、账册、重要文件等灭失存在因果关系，被告林×和并不因此承担损害赔偿责任，法院以此对原告要求林×和承担损害赔偿责任的请求，未予支持。

裁判案例4：旭×公司诉杨×萍、史×阳等四人清算责任纠纷案②

展×公司于2009年设立，注册资本200万元，四名被告为股东，其中法定代表人为杨×萍，占股10%，史×阳占股70%，另两名股东分别占股10%。旭×公司是展×公司的债权人，其债权因展×公司无可供执行财产被终结本次执行程序。2019年，旭×公司向法院申请对展×公司进行破产清算并获得受理。其间，展×公司管理人在其中一名股东的配合下查找到展×公司部分财务账册和凭证，但认为财务账册不全，无法出具审计报告。同年7

---

① 浙江省瑞安市人民法院（2020）浙0381民初××号民事判决书。
② 浙江省瑞安市人民法院（2020）浙0381民初××号民事判决书。

月，管理人以展×公司严重资不抵债、财产不足以支付破产费用为由，请求宣告展×公司破产并终结破产程序，获得法院支持。法院经审理认为，人民法院在适用《批复》第三款的规定判定债务人相关人员承担责任时，应当依照《企业破产法》的相关规定来确定相关主体的义务内容和责任范围，不得根据《公司法司法解释（二）》第十八条第二款的规定来判定相关主体的责任。现行《企业破产法》采取的是破产申请主义，并未规定债务人具有破产原因时，债务人相关主体一律负有申请破产清算的义务，以及未及时申请破产而应向债权人承担责任。本案中，有股东配合查找账册，虽然管理人认为财务账册不全、无法出具审计报告，但结合到庭股东关于"后来展×公司投资办厂亏损，导致展×公司无法继续经营"的陈述，足以认定展×公司无法清偿旭×公司的货款债务系经营亏损造成，并非未及时申请破产清算造成，故原告的诉讼请求无事实和法律依据，法院驳回了原告的诉讼请求。

（四）司法制裁措施

破产清算作为最彻底地解决债权债务、法人主体退出程序，其清算力度远强于股东自行清算，因此，《企业破产法》及其司法解释规定了多种强制措施，设置了多种法律责任，其目的在于查明财产，清偿债务，只有穷尽手段，无法推进破产清算，才可启动诉讼程序。但在实践中，有些债权人或管理人申请破产清算，目的只是一纸终结裁定，只要裁定载明债务人主要财产、账册、重要文件灭失，就可以作为提起民事赔偿诉讼的证据，并未严格按照《企业破产法》的相关规定，申请法院对债务人的有关人员采取拘留、罚款、涉嫌犯罪移送公安机关、限制出境等司法措施。甚至不排除一些债权人和管理人有意绕开或根本不想追查财产、账册、文件下落，只想提起诉讼，再次上演《九民纪要》"关于有限责任公司清算义务人的责任"中的描述场景，"特别是实践中出现了一些职业债权人，从其他债权人处大批量超低价收购'僵尸企业'的'陈年旧账'后，对批量'僵尸企业'提起强制清算之诉，在获得人民法院对公司主要财产、账册、重要文件等灭失的认定后，根据《公司法司法解释（二）》第十八条第二款的规定，请求有限责任公司的股东对公司债务承担连带清偿责任"。这无疑是法制的乱象，开历史的倒车。这种乱象，势必增加小股东承担赔偿责任的风险。

引述案例中，管理人并未提供启动过财务账册的追查行动、采取过司法措施的证据，反而是快速获取无法清算的终结程序裁定，先后由债权人和管理人启动赔偿诉讼。

四、未配合破产清算的损害赔偿责任

引述案例中，原告出示了要求配合破产清算、提供财务账册等文件的函件，但原告未选择追究股东不履行配合破产清算义务的责任，而是选择追究股东怠于履行申请破产清算义务的责任。

股东不履行配合破产清算义务，是《九民纪要》第一百一十八条第四款明确由股东承担赔偿责任的另一种情形。《九民纪要》对此的表述是：债务人的有关人员不配合清算的行为导致债务人财产状况不明，导致债务人主要财产、账册、重要文件等灭失，致使管理人无法执行清算职务，给债权人利益造成损害。破产清算中的配合义务，是《企业破产法》第十五条、第一百二十六条和第一百二十七条规定的债务人的有关人员在破产清算程序中，负有保管和提交公司账册与重要文件、接受询问、参加会议等义务。有关人员未尽配合破产清算义务，导致无法清算，损害债权人利益的，管理人对有关人员提起诉讼并主张相应的损害赔偿责任。《九民纪要》所界定的"债务人的有关人员"，是债务人的法定代表人、财务管理人员和其他经营管理人员。如果股东同时担任上列职务，未尽配合义务，造成债务人财产状况不明，将可能被管理人或债权人发起诉讼，追究未尽配合破产清算义务的赔偿责任。显然，承担主体责任的范围不同，是怠于履行申请破产清算义务和不履行配合破产清算义务的主要区别，前者有可能将全体股东"连坐制"，而后者不能。比如前述裁判案例3，法院认为，对于另一股东，其作为公司监事，为公司监督机构成员，承担对公司事务进行监督的职责，并不属于《企业破产法》第十五条中的"有关人员"，不承担妥善保管并交付清算资料的职责，即不构成未尽配合破产清算义务。

对于不履行配合清算义务的诉讼，有法院接受管理人在破产程序终结后提起诉讼，如前述裁判案例3；也有法院认为，应在破产清算程序中提起，如破产清算程序已经终结的，管理人或债权人不得再兴讼追诉，如下面的裁判案例5。

裁判案例5：锂×公司诉高×损害债务人利益赔偿纠纷案①

高×系佳×公司的股东、执行董事和法定代表人，原告锂×公司为债权人，向法院申请破产。在破产清算过程中未能查找到佳×公司下落，也

①　深圳市龙岗区人民法院（2020）粤0307民初××号民事判决书。

无法接管佳×公司的财务账册进行审计，尚无股东向管理人提交资料，破产法院裁定终结破产程序，锂×公司遂另行提起本案。法院认为，佳×公司因不能清偿到期债务且资产不足以清偿全部债务，已被人民法院依法宣告破产，并裁定终结破产程序，应视为破产债权债务已得到统一概括的清理。在破产程序终结后，原告仍以债务人法定代表人不配合清算为由，主张其向债务人承担赔偿责任，于法无据。即便被告存在未配合清算的行为，原告亦未能举证证明该行为与债权人的损失之间存在因果关系，故驳回锂×公司诉讼请求。

除上述几种责任外，与清算有关的赔偿责任还应包括股东未经清算注销公司的赔偿责任、以虚假清算报告骗取注销登记的赔偿责任等，限于篇幅，不再列述。

结　语

《民法典》第七十条第二款（原《民法总则》第七十条第二款）规定："法人的董事、理事等执行机构或者决策机构的成员为清算义务人。法律、行政法规另有规定的，依照其规定。"通说认为，营利法人的清算义务人是董事会成员、董事等执行机构的成员，非营利法人的清算义务人为决策机构的成员。[1] 我国《公司法》第一百八十四条规定将股份有限公司的董事作为公司解散后的清算义务人可以理解，但《公司法》第一百八十三条规定将有限责任公司的股东作为清算组成员，便与现行《民法典》的规定不一致。从比较法角度看，多以董事会作为清算义务人，如《德国民法典》第四十八条、《日本民法典》第七十四条、《俄罗斯民法典》第六十一条均规定，由董事会成员作为公司解散后的清算义务人[2]；我国台湾地区的"民法典"第三十七条规定："法人解散后，其财产之清算，由董事为之，但其章程有特别规定，或总会另有决议者，不在此限。"我国《民法典》将营利法人的清算义务人规定为执行机构的成员，符合立法惯例。因此，在将来修改《公司法》时，应将有限公司的清算义务人规定为执行董事或董事会成员，至少应以此作为推进方向，从而在立法上解决"连坐制"的偏颇，扭转无辜小股东

---

① 贺荣：《民法典总则编条文理解与司法适用》，法律出版社 2020 年版，第 164 页。

② 最高人民法院民事审判第二庭：《最高人民法院关于公司司法解释（一）、（二）理解与适用》，人民法院出版社 2008 年版，第 334 页。

被拖下水的无奈局面，降低小股东在本已充满风险的投资道路上承受的额外风险。①

<hr>

①　2021年《公司法（修订草案）》第二百二十八条：首次将公司的清算义务人限定为董事，清算组由董事组成，但公司章程另有规定或股东会决议另选他人的除外。

未通知债权人的清算赔偿责任
若干问题探讨

李嘉轩*

引　言

　　目前中国公司清算制度采用的是"双轨制"模式，也就是清算义务人与清算人并存的模式。清算义务人与清算人仅二字之差，却是并存的两个不同主体。根据《民法典》第七十条规定："法人解散的，清算义务人应当及时组成清算组进行清算，法人的董事、理事等执行机构或者决策机构的成员为清算义务人。"可见清算义务人是依法负有在法定期限内及时组成清算组进行清算的法定义务主体；清算人又称清算组，是指具体负责清算事务的主体。《公司法司法解释（二）》第八条第二款："清算组成员可以从下列人员或者机构中产生：（一）公司股东、董事、监事、高级管理人员；（二）依法设立的律师事务所、会计师事务所、破产清算事务所等社会中介机构；（三）依法设立的律师事务所、会计师事务所、破产清算事务所等社会中介机构中具备相关专业知识并取得执业资格的人员。"也就是说，清算组成员与股东并非同一概念。实践中也并非所有股东都有担任清算组成员。根据《公司法司法解释（二）》第十一条第二款"清算组未按照前款规定履行通知和公告义务，导致债权人未及时申报债权而未获清偿，债权人主张清算组成员对因此造成的损失承担赔偿责任的，人民法院应依法予以支持"，明确规定了清算组成员未依法通知债权人导致其未及时申报债权而未获清偿，清算组成员应对因此造成的损失承担赔偿责任。上述第十一条第二款对承担清算赔偿责任的主体及赔偿责任的边界却未有进一步的规定。那么，未担任清算组成员的股东要不要承担清算赔偿责任呢？清算赔偿责任的赔偿范围应以对债权人造成的实际损失还是以股东分配的清算剩余资产为界？

　　本文拟结合实务案例，对清算赔偿责任的承责主体、责任的界定及清算赔偿责任的范围边界进行探讨。

＊　李嘉轩，广东经国律师事务所律师。

一、清算赔偿责任的性质

通常认为，清算组成员未依法通知债权人导致其未及时申报债权，清算组成员承担的清算赔偿责任属于侵权责任。其外延和内涵都必须满足《民法典》第七编侵权责任的相关规定。所以在实务中处理清算赔偿责任时，也可以参照侵权责任四要件进行分析。

最高人民法院在（2016）最高法民再××号指导案例中援引了《公司法司法解释（二）》的规定，并指出清算义务人怠于履行清算义务的本质属于侵权。具体到清算赔偿责任领域，如需在具体案件中判断其是否成立，可以从侵权责任四要件入手，即分析是否满足下列要件：①行为人实施了某一行为，包括作为和不作为——清算组成员未依法通知债权人；②行为人行为时有过错——清算组成员未依法通知债权人主观上有故意或过失的过错；③受害人的民事权益受到损害，即要求有损害后果——导致债权人因未及时申报债权而遭受损失；④行为人的行为与受害人的损害之间有因果关系——债权人遭受的损失与清算组成员未依法通知之间具有因果关系。

所以在实务中，要判断清算组成员是否应承担清算赔偿责任，可从研究其是否满足上述四要件入手。如上述四要件均齐备，要求清算组成员承担清算赔偿责任就具备了正当性。同样如清算组成员作为被告，要想摆脱清算赔偿责任，也可以尝试从上述四要件的角度进行抗辩。理论上清算组成员如能举出其行为不符合上述四要件之一，即有免除赔偿责任之可能。

二、清算赔偿责任的承责主体

如前所述，《公司法司法解释（二）》第十一条明确规定了清算组成员应当承担清算赔偿责任。从现行《公司法》的规定来看，有限责任公司清算组成员一般为公司股东，而股份有限公司清算组成员一般为董事或者股东大会确定的人员，所以有限责任公司中作为清算组成员的股东应当承担清算赔偿责任。但是实践中也有股东因各种原因并未作为清算组成员，同时也并非所有的清算组成员都是股东，故此时未作为清算组成员的股东或作为清算组成员的非股东是否也应该承担清算赔偿责任呢？

要分析这一问题，首先必须要明确清算组的性质及成员构成。

（一）清算组的性质

原《最高人民法院关于贯彻执行〈中华人民共和国民法通则〉若干问题的意见（试行）》（以下简称《民通意见》）第六十条规定："清算组织是以清算企业法人债权、债务为目的而依法成立的组织。它负责对终止的企业法人的财产进行保管、清理、估价、处理和清偿。"《民通意见》虽已失效，却是截至目前唯一一部对清算组做出明确定义的法律。原《企业破产法（试行）》《公司法》等使用的是清算组，《企业破产法》则引入破产管理人的概念，两者都是在公司进入清算程序后，依法成立的接收、管理、清理、估价和处理公司财产的专门组织，都是在公司解散后接管公司财产、具体执行公司清算事务的法律主体。

（二）清算组的成员构成

《公司法》第一百八十三条规定："有限责任公司的清算组由股东组成，股份有限公司的清算组由董事或者股东大会确定的人员组成。"

现行《企业破产法》第二十四条规定："管理人可以由有关部门、机构的人员组成的清算组或者依法设立的律师事务所、会计师事务所、破产清算事务所等社会中介机构担任。"

《公司法司法解释（二）》第八条第二款："清算组成员可以从下列人员或者机构中产生：（一）公司股东、董事、监事、高级管理人员；（二）依法设立的律师事务所、会计师事务所、破产清算事务所等社会中介机构；（三）依法设立的律师事务所、会计师事务所、破产清算事务所等社会中介机构中具备相关专业知识并取得执业资格的人员。"

由此可见，很多情况下，股东可能并不出任清算组成员，而清算组成员也并非都是股东，所以不能直接将股东等同于清算组成员。

（三）清算组成员和清算组工作人员

是否清算组的所有成员都是法定意义上的清算组成员呢？事实上清算组除了成员之外，还可能有部分工作人员。

《企业破产法》第二十八条第一款规定："管理人经人民法院许可，可以聘用必要的工作人员。"

所以由清算组/管理人聘请的从事事务性、辅助性工作的清算组工作人员与法定意义上的清算组成员的法律地位、享有的权利和承担的义务均有较大差异，不可混为一谈。简单讲就是，清算组工作人员仅需承担与其工作职责相关的权利义务，而无须承担清算组成员的法定职责。

（四）对股东不是清算组成员时的清算赔偿责任主体分析

实践中对清算组承担责任主体判决意见不一。最常见的情况是清算组成员均由股东担任，也由股东承担清算赔偿责任。但是如上所述，清算组成员可以不由股东组成，有些清算组由股东和非股东组成，或者清算组均由非股东组成，此种情形下清算赔偿主体如何认定，不同法院有不同判决。有些案件中，法院认定仅由股东承担清算赔偿责任；也有清算组由股东和非股东组成或者均由非股东组成，清算组全部担责的案例；还有清算组成员和非清算组成员的股东共同担责的案例。

笔者对不同类型的案件进行比较分析，梳理了以下情形：

1. 法院判令股东承担责任的理由

人民法院判决非股东的清算组成员不承担责任，或者股东即使不是清算组成员也要承担责任，通常基于以下三点理由：

（1）《公司法》第一百八十三条规定，有限责任公司的清算组由股东组成。有的人民法院认为非股东的清算组成员实际上没有清算组成员的法定资格，故不应承担清算赔偿责任。

（2）非股东人士担任清算组成员是受股东的委托，代表股东行使权利。股东均为法人的公司注销时，或者股东是自然人但也未成立清算组，而是委派他人进行清算，所以人民法院以股东和清算组成员之间存在委托与被委托的关系为由，认为清算组成员不是公司股东时，其不合格的清算行为对应的清算赔偿责任应当由委托人股东承担。

（3）清算组的行为要经过股东会许可、确认，故最终应由股东承担责任更为合理。由于清算方案的制定、清算结束后的清算报告等活动要经股东会通过、确认，所以有的人民法院认为清算组成员未通知债权人的行为属于上述需经股东会许可的清算行为之一，其后果由股东承担更为公平、合理。

2. 清算组成员承担责任的理由

人民法院判决非股东的清算组成员承担责任，通常有以下两点理由：

（1）法律并未禁止其他非股东人员为清算组成员。有的人民法院对《公司法》第一百八十三条的理解与前述理解不同。其认为公司法并未禁止非股东成为清算组成员。而且，《公司法司法解释（二）》第八条还规定了人民法院指定清算组时可以从公司股东、董事、监事、高级管理人员、会计师事务所、律师事务所等中介机构中挑选人员，组成清算组。这说明非股东可以是清算组成员，其资格可以得到法律认可。

（2）公司法司法解释明确规定了未有效通知债权人时，清算组成员要担责。人民法院判令非股东的清算组成员承担清算赔偿责任，最直接的法律依据即为《公司法司法解释（二）》第十一条。该条明确规定了清算组成员未向已知债权人有效履行解散清算事宜的通知、公告义务的，要对损害结果承担赔偿责任。而该司法解释也并未对清算组成员承担清算赔偿责任设置必须具有股东身份的先决条件。

综上，《公司法》第一百八十三条与《公司法司法解释（二）》第八条规定确有差异，而在司法实践中，法官选择适用的法律条款有所不同，所以部分人民法院有上述认识是可以理解的。

3. 共同承担责任的理由

也有的人民法院判决清算组成员和股东共同承担责任，通常也有如下两个理由：

（1）股东是公司法定的清算组成员。不管股东是否实际参加了公司清算组，其都应当对未有效通知债权人引发的损害结果承担责任。

（2）清算文件可以证明非公司股东作为清算组成员的身份。清算时的清算名单、清算报告等诸种文件可以证明非公司股东是清算组的成员，其无法举出相反证据的，就应当就不当履行清算职责，依法承担相应责任。

笔者倾向于认为清算组成员承担责任，理由如下：

（1）股东当然是清算组成员，但清算组成员并不一定是股东，对此《公司法》第一百八十三条和《公司法司法解释（二）》第八条有明确的规定。故股东以外的人员担任清算组成员并无法律障碍。

（2）判定清算组成员承担责任，有《公司法司法解释（二）》第十一条第二款规定的明确的法律依据。

（3）有些判例中未判定非清算组成员的股东承担责任与债权人起诉时选择的被告主体有关。即在这些案例中，原告并未将非清算组成员的股东列为被告，法院基于尊重当事人诉权的角度，未判定不是该案被告的非清算组成员的股东承担责任，也并非没有道理。

三、清算赔偿责任的范围边界

根据《公司法司法解释（二）》第十一条第二款的规定，清算组未履行通知义务，导致债权人未及时申报而未获清偿的，清算组成员应承担赔偿责任。那么该损失赔偿应以多少为限呢？

有观点认为即便通知已知债权人，债权人能实际分配的债权也不会超出公司剩余资产的范围，所以因未通知已知债权人而给其造成的损失也就不会超出公司剩余资产，进而提出未通知债权人的清算责任的边界也就应该是股东从公司清算中分配到的剩余资产。但也有观点认为，未履行通知义务的清算责任，应以债权人的实际损失（债权人的未获清偿的全部债权）为边界。

司法实践中，最高人民法院裁判的案例中也存在两种裁判规则：一种规则是应当对债权人的实际损失承担全部赔偿责任。如最高人民法院（2020）最高法民申××号王××、孙××民间借贷纠纷再审案中，最高人民法院认为：在涉案公司清算期间，清算组成员应将公司解散清算事宜书面通知债权人，由于其未履行通知和公告义务，导致债权人未及时申报债权而未获清偿，根据《公司法司法解释（二）》第十一条第二款规定，作为涉案公司股东及清算组成员应对债权人的损失承担赔偿责任。股东主张涉案公司的债权债务已经全部清理完毕，不应承担赔偿责任，理由不能成立。而同样都是最高人民法院2020年度案件，在最高人民法院（2020）最高法民申××号马×公司、众×公司房屋租赁合同纠纷再审案中，最高人民法院认为：涉案事实显示，迎×苑公司在公司清算前已致函启×公司主张损失赔偿，即表示启×公司应知晓迎×苑公司系已向其主张权利的债权人，启×公司清算组应以明确可到达的方式通知迎×苑公司有关公司清算事宜。马×公司和众×公司作为接收启×公司剩余财产的主体，均参与了启×公司的清算事务，但并未将公司清算注销事宜明确告知迎×苑公司，且在此情形下对启×公司清算后的财产进行了分配，原审法院认为马×公司和众×公司对于启×公司与迎×苑公司尚未履行结束的合同并未进行清理计算，系未完全履行清算义务，因此判决两公司作为共同清算义务人在接收启×公司剩余财产范围内承担相应赔偿责任并无不当。

两案同样都是最高人民法院2020年度的判例，却有不同的判决结果，令人比较困惑。那么清算组成员（股东）对债权人承担的赔偿责任是以债权人的实际损失为限，还是以股东在公司清算程序中分配的公司剩余资产为限呢？边界究竟应该是什么？

（1）未通知债权人是否具有逃避债务的主观故意。从笔者检索结果看，判定对债权人的实际损失承担全部赔偿责任的案例占绝大多数。而判定以股东在公司清算中分配的剩余资产为限承担赔偿责任的仅有上面一件案例。这说明多数人民法院或多数判例均认为未通知债权人即说明义务人具有逃避债务的主观故意，在此基础上，探究其在公司清算程序中分配的公司剩余资产并无实际意义。对于债权人来讲，其未获清偿的债权就是其实际损失，就应该让恶意逃避债务的清算义务人承担全部赔偿责任，而不必再探究清算义务人从未通知债权人的行为中的实际获利，进而遏制清算义务人借清算程序恶意逃避债务的行为。

（2）从笔者检索结果看，判定以股东在公司清算中分配的剩余资产为限承担赔偿责任的有且仅有（2020）最高法民申××号一件案例。当然也不排除还有笔者未检索到的案例存在。少数派的案例也自有其研究的价值，说明还是有观点认为因我国传统上不支持惩罚性赔偿，所以以股东在公司清算中分配的剩余资产为限承担赔偿责任与债权人的实际损失更为匹配。

（3）基于对大多数法院判例的分析，可以得出结论，目前的主流观点还是认为清算义务人应对债权人的实际损失承担全部赔偿责任。

四、对法律适用不统一的思考

公司的核心制度是股东有限责任，即股东以其出资对公司承担责任，公司以其资产对外承担责任。只要股东不存在利用公司的独立性及滥用股东的有限责任侵害债权人合法利益，原则上有限责任的隔离保护就不应被突破，即便是公司债权人，也无法追究股东的法律责任。但是在实践中，部分股东却以此法律原则作为公司逃避债务的途径，恶意对公司进行注销。因此，为保护债权人的利益，法律规定公司终止并不意味着公司清算义务和责任的完全解除，债权人也可以公司股东所承担的清算义务为依据将公司股东作为被告提起诉讼。

此类案件在执行过程中越来越常见，申请执行人以股东未合法清算为由追加股东为被执行人，在追加过程中也可以采取诉讼保全的方式查封、冻结股东的财产。就目前司法实践来看，只要股东没有通知债权人而进行清算的，通常股东都会被法院裁定追加为被执行人。但也有法院不予追加，究其根源，还是我国公司解散清算制度尚不完善，不同法院对同一问题存在不同观点，甚至同一法院在不同时期观点也不尽相同。

2021年12月，最高人民法院出台《最高人民法院统一法律适用工作实施办法》，力图建立起一个规范统一的工作制度，完善院级层面的统一法律适用工作机制，推动形成工作合力，规范法官裁量权行使，妥善解决法律适用分歧问题。

在人民法院适用法律不统一的背景下，作为律师要尽可能维护当事人的合法权利，援引对自己有利的案例提交合议庭以促使人民法院统一法律适用标准和行为。但在援引类案时，也必须注意援引案例的参考价值。根据《最高人民法院关于统一法律适用加强类案检索的指导意见（试行）》规定，在实务中需要援引案例，首先应该援引最高人民法院发布的指导性案例，其居于首要地位，当然具有指导性；其次是最高人民法院发布的典型案例及裁判生效的案件；再次是本省高级人民法院发布的参考性案例及裁判生效的案件；最后是上一级人民法院及本法院裁判生效的案件。除指导性案例以外，应优先援引近三年的案例或者案件。至于其他法院案例，笔者认为理论上仅具有参考价值。

论公司法定清算义务人的适当主体

莫 邪[*]

引 言

我国《公司法》于1993年12月29日颁布施行，后于1999年12月25日进行了第一次修正，此次修正后的《公司法》第一百九十一条首次明确规定了公司解散后须依法清算的制度，提出了"清算组"的概念，但关于清算组是否等同于清算义务人，清算义务人又应当承担何种清算义务及责任等问题则未有进一步的规定。有鉴于此，理论界及实务界就清算组与清算义务人的区别以及担任公司清算义务人的主体范围及责任承担形式等问题展开了大量且深入的研究，一些研究成果也直接或间接地推动了我国有关公司清算义务人的担任主体及其责任性质的司法解释、司法政策的出台。根据2008年颁布的《公司法司法解释（二）》第十八条至第二十一条的规定，对于公司清算的法定义务人原则上根据不同的公司组织形式分别规定，其中人合性较强的有限责任公司的法定清算义务人规定为股东，资合性较强的股份有限公司则将控股股东、董事并列地确定为清算义务人。随着《公司法》修法工作的推进，目前已形成的《公司法（修订草案）》拟在不区分公司组织形式的前提下，统一规定公司的董事为当然的法定清算义务人，这明显与上述司法解释的规定不同，由此引发了新一轮广泛而深入的论辩。《公司法（修订草案）》在不区分公司具体组织形式的前提下原则性地规定董事为清算义务人，其理论依据是否充分，是否公平合理，能否满足司法实践的需要，将是本文重点讨论的问题。

一、关于公司清算义务人与清算人概念的厘清

1993年我国《公司法》制定时，并未规定公司因故解散后应由谁对其

---

* 莫邪，北京大成（广州）律师事务所律师。

债权债务以及资产等进行清理及处置。1993 年出台的《公司法》于 1999 年进行了第一次修正，修正后该法第一百九十一条规定，公司解散后需要组成清算组进行清算，有限责任公司的清算组由股东组成，股份有限公司的清算组由股东大会确定其人选，但并未明确指出有限责任公司股东或股份有限公司的股东大会确定的清算组人选是否为清算义务人，也未规定清算组成员具体的法律责任。

2002 年，最高人民法院起草并公布的《最高人民法院关于审理解散的企业法人所涉民事纠纷案件具体适用法律若干问题的规定（征求意见稿）》（以下简称《征求意见稿》）中，首次提出了"清算义务人"的概念，并在该《征求意见稿》第十一条规定有限责任公司的法定清算义务人为该公司的股东，股份有限公司的法定清算义务人为控股股东。[①] 此外，上述《征求意见稿》第十二条还规定："企业法人解散后，清算义务人应当履行其对该企业财产、账册的善良保管义务，如因保管不当，造成该清算法人财产损失的，或者侵占清算法人财产的，应当承担民事责任。"

此后，由于《公司法》启动了全面修订工作，故《征求意见稿》未能最终转化为正式的司法解释。2005 年完成全面修订后的《公司法》第一百八十四条规定："公司因本法第一百八十一条第（一）项、第（二）项、第（四）项、第（五）项规定而解散的，应当在解散事由出现之日起十五日内成立清算组，开始清算。有限责任公司的清算组由股东组成，股份有限公司的清算组由董事或者股东大会确定的人员组成。逾期不成立清算组进行清算的，债权人可以申请人民法院指定有关人员组成清算组进行清算。人民法院应当受理该申请，并及时组织清算组进行清算。"由此可见，2005 年全面修订后的《公司法》仍未明确提出清算义务人的法律概念，相应地，也未能明确清算义务人的担任主体，依然只是规定了清算组由何人组成。

2008 年，最高人民法院颁布了《公司法司法解释（二）》，公司的"清算义务人"这一术语在最高人民法院就上述司法解释答记者问中开始频繁出

[①] 《最高人民法院关于审理解散的企业法人所涉民事纠纷案件具体适用法律若干问题的规定（征求意见稿）》第十一条 清算义务人为企业法人的投资者或主管部门。根据企业法人的法律形态，清算义务人分别为：（一）非公司制的国有企业法人的清算义务人为该企业法人的主管部门；（二）非公司制集体企业法人的清算义务人为该企业法人的开办者或者投资者；（三）法人型联营企业、中外合资企业法人、外商独资企业法人的清算义务人为该企业法人的投资者；（四）有限责任公司的清算义务人为该公司的股东；（五）股份有限责任公司的清算义务人为控股股东。

现。① 根据《公司法司法解释（二）》第十八条②的规定，可以确定有限责任公司的股东、股份有限公司的控股股东和董事为公司清算义务人。2017 年，《民法总则》颁布施行，该法第七十条首次在全国人大立法文件中使用了"清算义务人"的概念。《民法总则》第十七条规定："法人解散的，除合并或者分立的情形外，清算义务人应当及时组成清算组进行清算。法人的董事、理事等执行机构或者决策机构的成员为清算义务人。法律、行政法规另有规定的，依照其规定。清算义务人未及时履行清算义务，造成损害的，应当承担民事责任；主管机关或者利害关系人可以申请人民法院指定有关人员组成清算组进行清算。"2020 年，《民法典》颁行，其中第七十条沿袭了《民法总则》的上述规定。

目前，对于清算义务人概念的具体内涵，有学者定义为依法启动清算程序之主体③，亦有学者将其更为具体地定义为"基于其与公司之间存在的特定法律关系，在公司解散时负有在法定期限内启动清算程序，成立清算组织，并在公司未及时清算给相关权利人造成损失时依法承担相应责任的民事主体"④。而清算人则为公司解散且启动清算程序后，实际上对公司财产进行清理的主体，如董事、财务主管人员、第三方财会专业人士、法律专业人士等。清算人这一法学概念对应于我国《公司法》中规定的清算组，亦可用于指代清算组成员。总体而言，学界及司法实务界目前基本的共识是清算组为具体办理清算事务的工作组，可称之为"清算人"，而怠于组织公司进行清算导致公司财产、账册灭失并损害公司债权人及股东权益而须承担法律责任的主体为"清算义务人"。

就对域外法的比较、观察而言，大陆法系国家通常只规定清算人的义务及责任，并未明确规定清算义务人的义务及责任。一般认为，我国实行的是清算人、清算义务人的双轨制立法，而大陆法系国家则仅针对清算人进行立法，且一般规定董事为清算人，当然也可以是股东会或法院选定的其他人为清算人。我国台湾地区《公司法》第一百一十三条规定，有限责任公司的解

① 郑银：《公司清算义务人主体范围再界定》，载《西南政法大学学报》2017 年第 19 卷第 6 期，第 112 页。

② 《公司法司法解释（二）》第十八条规定：有限责任公司的股东、股份有限公司的董事和控股股东未在法定期限内成立清算组开始清算，导致公司财产贬值、流失、毁损或者灭失，债权人主张其在造成损失范围内对公司债务承担赔偿责任的，人民法院应依法予以支持。

③ 张俊勇、翟如意：《有限责任公司清算义务人主体问题研究》，载《法律适用》2019 年第 19 期，第 89 页。

④ 王欣新：《论清算义务人的义务及其与破产程序的关系》，载《法学杂志》2019 年第 12 期，第 25 页。

散与清算准用无限公司有关规定，该法第七十九条明确规定，无限公司的清算以全体股东为清算人。对于股份公司，该法第三百二十二条第一款规定，股份公司的清算以董事为清算人，但法律或公司章程等另有规定的除外。

综上，在研究清算义务人的问题之前，须先将清算义务人与清算人这两个不同的概念厘清，避免混淆。当然，在身份担当上，清算义务人与清算人二者也有可能发生耦合，但并不总是耦合①，这种耦合一般发生在股东担任清算组（清算人）成员的场合。

二、《公司法（修订草案）》对清算义务人主体范围作出不同于现行公司法司法解释的规定有待论证

（一）现行公司法司法解释对法定清算义务人主体的规定较为合理

最高人民法院案例指导工作办公室在评析指导案例 9 号即"上海存×贸易有限公司诉蒋××、王××等买卖合同纠纷案"时，阐明了清算义务人规则的设立目的和理由。最高人民法院认为，实践中大量存在公司解散后应当清算而不清算，甚至故意借解散公司之机逃废公司债务的情形，严重损害了公司债权人利益并危害市场经济秩序，为此，《公司法司法解释（二）》第十八条根据公司不同的组织形式并结合司法实践经验，将有限责任公司的股东、股份公司的董事和控股股东明确列为公司的法定清算义务人。一般而言，有限责任公司通常股东人数较少，人合性较强，将有限责任公司全体股东界定为公司解散后的清算义务人，由其组织清算组对公司进行清算具有合理性和可操作性。至于股份公司（尤其是上市公司），股东人数众多，股东流动性较大，要求全部股东作为清算义务人既不现实，也不合理，故相应规定股份公司的控股股东为股份公司解散后的清算义务人较为适宜。另外，有些股份公司由于股份分散，可能并不存在具体的控股股东，因而将股份公司的董事也规定为公司解散后的清算义务人亦有其合理性。

（二）《公司法（修订草案）》对公司清算义务人主体作出新的选择值得商榷

2020 年 1 月 1 日颁行实施的《民法典》，从一般规范意义上将法人的法

---

① 李建伟：《公司清算义务人基本问题研究》，载《北方法学》2010 年第 2 期，第 68 页。

定清算义务人原则上限定为法人的董事、理事等执行机构或者决策机构的成员①。相应地，2021年12月24日公布的《公司法（修订草案）》第二百二十八条规定："公司因本法第二百二十五条第一款第一项、第二项、第四项、第五项规定而解散的，应当清算。董事为公司清算义务人，应当在解散事由出现之日起十五日内组成清算组进行清算。清算组由董事组成，但公司章程另有规定或者股东会决议另选他人的除外。清算义务人未及时履行清算义务，给公司或者债权人造成损失的，应当承担赔偿责任。"由此可见，目前《公司法（修订草案）》有关法定清算义务人的主体选择拟完全契合上述《民法典》的原则性规定，即将有限责任公司、股份公司的董事统一列为公司法定的清算义务人，从而将两类公司的股东作为法定的清算义务人的情形排除在外。《公司法（修订草案）》与现行公司法司法解释在公司法定清算义务人的主体选择问题上持明显不同的立场，值得我们思考。《民法典》第七十条第二款虽然原则上规定"法人（包括有限责任公司、股份公司）的法定清算义务人为公司董事"，但该款后半段同时也规定"法律、行政法规另有规定的，依照其规定"。据此，《公司法》是否应当完全遵照《民法典》第七十条第二款前半段"法定清算义务人为公司董事"的规定将清算义务人限定为公司董事，而不可以基于该款后半段"法律、行政法规另有规定的，依照其规定"的授权作出不同的规定，不无疑问。

《公司法司法解释（二）》第十八条根据我国两种不同的公司组织形式，规定了"有限责任公司由股东承担清算义务及清算责任，股份公司由控股股东和董事承担清算义务及清算责任"的裁判规则，前述裁判规则在司法实践中展现了较大的合理性。虽然过往审判实践中一些法院机械地适用《公司法司法解释（二）》第十八条的规定，一刀切地判令不参与经营的有限责任公司股东亦须对公司不能清算承担赔偿责任导致显失公平，但最高人民法院已通过《九民纪要》"关于有限责任公司清算义务人的责任"的相关规定作出了成功又和缓的尝试②，即明确免除了有限责任公司中不实际参与经营且不存在怠于清算行为的小股东的清算责任，从而使得"有限责任公司股东作为法定清算义务人"的相关裁判规则在具体适用时更为准确、更为公平合理。

---

① 《民法典》第七十条规定：法人解散的，除合并或者分立的情形外，清算义务人应当及时组成清算组进行清算。法人的董事、理事等执行机构或者决策机构的成员为清算义务人。法律、行政法规另有规定的，依照其规定。清算义务人未及时履行清算义务，造成损害的，应当承担民事责任；主管机关或者利害关系人可以申请人民法院指定有关人员组成清算组进行清算。

② 王雷：《民法典适用衔接问题研究动态法源观的提出》，载《中外法学》2021年第33期，第97页。

笔者认为，现《公司法（修订草案）》规定有限责任公司、股份公司的法定清算义务人为公司董事，相当于推翻了《公司法司法解释（二）》以及《九民纪要》确立的由有限责任公司股东、股份公司控股股东和董事充当法定清算义务人的合理规定，如此做法在理论上是否有充分的依据，在司法实践中是否能公平合理地解决当事人之间有关公司清算的民事争议及责任承担问题，均值得商榷。

三、理论界确定公司法定清算义务人应为董事而不应是股东的几种立论及其不足

（1）有学者认为，依照传统公司法理论，股东与公司是两个不同的法律主体，股东只对公司承担出资义务并在出资范围内对公司承担责任，此外，无任何其他义务，控制股东亦不例外。[①] 基于前述认识，有学者进一步认为，法律不规定股东承担清算义务，合乎于基本法理。[②] 笔者认为，上述学者的观点失之片面，理由在于：其一，《公司法》明文规定，股东不得滥用权力、不得滥用公司独立法人人格及股东有限责任损害其他股东及公司债权人的权益，发起人股东对其他股东出资不足承担连带补足的责任，等等，故根据《公司法》的前述规定，就能直接得出股东即使履行了自身的出资义务，也不能据此免除其应该依法遵守的其他法定义务的结论。如股东有擅自分配、隐匿、转移或故意低价转让公司财产的行为，构成滥用公司人格，侵害债权人的利益，应当对债权人负无限连带责任[③]。其二，无论是英美法系国家抑或是大陆法系国家，都通过判例法和成文法确定了控股股东对于非控股股东存在信义义务[④]，基于信义义务的要求，控股股东应当保障其他股东在公司清算中的利益即剩余财产分配的权利。故此，以股东完成出资义务来推导出股东不应承担清算义务及责任，一方面与公司法的有关规定相悖，另一方面也不符合公司股东信义义务的要求。

（2）另有学者认为，我国现行法关于股东怠于履行清算义务时对公司债

---

① 朱慈蕴：《资本多数决原则与控制股东的诚信义务》，载《法学研究》2004 年第 4 期，第 104 页。

② 叶林、徐佩菱：《关于我国公司清算制度的评述》，载《法律适用》2015 年第 1 期；梁上上：《有限公司股东清算义务人地位疑义》，载《中国法学》2019 年第 2 期，第 54 页。

③ 刘德良：《未经清算而解散公司的法律责任研究》，载《社会科学》2001 年第 5 期，第 51 页。

④ 聂圣：《有限责任公司控股股东的信义义务研究》，载《成都师范学院学报》2016 年第 32 卷第 11 期，第 90 页。

权人承担连带责任的规定违反了公司独立法人人格原则以及股东有限责任原则，将直接动摇公司法的基础，是不可取的。① 笔者认为，股东的有限责任从来都不是绝对的，如上文所述，根据《公司法》第二十条的规定，在股东滥用股东权利、滥用公司法人独立人格和股东有限责任的场合，股东须对公司债务承担连带责任，而不限于以出资对公司债务承担有限责任。如果股东通过销毁账册等方式企图逃避债务且导致公司无法清算的，由股东对公司债务承担连带责任当然符合上述《公司法》第二十条的规定，至于公司股东直接恶意处置、侵占公司财产，导致公司无法清偿债权人债权时，股东的行为则构成直接侵权，依法应对公司债权人承担侵权赔偿责任，而不是有限责任。因此，公司独立法人人格原则及股东有限责任原则与股东应否承担清算义务及相应的清算责任并无内在逻辑联系，显然无法基于公司独立法人人格原则及股东有限责任原则推导出股东不应承担清算义务及相应的清算责任的结论。

（3）也有学者提出，有限责任公司的股东以营利为目的，投资设立公司，其天然地与公司的债权人有利益冲突，公司的股东在主观上就不具备公平、公正地进行公司破产清算的可能；而公司的董事就不同，法律限定董事为清算义务人，其应当具备忠实勤勉、注意义务，若董事不遵循法律之规定，势必会受到法律的严惩。② 笔者认为，实践中公司的董事大部分甚至基本上由股东会选举产生，存在代表股东利益的天然倾向，公司董事作为清算义务人是否就一定会公平、公正地对待公司清算时的利益相关方，即公司股东以及公司债权人，不无疑问。此外，破产清算与一般清算在制度设计上大相径庭，破产清算是根据破产法的相关规定指定由公司外部的第三方作为破产管理人负责公司的清算，并不涉及在公司内部的股东或董事之间选择何者担任清算义务人进行公司清算的问题。因此，基于"公司的股东在主观上就不具备公平、公正地进行公司破产清算的可能"这一理由认为董事更适合担任公司的清算义务人不具有说服力。

（4）还有一些学者认为，清算义务乃董事诚信义务于公司清算场合下的内在要求、职位使然，董事是公司解散的当然第一知情人，由其组织清算具有职权上的便利性，可以有效防止公司财产的流失，进而保护债权人等利害

---

① 梁上上：《有限公司股东清算义务人地位质疑》，载《中国法学》2019 年第 2 期，第 266 页。

② 夏仙辉、江帆：《论有限公司股东的清算义务——以最高院 9 号指导案例为分析视角》，载《法制博览》2020 年第 8 期，第 25 页。

关系人的利益。① 理论上，如果公司的股东较多，而董事人数较少时，董事担任清算义务人确实能体现效率上的优势，但从董事担任清算义务人的最终实际效果来考察，其未必能有效防止公司的资产被公司的股东（尤其是控股股东）侵占或恶意处置。通常情形之下，有限责任公司的股东或者股份公司的控股股东对公司的财产、账册予以实际控制，董事（尤其是非股东身份的董事）因对公司的财产、账册等没有控制的能力，恐难以有效地阻止公司财产流失、灭失。因此，由董事推进公司的清算大概率会受到股东阻挠而失去效率，而且难以收获良好的实际效果。

（5）再有一些学术观点认为，"谁经营谁清算"既可提升效率也符合权责一致的原则，由于董事负责经营公司，对公司事务比较熟悉，故宜由董事负责对公司进行清算。② 针对上述观点，有学者指出，董事不如财务人员、生产人员、销售人员等具体业务部门的人员对公司的财务情况、生产情况、销售情况了解更甚。虽然法律赋予了公司董事大量经营权，但在具体经营过程中，这些经营权是向管理层下沉的，董事负责公司经营其实主要是从负担经营责任角度而言的，并不意味着董事在具体经营事项上比股东参与更多。③就笔者所观察，在现有公司法所规定的股东会、董事会制度框架下，股东与董事都不能以股东或董事个人身份直接参与公司的经营决策，均是分别通过股东会会议、董事会会议的方式对公司的重大经营管理事项进行决策。而股东通过股东会、董事通过董事会对公司的重大经营管理事项进行决策时，虽然"两会"在具体决策的重大经营管理事项方面有一定的区别，但总的来看，仍然是对公司宏观经营及管理层面的重大问题进行决策，因此股东、董事通过各自所在股东会、董事会参与公司重大经营管理事项的程度、深度未必有明显的差别，很难断言董事参与公司经营管理的深度及广度明显强于股东对于公司经营管理事项的参与度，因而"股东与董事谁在经营公司"这一前提性问题本身就不易做出清晰的判断。于此情形下，以"谁经营谁清算"的理念当然地推论出公司董事较之于股东更适合担任清算义务人，理据并不充分。

综上分析，主张股东不适合担任清算义务人而应由董事担任清算义务人的各种相对具有代表性的立论及论据，均缺乏说服力。

---

① 刘文：《论我国公司清算人产生方式之完善》，载《西南民族大学学报》2007 年第 12 期，第 51 页。

② 梁上上：《有限公司股东清算义务人地位质疑》，载《中国法学》2019 年第 2 期，第 267 页。

③ 蒋大兴：《公司清算义务人规范之适用与再造——"谁经营谁清算" VS. "谁投资谁清算"》，载《学术论坛》2021 年第 4 期，第 7 页。

四、董事并不具备优先于股东承担清算责任的原因

（一）优先选择董事担任清算义务人不利于清算义务及清算责任的最终承担

在公司解散后，公司对外清理债务后有剩余财产的，实际是在全体股东内部进行财产分配，公司董事如果不是恰好兼具公司股东的身份，则其仅仅是公司的经营管理者，对公司的剩余财产并无分配权，也不直接掌控公司财产，故相较于股东而言，通常情形下不具备非法隐匿、侵吞公司资产归己所有的强烈动机以及实施前述不法行为的便利条件。而且，董事作为公司高管，如果试图将公司剩余财产据为己有，极易触犯职务侵占等严重违法犯罪的红线进而招致特别严重的法律后果，因此董事通常不会以违法清算或怠于清算作为手段为自身谋取不当利益。基于上述实际情况，将董事规定为法定清算义务人，一方面不能阻止对公司具有控制力的股东恶意清算、违法清算损害其他股东及公司债权人的合法权益，另一方面造成的后果大概率是对公司具有控制力的股东以恶意处置资产、销毁隐匿账簿等方式造成对公司债权人或其他股东的赔偿的责任转嫁给了董事承担。可见，如果将公司董事规定为法定清算义务人而将股东排除在外，明显给董事设定了过重的负担，甚至让公司董事不禁人人自危，以至于人们对于担任公司董事职务唯恐避之不及。长此以往，可能导致的某种不良后果是极小部分高度依附于股东（尤其是控股股东）的人员愿意担任董事而其他人员不愿担任董事。这种后果不利于公司股东会与董事会两个相对独立且应当良性互动的公司机关的有效运转，股东滥用权利、侵占或瓜分公司剩余资产的潜在倾向恐更难加以约束、防范。

而且还要指出的是，对于不具备公司股东身份的董事，其充其量是职业经理人，往往缺乏相应的赔偿能力，选择由其作为清算义务人，很可能出现董事作为清算义务人无能力承担清算责任的普遍难题。如果规定法定清算义务人原则上是公司董事，也容易诱使公司股东基于逃避责任的目的选任非股东身份的董事，从而将公司经营风险和清算义务及责任转移给无实际赔偿能力的董事，徒生道德风险。[①]

[①] 肖雄：《论公司清算人中心主义的回归与重建》，载《政治与法律》2017 年第 11 期，第 148 页。

（二）从清算义务人的法律责任类型来看，股东更适合担任清算义务人

根据学者的归纳并结合《公司法司法解释（二）》第十八、十九、二十条所规定的清算义务人的担责情形，清算义务人的清算责任有以下三大类[1]：

（1）怠于启动清算程序的责任，指清算义务人未依法及时组织清算组展开公司清算事务而应承担的强制履行清算义务的责任，也称清算的组织责任。如清算义务人不履行组织清算义务的，就要承担该责任。法院可以依利害关系人申请强制清算义务人负责组织"清算人"（或称"清算组"）启动公司清算程序。

（2）赔偿责任，指清算义务人未尽清算义务给他人造成损失应予以赔偿的责任，此类责任在性质上属于侵权责任，受害人可能包括公司、股东以及公司债权人等。清算义务人的赔偿责任通常包括：①因怠于组织或启动清算程序导致公司的资产发生价值贬损、流失、毁损或者灭失，或导致公司账册、重要文件等灭失而致公司无法清算时的侵权赔付责任；②恶意隐匿、私分、处置公司财产，由此给公司或公司债权人、其他股东造成损失的，受害人可以要求清算义务人承担赔偿责任；③虚假清算注销公司，即以虚假清算报告办理公司注销登记或未经清算即办理公司注销登记，导致公司无法进行清算须承担的侵权赔付责任。

（3）承诺责任，即在公司登记实务中，公司未经清算而欲办理注销登记的，登记机关通常要求公司股东或开办单位作出具有法律拘束力的承诺，内容就是承诺自愿承担公司注销后未了结的债务。

从上述责任类型来看，清算义务人的法律责任归根结底是实体上的经济赔偿（补偿）责任，而上文已分析经济赔偿责任并不宜由董事承担而宜由股东承担，相应地，股东更适合担任清算义务人。

五、股东基于对公司的控制力优先于董事担任法定清算义务人更为合理

有学者指出，基于诚信义务和清算事务的特性，清算义务人应该符合两项特征：一是对公司负有诚信义务，二是对公司具有法律上的控制权[2]。笔

---

[1]　李建伟：《公司清算义务人基本问题研究》，载《北方法学》2010年第2期，第72～75页。

[2]　李建伟：《公司清算义务人基本问题研究》，载《北方法学》2010年第2期，第70页。

者认为该学者的观点殊值赞同。根据前述观点，对于公司具有控制力是适合于担任公司法定清算义务人的必要条件。换言之，如果对公司不具有控制力，则不适宜充当清算义务人。实践当中，我国公司（尤其是有限责任公司及人数较少的股份公司）的董事（股东董事除外）对公司并没有法律上或者事实上的控制力，故董事不适合担任公司清算义务人。

《公司法司法解释（二）》第十八条第二款规定，有限责任公司股东或股份公司的控股股东怠于履行清算义务而导致公司主要财产、账册、重要文件等灭失而无法清算的，对公司债务承担连带清偿责任。由此说明最高人民法院基于大量的司法案例总结发现，有限责任公司股东或股份公司的控股股东通常控制着公司的账簿及主要资产，对公司具备控制力，而董事在大多数情形之下并不掌控公司的资产及账簿，如果规定由董事作为法定的清算义务人而把股东排除在外，恐明显忽略了我国绝大多数公司实际是受股东管理控制的客观现实。

此外，还有学者指出，公司规模以及公司的股东和股权结构与股东会中心和董事会中心的取舍有着十分紧密的关联。有限公司或封闭性公司，股东人数较少、规模较小的公司，以及股权较为集中的公司更适宜实行股东会中心，而上市股份公司或公开性公司，规模较大、股东众多、股权结构高度分散的公司则更适宜于实行董事会中心。[①] 据此，对于大多数公司而言，董事会并非公司治理、管理的中心，董事并不比公司的股东更了解公司，对公司也无法施加所谓的控制力。因此，大多数情况下由公司董事充当当然的法定清算义务人不符合我国公司管理、公司控制的实际情况。当然，人数较多的股份公司在没有明确的控股股东（或者说控制股东）的前提下，某些非股东董事在法律或事实上可能对公司存在控制力，此种情形之下，股份公司的董事可以作为清算义务人，但此时董事担任法定清算义务人应属于少数情形。

综上，基于公司清算义务人应当具备对公司的控制力这一要件进行分析，董事显然并不适宜作为当然的或者说首选的法定清算义务人，而应优先选择公司股东作为法定清算义务人。

---

① 赵旭东：《"股东会中心主义抑或董事会中心主义？——公司治理模式的界定"评判与选择》，载《法学评论》2021 年第 3 期，第 80 页。

六、股东作为法定的清算义务人符合因果相联系、权利义务相统一的逻辑

（一）公司清算的原因通常与股东行为有关，且清算后公司的剩余资产归股东分配，故股东更适宜担任清算义务人

股东通过出资形成公司的资本，构成公司独立的财产，通过一系列决议形成了公司的权力机关和执行机关以实现其意志，公司的成立、存续、终止与股东行为均密切相关。[①]实践中，导致公司需要清算（甚至包括破产清算）的原因，大多是股东，如股东间的长期矛盾导致公司被司法解散，股东设定的公司章程约定的公司经营期限到期后未再续展经营期限导致的到期解散，股东因为对公司经营不善而通过股东会决议解散，股东因逃避债务让公司进入经营异常被行政吊销执照而解散，等等。总而言之，股东因其与公司之间存在的投资管理与控制关系，使得公司的生死存亡与股东的行为有着最密切联系，因而股东应当承担公司解散时依法组织成立清算组、启动清算程序等清算义务，故股东应为清算义务人。[②] 由于通常情况下是股东的原因导致公司需要清算，且清算后最终剩余财产分配与股东有直接利害关系，故制度设定上不首先安排股东承担清算义务人的义务，转而要求董事承担清算义务人的义务，明显不符合法律上因果关系及权利义务相统一的逻辑要求，而且有转嫁清算义务及责任之嫌，对董事显然不公平。

（二）由股东担任清算义务人的制度设计相对简单易行且更有利于兼顾公司债权人及股东合法权益

公司清算一方面是为了清理公司现有的债权债务，另一方面是为了将公司清偿债务后的剩余财产在股东之间进行最后的分配。因此，股东在公司清算中存在直接的清算利益，而董事则没有清算利益，故原则上由股东承担公司清算义务及责任符合权利义务相统一的原则。另外，在公司并非破产清算的一般清算程序中，既要保护公司债权人的合法权益，又要保障股东对公司剩余财产的分配权。然而，通常情况下公司董事对于公司的资产及账簿、会

[①] 王朋：《论有限责任公司股东的清算义务与清算责任》，载《晟典律师评论》2007 年第 1 期，第 294 页。

[②] 段卫华：《论股东在公司解散清算中的义务与责任》，载《河北法学》2016 年第 34 卷第 1 期，第 92 页。

计凭证等财务资料缺乏控制力，由其负责公司清算很可能面临公司财产归集、债权债务处理、财产处置等方面的棘手难题及客观阻碍。另外，由于清算的利益（如公司债权人债权实现利益、公司剩余资产向股东分配的利益）等与其无直接利害关系，难以确保其公平地对待公司债权人以及忠实勤勉地维护公司股东的合法权益。

如果设计一整套制度，既要保障董事负责公司清算时能对公司的财产、账簿、会计凭证等资料有足够的控制力以便其有效履行清算职责，又要确保其公平地对待公司债权人以及勤勉尽责地维护股东对剩余资产的分配权，那么该整套制度在具体设计上恐趋于复杂且不易执行。而设定由股东担任法定清算义务人，至少在股东自行维护对公司剩余财产的分配方面简单易行，因为股东自我维护对于公司剩余财产的分配权是其趋利避害的必然选择。至于股东负责公司清算可能存在侵害公司债权人债权的问题，以及控股股东可能损害小股东权益的问题，则通过对股东、控股股东设定相应的清算义务人义务及责任制度（尤其是损害赔偿制度）予以规制可以有效解决。

总之，从制度设计及制度实施的角度来看，优先选择公司股东作为清算义务人更为简单易行，且更有利于兼顾公司债权人及股东合法权益的保护。

七、股东作为优选法定清算义务人不排除在某些例外情形下由董事担任法定清算义务人

实践中，有些股份公司股东人数较多，并无明确的控股股东，在此情形下，各股东对公司都难以形成事实上的控制，故实施侵害公司资产、损害债权人及其他股东权益的潜在可能性较小，此时更应关注及防范对股份公司具备控制力的董事在公司解散后通过关联交易或怠于推进公司清算等消极行为损害公司股东及债权人的合法权益。针对上述情形，规定对于股份公司具有控制力的董事承担清算义务人的义务及责任不失为一个保障公司债权人及股东权益的较优选项。而且，股东人数较多的股份制公司，如难以确定谁是控股股东，仅规定由股东充当清算义务人而将董事排除在外，也不符合效率原则，还可能会因为股东人数过多而无法形成有效的决策机制导致清算工作无法正常有序地推进。因而，现有公司法司法解释规定某些股份公司的董事也可以作为清算义务人，是符合客观实际情况的合理选择。但需要强调的是，某些股份公司适宜由董事担任清算义务人毕竟是相对少数的情形，存在控股股东的股份公司的清算义务人以及有限责任公司的清算义务人规定由股东担任不应有疑义。

结 语

自从 2008 年《公司法司法解释（二）》颁布以来，司法实践中诉请追究股东清算责任的案件日益增多，因此也引起了股东清算责任泛化的争论[①]，不少学者认为应效仿多数大陆法系国家立法模式，规定由董事承担怠于清算公司的义务和责任。目前《公司法（修订草案）》初步采纳了由董事担任公司法定清算义务人的制度设计，但正如笔者在上文所分析的，此种选择的理论依据不足，也与我国公司管理的现实情况不符，难以满足公平合理地解决当事人之间公司清算责任纠纷的需求。如果修订后的《公司法》规定清算义务人为董事而将股东排除在外，司法实践将如何回应法律规定的重大变化，值得我们持续关注。

[①] 蒋大兴：《公司清算义务人规范之适用与再造——"谁经营谁清算" vs "谁投资谁清算"》，载《学术论坛》2021 年第 4 期，第 11 页。

专题九 其他

公司交叉持股的若干问题及立法建议

易学超[*]

引　言

公司交叉持股指两个及以上的公司之间通过直接或间接方式出资持有对方股权，公司间彼此成为股东。交叉持股是近年出现的新现象，特别是2005年《公司法》允许注册资本认缴制以来，由于交叉持股本身所具有的特点及优势，目前被我国普遍采用，成为资本市场中公司的一种经营策略和常见的经济、法律现象，然而有关交叉持股在我国公司法仍没有明确规定。存在即必要，但公司交叉持股有利有弊，对交叉持股有必要加以规范，针对制定相关的法律法规，规范交叉持股，消除潜在危害。笔者就公司交叉持股的积极效应和消极效应进行分析，结合目前我国交叉持股的法律现状及司法实践，依据我国现行的法规及国内外相关理论，在现行《公司法》及其相关司法解释框架下，提出完善规制交叉持股的立法建议。

一、公司交叉持股的效应分析

交叉持股的积极效应有防止恶意收购、分散风险、与上下游公司达成战略同盟、增加资金使用率及投资市值管理等。而相对应的消极效应则有容易形成资本虚增、内部治理结构失衡、关联交易与内幕交易难以控制等。简要分析如下：

（一）积极效应

（1）防止恶意收购。公司之间适度交叉持股可以加强公司间的联盟，稳

---

[*] 易学超，广东正大联合律师事务所律师，执行主任。

定公司的股权结构，可以阻止公司被恶意兼并或收购，分散持有公司的股份，在遇到第三方恶意收购时，持股的公司通过行使优先受让权买进被持股公司的股份，达到阻止吞并的目的。

（2）分散风险。交叉持股在相互持股的公司之间无须经过现金的实际收付，相互间通过换股形式实现各方的多元化经营以分散风险。交叉持股公司之间共担风险，公司之间通过交叉持股降低投资风险，在一定程度上可以抵御商业风险，缩小公司收益幅度。

（3）产业联盟。交叉持股的公司可以在不同公司间就人力资源、产品研发、市场推广、技术创新等方面达成策略联盟，取得市场竞争的合作优势，实现一些领域发展的战略构想，有利于公司资产的增值。

（4）增加资金使用率及投资市值管理。由于交叉持股的公司之间没有实际的现金流动，但在会计报表上其资本和资产会增加，母公司通过交叉持股的关系，控股公司或公司实际控制人可以用较少的资金投资控制多家公司，形成庞大的资本集团。

（二）消极效应

（1）资本虚增损害债权人利益。由于交叉持股公司存在同一资金在两个或两个以上公司之间流动，导致交叉持股的公司的资本额表面上增加，但实际上公司的净资本不变，这会严重威胁到公司债权人的利益。近年来，特别是在强制执行中遇到交叉持股问题，法院对关联公司的自然人股东认缴出资额的认定和追缴基本无计可施。

（2）法人人格混同、治理结构扭曲。存在交叉持股的公司，特别是家族公司间，往往是一人控制多家公司，各公司财务管理混同，公司间的财产、人员等无法区分，出现法人人格混同。在交叉持股结构下，公司治理机构中的股东会（股东大会）、董事会和监事会相互间分权制衡的机制将被严重弱化或扭曲。其一，公司间交叉持股形成虚增资本，导致实际出资股东的股权被稀释、表决权被弱化。其二，公司的控制股东或实际经营者掌握股东会（股东大会）后，即可安插"自己人"担任公司的董监高，甚至会出现交叉持股公司间的董监高交叉任职的现象，导致股东会（股东大会）、董事会、监事会形同虚设。

（3）滋生内幕交易和关联交易。公司间交叉持股的大股东、实际控制人以及管理层形成内部人控制的局面，往往利用优势地位掌握关联公司的经营内幕信息，相对于其他公司更容易达成利益联盟，容易诱发不正当的关联方交易和不公平的内幕交易。特别是上市公司的股权较为分散、股东构成复杂、利益诉求不同，一旦交叉持股的公司通过内部人控制进行关联交易、内幕交易进而操纵股价，就会损害公众投资者的利益，危害经济安全和经济秩序的大局。

（4）形成行业垄断。公司间交叉持股容易形成共同利益，在具有竞争关系横向的公司之间，通过业务结盟甚至是行业垄断，以排挤对手和获取垄断利润，从而破坏市场化的竞争机制；在产业上存在上下游关系的公司之间，强化彼此之间的生产、供销等关系，将本行业以外的其他公司或个人处于封闭状态并排斥在外，牟取垄断利润。此外，因交叉持股导致社会经济力量过度集中，形成封闭的市场格局，在相当程度上成为垄断性质的经济组织，造成资本市场无从发挥作用，社会资源调配功能无法实现，对经济自由和国民经济的发展产生严重负面影响。

（5）被滥用逃税避税。交叉持股的公司间形成统一的领导决策层，通过关联公司进行虚假交易、虚开发票或关联交易从而虚增成本、转移定价、转移利润等，将营业收入尽可能多地向低税负的公司转移，而把成本费用向高税负的公司转增，达到避税甚至逃税的违法目的。

二、公司交叉持股的法律现状

（一）公司交叉持股的规制进程

关于公司间交叉持股的规范问题，从立法现状上看，我国至今尚无明确统一的立法态度，尤其《公司法》持模糊态度，并未明确限制公司间的交叉持股。而有关金融、债券行政法规、地方法规有所规制，导致在价值取向和实际操作中难以把握、无所适从，缺乏正确的引导和规范。再者，有关公司间交叉持股相应的配套制度及程序保障等方面，如违反相互持股的限额标准、通知义务、法律处罚等方面仍然是立法空白。

1. 行政法规、地方法规对交叉持股问题先后整体呈现由限制到放开再到限制的态势

1988年，我国开始对公司间交叉持股进行最早的立法活动，随后出台了一些相关规定，如国务院在1990年批转的《在治理整顿中深化公司改革强化公司管理的意见》规定要积极试行公司间相互持股。1992年，《深圳市股份有限公司暂行规定》明确：一个公司持有另一个公司10%以上的股份，则被持有公司不得购买持有者公司股份，如母子公司之间不得相互持股，即子公司不得持有母公司股份。同年，国家经济体制改革委员会发布《股份有限公司规范意见》，不再区分母子公司，而是统一划分 10% 股份的界限，超过这个界限则被持有方不得购买持有方股份。

2001 年，深圳市出台了《关于进一步加快我市国有公司改革与发展的实践意见》，打破了对交叉持股的限制，并鼓励公司法人之间的交叉持股。

2007 年，证监会出台法案《证券公司设立子公司试行规定》，第十条规定"子公司不得直接或者间接持有其控股股东、受同一证券公司控股的其他子公司的股权或股份，或者以其他方式向其控股股东、受同一证券公司控股的其他子公司投资"。2014 年，银监会（现为银保监会，下同）发布的《中国银监会关于印发商业银行并表管理与监管指引的通知》规定商业银行应尽量避免交叉持股。[①]

2.《公司法》对交叉持股问题缺乏明确规定

相对于学界及实务界对公司间交叉持股问题的关注、讨论及困惑，《公司法》对此问题一直不够重视，始终未能填补此空白地带。1993 年出台的《公司法》第十二条并无明确涉及交叉持股问题，但对公司的投资额限制不得超过投资公司净资产的 50%，随后在 1999 年第一次修正，2004 年第二次修正，均没有就此问题做进一步规定。公司法 2005 年修订则一改新貌，还直接删除有关公司转投资数额限制的相关条款，所有条文完全不涉及公司交叉持股的问题，只是列出了保底条款规定：在投资时，不得对被投资公司的债务承担无限连带责任。此后公司法在 2013 年第三次修正，2018 年第四次修正，对公司交叉持股问题仍无明确规定。直至 2021 年 12 月 20 日经第十三届全国人大常委会审议并公开征询意见的《公司法（修订草案）》（草案一审稿），以及 2022 年 12 月 27 日提请审议的《公司法（修订草案）》（草案二审稿）才开始关注公司间交叉的突出问题。其中《公司法（修订草案）》的第二十二条、第二十三条提及公司（控股）股东利用"关联关系"或"利用其控制的两个以上公司"损害公司、其他股东或公司债权人利益的应承担赔偿责任或连带责任，第一百四十一条明确规定"上市公司控股子公司不得取得该上市公司的股份"等相关内容。因此，正在修订过程中的《公司法（修订草案）》可认为已经开始对公司间交叉持股的突出问题予以关注，尽管仍远不够全面具体，但修订草案的新突破让我们对未来《公司法》充满期待。

---

① 叶肖、罗爱芳、李海龙等：《关于企业交叉持股的探究》，载《中外企业家》2019 年第 34 期，第 177 页。

（二）规范公司交叉持股的现实紧迫性

如前所述，交叉持股的利弊互存，随着我国公司的大量涌现、蓬勃发展，交叉持股的影响甚为宽泛，尤其对证券金融市场、市场公平竞争、中小股东保护、公司债权人权益等均有着重大影响，但基于立法并没有及时跟上，缺乏统一完善的法律法规，导致交叉持股乱象丛生、危机重重。公司之间的交叉持股现象正趋于必然化、多样化、繁杂化，然而缺乏全面化、系统化的立法，对公司交叉持股的不利因素及不利影响无法通过同步的立法来消除或减少负面影响。比如可通过《公司法》增设交叉持股的信息披露义务制度，该制度可以包括交叉持股的信息披露义务人、信息披露的具体范围和内容、信息的知晓权利人、信息登记制度等，同时规定交叉持股信息披露义务人若未履行信息披露义务，损害公司中小股东、债权人利益的，应当承担赔偿责任。因此，借《公司法》正在进行修订之机会，对交叉持股相关问题予以明确，统领并完善相关法规、制度配套，对交叉持股可能出现的不利因素进行部门法之间整体的协调规制与配合，尽量地减少公司间交叉持股的消极因素，解决这一立法空白问题显得极其的重要和紧迫。

三、构建公司交叉持股规制的立法建议

（一）借鉴"区别对待"立法模式，不同情形公司间交叉持股区别对待 [1]

德国《股份公司法》为防止交叉持股引发的经营者不正当支配公司的情形出现，第三百二十八条规定"如果两公司之间交叉持股的，则一公司对他公司所持有的股份，其股权的行使，不得超过他公司股份总额的 25%"；德国《股份公司法》第 233 - 329 规定"如果一个公司持有他公司 50% 以上的股份或以其他方法控制他公司的经营者，则他公司为从属公司，从属公司原则上不能取得控制公司股份，即便例外情形下可以取得，也不享有表决权"。[2]

法国《公司法》对公司之间交叉持股管制非常严格，如第 233 - 329 规

---

[1] 边锋、田慧颖：《中国公司交叉持股法律规制的完善：基于比较法的考量》，载《大连海事大学学报（社会科学版）》2014 年第 3 期，第 61 页。

[2] 李晓春：《论公司交叉持股法律规范体系构建》，载《政治与法律》2013 年第 6 期，第 79 - 81 页。

定"一公司持有另一公司 10% 以上的股份时，该另一公司不得持有前者的股份。若一公司持有另一公司股份达到 10% 以上时，另一公司之前也持有前者的股份，则由持股份额较小的一方转让其投资；如相互投资的数额相等，则每一相互参股的公司均应减少在对方的投资，以使这种投资不超过对方公司资本的 10% 。在未转让期间，公司不得行使这些股份的表决权"。

日本在 1981 年以前，对公司间交叉持股并无明文规定，对于母子公司间的交叉持股也持放任态度，后来在修正法律时原则上禁止子公司取得母公司股份，对于子公司例外情形下所拥有的母公司股份在未转让前是否享有表决权的问题，日本商法典并未进行限制。但日本 2006 年新修订的《公司法》开始禁止子公司行使其持有母公司股份的表决权，第三百零八条第一项对此做了规定：当一股份公司持有他公司全部具表决权股份 1/4 以上，以及依照法务省之规定，以其他方式实质控制他公司经营权者，该他公司所持有之此一公司股份无表决权。对于非母子公司的交叉持股，日本《公司法》基本未做规范。

美国法对于公司之间的交叉持股采取较为宽松的态度，原则上并不禁止公司之间的交叉持股。对于横向交叉持股，股份表决权不受任何限制。对于纵向即母子公司间的交叉持股问题，仅对子公司所持母公司股份的表决权进行限制，美国《模范商业公司法》及 17 个州的法律中，明文禁止被母公司持有过半数股份的子公司行使其所持母公司股份的表决权，但并未禁止被母公司持有低于半数股份的子公司行使其所持母公司股份的表决权。

通过横向比较上述国家的有关规定发现，以德、日大陆法系国家为代表的"区别对待"立法模式较为科学和合理，而美国的"宽松"立法模式与我国当前的社会发展和法律水平相对滞后的实际国情是不相适应的。同时，以法国为代表的"严格限制主义"的立法模式会限制资本的流动，不利于经济发展。"区别对待"不是一概否定或肯定交叉持股，而是更注重对公司交叉持股进行趋利避害，以便更好地适应实践中的新情况。结合目前我国具体国情，由于母子公司交叉持股总体而言存在很大的危害性，尤其对中小股东、债权人的利益以及公司治理结构造成严重损害，应当严格限制母子公司交叉持股，而对非母子公司交叉持股则可采取较为宽松的态度，以保证其正面效应得到更大程度的发挥。因此，要针对不同情形公司间交叉持股区别对待：一是要对母子公司之间的交叉持股进行规范，其中涉及的问题包括子公司是否可以取得母公司股份、子公司拥有母公司股份的表决权是否可以行使、母子公司的认定标准是什么；二是对非母子公司之间的交叉持股进行限制，涉及的问题有触发限制的持股比例起点为多少、是限制交叉持股一方还是限制双方所持股份之权利、股权行使的内容为全部限制还是只限制其中的表决权、是对超过比例部分的股份进行限制还是限制全部股份的权利、取得股权的通知义务以及未履行通知义务的效力如何等。

（二）完善交叉持股法人人格否认制度，堵住自然人股东滥用公司独立法人地位逃避债务的法律漏洞

《公司法》第二十条第三款和《民法典》第八十三条第二款均确立了法人人格否认制度。公司法人人格否认，是指公司股东滥用公司法人独立地位和股东有限责任来逃避债务，严重损害债权人利益时，债权人可以越过公司的法人资格，直接请求滥用公司法人人格的股东对公司债务承担连带责任的法律制度。我国《公司法》仅在个别条文中涉及交叉持股，但法条之间缺乏相互衔接，尚无法通过现有的公司法条文全面解决公司之间交叉持股时出现的问题，使得公司面临交叉持股纠纷时无法可依、无律可查或者适用法律存在争议。

考虑到交叉持股的特殊性，需要从以下三个方面进一步完善交叉持股法人人格否认制度：

（1）债权人追索债权，可适用刺破"公司面纱"制度。在交叉持股的母子公司日常运营中，母公司可利用其作为子公司的有利地位控制股东，对子公司过度支配与控制，操纵子公司的决策过程，使子公司完全丧失独立性，或通过财务手段掏空子公司的资产，使子公司沦为母公司逃避债务的工具或躯壳，严重损害子公司债权人的合法权益。为了克服公司股东有限责任的局限，公平地保护债权人利益，当子公司资不抵债时，应当否认子公司人格，允许债权人越过子公司直接向母公司进行追偿，由滥用控制权的母公司股东对子公司债务承担连带责任。

（2）当存在自然人股东利用交叉持股不当放大注册资本时，设立可刺破多重"公司面纱"制度。笔者曾经遇到过个别极端案例，如自然人甲、乙分别出资 5 万元设立 A 公司，A 公司却放大到 1000 万元设立 B 公司，B 公司再反过来以 2000 万元增资 A 公司并收购甲、乙部分股份，A 公司被多名债权人起诉后进行破产清算。A 公司的三个股东甲、乙、B 公司虽然实缴或认缴注册资本很大，自然人股东甲、乙均已实缴，B 公司作为 A 公司投资设立的空壳公司认缴了绝大部分注册资本，A 公司的债权人向法院申请对 A 公司强制破产清算，后续希望追究股东清算责任的时候，基于 A 公司和 B 公司系母子公司交叉持股，导致债权人无法对股东主张清算责任。很显然，依据现行法律法规，无法追究到自然人股东的责任。在该等情况下，属于自然人股

东利用交叉持股不当放大注册资本，应设立允许刺破多重"公司面纱"制度，自然人股东对于不当放大的所有实缴或认缴注册资本均承担相应责任。

（3）为减少交叉持股的公司间转嫁经营风险，引入"深石原则"。深石原则，是指在存在控制与从属关系的关联公司中，为了保障从属公司债权人的正当利益免受控股公司的不法侵害，在从属公司破产或重整时，若子公司资本不足，根据控制股东是否有不公平行为，而决定其债权是否应劣后于其他债权人受偿的原则。该等安排应当通过法律加以规制，减小交叉持股公司间转嫁经营风险，加强保障公司债权人利益，从而维护交易安全。[1]

（三）加强具有竞争关系公司间交叉持股的监管，防止出现行业垄断现象

自从世界第一部反垄断法即美国的《谢尔曼法》于 1890 年颁布开始，市场经济一直在"自由竞争—产生垄断—反垄断—实现自由竞争—再次垄断"的发展中轮回，反垄断和促进竞争始终是市场经济健康发展的一体两面，通过反垄断的规制之手与竞争发展的市场之手的协调配合共同确保市场经济的健康发展。[2]

交叉持股虽可促进公司间的产业联盟，稳定持续交易和扩大规模经济，但容易形成联合垄断，尤其是那些存在竞争关系的公司，利用交叉持股平衡内部利益、扩大合作优势排挤其他竞争对手、减少市场竞争，导致行业进入的歧视和壁垒。

为避免公司间利用交叉持股进行市场垄断，不少国家均出台反垄断法律对此予以限制和规范。美国虽然在公司法层面并不限制公司间交叉持股，但美国对中小投资者有完善的法律保护体系，且建立了严格、完善的反垄断法体系，主要由 1890 年《谢尔曼法》、1914 年《克莱顿法》和 1914 年《联邦贸易委员会法》组成，因此公司之间的交叉持股现象较为少见。相对于美国，日本的反垄断法则显得相对宽松，日本企业集团中交叉持股造成了对竞争的排斥，交叉持股公司间几乎不存在竞争，信息也被交叉持股的企业集团持有，造成了集团内外的严重不公平竞争。

我国于 2008 年实施的《中华人民共和国反垄断法》（以下简称《反垄

---

① 胡伟：《我国金融公司交叉持股法律风险防范机制研究》，载《商丘师范学院学报》2011 年第 2 期，第 83 页。

② 孙晋、王帅：《同步修订背景下公司法与反垄断法的冲突与调和》，载《北京理工大学学报（社会科学版）》2022 年第 5 期，第 101 页。

断法》），虽然对于公司间交叉持股可能导致具有排除、限制竞争的行为有所规范，但并未涉及具有竞争关系或具有上下游业务合作关系的公司之间的交叉持股问题。很显然，具有横向竞争关系的公司之间相互交叉持股，相互协同取得市场支配地位，必然减少了竞争对手；具有上下游业务合作关系的公司之间相互交叉持股，结成联盟排挤其他竞争对手，严重不利于市场公平竞争。

为有效防止出现行业垄断，营造公平竞争市场环境，亟待对《公司法》《反垄断法》加以完善。对具有横向竞争关系或上下游业务关系的公司之间的交叉持股，规定达到一定的比例，须向反垄断执法机构报告，通过审查决定、判断是否涉嫌造成集中垄断、妨碍竞争的行为。针对公司间交叉持股导致的虚增资本、扩大融资等现象，建议目前的《公司法（修订草案）》增加规范条款，同时出台配套法律法规，对关联公司或企业集团形成的垄断行为加以监管、限制。

（四）加强对交叉持股公司中小股东利益的保护

公司间交叉持股，部分股东通过对股权结构、比例进行策略性组合或调整，达到一股独大的目的，导致真正出资的中小股东被排除在股东大会之外，公司治理结构失去制衡，容易产生"内部人"控制的后果，股东权不能行使。为规范公司治理、维护中小股东的合法权益，应通过《公司法》或相关的司法解释作出以下方面的完善：

（1）制定完善累积投票的配套制度。累积投票制肇始于 2002 年颁布实施的《上市公司治理准则》，但至今仍未出台与之配套的实施细则或者操作指引，致使累积投票制度未能发挥其效用。如在交叉持股公司中推行累积投票制度，则可帮助中小股东将他们的投票权集中于一个或几个代表人，积聚力量、最大限度地行使股东应有的权利，保障中小股东的合法权益免受大股东不当侵害。

（2）推行股东派生诉讼制度。当公司的利益遭到来自公司内部和外部的侵害，公司的董事（会）、监事（会）怠于行使其法定或章程规定的职责，甚至与侵害人串通共同损害公司利益时，持有一定比例股份的一个或多个股东就有权在采取公司内部救济措施仍无法解决之后，向侵害人或公司的董监高提起要求补救或防止侵犯公司权益的行为的诉讼。

（3）扩大股东表决权回避制度的适用范围。股东表决权回避制度，是指当一股东与股东大会讨论的决议事项有特别的利害关系时，该股东或其代理人均不得就其持有的股份行使表决权的制度。2005 年修订的《公司法》第十六条第三款确立了股东表决权回避制度，但仅针对公司为股东或实际控制人提供担保而进行的股东会表决时，被担保股东或实际控制人须进行回避。显然，表决事项与股东有利害关系的远不止"为股东或实际控制人提供担保"，但《公司法》自 2005 年至今仍未能对表决权回避制度的适用范围予以扩大，不利于全面保护公司或中小股东的正当利益。譬如，通过公司交叉持股取得优势地位的股东，利用其股权比例优势，在涉及利益分配、关联交易、转移利润等事项进行表决时，如果不能排除相关利害关系股东的表决权，控制股东就可能利用资本多数决原则使自己利益最大化的股东大会决议获得通过，而公司的其他中小股东的权益将会被形式合法的股东大会决议严重侵害。

（五）强化公司间交叉持股的信息披露义务

公司间交叉持股，信息披露是让外界利益相关者了解关联公司股权结构、经营状况的重要途径，但从目前我国公司间交叉持股的情况来看，大多数选择不披露或所披露的信息不完整、透明度不高，信息的不对称导致利益相关者权益得到保障。如未能建立规范交叉持股信息披露的法律法规，将无法对其进行有效监管，使交易对象、投资者遭受巨大损失。

强化公司间交叉持股信息披露义务，建议可完善以下信息披露制度：

（1）对公司间交叉持股制定应予披露的信息内容类型、触发标准，以及可供选择的披露方式。

（2）对公司间交叉持股规定须履行相应的公告、通知义务，并制定相应的罚则。

（3）建立公司虚假信息披露赔偿制度，针对民事赔偿方面制定相应的法律法规和赔偿标准，遏制上市公司的信息造假行为。

（六）建立对集团公司的内部交叉持股推行外部审计监督制度

集团公司内进行交叉持股基本服从统一管理，其利益一致，如果单靠国务院国有资产监督管理委员会（以下简称"国资委"）、证监会的监督力度或集团公司自身的约束能力，难以保障其披露财务信息的真实可靠性，只有加强外部审计对集团公司的监督力度，才能保障集团公司相对真实的会计信息，增强公司间交叉持股信息的透明度。首先，由集团公司的董事会决议通过选择外部审计单位，以保证外部审计师的相对独立性，从而保障能够更独立地对集团公司的财务状况进行审计，对经营状况以及所出现的问题能及时向股东和其他交易对象、投资者进行反馈或披露。其次，通过选择具有较高执业能力和职业操守的注册会计师，使集团公司提供的财务信息更加真实可靠，可以在对公司进行审计时发现更多的问题，让中小投资者、交易对象和债权人可以更好地做出正确的投资决策。推行外部审计监督制度，可以有力促进公司交叉持股的问题处理规范化，同时也加强了集团对公司内外部的监督和审查，更好地保护公众的合法利益。①

结　语

综上所述，我国目前公司间交叉持股的现象已越来越普遍，但交叉持股是一把双刃剑②，一方面可能给公司带来一定的利益以及促进社会经济发展，另一方面也可能给公司带来很大的经济冲击，使公司出现虚增资本和关联交易进行利润操纵的行为，使资本市场上出现股市泡沫的现象，损害交易对象、投资者或债权人的合法权益。因此，为保护公司中小股东、交易对象或债权人的合法权益，保障利益相关方获得信息的准确性，需要制定、完善公司交叉持股的相关法律法规，以规范交叉持股的会计处理，依法加强对公司交叉持股的信息披露监管，以防止内幕交易、关联交易、逃避债务行为的发生。鉴于当前我国公司法尚未形成有关交叉持股制度调整的内容，我们应当充分考量我国的国情和公司运行状况，合理借鉴其他国家的先进立法模式，结合我国现有的法律法规，在持股比例、表决权限制、信息公开、法人人格否认等方面进行深入探讨，并在实践中不断建立和完善公司交叉持股法律制度。

---

① 陈亮：《集团交叉持股的若干问题及对策》，载《财经界》2014年第18期，第61页。

② 刘成城等：《相互持股的利与弊及其法律调整》，载《湖南人文科技学院学报》2015年第5期，第126页。

有限责任公司现行减资制度的
立法研究与可行性路径分析

官 雯[*]

引 言

公司的资本作为公司的基石，在公司经营、发展、投资等方面发挥着重要作用。通常公司在自身经营过程中，不仅仅是在运用自己的资产，还在利用着来自他人的资产进行经营（如提前收取了其他合作方支付的预付款）。对于公司资产，控制着公司经营权的股东更倾向于用来给自己创造利益，债权人尽管对公司拥有债权但却无权过问公司的经营管理。公司股东和债权人之间存在着无法回避的冲突，"股东可能通过分配利润或操纵公司回购自己的股份，先于债权人获得公司的资金，甚至通过直接或间接、明显或隐蔽的手段抽回自己起初投入公司的财产"，"为了约束股东和公司的机会主义行为，调和股东和公司债权人之间的利益冲突，《公司法》以注册资本为基准构建了资本维持规范，包括规定减少注册资本的程序和债权人保护规则"[②]。

公司注册资本在我国立法中经历了从实缴制到认缴制的变革。2013年10月，国务院常务会议部署推行公司注册资本登记制度的五项改革措施，其中一项为"推进注册资本由实缴登记制度改为认缴登记制"，并在此基础上对公司法进行了修订，将公司注册资本实缴制修改为认缴制。这一重大改革，大大降低了公司注册的准入门槛，赋予了公司经营更大的自主权，激发了市场的活力。但对这一改革也有很多人提出了疑问和担忧。有学者提出，这一改革"只是将实缴制改革为认缴制，关于公司资本如何在认缴制下运行和规范，有关资本运行过程中的相关规则，仍停留在实缴制的理念及规则之下"[③]，在公司注册准入门槛降低的前提下，公司经营过程中的资本维持应当

---

   * 官雯，广东楚庭律师事务所律师、高级合伙人。

   ② 王军：《中国公司法（第二版）》，高等教育出版社2017年版，第158页。

   ③ 何波：《公司注册资本认缴制带来的法律问题》，载《人民司法》2020年第8期，第20页。

严格管理，才能平衡市场的活力与秩序。公司会根据商业市场的实际情况及公司自身的经营发展，对公司的注册资本进行调整，而公司减资对于公司、股东、债权人的利益均有着重大影响。目前我国法律关于公司减资的法律规定只有寥寥数条，过于框架性的条款导致在实践操作中许多问题不能够得到妥善解决。本文从公司减资的定义及分类出发，了解公司减资的现行法律规定，分析其中面临的立法困境及司法实践判例导向，进而就公司减资制度的完善提出一些具体可行的思路，增强法律的可操作性，让司法裁判能有较为统一的裁判思维，更好地维系公司资本运行和相关权利主体的合法权益。

一、公司减资的定义及分类

（一）公司减资的定义

公司减资，是指基于某种法定事由，结合公司经营情况，依照法定条件和程序减少公司资本的行为。实践之中，公司会出于弥补公司亏损、避免资本闲置、减免股东出资义务、调整股权结构、完成投资并购或实现股权变现等目的，通过法定程序减少注册资本。

（二）公司减资的分类

从不同的角度减资有不同的分类，不同类型的减资对于公司、公司股东及债权人来说影响也不同。目前常见的分类主要有：

（1）实质减资与形式减资。根据公司减资是否会有实际资本流出分为实质减资与形式减资。实质减资是指股东取得减资对价，比如公司向股东退还减资的款项；而形式减资则是股东不取得减资对价，比如对尚未实际出资的注册资本进行减资。

（2）同比减资和非同比减资。根据是否按照公司股东原持股比例分为同比减资和非同比减资。同比减资是减资后各股东之间的出资比例不变；非同比减资则是减资后各股东之间的出资比例发生变化，甚至是部分股东直接退出公司。

（3）交易性减资和非交易性减资。根据股东之间是否存在利益冲突分为交易性减资和非交易性减资。交易性减资是指个别股东从公司减资，涉及减资价格从而造成股东之间存在利益冲突；而非交易性减资则是全体股东按照统一价格进行减资，股东之间没有利益冲突。

二、公司减资的法律规定及程序

（一）法律规定

目前我国法律中关于公司减资的规定主要有以下三条：

（1）《公司法》第四十三条：股东会的议事方式和表决程序，除本法有规定的外，由公司章程规定。股东会会议作出修改公司章程、增加或者减少注册资本的决议，以及公司合并、分立、解散或者变更公司形式的决议，必须经代表三分之二以上表决权的股东通过。

（2）《公司法》第一百七十七条：公司需要减少注册资本时，必须编制资产负债表及财产清单。公司应当自作出减少注册资本决议之日起十日内通知债权人，并于三十日内在报纸上公告。债权人自接到通知书之日起三十日内，未接到通知书的自公告之日起四十五日内，有权要求公司清偿债务或者提供相应的担保。

（3）《公司法》第一百七十九条第二款：公司增加或者减少注册资本，应当依法向公司登记机关办理变更登记。

（二）减资的基本程序

（1）拟订减资方案。公司董事会或执行董事拟订公司减资方案，减资方案包括减少注册资本的数额、各股东的减资数额及减资方式、减资后各股东的股权份额、减资日期、减资对价支付、减资后公司章程等内容。

（2）作出减资决议。公司董事会制定减资方案提交股东大会表决并经代表公司三分之二以上表决权的股东通过。

（3）编制资产负债表及财产清单。并非任一方式的减资都会改变公司资产负债表。① 如公司将股东实缴出资发还，这种情形是实际改变了公司资产，资产负债表和财产清单都会实际发生改变。而减免股东认缴出资额，由于认缴出资额并未列于所有者权益之中，也不存在退还实际款项，因此对资产负债表和财产清单没有改变。

（4）通知债权人并对外公告。公司应当自作出减少注册资本决议之日起十日内通知债权人，并于三十日内在报纸上公告。

（5）签订减资协议，实施减资方案。

---

① 王军：《中国公司法（第二版）》，高等教育出版社 2017 年版，第 160 页。

（6）办理工商变更登记。

三、公司减资制度的现行立法困境

前文已从公司资本对于市场运营、公司股东、公司债权人的重要性，以及公司减资制度的现行立法两方面对公司减资制度进行了梳理。接下来，就公司减资制度中的基础规范、债权人保护、程序规范、减资效力性、股东责任等方面的困境，结合司法实践中面临的具体问题进行详细的分析梳理。

（一）减资的事由和类型未明确规定

现代公司法理论认为资本具有两大基本作用，既可以为公司运营提供物质基础，也能为债权人债权的实现提供信用保障，因此资本的变动无论是对股东还是对债权人来说都意义非凡。[①] 在公司注册资本认缴制的基础上，当前法律规定对于公司减资的事由和类型缺少基础性的规范，在事实上授予了公司极大的经营自主权。公司可以依据自身的需求随时调整公司的注册资本，其中难以避免会出现滥用减资程序、抽逃出资的情形，最终导致债权人利益受损和市场经济秩序的混乱。

公司减资的具体形式也是多种多样的，不同类型的减资区别非常大，对于公司股东及债权人各方的影响也全然不同。如实质减资会导致公司资产的实质变动，势必导致公司的偿债能力降低，不利于债权的实现；而形式减资公司的资产实质并没有减少，并不会影响公司的资产偿还能力。法律对于公司减资类型没有进行细分规定，则不能根据减资的类型进行相应的限制或放宽，这样一方面不能让市场的监管发挥积极作用，另一方面也让债权人对于公司的减资抱有极大的不信任感和危机感，最终导致市场交易的不稳定及相关诉讼的频发。

（二）减资程序的规定较为宽泛

目前法律规定看似清晰明了，从公司作出决议到编制资产负债表，对债权人进行通知并对债权人提交相关清偿担保说明以及减资后变更登记等都进行了规制，但是法律规定过于抽象模糊，相关司法解释也未予以细化[②]。公司减资纠纷中的争议多数也源于减资程序的不完善。如债权人的范围如何界定，债权是否包括或然债权，公司减资的公告能否视为完成通知义务等。

---

①② 张家兵：《我国公司减资法律问题研究》，载《西南政法大学学报》2019 年第 7 期。

前述问题在诉讼中需通过裁判明确规则，部分问题在司法裁判之中已经形成较为统一的观点。如关于债权人的认定，司法实践中认为公司减资时包括作出减资决议后工商变更登记前，均应就已经确定的已知债权履行通知义务，债权未到期或者尚有争议均不影响债权人身份的认定，即债权包括已知债权和或然债权。又如减资程序中对于能够直接通知的债权人应当采用直接通知的方式，公告仅是通知的一种补充方式，对于已知的债权人不能用公告替代通知。除前述问题之外，仍有许多的减资程序问题亟须立法予以规制，如通知公告的细则、公告的内容等等。只有对减资程序及常见的问题予以明确的法律规定，才能够指引公司进行合法合规的减资，让债权人和公司利益均得以保障，减少纠纷诉讼的产生。

（三）程序瑕疵导致的减资效力认定及权利救济未有明确立法

公司减资包含减资决议和减资行为两个层面。[①] 其中，减资过程中公司未依照规定通知债权人的，即公司的减资行为存在程序上的瑕疵。对于减资行为的瑕疵导致的减资效力如何认定并没有明确规定，很多债权人提起诉讼时会要求法院撤销或认定公司减资无效，各地法院在裁决时无法就瑕疵减资行为进行统一定性，导致司法实践出现困难。部分案件的裁决中就公司减资决议的有效性避而不谈，不直接作出有效或无效、效力瑕疵的认定。另一部分案件的裁决则认为公司股东按照法律规定及公司章程约定对公司注册资本进行调整，减资决议是内部股东行使权力的体现，若没有违反法律规定的无效情况，则减资决议具有其法律效力。但因未通知债权人，其通知程序存在瑕疵，该瑕疵带来的法律后果并非直接导致公司减资决议的无效，而是该减资对于债权人不产生法律效力，股东仍应按照减资前的股权及出资比例承担责任。

（四）债务清偿或提供担保的规定有待完善细化

法律规定债权人认为公司减资损害其债权时有权请求公司清偿或者提供担保，该条款看似对债权人的权益做出了明确的保障，事实却是由于该条款没有配套的实施细则和法律责任规定，致使实际操作中存在着如何清偿、如何担保、何时清偿、何时担保、公司不予配合时债权人如何实现权利救济等一道道难题。

---

① 刘春梅：《公司法第一百七十七条之理解与适用：决议减资与债权人保护》，载《人民司法（应用）》2017 年第 16 期。

如何设计减资规则，重要的权衡因素之一就是减资行为本身是否必然会造成外部债权人利益损害。累积的商业实践表明：减资并非必然导致债权人利益受损。① 公司进行实质减资或形式减资等不同类型的减资时，对于债权人利益的影响全然不同。当前法律规定中，未就债权人可要求提前清偿或提供担保的情形做出具体规定，导致实践中公司进行减资时，不论债权是否已到期、不论公司的减资是否会对债权人权益造成实际影响，债权人均有权要求公司提供担保或进行清偿。而债权人要求提前清偿或提供担保的请求又让公司在减资过程中面临着资金的不稳定和经营管理的不确定性，实际上打击了公司守法的积极性，最终必将激化债权人和公司、公司股东之间的矛盾。

（五）瑕疵减资中股东承担责任的法律规定不明确

公司减资的直接外在结果就是股东对应出资的减少，如公司瑕疵减资损害了债权人的利益，债权人会寻求司法裁判的帮助，向法院提起诉讼要求股东赔偿债权人的损失。在法律没有明确规定的情况下主要存在着四点问题：一是股东是否应当承担责任；二是股东承担责任的法律依据是什么；三是股东承担的是连带责任还是补偿赔偿责任；四是股东承担责任是否以公司无清偿能力为前提。

在目前的司法裁判中，大部分法院认为公司的瑕疵减资损害了债权人的合法利益，由此认为股东应当对债权人承担赔偿责任。股东承担赔偿责任的类型，目前司法裁判案例较多判决的是股东在减资本金范围内承担补充赔偿责任，但援引法律规定时却有所不同，较多数的法院援引的是抽逃出资的法律规定，少数法院援引了未全面履行出资的法律规定。对于债权人要求股东承担责任，是否以公司不具备清偿债务的能力为前提条件，司法裁判中尚未有较为明确、统一的倾向性意见，个案判决的裁判理由差异较大。

（六）公司减资中股东利益的保护未有规定

公司减资过程中涉及的纠纷，一种是由公司债权人提起的，请求公司向其提供担保或者清偿债务或者是瑕疵减资股东承担赔偿责任；另一种是由公司股东提起的，请求确认公司减资决议无效或者撤销该决议，后者在民事案由中定义为公司决议纠纷。本文仅就债权人提起的公司减资纠纷涉及的股东利益进行探讨。在公司瑕疵减资之中，股东主要面临着以下问题：一是未进行减资的股东是否应当承担责任；二是股东承担责任后是否可以向其他股东

---

① 傅穹：《公司减资规则论》，载《法学评论》2004 年第 3 期。

进行追偿。

法律规定着重强调的是公司减资对于债权人的利益应当如何保障，对于由此涉及的股东权益却并没有提及。公司涉及瑕疵减资时，股东需要直接对债权人承担相应的赔偿责任，在承担责任之后股东之间的责任如何分配却无法律规定。未减资的股东是否应当承担责任，有部分的裁判认为公司减资行为上存在瑕疵，致使减资前形成的公司债权在减资之后清偿不能的，作为公司股东应在公司减资数额范围内对公司债务不能清偿部分承担补充赔偿责任；也有部分裁判认为公司减资在实质上是公司股东会决议的结果，减资的受益人系股东，股东应在其减资额范围内对公司债务承担赔偿责任。而股东承担了全部赔偿责任后，在司法实践中较多数法院支持该股东有权要求其他股东按比例承担责任。

四、公司减资制度的完善

为应对减资制度现存的困境和挑战，下面从法律规范的层面提出一些具体可行的建议思路，以期在法律规定、司法实践中就公司减资制度进行完善。

（一）完善公司减资的基础规范

1. 明确公司的减资事由

从资产的角度出发，减资的事由主要涉及的是资本过剩或公司亏损两种情况。因此首先可以明确规定公司减资的具体事由，如什么情形之下公司应当进行减资，什么情形之下公司可以进行减资。让公司注册资本与公司资产相匹配。

2. 明确公司的减资类型

公司减资形式可着重从两方面加以细化：一方面公司减资是否涉及资产的实际变动即是否为实质减资，根据实质减资和形式减资的不同进行细化规定；另一方面注重减资的比例是否为同比减资，不同比减资情形下对于公司的大股东和中小股东的影响较大，可在公司股东会议、表决权等方面进行配套规定，让公司大股东与中小股东利益相平衡。

（二）完善公司减资流程

公司减资的操作流程中可从以下方面进行完善：一是明确通知的债权人范围；二是规定公司减资可采用的通知类型；三是规定减资通知应当包含的

内容，如减资的事由、减资的类型、减资前后公司的资产财务数据信息；四是明确债权人收到通知后，不同减资类型之中债权人可要求公司或提前清偿或提供担保的条件；五是明确请求提前清偿或提供担保的时间和范围等。另外可以考虑就公司董事、高管在公司减资中尤其是通知债权人程序中的勤勉尽责义务进行规定约束，让公司减资对债权人权益的保障真正落到实处。

（三）明确公司瑕疵减资的效力

公司未依照法律规定进行合法减资时，法律应就公司减资行为的有效性作出定性。公司减资属于公司的重大决策，从最初的决议到最终完成减资登记，耗费了公司大量的人力、物力、精力。从维系公司经营平稳和独立经营决策的角度来看，认可公司减资决策行为的有效性较为符合立法和实践所需。

（四）明确公司瑕疵减资的法律责任

确认公司瑕疵减资行为的有效性，并不免除其行为瑕疵所导致的法律责任。

1. 厘清公司股东承担责任的依据

公司减资瑕疵主要涉及两种情形：一种是未依法履行通知及公告义务的程序性瑕疵，另一种是公司股东通过减资来抽回出资或免于承担出资义务。可就减资的程序瑕疵或股东滥用权力的法律责任进行具体规定，其中程序性瑕疵不影响减资行为本身的有效性，债权人可通过其他方式维护自身权益。股东通过减资免除其法定义务的可从抽逃出资或未履行出资义务的角度进行行为定性并作出责任规制。

2. 统一责任的具体形式

首先，明确公司瑕疵减资情形之下公司与股东之间承担的是连带责任还是补充赔偿责任。笔者认为，公司作为有独立财产的个体对外可独立承担责任，股东对于公司承担的是有限责任，因此一般情况之下如公司的财产仍能对债权人实现债务清偿的，无须要求股东承担过多的责任。只有当公司的责任财产不足以偿付时股东才承担补充性的赔偿责任。

其次，就股东之间的责任分配和追偿作出具体规定。对外部债权人而言，公司违法减资时，股东之间应当承担连带责任，当股东的赔偿责任达到应承担的补充赔偿金额时，股东就无须再承担赔偿责任。对内部股东之间而言，某一股东承担的赔偿数额超过其自身理应承担的范围时，其有权向其他应当承担责任而未承担的股东进行追偿。

结　语

在公司注册资本认缴制度的基础框架之中，如何维持股东及债权人利益的平衡，是商业市场运作和司法实践均应当面对和考虑的问题。公司在进行减资时可能会因为各种操作不当导致公司的减资行为存在瑕疵，损害公司债权人的合法权益。当债权人面临利益可能受损的情况时，其不可避免地会采用司法诉讼的手段以维系自身的权益，这又反向导致公司实行减资面临着诸多的阻碍。如法律仅强调保护债权人的利益，过度地给予一方群体的特殊关注。从整个社会的交易效率或公司灵活运作技能或股东利益的保障来看，这未必是一种高效率的安排。[①] 因此，应当通过法律规定，构建中立、不偏不倚的规则体系，维系公司的经营自主权和公司债权人的合法权益，既让公司真正做到合法合规减资，公司债权人利益得到切实有效保障，也让司法裁判有所依据，司法的权威及诉讼相关方的合法权益得以维护。

[①]　傅穹：《重思公司资本制原理》，法律出版社 2004 年版，第 78 页。

合伙企业合伙人连带责任研究

汪道伟　陈赛艳[*]

引　言

随着市场经济的纵深发展，合伙的企业形式越来越受到市场的青睐，其中的法律问题研究亟待加强。合伙企业与公司的一个重要区别在于合伙企业的合伙人需要对合伙企业债务承担连带责任。然而，合伙人所承担的连带责任与一般场景下的连带责任存在明显的不同。主要体现在：合伙企业在对外承担债务时，应当首先以合伙企业财产承担，合伙企业财产不足以偿还时，才需要以合伙人个人财产承担；而一般场景下的连带责任则不同，债权人有权同时或者选择其中一个或者数个连带债务人主张债权，这似乎已经成为通常意义上连带责任的应有之义。

在 A 公司起诉 B 会计师事务所（特殊普通合伙企业）及其合伙人出具不实审计报告侵权责任案件中，A 公司选取了 B 会计师事务所及其三名合伙人作为共同被告，并选择向其中一名合伙人住所地的甲法院起诉。法院受理后，B 会计师事务所提出管辖权异议，认为即使存在侵权，也应首先由 B 会计师事务所财产承担责任，没有证据证实被起诉的三名合伙人存在过错，A 公司在 B 会计师事务所几百名合伙人中选取三名合伙人起诉，实际是为了规避法律，人为制造管辖权连接点，申请将案件移送至 B 会计师事务所所在地的乙法院审理。法院经审理同意了 B 会计师事务所的意见，裁定予以准许。

在尚不明确合伙企业财产是否不足以偿还债务的情况下，债权人是否有权直接起诉合伙企业的合伙人？应该怎样妥善处理合伙人连带责任与合伙企业相对独立财产之间的关系？能否依据作为共同被告的合伙人住所地确定案件管辖？本文拟对这些问题进行探讨，以求教于同仁。

---

[*]　汪道伟，广东神朗律师事务所主任；陈赛艳，广东神朗律师事务所律师助理。

一、关于合伙人连带责任的实务观点

在司法实践中，关于合伙人连带责任的理解和处理，主要存在以下四种裁判观点。

第一，直接认定合伙人对合伙企业债务承担连带责任。这种观点根据合伙人依法对合伙企业债务承担连带责任的基本原理和规定，认定合伙人承担连带责任。例如，在 A 公司诉 B 合伙企业（有限合伙企业）、谭×、周×质押式证券回购纠纷一案中，河南省高级人民法院直接根据《合伙企业法》第二条规定①，认为谭×作为普通合伙人应当对合伙企业债务承担无限连带责任。该案经上诉，最高人民法院维持了该判项。②

第二，认为合伙人虽然对合伙企业债务承担连带责任，但这种责任是第二顺位的责任，只有合伙企业的财产不足以偿还债务的情况下，合伙人才承担连带责任。在 A 公司与 B 合伙企业（有限合伙企业）、C 公司等金融借款合同纠纷一案中，北京市第四中级人民法院认为，根据《合伙企业法》第三十八条、第三十九条的规定③，合伙企业债务应首先以合伙企业财产进行清偿，合伙企业财产不能清偿的，合伙人才承担无限连带责任。应当从两个层次理解《合伙企业法》的上述规定：一是合伙企业不具备法人资格，合伙企业不能独立承担责任，普通合伙人应对合伙企业债务承担无限连带清偿责任；二是该连带责任不是无条件的，合伙人享有顺序利益，合伙企业债务首先由合伙企业承担，以合伙企业财产清偿，合伙企业财产不能清偿到期债务的，才由合伙人互负无限连带责任。由此认为 A 公司要求 C 公司对 B 合伙企业的全部债务承担连带清偿责任的诉讼请求依据不足，判决在 B 合伙企业不能清偿债务时，C 公司以其全部财产清偿。案经上诉，北京市高级人民法院

---

① 《中华人民共和国合伙企业法（2006）》第二条：本法所称合伙企业，是指自然人、法人和其他组织依照本法在中国境内设立的普通合伙和有限合伙企业。普通合伙企业由普通合伙人组成，合伙人对合伙企业债务承担无限连带责任。本法对普通合伙人承担责任的形式有特别规定的，从其规定。有限合伙企业由普通合伙人和有限合伙人组成，普通合伙人对合伙企业债务承担无限连带责任，有限合伙人以其认缴的出资额为限时合伙企业债务承担责任。

② 河南省高级人民法院（2019）豫民初××号民事判决书，中华人民共和国最高人民法院（2019）最高法民终××民事判决书。

③ 《中华人民共和国合伙企业法（2006）》第三十八条：合伙企业对合伙人执行合伙企业事务以及对外代表合伙企业权利的限制，不得对抗不知情的善意第三人。第三十九条：合伙企业对其债务，应先以其全部财产进行清偿。合伙企业财产不足清偿到期债务的，各合伙人应当承担无限连带清偿责任。

维持了该判项。①

第三，类似于前述第二种观点，但理由略有不同。该种观点认为，合伙企业的普通合伙人并非与合伙企业形成连带清偿关系，而是在合伙企业不能履行清偿义务时，由合伙人以其全部责任财产继续清偿。在上诉人 A 公司、B 公司与被上诉人 C 公司等企业借贷纠纷一案，最高人民法院即持该观点②。

第四，认为虽然合伙人作为共同被告被起诉，且合伙人未参与签订案件诉讼管辖协议，但仍然应该按照合伙企业签订的管辖条款确定案件管辖。例如，在 A 公司与 B 合伙企业（有限合伙企业）、谭×、周×质押式证券回购纠纷一案中，最高人民法院认为，A 公司与 B 合伙企业签订的法院诉讼管辖约定并未违反关于级别管辖和专属管辖的法律规定，合法有效，原审法院据此驳回了上诉人谭×、周×的管辖权异议并无不当。谭×、周×系 B 合伙企业的合伙人，又系本案的共同被告，原审法院将其与 A 公司的纠纷一并审理亦无不当。③ 略显遗憾的是，最高人民法院在作出该判决时，对于为什么认为原审判决并无不当未做充分阐述，未充分阐明合伙企业签订的管辖权协议条款为什么对合伙人具有法律效力，从而导致在实践和理论方面的参考价值大打折扣。

二、合伙人连带责任的实体法规则

在梳理司法实践中代表性观点的基础上，基于合伙企业合伙人连带责任的特点，本文拟从如下三个方面进行探讨。

（一）连带责任与主体清偿规则

目前司法实践中的主流裁判观点认为，合伙企业债务应首先以合伙企业财产承担，合伙企业财产不足以承担的，由普通合伙人承担连带责任。合伙人承担的连带责任与一般场景下的连带责任一个最大的不同，就是合伙人承担的连带责任需要遵循主体清偿规则，主体清偿规则是所有的合伙企业对外承担债务时都应当遵守的基本原则。主体清偿规则，又被称为穷尽合伙财产规则或者合伙财产优先清偿规则，核心都是强调合伙人对外承担连带责任的前提是已经穷尽了合伙企业的财产，这种连带，是一种有顺位的连带，而不

---

① 北京市第四中级人民法院（2020）京 04 民初××号民事判决书，北京市高级人民法院（2021）京民终××号民事判决书。

② 中华人民共和国最高人民法院（2019）最高法民终××号民事判决书。

③ 中华人民共和国最高人民法院（2019）最高法民辖终××号民事裁定书。

是无条件的连带。就合伙人与合伙的债务承担关系而言，其实不是一种真正的连带，而是一种补充赔偿或者补充连带或者补充连带赔偿的关系。①

合伙企业债务实行主体清偿规则的实体法依据在于：合伙企业虽然不具备法人资格，但具有相对独立的财产，能够以自己的名义独立参加民事活动，在承担责任时也首先以自身的财产进行清偿。责任与财产相关联，财产的法律性质决定责任的法律性质。没有完全独立的财产，不具有独立的法人资格，这个特征决定了合伙企业不能独立承担法律责任，其合伙人需要对合伙企业债务承担连带责任；具有相对独立的财产，这个特征决定了合伙企业需要承担相对独立的责任，这就是主体清偿规则，合伙企业需要先行以自身财产清偿债务，不足部分由合伙人承担。

实际上，我们可以将合伙企业合伙人所承担的连带责任与一般保证人所承担的责任作类似理解。在一般保证的情况下，只有在主债务人不能履行债务时，一般保证人才需要承担保证责任。一般保证人与连带保证的保证人的重要区别，就在于一般保证人享有先诉抗辩权或者先履行抗辩权。所谓一般保证人先诉抗辩权，是指在主合同纠纷未经审判或者仲裁，并就主债务人财产依法强制执行仍不能履行债务前，一般保证人有权拒绝承担保证责任。②一般保证人的先诉抗辩权不能从字面理解为只能先行起诉主债务人，事实上，债权人有权先起诉主债务人再起诉一般保证人，也有权一并起诉主债务人和一般保证人，但不能不起诉主债务人而仅起诉一般保证人。如果债权人在同一诉讼中一并起诉主债务人和一般保证人，人民法院可以受理，但一般应该在判决主文中明确，一般保证人仅对强制执行主债务人财产仍未得到清偿的债务承担保证责任。③与一般保证人承担的责任类似，合伙企业的一般

---

① 赵玉：《民法典背景下合伙企业财产制度构造》，载《中国法学》2020年第12期。

② 《中华人民共和国民法典》第六百八十七条　【一般保证人先诉抗辩权】当事人在保证合同中约定，债务人不能履行债务时，由保证人承担保证责任的，为一般保证。一般保证的保证人在主合同纠纷未经审判或者仲裁，并就债务人财产依法强制执行仍不能履行债务前，有权拒绝向债权人承担保证责任，但是有下列情形之一的除外：（一）债务人下落不明，且无财产可供执行；（二）人民法院已经受理债务人破产案件；（三）债权人有证据证明债务人的财产不足以履行全部债务或者丧失履行债务能力；（四）保证人书面表示放弃本款规定的权利。

③ 《最高人民法院关于适用〈中华人民共和国民法典〉有关担保制度的解释》（法释〔2020〕28号）第二十六条：一般保证中，债权人以债务人为被告提起诉讼的，人民法院应予受理。债权人未就主合同纠纷提起诉讼或者申请仲裁，仅起诉一般保证人的，人民法院应当驳回起诉。一般保证中，债权人一并起诉债务人和保证人的，人民法院可以受理，但是在作出判决时，除有《民法典》第六百八十七条第二款但书规定的情形外，应当在判决书主文中明确，保证人仅对债务人财产依法强制执行后仍不能履行的部分承担保证责任。债权人未对债务人的财产申请保全，或者保全的债务人的财产足以清偿债务，债权人申请对一般保证人的财产进行保全的，人民法院不予准许。

合伙人仅对强制执行合伙企业财产仍未得到清偿的债务承担无限责任或者无限连带责任。

（二）连带责任与追偿规则

在研究合伙人的连带责任时，合伙人之间的追偿权是一个重要主题。其中有争议的是，合伙人相互之间的追偿权是否受到和如何受到合伙份额的限制。如前所述，合伙人的连带责任主要体现为合伙人相互之间的连带责任，而不是合伙人与合伙企业之间的连带责任。合伙人相互之间承担连带责任的同时，按照一定的比例或者份额分摊合伙企业的责任。当其中一个合伙人对外承担责任之后，该合伙人对其他合伙人享有追偿权。有疑问的是，实际承担了责任的合伙人是有权向任一其他合伙人就全部超出部分进行追偿，还是仅可追偿该合伙人应该承担的份额。如果是前者，有利于保障实际承担了责任的合伙人的利益，但可能导致合伙人相互之间的二次乃至多次追偿。如果是后者，实际承担责任的合伙人需要分别向其他各位合伙人追偿，可能的结果是，对于部分合伙人可以追偿到，而对于其余部分合伙人则可能追偿不到。对于未能分别追偿到的部分，如果只能由首先实际承担责任的合伙人最终承担，将违反合伙协议，违背合伙初衷和公平原则。对此，《合伙企业法》和《民法典》的"合伙合同"章均未作明确规定，仅规定有权追偿，未规定追偿范围和追偿方式。① 在《合伙企业法》和《民法典》的"合伙合同"章欠缺具体规定的情况下，应该适用连带债务人追偿权方面的规定，即《民法典》第五百一十九条关于"连带债务人的份额确定及追偿权"的规定。② 《民法典》该条给出的解决方案是分两步走：第一步，仅可向其他连带债务人追偿应承担的份额；第二步，对于第一步未能追偿到的部分，其他连带债务人应当在相应范围内按比例分担。笔者认为，《民法典》规定的解决方案兼顾了公平和追偿的便捷性，是一种比较科学的解决方案。由此可见，合伙人相互之间的追偿权受到合伙份额的制约，首次追偿和二次追偿都按照合伙份额进行追

---

① 《中华人民共和国合伙企业法（2006）》第四十条：合伙人由于承担无限连带责任，清偿数额超过本法第三十三条第一款规定的其亏损分担比例的，有权向其他合伙人追偿。《中华人民共和国民法典》第九百七十三条：合伙人对合伙债务承担连带责任。清偿合伙债务超过自己应当承担份额的合伙人，有权向其他合伙人追偿。

② 《中华人民共和国民法典》第五百一十九条 【连带债务人的份额确定及追偿权】连带债务人之间的份额难以确定的，视为份额相同。实际承担债务超过自己份额的连带债务人，有权就超出部分在其他连带债务人未履行的份额范围内向其追偿，并相应地享有债权人的权利，但是不得损害债权人的利益。其他连带债务人对债权人的抗辩，可以向该债务人主张。被追偿的连带债务人不能履行其应分担份额的，其他连带债务人应当在相应范围内按比例分担。

偿，但合伙人最终的实际债务承担总份额可能与合伙份额不匹配。

（三）特殊的普通合伙企业中的连带责任与例外

合伙制度在法制史上源远流长，但特殊的普通合伙制度出现和发展的时间较短。世界上最早的特殊的普通合伙制度，出现在 20 世纪 90 年代美国的德克萨斯州。1991 年《德克萨斯州统一合伙法》在世界上首次规定了"有限责任合伙"企业组织形式。这种新型合伙制度的产生，主要是为了降低会计师事务所、律师事务所等专业机构和专业人员的风险，有利于避免专业人员无端招致风险，损害其投资创业的热情。因为在此前金融风暴中，人们发现，为这些金融机构服务的会计师事务所、律师事务所存在没有审慎履行职责的行为，从而导致信息披露失实、重大遗漏，投资者的损失与这些专业机构没有严格履行职责具有因果关系。越来越多的专业机构和合伙人被追究无限连带责任，包括那些完全未参与相关业务的合伙人，这些会计师和律师仅仅是因为合伙人的身份就要以全部个人财产承担连带责任，从而承担巨额债务，无数的会计师和律师陷入倾家荡产的危机。照此发展下去，将极大打击专业机构和人员投资创业的热情，行业无法发展，优秀专业人才也无法培养。《德克萨斯州统一合伙法》规定，专业合伙中的合伙人对另一个合伙人、雇员在提供专业服务时的错误、不作为、疏忽、不合格或渎职的行为，仅以合伙财产为限承担责任，无须以个人财产承担法律责任。有限责任合伙制度顺应了专业服务机构和行业发展的需要，虽然产生的时间不长，但现已成为美国大部分州的会计师事务所等专业服务机构最常采用的企业组织形式。[1]

我国在 2006 年修订《企业合伙法》时首次引入特殊的普通合伙制度。该法规定特殊的普通合伙属于普通合伙，而不是有限合伙，且仅适用于以专业知识和专业技能为客户提供有偿服务的机构。[2]

对于特殊普通合伙中合伙人的责任，有人简单地理解为只要合伙人没有过错，该合伙人就不需要对合伙企业债务承担连带责任。这是一种严重误解。特殊的普通合伙是普通合伙的一种特殊形式，以合伙人对企业债务承担连带责任为原则，以合伙人无须对企业债务承担连带责任为例外。在特殊的普通合伙企业中，合伙人对于以下合伙企业债务需要承担无限连带责任：第

---

[1]　廖凡：《美国非公司型有限责任企业初探》，载《法学》2003 年第 9 期，第 119 - 120 页。

[2]　《中华人民共和国合伙企业法（2006）》第五十五条：以专业知识和专门技能为客户提供有偿服务的专业服务机构，可以设立为特殊的普通合伙企业。特殊的普通合伙企业是指合伙人依照本法第五十七条的规定承担责任的普通合伙企业。特殊的普通合伙企业适用本节规定；本节未做规定的，适用本章第一节至第五节的规定。

一，因合同纠纷所产生的合伙企业债务，例如因劳动合同、货物采购合同而产生的给付义务；第二，因合伙人在执业活动中的一般过失造成的合伙企业债务；第三，因非合伙人的工作人员的执业行为所导致的企业债务。作为无限连带责任的例外，合伙人对于下列情形而发生的企业债务不承担无限连带责任，仅以合伙企业中的财产份额为限承担责任：因其他合伙人在执业活动中的故意或者重大过失而造成的合伙企业债务，仅由负有责任的合伙人承担无限连带责任，其他合伙人仅以在合伙企业中的财产份额为限承担责任，这实际是一种有限责任，也是前面探讨过的主体责任。①

三、追究合伙人连带责任的诉讼程序

在研究合伙人连带责任的实体法规则的基础上，本部分主要研究追究合伙人连带责任的诉讼程序，主要围绕以下两方面展开讨论：债权人是否可以一并起诉合伙企业合伙人，是否可以根据合伙人住所地确定案件管辖。

（一）债权人是否可以一并起诉合伙企业合伙人

债权人追究合伙人连带责任的起诉方式，存在一并起诉和二次起诉两种。一并起诉是将合伙企业和合伙人作为共同被告一并起诉；二次起诉是先行起诉合伙企业，待胜诉且执行不能之后再次起诉合伙人。一并起诉是司法实务中的通常做法，也是大多数债权人乐于采取的诉讼方式。问题在于，是否允许一并起诉合伙人？是否必须待起诉合伙企业的案件胜诉并且执行不能之后才能再起诉合伙人？

主张不能一并起诉的理由主要有：第一，合伙人对于合伙企业的债务所承担的连带责任不同于普通的连带责任，不是合伙人与合伙企业之间的连带责任，而是合伙人之间的连带责任，相对于合伙企业来说，合伙人所承担的责任不是连带责任，而是补充责任。在对合伙企业进行诉讼并强制执行之前，合伙人是否需要承担责任暂未可知，合伙人承担责任的条件尚不具备，故不允许直接对合伙人提起诉讼。第二，诉讼程序是用于解决已经存在的争议，对于暂未发生的或者预期可能发生的争议，人民法院不应受理。合伙企业合伙人承担的是第二顺位的连带责任，在合伙企业是否需要承担责任和是否有能力承担责任还不明确的情况下，认为第二顺位法律责任已经产生争

---

① 蒋珩、蒋尧明：《会计师事务所特殊普通合伙制的缺陷及完善建议》，载《会计之友》2013年第12期，第100页。

议，因而直接对合伙人提起诉讼不符合民事诉讼的受理条件。第三，合伙人连带责任的追究程序，无须经过诉讼程序，可以在对合伙企业执行不能之后，依当事人申请或者由法院依职权追加合伙企业合伙人为被执行人，最高人民法院对此已有明确规定。①

主张可一并起诉合伙企业合伙人的理由主要有：第一，有利于一揽子解决当事人之间的争议，避免诉讼程序的重复和更迭，符合诉讼经济原则。第二，参照一般保证制度的诉讼程序安排，也应允许一并起诉合伙人。合伙企业合伙人与一般保证的保证人承担的都是补充责任，在一般保证的情形下，法律明文允许债权人一并起诉保证人；② 法律虽然没有明文规定债权人是否有权直接起诉合伙企业合伙人，但根据类似情形类似安排的基本逻辑，应允许债权人一并起诉合伙人；在允许一并起诉的同时，人民法院在判决时，也应参照一般保证的处理方式，明确合伙人仅对合伙企业财产依法强制执行后仍不能履行的部分承担连带责任。这样安排，既可高效解决争议，又能统筹兼顾，平衡与保护各方合法权益。第三，在合伙企业被起诉的情况下，如果不允许同时起诉合伙人，在合伙人已经资不抵债的情况下，无法对合伙人的财产进行财产保全，不利于债权人合法权益的保护。③

笔者倾向于认为债权人可以一并起诉合伙企业合伙人。除了同意前述支持方的理由之外，还有以下理由：第一，这样做符合我国当前的主流司法实践。第二，符合合伙的立法变迁史和人们的认识习惯，因为自《民法通则》颁布开始，我国司法实践就是允许将合伙企业和合伙人一并起诉的。第三，如此操作符合合伙企业及其合伙人民事责任承担的特点，也有利于高效快捷解决争议。第四，追加被执行人制度无法完全取代诉讼制度的功能。追加被

---

① 《最高人民法院关于民事执行中变更、追加当事人若干问题的规定》（法释〔2016〕21 号）第十四条：作为被执行人的合伙企业，不能清偿生效法律文书确定的债务，申请执行人申请变更、追加普通合伙人为被执行人的，人民法院应予支持。作为被执行人的有限合伙企业，财产不足以清偿生效法律文书确定的债务，申请执行人申请变更、追加未按期足额缴纳出资的有限合伙人为被执行人，在未足额缴纳出资的范围内承担责任的，人民法院应予支持。

② 《最高人民法院关于适用〈中华人民共和国民法典〉有关担保制度的解释》（法释〔2020〕28 号）第二十六条：一般保证中，债权人以债务人为被告提起诉讼的，人民法院应予受理。债权人未就主合同纠纷提起诉讼或者申请仲裁，仅起诉一般保证人的，人民法院应当驳回起诉。一般保证中，债权人一并起诉债务人和保证人的，人民法院可以受理，但是在作出判决时，除有民法典第六百八十七条第二款但书规定的情形外，应当在判决书主文中明确，保证人仅对债务人财产依法强制执行后仍不能履行的部分承担保证责任。债权人未对债务人的财产申请保全，或者保全的债务人的财产足以清偿债务，债权人申请对一般保证人的财产进行保全的，人民法院不予准许。

③ 滕威：《我国合伙诉讼主体地位二元模式之构想》，载《法律适用》2012 年第 2 期，第 45 -49 页。

执行人制度属于执行程序的一部分，实行法定主义原则，只能就法律或者司法解释明文规定的情形给予追加被执行人。法律和司法解释的规定无法穷尽列举合伙人应该承担责任的所有情况，实际情况也表明目前的法律和司法解释的规定确实不够周全。例如，《最高人民法院关于民事执行中变更、追加当事人若干问题的规定》（法释〔2016〕21 号）第十四条①没有专门规定在特殊的普通合伙情况下追加合伙人责任的问题。法律和司法解释的规定的不周全性至少体现在两个方面：特殊的普通合伙企业承担责任的情况下，一概追加普通合伙人将违背特殊的普通合伙的特别规定，与实体法相悖；在特殊普通合伙的合伙人存在故意或者重大过失导致债务产生的情况下，本应该追加存在故意或者重大过失的合伙人作为被执行人，但作为执行程序，显然无法胜任也不应该承担判断合伙人是否存在故意或者重大过失的职责，法律也没有赋予执行程序可以享有这种职权。可见，执行程序中的变更和追加被执行人制度不能完全取代诉讼程序的功能，赋予债权人比较便捷的诉讼权利以解决合伙企业合伙人连带责任问题比较合适。②

（二）是否可以根据合伙人住所地确定案件管辖

在民事诉讼中，一般实行"原告就被告"的案件管辖规则。③ 在允许一并起诉合伙人的情况下，原告是否可以根据"原告就被告"的案件管辖规则，选择向任何一位合伙人所在地法院起诉，这无疑是一个值得讨论的问题。

在本文引言引用的案例中，B 会计师事务所提出管辖权异议，认为原告实际是为了规避法律，人为制造管辖权连接点，申请将案件移送 B 会计师事务所所在地的乙法院审理。该意见得到法院的采纳。但法院对于采纳的理由，语焉不详，对本研究的参考价值有限。

---

① 《最高人民法院关于民事执行中变更、追加当事人若干问题的规定》（法释〔2016〕21 号）第十四条：作为被执行人的合伙企业，不能清偿生效法律文书确定的债务，申请执行人申请变更、追加普通合伙人为被执行人的，人民法院应予支持。作为被执行人的有限合伙企业，财产不足以清偿生效法律文书确定的债务，申请执行人申请变更、追加未按期足额缴纳出资的有限合伙人为被执行人，在未足额缴纳出资的范围内承担责任的，人民法院应予支持。

② 滕威：《我国合伙诉讼主体地位二元模式之构想》，载《法律适用》2012 年第 2 期，第 45 - 49 页。

③ 《中华人民共和国民事诉讼法（2021）》第二十二条：对公民提起的民事诉讼，由被告住所地人民法院管辖；被告住所地与经常居住地不一致的，由经常居住地人民法院管辖。对法人或者其他组织提起的民事诉讼，由被告住所地人民法院管辖。同一诉讼的几个被告住所地、经常居住地在两个以上人民法院辖区的，各该人民法院都有管辖权。

在本文"一、关于合伙人连带责任的实务观点"引用的 A 公司与 B 合伙企业、谭×、周×质押式证券回购纠纷一案中，法院认为在证券回购纠纷中，应该根据合伙企业与对方当事人签订的法院管辖条款确定案件管辖，虽然作为共同被告的合伙企业合伙人并未参与管辖协议条款的签订，也不影响案件管辖。最高人民法院在裁判说理方面，多用"并无不当"之类的概括性语言，虽足够权威，但逻辑力量仍不够。

从程序法的角度看，《民事诉讼法》明文规定了"原告就被告"的管辖权确定规则，在不符合其他管辖规定情形的情况下，均应遵守该规则，尊重原告依法行使诉讼权利。在合伙企业合伙人存在多人的情况下，原告有权选择起诉全部或者部分合伙人，也有权向其中一位合伙人所在地法院起诉。

从诉的合并的角度看，也找不到不能按合伙人所在地确定法院管辖权的正当理由。在一并起诉合伙企业及其合伙人的情况下，争议的法律关系存在两个：第一个是合伙企业应不应该承担法律责任，第二个是合伙企业合伙人应不应该承担法律责任。争议和审理的焦点，可能更多地围绕前者进行，在前者确定之后，后者一般不难明确。能否认为前者是主法律关系，后者是从法律关系，从而参照担保案件管辖权的规定①，排除合伙人所在地法院管辖呢？答案显然是不能，因为二者是相互独立的平行法律关系，不存在主债务与担保债务那样的主从法律关系。即使不存在主从法律关系，毕竟前者为主要争议对象，是否可以考虑根据其中最主要的争议确定案件管辖？应该也不行。一并起诉合伙企业及其合伙人属于诉的合并，而且是两个不具有主从法律关系的两个诉的合并。在承认该两个诉可以合并的前提下，该案件存在多个管辖权的可能，根据《民事诉讼法》第三十六条②，原告有权向其中任何一个有管辖权的人民法院起诉。

从权利义务对等的角度看，既然原告有权选择合伙企业合伙人作为被告起诉，就不可剥夺被告所在地法院管辖的权力，排除个案中当事人个性化的利益和诉求，这样安排在总体上符合公平原则。

---

① 《最高人民法院关于适用〈中华人民共和国民法典〉有关担保制度的解释》（法释〔2020〕28 号）第二十一条：主合同或者担保合同约定了仲裁条款的，人民法院对约定仲裁条款的合同当事人之间的纠纷无管辖权。债权人一并起诉债务人和担保人的，应当根据主合同确定管辖法院。债权人依法可以单独起诉担保人且仅起诉担保人的，应当根据担保合同确定管辖法院。

② 《中华人民共和国民事诉讼法（2021）》第三十六条：两个以上人民法院都有管辖权的诉讼，原告可以向其中一个人民法院起诉；原告向两个以上有管辖权的人民法院起诉的，由最先立案的人民法院管辖。

结　语

本文的研究表明：①合伙企业合伙人承担的不是一般的连带责任，而是具有双重性质的责任：对于合伙企业而言，是补充责任；就合伙人相互之间而言，是连带责任。②合伙企业债务应首先以合伙企业财产清偿，不足部分由合伙人承担无限责任或者无限连带责任。③债权人有权在起诉合伙企业的同时，一并起诉合伙企业合伙人。④合伙人所在地法院对于一并起诉合伙企业及其合伙人的案件具有管辖权。